本书系河南财经政法大学河南经济伦理研究中心、省级重点学科——河南财经政法大学哲学学科、省高校哲学社会科学首批创新团队《当代中国经济社会生活中的若干重大伦理问题研究》（2012—CXTD—06）研究成果。

伦理与经济社会

Ethics and the Economic Society

乔法容　著

图书在版编目（CIP）数据

伦理与经济社会/乔法容著. —北京：经济管理出版社，2015.12
ISBN 978-7-5096-4188-0

Ⅰ. ①伦…　Ⅱ. ①乔…　Ⅲ. ①伦理学—研究 ②中国经济—经济发展—研究
Ⅳ. ①B82 ②F124

中国版本图书馆 CIP 数据核字（2015）第 311794 号

组稿编辑：申桂萍
责任编辑：侯春霞
责任印制：黄章平
责任校对：超　凡

出版发行：经济管理出版社
　　　　　（北京市海淀区北蜂窝 8 号中雅大厦 A 座 11 层　100038）
网　　址：www. E-mp. com. cn
电　　话：(010) 51915602
印　　刷：北京玺诚印务有限公司
经　　销：新华书店
开　　本：787mm×1092mm/16
印　　张：19.5
字　　数：416 千字
版　　次：2015 年 12 月第 1 版　2015 年 12 月第 1 次印刷
书　　号：ISBN 978-7-5096-4188-0
定　　价：68.00 元

·版权所有　翻印必究·
凡购本社图书，如有印装错误，由本社读者服务部负责调换。
联系地址：北京阜外月坛北小街 2 号
电话：(010) 68022974　　邮编：100836

目 录

道德本质的新思考

如何理解道德的本质，既关系到伦理学理论本身的发展，又直接影响到道德对社会生活的特殊职能的发挥，因而这一问题成为国内外伦理学研究的一个重心。20世纪，西方伦理学派别繁多，观点迥异，但它们都不能不涉及道德本质这一问题。我国伦理学界对此也有不同的意见。本文拟就道德的本质问题做一些思考，并对国内流行的几种观点提出异议。

道德本质的界定

道德是一种特殊的社会意识现象，它根植于社会的物质生活之中。而道德活动的主体——人在社会和道德发展中的地位和作用，人的生理因素、心理因素（意识和潜意识、情感和欲望等）、社会因素与社会道德的关系等，在探讨道德本质时都是需要深入研究的一系列问题。社会生活与自然界不同，自然界实体与实体的关系遵循的是必然性因果律，社会则是有目的的人交互作用的产物。社会规律是不以个体的意识为转移的，但它又是有目的的个体活动创造的。道德作为人类社会生活的一部分，是人在必然与自由的矛盾中创造的，它是人类文明发展的重要标志。如果只讲社会对个体要求的必然性，看不到这种必然性恰好是人创造的，并且人有能力在必然中获得自由，认识必然，把握必然，那么道德将不是人的道德，人只是道德教化的对象，人就只能是物。这种抽象的道德就会异化于人的自我实现而导致对立，使道德客体化，成为空洞的说教。如果离开人与自然的关系、人与社会的关系这一基础去强调人与道德关系中人的主体性，那么，其结果就会把道德主体化，成为人的某种需要的工具，从而使道德抽象化。

由此，我们认为，道德的本质应当规定为：主体通过个人利益和社会利益（包括他人利益和集团利益）关系的调节，有目的地创造和维护社会关系和谐的一种实践精神。当然，个人利益和社会利益的关系也是经济调节、政治调节和法律调节的对象，在内容上也有相通的方面，但作为道德自身内在矛盾，即个人利益与社会利益关系的调节的反映，则是主体在道德活动中对社会上诸种利益关系规定形成的善恶意识和观念。道德调节的特殊性表现在：①社会对个体的约束，即伦理学理论一般认为的，它是以评价、命令的方式，依靠社会舆论、内心信念、传统习惯和教育的力量（其中内心信念是至关重要的），告诉人们在处理个人利益和社会利益等各种利益关系时，应该怎么行动，不应该怎么行动，给人们指出“应有”这一价值取向。就是说，在道德关系这一特殊领域中，人们如何处理和调节个人利益与社会利益的关系才具有道德价值。

并且，特别强调在个人利益与社会利益发生矛盾的情况下，要求个人做出必要的节制和牺牲。但若仅限于此，则并未体现出道德实践主体的作用，因而它难以起到导向作用。②我们还应强调另一方面，即道德调节的特殊性还明显地表现在道德调节是以道德主体的自由为前提和条件的。没有自由，就没有责任，也就没有道德可言；没有自由，就不会有个人利益和社会利益的矛盾，道德就失去了自身存在和发展的根据。当主体步入个人利益和社会利益关系调节的道德领域，面对善恶选择的境遇，主体既可能遵守一定的社会道德规范确定自己的价值追求，也可能另辟蹊径，按照自己的意志选择新的行动目标，设计新的行为方案。这里，问题的实质不仅在于承认不承认道德主体的自由，而且更在于在什么意义上承认。

道德主体的自由是在与客体即他人或社会（当然，对于“他人”来说，“他人”又成为主体，“主体”成为客体）的关系和活动中实现的。首先，主体总是根据自己的欲望、意图和目的去审视、评判道德现象，诸如什么是公正的，什么是偏私的；什么是光荣的，什么是耻辱的；哪些是对自身的肯定，哪些又是对自身的否定等。这些道德认识和目的作为道德活动的前提，还只是停留在观念阶段。其次，主体力图将自己的道德观念对象化，道德实践活动成为联结道德主体和客体的中介和纽带。列宁指出：“‘美’被理解为人的实践=要求（1）和外部现实性（2）。”[1] 道德主体在有目的的对象性活动中不断获得信息反馈，验证主体自身的道德观念、目的（即善的意志）是属于个体的特殊需要，还是反映了社会普遍性的要求；是与社会道德要求相一致的，还是相悖的，其原因又是什么。在这里，我们应该把主体放在社会关系中去认识。道德活动中的主体是社会诸种关系和矛盾的载体，由这一特点所决定，人是具有多层次、多类型的需要的。个人利益与社会利益的矛盾就是一种必然性的存在，只是在不同时代矛盾的性质不同罢了。主体的合理需要结构、道德意识就是在解决个人利益和社会利益的矛盾过程中形成的。最后，道德主体的道德活动产生双重结果：与主体相一致的客体更适合于人的本质力量的发挥，趋向完善；主体则在认识和占有客体的过程中，不断地扬弃主观的片面性，走向自由。当主体不仅认识到了自我，而且又把自我作为一个客体来对待（实质上是主体与自我的关系），即以社会利益的代表者来观察、反省、改造自身时，主体就不仅是以个人主体的形式出现，而且也代表着类主体的意志，反映了类主体的本质和要求，在道德活动中达到个人与社会、主体与客体的统一。尽管在道德领域中，主体与自我的关系是以主体与客体的关系为基础的，但道德更注重主体与自我的关系。主体以善的意志出现，通过认识对象，进而能动地改造对象，又改造自身，从而获得真正的自由，达到个体与社会关系的和谐。

和谐——善的最高表现

对道德本质的规定，我们应当考虑两大因素：客体的和主体的。客体的因素指每一个时代由经济关系反映出来的利益关系，社会道德就是对这种利益关系的概括；主体的因素指一定的时代中个人的需要和发展。而和谐就是主体和客体的高度统一。

客体尺度和主体尺度反映了社会整体利益和个人利益的关系，在道德活动中，就是社会道德与个人道德的关系。对于个体来说，社会道德既是评价和调节他的行为和思想的一个尺度，又是他进行道德活动的环境和舞台。任何个体都不能超脱社会道德对他的规定和制约。道德的规范和约束也就成为个体道德成长和完善过程中的必经环节（但绝不能把规范性和约束性作为道德的本质，从严格的意义上说，它是由道德本质决定的道德的一个属性和特征）。可以说，没有来自社会整体利益对个人的需要、利益的规定和约束，社会就没有什么道德可言；而社会道德要求如果不包容个人的正当利益，这种道德就只能是一种外在于人的、毫无实际内容的空洞说教。在人类道德活动中，客体尺度和主体尺度总是在不同意义上评价和推动道德的发展。

个体道德社会化和社会道德个体化，是道德发展中呈现出来的两种基本形式。个体道德社会化就是个体把社会道德原则、规范和观念转变为个体内在的道德要求，表现了个体对社会道德的遵守和顺应，达到了个人道德与社会道德的有机统一。社会道德个体化就是社会对个体道德意识、价值观念、道德理想的认同，反映了个体道德积极的社会效应，达到了个人道德与社会道德的共同发展。个体道德社会化的深层原因在于，社会利益与个人利益具有更多的一致性。在这里，社会道德约束的对象是不自由的个体，即没有认识到遵守社会道德正是自身发展的内容和条件，而不是自由的个体，即能够认识到这种伦理关系对个体的必然规定所具有的肯定意义。自由的个体有可能找到自己在社会生活中的位置以及个体生命活动的意义和价值，自觉地把社会道德要求内化为自身的意识、信念和情感并付诸行动，表现了主体的积极选择和自由自觉的本质。历史和现实告诉我们，不少崇高的道德榜样并不是在外在的约束下去践行道德原则的，因为为全人类做出牺牲已成为他们内在的道德需要。然而，社会利益和个人利益关系的一致只是社会发展中利益关系的一种表现形式，人类历史有时是在社会利益和个人利益的对立和矛盾中前进的，因此，道德发展就不仅表现为个体道德的逐步社会化过程，而且更重要地表现为个体作为积极的、能动的主体，在社会利益与个人正当利益相互对立、社会道德成为否定个人生存和价值的力量的情况下，个体及个体的联合体就会起来反对这种伪善的、作为统治阶级工具的社会道德，倡导新观点、新道德，积极争取社会的共鸣，为个人的生存和发展开辟道路。由于先进的个体道德反映着新的社会需要，有着深厚的社会基础，它或迟或早会成为社会变革的精神力量，得到社会的认可，从而使社会道德上升到一个新的水平。不仅如此，社会道德又以它新的高度重新规定和制约个体行为，个体也将登上新的道德水平线，根据新的社会要求进行新的创造。个体道德社会化和社会道德个体化反映了道德自身的辩证发展过程，无视其中哪一个方面，都不能从理论上完整地再现人类道德发展史。

关于道德的本质，国内流行着这样两种观点：①认为道德的本质是经济基础的反映，是一种特殊的社会意识形态，道德的使命主要在于维护整体利益，因而其本质在于道德的规范性和约束性。它看到了道德维护整体利益的必然性和重要性，注重社会道德对个体的规范和教育意义，但却忽视了这种社会道德对个体具有什么样的意义和价值，个体能否自觉地信守由社会发出的“绝对命令”，因而不能说明鲜活的、具有丰富内容的道德运行过程。②强调道德是人的需要的产物，因而在本质上是服务于人的某些特殊需要的工具。这一观点看到了道德活动中主体尺度的意义，但由于把主体的尺度绝对化、抽象化，因而我们不能赞同其结论：“道德在本质上是服务于人的特殊需要的工具。”这里的人如果指个体，那么这种道德本质论就是一种实用主义的观点，其结果是取消道德；如果是指人与人组成的社会，那么道德就不能仅具有工具一方面的意义。因为道德恰恰是适应调节社会关系的需要而产生的，只有设想有一个抽象的、完善的人的前提存在，才能认为道德完全是人的工具。但这样的人和这样的道德事实上是不存在的。我们认为，道德不只是有人的工具的一面，同时也在不同程度上塑造人和肯定人。人的最基本的需要是生存发展的需要，道德需要则是人发展过程中必然产生的新的需要。既然道德是人需要的一部分，那么它就在一定意义上成为人的一种目的，并通过主体的道德实践来改造对象，使之更符合主体的目的要求。可见，道德既具有目的的意义，又具有工具的意义，两者共存于道德发展之中，仅从工具的意义上说明道德的本质是不全面的。

的确，在调节个人利益和社会利益关系的道德领域，主体的尺度具有更重要的意义，它反映了客体对主体具有的意义这种价值关系。然而，在有主体尺度存在的地方，就必然有客体尺度的制约，仅仅认识到道德的价值属性一方面，还不足以说明道德的本质。我们必须继续探寻：主体的尺度从何而来？主体的尺度是主体自身的规定吗？此外，如前所述，在道德领域，道德认识和活动的主体是自由的。这里的问题在于，主体正是基于一定的社会客观条件和特定的实践范围与方式形成自身的道德目的和价值观念的，它是先前道德、实践的结果。人的自由自觉的创造性活动是由物质关系前提决定的，这些前提作为社会人的需要和利益表现出来，而后形成主体的尺度。因此，主体尺度的形成和改变是在与客体的交互作用中进行的。客体尺度作为一定社会生产力和生产关系表现出来的利益关系，对个体来说仍是一种不依赖于主体意志的“社会存在”（尽管它是由个体活动造成的），它具有社会客观性。比如个人利益，它本身就是由社会所决定的，而且只有在社会所创造的条件下并使用社会所提供的手段才能达到。主体的尺度不是主体个性的表现，它的内容是由一定社会条件提供的。诸种利益关系的矛盾也不是靠利益本身的调节能够解决的，而是取决于利益以外的客观发展。不同层次的主体在有目的地追求利益中彼此冲突，但社会发展仍呈现出规律性。因而，道德发展的动因不能只从主体身上寻找，而应在主体和客体的关系中去发现。主体的尺度既应该是维护个人利益的标准，同时又是有目的地促进他人和社会发展的标准，是个人利益、他人利益和社会利益关系的真正和谐。所谓和谐，就是一种人与人在社会关系中表现出来的价值，即善的价值，既肯定个人的发展，但同时又是他人和社会发展的条件。它还包括“行为价值”或“活动价值”的善。它是物质和精神相统一的价值类型，反映的是包容个人正当利益的社会整体利益和社会未来发展的利益。这是善的最高表现。

道德的使命就在于创造和谐

和谐是历代思想家所关注的一个概念。中国伦理思想史上重视人伦关系的和谐有其合理的一面，因为和谐是社会发展的必备条件。然而，这种和谐是以牺牲多数个体的生存和发展权利为沉痛代价的，追求此种和谐必将使人性日益衰落。现代西方的各色各样的伦理学流派，无论是否自觉意识到，它们也都在寻找能使人们的道德意识和行为更好地适应现存社会制度，把个人利益和统治阶级的利益协调起来的机制。可以说，在当今的世界环境中，研究和谐具有更深刻的伦理意义和社会意义。

讲和谐并不是给人设想一个理想国，而是着意强调和谐是在人类历史的发展中实现的。和谐以发展为基础，它是一个不断创造的过程。因为人和自然的改造和被改造的关系是整个人类社会的基础，它规定和制约着人类社会关系的性质和和谐程度。西方新弗洛伊德伦理学的主要代表人物弗洛姆，试图从人与生俱来，且又不能改变的“人性”中寻找实现“和谐”的力量，这显然是不科学的。他指出，人的存在矛盾迫使人去无休止地寻找新的平衡与和谐，寻找与自然界、与他人以及自己相统一的更高形式。他认为有两种解决方式，一是发展他具有的人性力量，二是回到自然界。和谐也绝不会在各种“益趣”的对比中实现，如美国20世纪初新实在论运动的领袖培里所说，选出一种能包容和调和一切益趣的最高价值，结果产生一个和谐的社会。

从人类道德发展的历史来看，人们围绕着利益关系的处理和调节所表现出来的有关善恶的意识和观点，林林总总，不胜枚举，构成各种道德体系的核心内容并贯穿在人类道德发展的各个阶段。由于不同时代中个人利益与社会利益结合的性质和形式不同，道德的发展表现为从社会关系的同一、对立直到更高和谐的曲折的辩证发展过程。与这一发展过程相一致，主体在与客体的交互作用中，也由自知阶段上升到自强阶段，直到自由的阶段，人的主体性，即人的自觉的能动性和创造的特性，作为主体的质的规定性也在自己的发展中得以充分地发挥和展现。

原始社会的道德是人类历史上首先出现的道德类型，它是建立在个人利益与社会利益一致基础之上的。它以同一的社会关系形式出现，但自身已包含有否定的因素。原始社会道德是在历史发展的双重因素影响下产生和形成的：一是原始人自我意识的形成，这是人与人道德关系形成的内在心理基础。通过劳动，原始人开始有意识地从自然界中挣脱出来，并把自己与自然相对立；在人与人的关系方面，它以个体身份从群体中分化出来，成为一个相对独立的存在。这些标志着人的主体地位的基本确立。二是由于社会分工的发展，社会关系进一步复杂化，人们为了氏族组织的存在，当然也是为了自身的生命活动得以维持，需要有一定的准则、禁令、礼仪等来规范人们的行为。可以说，人创造了道德，更确切地说，道德是人适应社会关系的需要而建构起来的。由于原始社会的道德是在社会生产力极其低下、人的主体意识刚刚形成、社会关系处在同一状态的条件下生成的，因而主体对客体仅有初步的、朦胧的认识和活动，远不是真正占有客体的自由主体，我们称之为“自知的主体”。原始社会的道德不是人类追求的理想状态，但它毕竟是人类走向自由和和谐的开端。在以私有制经济为基础的奴隶社会、封建社会和资本主义社会，其道德的基本原则和主要规范大都同占统治地位的阶级的利益密切相关并为其服务。由于社会分裂为两大对抗的阶级，社会的和谐状态被彻底打破了，代之以矛盾和斗争，这是阶级社会的基本事实。但是，社会统治者往往要重新调整利益关系，重视社会整体利益的发展，他们的道德就具有一定的进步意义。同时也不能否认人类在这一历史阶段所创造的价值和落后阶级称之为“恶”的行为对人类走向和谐的意义。道德的调节功能及其调节范围尽管有限，但仍然存在。阶级社会道德反映对立的社会关系是主导方面，反映同一的社会关系则是次要方面。尽管人的主体性受到异己力量的摧残和扼杀，但它并不甘心于异己力量的束缚和压抑，要争取人的地位和尊严，必须通过斗争才能走向自强。从某种意义上讲，阶级社会的利益冲突是人类追求和谐理想的表现。

我们今天所处的时代是社会主义的初级阶段，由于多种经济成分的存在、不同利益集团的存在，反映在道德上，就表现出道德的层次性。尽管我们不能用道德上最高层次的要求去规范社会一般成员的行为，但是我们也不能忽视大力提倡和宣传社会主义高层次道德要求的重要意义。我们认为，从社会主义初级阶段人民群众的个人利益和社会利益在根本上的一致性以及客观上存在的矛盾状况出发，我们必须遵守社会主义的价值原则，即社会利益高于个人利益，长远利益高于眼前利益，全人类利益高于民族的局部利益。任何一个人要想成为一个自由的道德主体，不仅要面对现实，正确处理社会、集体和个人三者之间的利益关系，而且要注重社会未来发展的利益，向更高的道德阶梯攀登。这是由自强阶段的主体向自由阶段的主体的过渡。未来的社会道德是建立在社会利益与个人利益一致性的更高基础之上的，如马克思、恩格斯所预言的，未来的共产主义社会就是一种自由联合体，个人只有在集体中才能获得全面发展，也就是说，只有在集体中才能有个人自由，而每个人的自由发展又是一切人自由发展的条件。这是和谐的实现，是人的本质的全面体现。马克思指出：“因为人的本质是人的真正的社会联系，所以人在积极实现自己本质的过程中创造、生产人的社会联系、社会本质，而社会本质不是一种同个人相对立的抽象的一般的力量，而是每一个单个人的本质，是他自己的活动，他自己的生活，他自己的享受，他自己的财富。”[2] 主体有目的地、积极地创造真正的社会联系，在主体的对象化过程中实现主体应有的生活，在客体改变了的状态中确证人作为主体的力量，同时使主体本身也得到全面、自由的发展。道德实践作为一种精神上把握和占有世界的方式，也同样遵循着这样的发展过程。道德的使命就在于创造适合人的本质力量全面发展的“真正的社会联系”——和谐。

今天，我们面临的是改革的大潮，改革的实质是利益关系的调整。与改革前相比，可以说，是还给个人正当利益实现的权利，这无疑是正确的。尊重人的地位和价值，是改革的源泉和动力，在理论上，又是对改革前重社会、轻个人历史的一个扬弃。以前侧重于社会及个人服从与牺牲，忽略了个人正当利益的满足，但这并不意味着现在可以走向另一个极端，可以不讲社会利益，不讲个人需要服从社会利益，视社会利益、他人利益为个人利益实现的“地狱”。这不是道德上的应当，在一定条件下，还可能触犯法律。道德谴责损害全民利益的一切行为，道德还为个人、集体发挥主动精神提供必要的自由，引导个性更丰富地发展。理解和把握道德的本质，有助于个人健康的发展和完善，有利于社会的进步，这是道德的真正本质所在。

注：

［1］列宁：《哲学笔记》，第 229 页。

［2］《马克思恩格斯全集》第 42 卷，第 24–25 页。

（原载《中州学刊》1989 年第 1 期）

道德属性探析

道德的本质是主体通过个人利益和社会利益（包括他人利益和集团利益）关系的调节，有目的地创造和维护社会关系和谐的一种实践精神[1]。由道德的本质所决定，道德自身还有多种属性。其中，道德的社会性和个体性，道德的客观性和主观性，道德的受动性和能动性是道德的基本属性。把握这几个基本属性，就能够更好地阐释纷繁复杂的道德现象，说明道德的存在、功能和运行机制，对理解道德的主体性也不无裨益。

对于道德的客观性和主观性，国内已有人涉足过，本文仅就其他两个基本属性做些分析。

道德的社会性和个体性

从道德的存在、起源和运行过程分析，我们可以从观念上认识道德的这一基本属性。

道德是在人类社会关系中形成和得以存在的，而社会关系主要指的是社会的个体与个体组成的社会之间的联系。在对社会关系的理解上，我们既不同意只讲社会及其发展，而看不到个体及其作用，又不赞成只强调个体，甚至是游离于社会之外的个体，而看不到个体就是社会的个体，是由各种社会关系规定的特殊的个体。马克思、恩格斯指出："社会关系的含义是指许多个人的合作"[2]，"社会……是人们交互作用的产物"[3]。如果我们承认道德是社会关系的产物，是适应社会关系的需要而生成的，那么，它就内含着不可分割的两种属性，即道德的社会性与个体性。

在原始社会的早期，社会是一个完整的、社会分化不大的整体。这个时期的特点是个人和部落融为一体，没有"你""我"之分，正如马克思所指出的，"人……只是历史过程的结果。最初人表现为种属群、部落群、群居动物……"[4] 为了生存，他们必须结成群体。当人们还不能生产多于他们的肉体生存所必需的产品时，也就不需要特殊的道德保证。随着社会分工的发展，有了剩余产品，社会关系也趋于复杂化，要求有行为准则和规范，从道德上协调当时的社会关系。与这一历史过程相伴，原始人的自我意识逐步萌生，他们从群体中挣脱出来，成为一个相对独立的个体。因此，道德的生成既有社会的需要，又必须有人的自我意识的形成，因为人是道德活动的主体，没有自我意识的主体仍然是客体。在他意识不到人我关系的存在和社会集团对自我的要求时，他就不可能具有什么道德。

从道德的发展和人类的道德实践活动来看，道德同样具有社会性和个体性。无论是社会道德发展运行的一般过程和规律，还是个体独特的人格特征和内心的道德世界，道德的这一属性都内含其中。现实的道德活动都是处在特定社会关系之中，具有特殊的实践范围和方式，有其特有需要和追求的具体的个人活动。我们在强调道德的社会性的同时，不能否认相对独立的个体道德的存在。人类道德的发展，是社会道德与个体道德交互作用的产物。历史上每一个时代的道德都是对个体行为的规定和调节，而个体往往是从自身的利益出发去审视和接受社会道德要求，并在各种利益关系的调整中形成和实现自己的道德追求，即个体总是积极地从道德上把握眼前的道德世界。社会道德作为人类长期经验的传授和积累，作为相对稳定的价值体系，它又以一种社会意识的存在方式影响着个体道德。个体的道德意识、价值观念，无不打上时代的印记。因此，对人类道德史和现实道德生活的说明，无论是只谈社会道德发展的一般过程，还是把道德仅仅归结为个人需要和个体生命活动的一部分，都是不够科学的。

换言之，道德的社会性与个体性是道德自身具有的不可分割的两种属性。如果肯定了道德的社会性，那也必须同时承认道德的个体性，否则道德的社会性必将因缺乏具体的内容而成为空洞的抽象。个体道德又具有社会的属性，它不可能脱离当时的历史条件和活动范围形成自己的道德观念。道德的个体性与社会性具有内在的必然的联系。我们批判以往历史上一些哲学家从抽象的个体、人性出发研究道德的方法，是因为他们脱离了一定的社会关系去研究人类个体，不可能说明人的本质和道德的本质。但是，我们不能从一个极端走向另一个极端，从抽象的个人跃向抽象的社会，使道德的发展失去主体，而仅仅是规律的运动。

道德的社会性使个体道德具有明显的时代烙印，道德的个体性使社会道德具有了充实的内容。它们不仅相互依存、彼此包含，而且彼此制约、相互作用，并在一定条件下相互转化。

一方面，个体道德是社会道德的特殊化、个体化；另一方面，个体道德不断地参与和改变着社会道德。当然，进行道德实践的个体都是特殊的、有差异的，其人格和行为对社会产生的影响也是不同的。另外，由于不同时代的社会道德往往反映不同的利益关系，这对个体道德的形成，以及对社会道德的作用都是一个比较复杂、需要具体分析的问题。从总体上看，道德的社会性与个体性的关系如何，往往是社会生产力和社会生产关系基本矛盾的一个反映。

我们应该看到先进的个体道德对社会道德以及未来所产生的精神力量和价值。当社会道德不能反映社会生产力发展要求时，社会道德的变革就到来了，而这首先反映在少数个体身上。先进的个体道德冲击着社会现实，积极地争取社会的共鸣。由于先进的个体道德反映新的社会需求，有着深刻的社会基础，所以，它或迟或早会得到社会的认可和接受。例如，我们正在进行的这场改革，也必然引起道德观念的变化。尽管开始难以被大多数人所理解和自觉接受，但适应生产力发展的新的道德观念、价值标准必将代替旧的、失去生命力的道德观念和标准。通过个体的道德活动，社会道德就会上升到一个新的水平，并以它新的高度重新规定和制约个体道德。先进的个体道德也会登上新的道德水平线，根据新的社会需要进行新的创造。人类的全部道德活动就是在个体道德与社会道德的辩证运动过程中展开的。

全面地理解道德的社会性与个体性的辩证关系，使我们看到，道德的发展也是一个鲜活的、具有丰富内容的社会道德实践过程，也是以人为主体的积极的创造过程。但是，必须看到，个体的思想、道德素质是历史和现实知识、经验的一种积淀，要改革现实，创造未来，他就必须在参与改革的同时，改造自我，超越自我，使自己的行为和观念更符合社会发展的要求。辩证法就是如此，道德水准的高低离不开个体的积极活动，而个体要成为旧道德的批判力量，他必须在深刻洞察和了解社会发展的必然规律的基础上，来建构自己的道德模式。这样的个体道德一经注入社会道德领域，就会产生一股强大的精神力量，对社会道德产生积极的影响。相反，游离于社会之外谈个体道德的崇高与完美，如同谈社会道德的发展而没有个体的积极参与一样，都是抽象的，在现实的道德发展中是毫无意义的。

道德的受动性和能动性

道德作为人类精神活动的重要内容，以自身特有的认识功能、调节功能、教育功能、预测功能等作用于社会的物质生活和精神生活，表现了自身的能动性。然而，人类的道德活动又受主体内在机制和外在机制的双重影响和制约，因此道德的受动性是客观存在的。

首先，道德意识是在人的有目的的道德活动和社会客观制约性的矛盾统一中确立的。人的活动是一种有目的的对象化活动。在道德领域，主体不是被动地接受社会道德的要求和戒律的。他是在自身的利益和需要的基础上，经过积极的道德选择来建构自己的道德模式的。他可能确立与社会道德要求一致的价值目标，也可能与之相对。道德意识是道德活动的前提，也是个人道德自由的表征。然而，道德意识的形成不是个体随心所欲的自由选择，它们自觉或不自觉地总是在外在世界提供的物质前提和文化背景下形成。“人们是自己的观念、思想等等的生产者，但这里所说的人们是现实的、从事活动的人们，他们受着自己的生产力的一定发展以及与这种发展相适应的交往（直到它的最遥远的形式）的制约。”[5] 以道德目的为例，道德目的是道德构成中最具能动性的要素，但它也具有受动性的一面。道德目的作为道德行为的起点，其意义在于，道德目的是道德活动所要创造的未来事物在观念上预先建立起来的主观映象，或者说，它是作为内心的意向，作为需要、动机和内驱力而在观念上预先提出和设定的关于道德活动创造的对象。但是，道德的目的并不是人们头脑中先天固有的或主观臆想出来的，而是先前人们对人与客观世界关系的一种反映，是在调整社会利益关系中形成的。人们追求善的目的，就是在人头脑中以主观观念的形式预先存在的先前实践的结果。人的生命活动的价值和意义、人的自由等，这些作为道德目的也都是先前行为的结果，是对先前历史时期人类道德活动的一种经验积累和沉思的结晶。正如列宁所指出的：“事实上，人的目的是客观世界所产生的，是以它为前提的……认定它是现存的、实有的，但是人却以为他的目的是从世界以外拿来的，是不以世界为转移的（‘自由’）。”[6]

其次，主体创造、选取道德手段，但不能主观臆造道德手段。手段作为主体作用于道德现象界的中介，对道德功能的发挥具有重要意义。手段和目的是联系在一起的，它的规定性就是达到和实现目的的手段，而不是单纯依靠自我规定的东西。手段除了受目的的规定之外，其选择还要受到历史的和现实生活的制约。“人们自己创造自己的历史，但是他们并不是随心所欲地创造，并不是在他们自己选定的条件下创造，而是在直接碰到的、既定的、从过去承继下来的条件下的创造。”[7] 人一来到这个现实世界，就直接遇到了从过去继承下来的、既定的、现成的生活环境。这种环境不顾他的意志，总是预先规定了他的生活条件和现实需要。他只能根据现实需要，凭借他已经掌握的现实的手段，提出目的和实现目的。当人们的需要与现实生活发生冲突时，人们就会改变这种生活环境，形成相应的目的，而为了实现这种目的，人们又会积极创造新的手段。但这一切都不能离开现有手段的基础。任何人为的、主观的超越，都会带来不良的后果。此外，手段的选择和采取既要考虑到具体目的实现的功用价值，又要考虑到总的目的的实现。

再次，主体道德力量的发挥受制于对象界的发展规律。在道德领域，主体道德活动的直接对象是他人或社会。由个体组成的社会并不以某一个体的意志为转移，而是自身有其发展的客观规律。另外，还由于道德领域中都是有动机、有目的的人的活动，他们都有能动性的一面，因此，主体的活动受到个体主体和类主体的限制。更重要的问题还在于，表面上看起来为追求各类动机、目的活动的道德界，也是有规律可循的。黑格尔指出：“善的主观性和有限性就在于它以客观世界为前提，作为他物的客观世界走着自己的道路。所以，从作为善的前提的客观世界这方面来说，善的实现本身就会遇到阻碍，甚至会碰到无法解决的问题。”[8] 列宁充分肯定了黑格尔的这一思想并加以唯物主义的改造，“客观世界‘走着自己的道路’，人的实践面对着这个客观世界，因而目的的‘实现’就会遇到‘困难’，甚至会碰到无法解决的问题。”[9] 因此，我们必须在承认对象界是有规律的前提下谈人的道德创造性，这就是道德的最根本的受动性。然而，需要指出的是，对象界的规律是人们道德、实践的必要条件，也为人类的道德发展提供了可能的趋势。但它还不是道德运行的充足条件，人类道德发展也绝不是纯粹客观的无主体的自然过程。因此，在一定社会条件下（包括社会道德状况），人仍有道德选择、道德创造的空间。人类将不断地超越对象界给定的东西，按照善的尺度去改造现实世界，反映出道德的能动性。

最后，主体的道德创造还受制于主体自身的智力、体力、心理等因素。主体是道德活动的启动者，道德行为方式及手段，道德活动的性质、意义和活动结果，在很大程度上取决于主体自身的创造。除此之外，主体的道德创造又受到主体内在素质的制约。主体的世界观、方法论及人格因素影响着人们对现实道德生活的判断和预测，决定着他们道德活动的取向和道德模式的建构。主体的信念、意志、情感等心理因素和生理条件，也在不同程度上制约着人们道德行为的选择和践行。

认识道德的能动性和受动性这一双重属性，至少给人这么一点启示：制约道德发展的因素有客观的，也有主观的，客观方面的因素相对于一代人来说是既定的，它的变化是缓慢的，主要靠人来变革；主观的因素是相对于客观方面的因素，它是易变的。社会道德的运行靠的是主体在改造现实世界中超越自我，重塑自我。健全的主体精神是今天社会主义道德建设的决定性条件。因为无论是认识和掌握客观存在及其规律性，还是在既定条件下的创新与进步，都是主体道德实践的结果。所以，必须进一步发扬人的主体性，强化每一个人的道德责任感和使命感。

注：

[1] 乔法容：《道德本质新论》，载《中州学刊》1989 年第 1 期。

[2][3]《马克思恩格斯选集》第 1 卷，第 34 页。

[4]《马克思恩格斯全集》第 46 卷上册，第 497 页。

[5]《马克思恩格斯选集》第 1 卷，第 30 页。

[6] 列宁：《哲学笔记》，第 201 页。

[7]《马克思恩格斯选集》第 1 卷，第 603 页。

[8][9] 列宁：《哲学笔记》，第 230–231 页。

（原载《郑州大学学报》1993 年第 3 期）

论道德义务

马克思主义伦理学不仅是一门理论科学，而且是一门实践性很强的科学，科学的理论和革命的实践相结合是这门科学区分于以往任何伦理学体系的显著特点。马克思主义伦理学体系中的义务范畴就集中地体现了这一特点。义务产生于人与人发生社会关系的一切活动领域中，一定的社会或阶级又往往把它作为一定的道德要求，并力图通过人们内心信念的作用使之成为人们在道德实践活动中所应遵守的普遍原则。义务不仅告诉人们“应当”如何，而且注重给“应当”以理论的说明。因此，马克思主义伦理学中的义务范畴在道德理论和道德实践活动领域中占有十分重要的地位，而且它又是沟通马克思主义道德理论和道德实践活动领域的重要环节。今天，我们进一步研究这一范畴，不仅对于加强马克思主义道德科学的理论建设是必要的，而且对于人们树立共产主义义务观，以及对于社会主义现代化建设都有着重要的意义。

如何理解义务

马克思主义认为，人是一切社会关系的总和，在人与人相互交往的实际生活中，人类有着各种各样的需要，如劳动的需要、自然本能上的需要、某种物质或精神上的需要以及阶级、政党和社会集团的需要等，简言之，即各种社会的需要。各种需要呈现为一个纵横交错、非常复杂的社会系统。人类的需要是维持人类自身存在和历史发展的基本条件，因此，马克思向来重视人类需要的社会价值，认为“‘价值’这个普遍的概念是从人们对待满足他们的需要的外界物的关系中产生的”。[1] 人们为了满足自己的需要，根据各种各样的实际情况，向自己提出各种有效的任务或义务要求，以达到本身所需要的目的。马克思、恩格斯从人类的需要出发，批判了以往历史上人们习惯于以他们的思维而不是以他们的需要来解释他们的义务的唯心主义世界观，指出：“在现实世界中，个人有许多需要，正因为如此，他们已经有了某种职责和某种任务，至于他们是否也在观念中把这一点当作自己的职责，这在一开始还是无关紧要的。”[2] 又说：“任务是由于你的需要及其与现存世界的联系而产生的。”[3] 可见，义务是历史发展的必然性和人类需要向人们所提出的客观要求，是不以个人意志为转移的。

这里，马克思主义所讲的人类需要既不是指动物的生存本能的需要，也不单纯指人的自然需要，人类的需要具有社会性，它表现为社会的需要。费尔巴哈正是企图从人的自然需要方面来寻找义务的根源和本质，结果，他和他的先驱者一样一无所获，仍旧在唯心主义的基地上踏步不前。马克思主义伦理学依据唯物史观，坚持从社会需要出发的观点，第一次正确地解决了义务的根源、实质和内容等问题，从而使对义务这一范畴的解释真正地建立在社会现实的基础上。

自人类进入阶级社会以来，社会需要就集中地表现为阶级的需要。由于这个历史原因，马克思主义在揭示社会需要对义务形成的必然性时，往往强调和注意的是阶级的需要，尤其是无产阶级的阶级需要。在资本主义的统治下，无产阶级每天像牛马一样地工作和生活，竞争使他们降为买卖的对象和单纯的生产力，而且连唯一赖以糊口的基本生活需要都不能满足，无产阶级的现实状况和实际需要决定了无产阶级的历史使命和神圣义务就是消灭现存的生产关系和社会制度，正如马克思、恩格斯所说，无产阶级“连直接属于他的人的本性的那些需要都不能满足”。[4]“因此这个无产者已经有了现实的任务：使现存的关系发生革命。当然他可以把这件事想象为自己的‘职责’。”[5]

马克思、恩格斯的论述说明，职责是一定的社会或阶级向该社会（阶级）成员所提出的任务或义务要求在个人观念上的反映，是个人对社会、阶级或他人所应承担的社会责任，它以观念的形式反映了社会发展的客观必然性，反映了阶级的需要、社会的需要和历史发展的需要。正是在这个意义上，马克思、恩格斯深刻地指出，使命、理想、职责或是“关于物质条件所决定的某一被压迫阶级的革命任务的观念”，或是“以观念形式体现在法律、道德等等中的统治阶级的存在条件”，或是“对个人、阶级、民族随时都必须通过某种完全确定的活动去巩固自己地位的这种必要性的有意识的表达”。[6] 人们对自己职责的理解，表现了他们对该社会或阶级所提出的义务或任务要求的认识程度。对个人来说，任务或义务是以被动的形式反映了一定社会或阶级的历史要求，职责则以主观的形式反映了个人对一定的社会或阶级的任务要求的自觉认识，尽职责就包含着履行义务，尽义务就表现为履行职责。正因为如此，马克思、恩格斯在揭示反映人类社会需求的义务范畴的本质时常常使用“职责”这一概念形式。职责或义务归根结底产生于一定的社会经济条件，是社会存在的反映。一个离群索居、完全脱离了现实生活的人，是不可能产生任何职责或义务的。马克思、恩格斯曾指出：“如果使这个我脱离他的全部经验生活关系，脱离他的活动，脱离他的生存条件，脱离作为他的基础的世界，脱离他自己的肉体，那么他当然就不会有其他职责或其他使命。”[7] 总之，义务范畴不过是现实的道德关系和个人活动方式的相应的和有意识的表达，它以特有的方式反映着历史的、变化着的各种不同的物质生活条件和经济关系的性质。

某一阶级的历史任务或使命是这个阶级的社会需要和社会要求的反映，这个阶级的成员具有什么样的职责和义务，是和这个阶级的历史任务和使命相联系的。为了实现某一阶级的历史使命和根本任务，这个阶级总是要借助于道德的社会作用和力量，向自己的成员提出某些符合这个阶级利益的义务要求，以此作为实现本阶级历史任务的重要手段。并非所有的任务和义务要求都能成为人们的道德义务的行为，只有使社会要求同人们的道德情感相融合，转化成人们的内心信念，变成人们自觉自愿的行为时，某种任务或义务的要求才可以成为道德义务的行为。从主体方面来说，它表示个人对社会、阶级或他人所应承担的道德责任或职责；从客体方面来说，它表示的是社会、阶级或他人对个人行为的基本道德要求。可以说，它是社会需要和社会要求与个人道德责任感的统一，而内心信念是实现社会义务向道德义务转变的主要环节。没有内心信念的作用和高度的道德责任感，也就不会产生道德义务的行动，社会义务转变为道德义务的内在条件并不在于社会义务要求本身，而在于行为主体对社会道德要求的认识和反映程度。马克思主义伦理学所讲的义务范畴就是指道德义务。如果是出于某种个人目的、贪图某种报偿的动机去履行义务，即使为了义务而履行义务，那么，这种履行义务的行为也不具有道德价值，因而也不能称作是道德义务的行为，这是道德义务的特点。正是在这个意义上，列宁深刻地指出，共产主义劳动作为一种道德义务的行动，“不是为了履行一定的义务，不是为了享有取得某种产品的权利……而是自愿的劳动……是根据为公共利益劳动的习惯、也必须为公共利益的自觉要求（这已成为习惯），来进行劳动。”[8] 可见，某种任务或义务的社会要求和人们的内心信念相结合，是构成道德义务行为的不可缺少的两个方面。马克思主义从主体和客体的相互关系中去把握这一社会道德现象，从而使长期争论的这一道德范畴成为科学的理论。

义务反映了社会需要的客观要求，从根本上来说，是对个人利益和社会利益关系的反映。如果一个人不是为了社会或他人的利益，而是为了个人利益而去履行义务，这种行为就不是道德义务的行为。道德义务反映了现实生活中个人需要服从社会需要、个人利益服从社会利益的社会要求。在阶级社会中，各个阶级的社会需要是以这个阶级的政治和经济利益为基础的，因而义务的内容就不能不打上阶级的烙印，从而这样或那样地反映一定阶级的利益要求和愿望，或者为维护统治阶级的利益服务，或者为被统治阶级的利益进行辩护，各个不同的阶级有着不同的义务内容。马克思、恩格斯深刻地揭示了阶级社会中义务范畴的阶级本质，认为义务是“统治阶级为了反对被压迫阶级的个人，把它们提出来作为生活准则，一则是作为对自己统治的粉饰或意识，一则是作为这种统治的道德手段”。[9] 作为伦理学的基本范畴，义务的内容总是要受到一定阶级或一定社会的道德原则和道德规范的制约和支配，十分明显地表达这个阶级的利益和要求。虽然道德义务是一个具有普遍意义的道德范畴，但它的内容却总是具体的、历史的，不管它采取何种具体的历史形式，都可以追溯出它和某一社会或某一阶级利益的联系。尽管资产阶级思想家康德把义务说成是和社会利益毫无联系的空洞抽象，但实际上是曲折地表达了软弱的德国资产阶级的意志和利益。

无产阶级的义务观体现了无产阶级对自己所担负的历史使命和革命任务的深刻理解，反映了社会发展的规律性。它是和实现共产主义这一最终目的相联系的。刘少奇同志指出：“我们的责任就是要遵循人类社会发展的规律，推动社会主义和共产主义事业不断前进。”[10] 对共产主义道德来说，最崇高、最根本的义务就是完成和巩固共产主义事业。在集体主义道德原则的指导下，无产阶级还把爱国主义、国际主义和诚实劳动作为全体社会成员的义务，提倡爱人民、爱科学、爱社会主义的社会公德。在我国社会主义现代化建设中，义务的内容集中反映了建设高度的社会主义物质文明和精神文明的社会要求。这种义务要求一旦转变为每个社会成员的义务感，形成亿万人民群众的内心信念，将会对实现四化大业产生积极的影响。因此，加强共产主义道德教育，提高人们的思想觉悟，陶冶人们的道德情操，增强人们高度的道德责任感，是我们面临的一项重要任务。

如何培育人们的道德义务感

人们总是从某种道德理想的高度去判断行为的利弊，在一定人生观的指导下去权衡某种义务行为的价值。因此，重视人们如何才能够自觉地履行道德义务的问题，说到底，就是教育人们如何树立科学的世界观和崇高的道德理想的问题。一个树立了共产主义的世界观和道德理想的人，即使在遭受挫折、身陷囹圄的情况下，也仍然不忘阶级的义务、民族的义务，总是勤勤恳恳、任劳任怨地为党、为人民尽职尽责，努力工作。反之，如果忘记了党的历史使命和最终目的，忘记了国家、阶级和民族的利益及其义务要求，那么，他们在自己的本职工作中，就不可能自觉地履行好本人的劳动义务，也不会很好地履行各种各样的社会义务。因为社会主义社会的各种义务要求，在本质上都是和共产主义的伟大事业联系在一起的。人们能否为实现共产主义这一崇高理想而奋斗，就特别明显地表现为他们履行各种社会义务的自觉程度。因此，树立共产主义的世界观和道德理想是人们自觉履行道德义务的根本保证。在今天，一个决心为共产主义事业而奋斗终生的无产阶级战士，他的最高社会义务就表现为为实现四化、振兴中华而努力工作。这是社会的需要、时代的要求、阶级的重托和人民的希望。

有些人一听到谈履行义务，就感到受约束、受限制，这是因为他们不懂得履行义务是以认识社会义务产生的必然性为基础的。作为现实的人，处于特定的社会关系当中的人，你就负有一定的责任和使命；作为一个社会主义国家的公民，你就应该履行宪法所规定的最起码的义务要求；作为一个党员，就应该严格地按照党员的标准来要求自己；一个党的干部，他的主要社会义务就在于一切从人民的利益出发，全心全意为人民服务。任何个人在家庭关系中都担负有家庭的义务，在工作中负有职业上的义务，在社会中负有对阶级、国家和民族的义务。黑格尔曾正确地指出："义务限制的并不是自由！而只是自由的抽象，即不自由。义务就是达到本质、获得肯定的自由。"[11]义务只是在人们还没有真正认识伦理性的必然关系的规定之前，对出于人的自然意志冲动的一种约束，而当人们认识到伦理的必然性，也即认识到各种社会关系对个人的规定时，人们就会摆脱自然意志的冲动和主观特殊性的规定，获得履行义务的自由。无产阶级的道德义务，正确地反映了社会发展的客观规律和人民群众的根本利益，完全符合社会发展的方向，人们履行道德义务，就是按照社会的发展规律办事。人们对这种规律性的认识越深刻、越正确，履行道德义务的自觉性就越强，从而在他们履行义务的道德实践活动中也就越自由。如果通过道德实践活动和自我意识发展的过程把这种义务要求逐渐变成自己的血和肉，就可能成为人们本能上某种必需的东西和内心的喜悦。现实生活中有些人不愿意履行自己的社会义务，并不是对于个人义务毫无所知，而在于不了解履行道德义务中的自由和必然的辩证法。

正确处理各种义务之间的关系，也是人们自觉履行道德义务的一个重要方面。社会主义以公有制为基础，人们之间的道德关系表达了社会利益和个人利益、社会需要和个人需要的一致性，社会向人们所提出的义务要求集中地反映了无产阶级和广大人民群众的意志和利益，这就为各种不同类型的义务最大限度地和谐和结合起来提供了客观基础。但是，在履行义务的实际过程中，各种义务之间也往往存在着一定程度的矛盾，这就要求人们正确处理各种不同的义务要求，尽可能使它们协调起来，共同服务于社会主义建设事业。在马克思主义伦理学看来，人们履行对亲属、同志和朋友的义务，无疑是道德的行为，而且对实现无产阶级的根本任务、履行无产阶级的最高义务也是必要的和有利的。但在履行各种义务的过程中，我们更强调的是要履行好对国家、阶级、政党、民族和国际主义的义务。马克思、恩格斯曾指出："个人的生活条件总是和一定阶级的生活条件相一致，因而任何一个新兴阶级的实际任务，在这一阶级的每一个人看来都不能不是共同的任务。"[12] 如果一个人不具有为国家、民族的利益而勇于献身的精神，就很难想象他会自觉自愿地去履行好对亲属、同志以及职业的义务。列宁说得好："我们承认有同志的义务，承认有支持一切同志的义务，有容纳同志意见的义务，但是在我们看来，对同志的义务从属于对俄国社会民主运动和国际社会民主运动的义务，而不是相反。"[13] 这是我们在现实生活中处理各种义务关系的基本原则。在今天的社会里，涌现出了大批的共产主义新人，这一事实告诉我们，用共产主义义务观培养和教育我国的人民，增强建设社会主义和共产主义的自信心和道德责任感，不仅非常必要，而且完全可行。

注：

[1]《马克思恩格斯全集》第 19 卷，第 406 页。
[2]《马克思恩格斯全集》第 3 卷，第 326 页。
[3]《马克思恩格斯全集》第 3 卷，第 328 页。
[4][5]《马克思恩格斯全集》第 3 卷，第 327 页。
[6]《马克思恩格斯全集》第 3 卷，第 491-492 页。
[7]《马克思恩格斯全集》第 3 卷，第 326 页。
[8]《列宁全集》第 30 卷，第 475 页。
[9][12]《马克思恩格斯全集》第 3 卷，第 429 页。
[10]《论共产党员的修养》，第 28-29 页。
[11] 黑格尔：《法哲学原理》，第 168 页。
[13]《列宁全集》第 4 卷，第 233 页。

（原载《河北大学学报》1985 年第 4 期）

道德义务及其特点新解

对道德义务的认识及其履行，直接影响到社会道德的进步。当前，全社会在热切呼唤道德、良知，希望遏制道德“滑坡”势头，尽快全面改善社会道德现状。基于这种现实，从理论上探索道德义务及其特点，显得尤为重要。

一

在伦理思想史上，对于道德义务有不同的解释。宗教伦理学从神的意志方面来解说，认为义务是神赋予人们的神圣使命。理性主义者从理性、精神来理解义务，把义务说成是由绝对精神或纯粹理性发出的“绝对命令”。功利主义则从人的自然本性、人的欲望出发，把义务归为人的需要的产物，或者把义务和人的需要绝对对立起来，强调义务的外在强制性。值得分析的还有产生于20世纪英国的直觉主义伦理学的观点。

直觉主义分为两派：一派是以穆尔为首的价值论直觉主义，另一派是以普里查德为首的义务论直觉主义。穆尔用善来规定义务。他说：“只能把我们的‘义务’规定为：比任何其他可能的选择都会在人类中产生更多的善之行为……因此，当伦理学大胆断言某些行为方式是‘义务’时，它无非是大胆断言：按照哪些方式来行为的，总是会产生可能最大的总善。”[1] 那么，什么是穆尔所称的善呢？他用逻辑分析的方法得出结论，善是独特的、独立自有的、单纯的概念，对它不能分析，不能下定义。对行为结果善恶的判断靠的是人的“直觉”和“常识”。穆尔用善的总量来界定义务，是对功利主义从人的感情、愿望出发，把义务归结为或等同于快乐、幸福或利益的论证方法的批判和否定，但当他用行为的结果给义务下定义时，表明他并不反对功利主义的结论。穆尔的直觉主义最终陷入了主观主义和伦理相对主义，道德义务成为一个难以解说的范畴。

牛津的道德学家普里查德首先提出义务论直觉主义，来批判穆尔的价值论直觉主义，布洛德和罗朗也基本认同。义务论直觉主义者认为，“义务”是客观的、独立自在的宇宙的现象，如同“自然规律”、“逻辑和数学真理”一样是自成的，也是基本的、第一性的，不能推导和定义的。在把道德义务本体论化的同时，他们批评穆尔从“善”引出“义务”或用“善”给“义务”下定义的观点。在他们看来，“应该的行为”本身不依赖于其结果是善还是恶，而是依据普通人信守诺言的习惯、“自我观察”、“日常的道德意识”等，即他们称之为“自明”的原则。义务论直觉主义意识到在人们的道德意识内，存在着反映人类社会公共生活关系的义务要求，并规导着人们的行为；但它脱离人的社会生活和社会关系，没有回答义务形成的客观根据，倒是渗入了当事人的主观意图，义务缺乏社会内容，缺少评价义务的正确标准与履行义务的社会意义。

从马克思主义的观点出发研究道德义务，首先要确认道德义务是对现实的社会关系和活动的反映和概括。人们在社会活动和交往中，之所以存在着这样或那样的义务，并不是上帝的规定，也不是从“善良意志”发出的“绝对命令”，更不是根源于人的自然本性和欲望或受一种不能界定的、无客观依据的概念所规约，而是根源于社会的物质生活条件以及形成的社会关系之中。因为，个体不是脱离社会的孤立的个体，其总是处在一定的社会物质生产发展阶段，处在一定的社会联系之中。诚如马克思、恩格斯所说：“如果使这个我脱离他的全部经验生活关系，脱离他的活动，脱离他的生存条件，脱离作为他的基础的世界，脱离他自己的肉体，那么他当然就不会有其他职责或其他使命。”[2] 这一论述揭示了道德义务形成的社会根源。

从道德义务的内容来看，它是一定的社会或阶级向该社会（阶级）成员提出的任务在个人观念上的反映，是个人意识到的社会责任。它以观念的形式反映社会发展的客观要求，反映阶级的利益和需要。正是在这个意义上，马克思、恩格斯深刻指出，使命、理想、职责或是“关于物质条件所决定的某一被压迫阶级的革命任务的观念”，或是“以观念形式表现在法律、道德等等中的统治阶级的存在条件”。[3] 因此，处于特定社会和阶级中的个人负有什么样的义务或职责、使命，是和这个社会、这个阶级的要求和历史任务相联系的。为了实现某一历史任务，这个社会或阶级总是要借助于道德的社会作用和力量，向自己的成员提出符合其利益的义务要求，以此作为实现的重要手段。因此，道德义务的内容总是具体的、历史的，不管它采取何种具体的历史形式，都可以追溯出它和某一社会或某一阶级利益的联系。就连竭力避讳把义务与利益相联系的康德的义务理论，仍曲折地表达了软弱的德国资产阶级的意志和利益。

二

伦理学理论中讲的义务范畴，是对社会道德生活中主体和客体关系的反映。从客体方面来说，它表示的是社会、阶级对个体提出的任务或要求；从主体方面来说，它表示的是个人对社会、阶级或他人所应担负的责任，反映道德主体自觉自愿的选择和认同。其实质是社会（或阶级）要求与个人责任意识的有机统一，是社会与个人辩证关系的一个侧面。道德义务与社会义务的区别主要表现如下：

第一，社会义务的主要性质是“他律”，道德义务则是“自律”。社会义务包括法律义务、政治义务、职业义务等，它常以“必须”履行的形式来实现，因而对个人具有外在的客观性和强制性。更何况有些社会义务是国家规定的，如政治义务和法律义务，并有一套具有强制性的机构作保证。当然，社会也要求其成员能够自觉认识和接受社会义务，以有利于这些义务的实现，但其性质和对行为的制裁是不以个体的意愿为转移的，因而，它主要是“他律”的。

道德义务以“应该”的形式来实现，强调“自律”、“为自己立法”。正如黑格尔所说：“道德之所以是道德，全在于具有知道自己履行了义务这样一种意识。”[4] 道德的社会要求，在个人面前表现为理性上意识到的职责，表现出个人自觉地从道德上解决私人利益和集体利益、社会利益的相互关系问题，其集中表现就是义务，就是高度的道德责任感。履行道德义务就不会感到受约束、受限制。H.A.杜勃罗留波夫写道："有的人只是忍受着义务的吩咐，把它当作一种沉重的枷锁，当作'道德负担'。这样的人，看来不能把他们称为真正有道德的人。而有的人注意把义务的要求和自己内在本质的要求结合起来，努力通过自我意识和自我发展的内在过程把义务的要求和自己内在本质的要求结合起来，努力通过自我意识和自我发展的内在过程把义务的要求化为自己的血肉，使这些要求不仅成为本能的必需，而且带来内心的享受，这样的人才可以称为真正有道德的人。"[5] 从现实的道德生活中可以看出，人们对道德义务认识越深刻、越正确，人们履行道德义务的自觉性就越强，从而在道德实践中就越自由。

第二，两种义务对道德主体的期待不同。个体是道德活动的主体，是社会活动的主体。社会义务对个体的要求是，你不能超越社会义务对行为规定的最低限度，至于个体的行为动机、主观意愿并不重要。例如，个人为了丰厚的私利在国家法律、政策允许的范围内去经营，完全属于正当；一个人虽出于良好的动机去行为，但由于诸种复杂原因，行为后果违反了法律规定，则难以逃脱法律的制裁。

道德义务之所以是道德义务，就在于道德义务的超功利性（或无偿性）的特殊规定性。道德义务对个体的期待是，你不应以获得某种个人功利（包括权利）为前提去行为。就是说，如果行为主体是出于个人私利的目的、贪图某种报偿的动机去行为，则这种行为不具有道德价值，严格说来，不能称作道德义务的行为。中国传统思想中提倡的"杀身成仁，舍生取义"，今天社会上提倡的"大公无私"、"克己奉公"、"毫不利己，专门利人"等道德要求，以及现实生活中人们崇尚的"道德楷模"，都是道德义务这一特质的具体表现。因为道德的真谛，不只是强调主体应该履行对他人、对社会的义务，而且更表现为行为主体或多或少的自我牺牲，它要唤起的是人们对社会整体利益和幸福实现的责任意识。

当然，认定道德义务的践行出于非功利性动机，并不意味着行为主体不应当得到社会给予的报偿。历史和现实表明，在一个健康发展的社会中，个体在做出高尚的道德行为之后，总是会得到社会的表彰和奖赏。因为按社会公正要求，遵从道德的根本目的在于促进人的利益和幸福，从道德行为本身所产生的多种效益（经济的、政治的、社会的）等方面来分析，社会不但应当而且完全有必要考虑对德行的报偿，使行善者得福、行恶者受惩，从而创建一个"事修而赞兴，德高而利来"的道德激励机制。在我们社会中，对那些付出了重大牺牲、做出重大贡献而不要求任何报偿的先进人物，只有国家和人民倍加关心他们，全社会才能形成奖善罚恶的良好道德氛围。18 世纪法国唯物主义哲学家霍尔巴赫的一段话令人深思："如果道德学不给人证明它们的最大利益在于成为有德行的人，那它就会是一种空洞的科学。一切义务只有在取得一种善或避免一种恶的盖然性或确实性上才能建立起来。"[6]

第三，社会义务具有"自明性"，道德义务内含"选择性"。社会义务常有明确规定，可以说，它是自明的。行为主体依凭条文或常识（如家庭义务等）即可了解，只是去执行、信守而已，就如同直觉主义伦理学所言，靠"直觉"去感悟。道德义务存在于多种人际关系之中，这意味着在多种义务中，行为主体面临一个怎样选择的价值方针问题。因为人在一定的时间、空间内不能去做一切想做、愿做的事，更何况多种义务并不是按轻重缓急、价值大小依次排好的序列，而义务之间的价值冲突、矛盾则是客观存在的。这就决定了道德义务内含的“选择性”特质。

道德义务的一个内在规定是，在履行对他人和社会的义务中，个体行为才具有道德价值。对于这一点，即使在主张“合理的利己主义”的哲学家看来也是成立的。德国 19 世纪的唯物主义哲学家费尔巴哈以其特有的表达方式指出：“只有把人对人的关系即一个人对另一个人的关系，我对你的关系加以考察时，才能谈得上道德；只有把对自己的义务认为是对他人的直接义务，只有承认我对于自己有义务只因为我对他人（对我的家庭、对我的乡村、对我的民族、对我的祖国）有义务时，对自己的义务才具有道德的意义和价值。”[7] 这就是说，只有承认和实践对他人、对社会的义务，个体对自己的义务，个体自身的利益和幸福才能实现，才具有道德价值，才是道德义务。

道德义务的“选择性”规定了主体活动的道德价值大小。各种义务的冲突是道德义务具有“选择性”的前提，而只要有选择，自然就有一个价值方针问题。我国封建社会讲“忠孝”不能两全，就反映了为家庭尽孝的义务与为国家尽忠的义务的冲突；现实生活中的义务冲突，人们都会有切身感受，如家庭义务与职业义务的矛盾、培养子女的义务与尽社会义务的矛盾、为朋友尽义务与为集体尽义务的矛盾等，不一而足。社会主义道德提倡在各种义务的冲突中，应该选择、践行自己的最高义务，即现代化建设大业和全体人民的利益。列宁早在 1899 年俄国社会民主党队伍中的所谓“青年派”抱怨列宁“老年派”不是以同志式的态度对待他们时的回答中讲道：“是的！我们承认有同志的义务，承认有支持一切同志的义务，有容纳同志意见的义务，但是在我们看来，对同志的义务从属于对俄国社会民主运动和国际社会民主运动的义务，而不是相反。”[8] 列宁这段论述，不仅说明了社会政治生活中的义务冲突，而且有明确的价值方针。

美国的思想家 A.塞森斯格的《价值与义务——经验主义伦理学理论的基础》一书，对义务冲突、价值与义务冲突做了阐释，不少观点是有合理意义的。在塞森斯格看来，伦理学判断的冲突有三种可能的类型：价值之间的冲突、义务之间的冲突、价值和义务之间的冲突。为了解决这些冲突，他把伦理学判断划分为第一层次的和第二层次的。评价判断和义务判断是第一层次的判断，这种判断在逻辑上一般都是经验上可证明的。第二层次的判断则是在第一层次的判断发生冲突时起调节作用的判断。各种类型的冲突只能靠第二层次的判断发挥功能来解决。

价值之间的冲突可能发生在个体之间、共同体之间、个体与共同体之间。在这种情况下，第二层次的判断可以通过断定什么是对更大的群体最好的来解决。义务之间的冲突也可以发生在个体的义务之间，对群体的义务之间，或对个体的义务与对共同体的义务之间。在这种情况下，可以通过第二层次的评价判断来解决，因为在义务冲突发生时，决定的唯一理性方法只能是通过评价过程确定哪一个行为更好。价值和义务之间的冲突，既可能出现在义务和具有义务的人的利益之间，也可能出现在义务和对于别的某人或群体好的行为之间。在前一种情形下，第二层次判断的适用原则是“任何共同体的利益一般通过尊重义务而得以推进，由于违反义务而受到损害”。[9] 在后一种情形下，如果行为者是评价判断所指的共同体成员，他就对这个共同体有义务。塞森斯格认为：“如果他不再履行对共同体有利的某个行为，或者如果他不再履行义务，他的自尊的丧失、他对共同体的福利的关切、他由于被共同体抛弃所带来的不幸，就不亚于抵消了他可以得到的任何物质上的好处。”[10] 因此，第二层次判断要作为解决伦理学冲突的基础发生作用，还有赖于“理想共同体”的建立（这样，真正冲突的数量将会减少），还有赖于人的“善良意志”、“道德感”和“责任感”。“真实的价值冲突将持续地存在，在真实冲突存在的地方，如果要达到一种理想的解决状态，就需要参与者的善良意志。”[11]

塞森斯格的理论至少给我们以下启示：客观上置于多种义务及其冲突之中的个体，存在一个解决冲突的根据问题，也即伦理判断的根据问题；他改变以前自然主义主要从个人的经验入手进行研究的褊狭性，着重把个体与共同体联系起来，试图解决义务冲突、价值冲突；他把“理想共同体”的建设（即满足个人利益，而不是一个掠夺成性的个人主义者的共同体），作为解决各种冲突所应选择的价值方针，这一思想是很深刻的。

注：

[1] 穆尔：《伦理学原理》，第 157 页。

[2]《马克思恩格斯全集》第 3 卷，第 326 页。

[3]《马克思恩格斯全集》第 3 卷，第 491–492 页。

[4] 黑格尔：《精神现象学》下卷，第 57 页。

[5]［苏］A.N.季塔连科主编：《马克思主义伦理学》，中国人民大学出版社 1984年版，第 133 页。

[6] 周辅成主编：《西方伦理学名著选辑》下卷，第 75 页。

[7] 周辅成主编：《西方伦理学名著选辑》下卷，第 474 页。

[8]《列宁全集》第 4 卷，第 233 页。

[9]［美］A.塞森斯格：《价值与义务》，中国人民大学出版社 1992 年版，第 147 页。

[10]［美］A.塞森斯格：《价值与义务》，中国人民大学出版社 1992 年版，第 140 页。

[11]［美］A.塞森斯格：《价值与义务》，中国人民大学出版社 1992 年版，第 141 页。

（原载《郑州大学学报（哲学社会科学版）》1995 年第 5 期）

黑格尔义务论初探

无论是在道德理论上，还是在现实的伦理生活中，义务都是一个引起人们特别关注的重要问题。黑格尔在《法哲学原理》及《精神现象学》中，曾对这一问题做了较为全面、深刻的阐述。但国内在这方面还缺乏研究。本文就黑格尔的义务思想进行初步探讨，以期推动对义务问题的进一步研究。

关于义务的各种观点与黑格尔的批判

黑格尔之前的伦理思想家在“义务”问题上有多种解说，但歧义纷呈。对黑格尔产生直接影响的是经验主义幸福论伦理学派和义务论伦理学派。前者认为满足人的欲望、兴趣、幸福等个人情感和私利，是“义务”或德行的本质要求和目的，这集中表现为爱尔维修所讲的：“快乐和痛苦永远是支配人的行动的唯一原则。”而霍尔巴赫所提出的“德行就是它自己的报酬”，则认为自己尽义务给别人带来好处和幸福，最终自己在他人心中获得权利，从而获得幸福。所以，他认为义务就是由经验和理性给我们指出为达到我们自己所定的目的所必需的一些方法；这些义务就是存在于同样渴求幸福、渴求自我保存的人们当中所有的关系之必然结果。以康德为代表的义务论伦理学派，批评经验主义幸福论是从人的自然本性和经验中谈论义务，只把自己当作感性存在者，只知道追求快乐和幸福，和畜类没有什么区别。康德认为，人是有理性的存在者，只有理性才能决定人之为人和人的道德价值；伦理学揭示意志自由的规律，就是要找出实践理性的普遍法则，这就是人类理性本身存在的超出常人经验和特殊意见的具有普遍性、合理性的善良意志。善良意志不是因快乐而善，因幸福而善，或因功利而善，而是因其自身善的道德善，这是无条件的善。判断一个人的行为是否具有道德价值，完全以他是否具有善良意志为转移，而且没有必要考察行为的效果。康德既批评经验主义幸福论把快乐和幸福作为道德根据，其原则是没有客观的普遍必然性的，也批评感觉主义将行为善恶与否视为只与意志所遵循的准则有关。人的感觉状态可以使一个人快乐和痛苦，但它不牵涉道德善恶问题。康德更是批评功利主义学说讲道德只强调肉体的感受性和功利，认为这不但不能说是道德的，而且只能教会人们更好地盘算利益而忘掉善恶的区别。在此基础上，康德提出了自己的义务学说：义务中包含着“善良意志”，履行义务就是执行“绝对命令”（它绝对地、无条件地命令人），人们只要纯粹出自对道德规律的尊重，为义务去行动，这样的行为就具有道德价值。这就是康德著名的“为义务而义务”的道德命题。

黑格尔指出，康德的伟大之处在于他摒弃了肤浅的功利主义观点，批评了功利主义视道德法则由环境条件决定，最终使道德的存在丧失根据和变成纯粹人为的东西，揭示出功利主义的观点在任何合理的宇宙中并不具有绝对的、无条件的合法性；与此同时，康德实践哲学的另一功绩是提出了“我”应该出于为义务本身而尽义务的动机去行动，而不应该出于任何偏好、自爱和欲望，而且“我”在尽义务时才在真实的意义上实现“我”自己存在的客观性和社会性。黑格尔也指出了康德的义务思想存在重大缺陷：其一，康德所讲的义务是抽象的普遍，缺乏内容。康德把那种纯粹的不受任何制约的“善良意志”和自我规定作为义务的根源，这种义务规定本身就缺乏矛盾，缺乏原则和内容。黑格尔指出：“如果应该为义务而为不是为某种内容而尽义务，这是形式的同一，正是这种形式的同一排斥一切内容和规定，”[1]“这就会把道德科学贬低为关于为义务而尽义务的修辞或演讲”[2]。不仅如此，由于人们不能带任何经验和感性的东西去尽义务，必须出于纯粹的善良意志，所以，抽象的义务排斥矛盾，它缺乏内容；人们在考察、评价某一行为的道德价值时，这个“为义务而尽义务”的原则也不含有标准，相反地，一切不道德的行为反而可用这种方法得到辩解，因为他也可以说他的愿望是出自义务。黑格尔进一步指出，我们要求某一原则可以成为一种普遍的道德原则，它就必须具有内容，有了内容，应用这一道德准则去评判人及其行为就很容易了。所以康德的伦理学告诉人们“应该”、“必须”、“怎么样做”，但没有说明人们为什么和怎样去做。其二，康德摒弃人的情感、兴趣与爱好去讲义务，与意志的真正本性是格格不入的。意志的本质是铸造世界使之适合于意志自身，是行动，并在行动中改变和形成自己的客体，而不应该是仅仅发现世界并听之任之。黑格尔断言：“冲动和热情正是一切行为的生命线。”[3]“没有热情就没有伟大的事业，也不可能完成伟大的事业。”[4] 康德抽象义务的观点是建立在把精神分裂为彼此无关的“官能”基础上的。“实践理性”、“绝对命令”是一方，冲动和兴趣爱好是与此正相反的另一方，通常和实践理性敌对，并完全独立于实践理性之外。他没有认识到，冲动、兴趣和爱好中潜存着“实践理性”，是“实践理性”发展的必要环节，它们本身只是它的不完全的不发展的形式。黑格尔从个人既是普遍的，又是特殊的观点出发，指出作为特殊的个人，具有他的特殊的欲望、需要等；只要欲望、需要的内容并不和普遍意志相反，那么，通过他的行为以满足这些欲望、需要等则是他的权利。普遍性和特殊性的辩证统一，是伦理的真正实现。

义务的规定：道德阶段和伦理阶段

黑格尔本人对义务的规定有两个阶段的说明：道德阶段和伦理阶段。在道德阶段，义务尚未成为现实，还只是个人的而非社会整体实现的，所以只有到伦理阶段，真实的义务才出现。道德阶段的义务就是：“行法之所是，并关怀福利——不仅自己的福利，而且普遍性质的福利，即他人的福利。”这里的义务应包含“法”与“福利”两个特殊规定，如果离开了这二者，则义务这一无条件的东西就会成为无矛盾的“抽象的普遍性”、“无内容的同一”。康德的实践哲学只是指出了意志的无条件性和规定自己的特性，并把它作为义务的根源，但他忽视了个人福利和普遍福利，致使他的义务论成了“空虚的形式主义”。黑格尔认为“法”与“福利”的关系是：福利没有法就不是善，同样，法没有福利也不是善。“善”就是福利，但它不是个人的福利，而是普遍福利，“善”就是法，但它不是抽象的法，而是通过特殊意志而成为现实的必然性。所以，福利和法的任何一方都是与善有区别的，同时它们只有符合于并从属于善才有效力。黑格尔关于善和义务包括“福利”的思想，扬弃了作为纯粹目的的纯粹义务和与之相对立的自然与感性的现实之间的分裂，具体的道德精神在二者的直接统一中实现着道德本质[5]，和康德的所谓“为义务而义务”的道德形式主义形成了鲜明的对比。

真实的义务是在精神性的社会整体中实现的，黑格尔称之为伦理的实体。在伦理实体中，普遍的、客观的方面优先于个体的、主观的方面。黑格尔说：“在考察伦理时永远只有两种观点可能：或者从实体性出发，或者原子式地进行探讨，即以单个的人为基础而逐渐提高。”[6] 就是说，一种是把普遍性的实体性看作第一位，一种则是把个体的东西当作第一位，后一种观点是“没有精神的”，它把伦理的实体不是理解为“精神”，而是理解为个体的偶然堆积。从客观伦理来讲，具有独立性、客观性的“规章制度”（法律、家庭义务等）是一种伦理力量，成为伦理的个人所“不自觉”地遵守的必然性，个人对“伦理力量”的关系乃是“偶性对实体的关系”，“个人只是作为一种偶性的东西同它（伦理实体——引者注）发生关系。个人存在与否，对客观伦理来说是无所谓的，唯有客观伦理才是永恒的，并且是调整个人生活的力量”。从主观方面即从个人的特殊意志和自我意识方面来说，一方面，伦理实体是独立于主体而存在的；另一方面，它们又是主体“所特有的本质”，它们不是一种与主体“异己的东西”，主体或个人正是在伦理性的实体即它的法律和权力中才有自己的尊严。这样，在伦理实体中，普遍与特殊、客观与主观两方面达到了同一。在黑格尔看来，如果把个人和“伦理性的实体”分裂开来，把个人完全看成是主观的、特殊的东西，那么各种客观的伦理性规定——义务，就成了“拘束他的意志”的义务，那么，他就不可能获得真正的自由，义务所限制的仅仅是“自由的抽象，即不自由”。他在《哲学史讲演录》中也谈到“自由和普遍性就是一个民族整个伦理生活和其余生活的原则”。[7] 当然，伦理性的规定即义务，只是通过个人的自我意识才能被知道、被意愿、被实现。“因为特殊性是伦理性的东西实存的外部现象，”[8] 这也正是“伦理”是“活的善”的原因所在。

在黑格尔看来，特殊的个体的义务表现在个人与家庭、个人与社会及个人与国家的关系中。国家是“家庭”和“市民社会”的真实基础，是“伦理”的最高阶段，是伦理观念的现实，是自由的现实化。所以，“一种内在的、彻底的义务论不外是由于自由的观念而是必然的、因此是现实的那些关系在它们全部范围内即在国家中的发展。”[9] 个人负有什么样的义务，只有在国家这一伦理实体内得到规定，个人的特殊意志和利益也只有在国家中得以实现。黑格尔反对把义务看成排斥私人特殊利益的抽象观点，认为个人在履行义务时必须“同时找到他自己的利益，和他的满足或打算”。一个人负有多少义务，就享有多少权利；他享有多少权利，也就负有多少义务；而义务和权利的统一正是国家的内在力量所在。如果一切权利都在一边，一切义务都在另一边，那么国家整体就要瓦解。[10] 按照黑格尔的理论，个人与国家的关系就是逻辑学中

"实体与偶性"的关系。国家是实体，个人是"偶性"，"为国家的个体性而牺牲，乃是一切人的实体性关系，从而也是一切人的普遍义务"。[11]

由上述分析可见，黑格尔与康德一样，是追求本质高尚的道德倡导者。他们都是根据理性，即根据普遍来建立道德的。但这个普遍在黑格尔那里却不再是空洞的、抽象的普遍，而是具体的普遍，是包含特殊内容于自身的普遍。从法、道德直到伦理的概念演进过程，把客观与主观、客体与主体、个人与家庭、个人与社会统一起来。可以说，黑格尔是在他的唯心主义形式下，解决了人们为什么要履行义务和怎样去履行义务的问题。

黑格尔义务论思想的理论启示

黑格尔的义务论思想是丰富和深刻的。尽管我们难以接受他的全部理论，但其中合理的思想对于我们今天的伦理学研究仍是颇有启发的。

1. 真实的义务是善的普遍要求与主体意志的辩证统一

黑格尔区分抽象的义务和真实的义务，认为抽象的义务一方面没有具体的规定，缺乏矛盾，也没有客观的社会内容，所以，人们既不知道履行义务为什么是善的，又不能把是否履行义务作为判断行为善恶的标准。另一方面，抽象的义务排斥行为主体的欲望、兴趣、爱好等，"以为道德只是在同自我满足作持续不断的敌对斗争，只是要求：义务命令你去做的事，你就深恶痛绝地去做"。[12] 这种道德的见解常常轻视伟大人物的伟大功绩和成就，一味地企图把他们的伟大功绩和成就归于其褊狭的和利己的动机、虚荣心、名誉等。黑格尔称这种人的心理为"佣仆心理"，重申了他在《精神现象学》中提出的仆人眼里无英雄的著名理论。抽象的义务最终会使道德流于形式主义。

真实的义务是善的普遍性要求与特殊意志（或自我意识）的统一。它既不是抽象的法则对人的一种限制，也不是行为主体的自我确认，而是现实的那些关系对个体的要求和规定。黑格尔不仅在他的唯心主义形式下揭示出义务的社会属性、义务的客观内容、义务的必然性，而且深刻指出，每一个特殊的个体的本质也是社会的、普遍的。特殊个体的欲望、兴趣、爱好，不仅不与履行义务相矛盾，而正是特殊个体与义务的普遍性相统一的一个环节。"主体就等于它的一连串的行为。"[13] 正是在主体的行为活动中，法和福利克服了各自的片面性，达到了统一；真实的义务真正成为人的"绝对命令"。黑格尔提出的追求个人"福利"与追求"客观目的"相统一的观点，为他的思辨理论增添了血肉和生机，与康德"为义务而义务"的思想相比要现实得多，其作用也要大得多。在人与家庭、人与人、人与社会、人与国家的关系中，都存在义务关系。黑格尔指出，国家的义务高于或重于其他社会义务，为国家牺牲某些个人利益是义务所要求的。近几年我国关于义务理论的研究，在对义务的客观制约性问题上偏于两个极端：一种观点注重强调义务对人的无条件的强制性，但在人为什么要履行义务、义务怎样才能转化为人们的责任意识、人可不可以带有某种欲求去履行义务等关键问题上，尚未做出合理的阐释。另一种观点只强调人的主体性、人的使命感，而倾向于排除义务的强制性与规范性特征，对人与现实世界客观存在的义务关系问题并没有唯物主义地、辩证地解决。而黑格尔在其唯心主义形式下，却辩证地解决了这一问题。

2. 义务使良心具有客观内容，良心使义务现实化

在黑格尔法哲学体系的概念运动中，义务和良心是密切联系的一对范畴。义务是普遍的、客观的、外在的，良心则是特殊的、主观的、内在的。义务要获得现实性，就必须通过良心这一中间环节，把外在的必然性变成自我的意识，把义务的要求变成良心的指令[14]。黑格尔把义务和良心作为一对范畴，在对立统一中把握两者的运动过程，这在一定程度上反映了道德活动的客观过程，揭示了道德主体行为的内在心理机制，可以说，这是对道德现象的正确概括。

良心是主体在认识和反思义务时形成的自我意识和心理，主体怎样认识自身的义务，就会形成怎样的良心。黑格尔把良心区分为形式的良心和真实的良心。形式的良心就是在自己独自相处的情况下，在自身反思抽象的义务时，来规定什么是自己的权利和义务。它是自为的、无限的、形式的自我确信。“良心表示着主观自我意识绝对有权知道在自身中和根据它自身什么是权利和义务。”[15] 由于形式的良心是对抽象的义务（尚不具有客观内容）的反思，但它却要求自己有权肯定这是真正的权利和义务，在这种情况下，它就有可能把抽象的义务作为它的原则，或把任性即自己的特殊性（自己的需要和欲望）提升到普遍性上，并把它作为原则，而把其他一切外在的规定和制约都贬低为空虚，自己来规定一切现存的东西，从而成为一种既不能又不应干涉的自我意识。这样的结果正如他所说：“良心如果仅仅是形式的主观性，那简直就是处于转向作恶的待发点上的东西，道德和恶两者都在独立存在以及独自知道和决定的自我确信中有其共同根源。”[16] 如果说形式的良心仅仅是一种主观的自我确信，它把抽象的义务和任性提升为原则，那么，真实的良心则是对具有客观规定性和必然性原则的真实义务的一种确认。“特定个人的良心是否符合良心这一观念，或良心所认为或称为善的东西是否确实是善的，只有根据它所企求实现的那善的东西的内容来认识。”[17] 这一思想给我们提出以下思考：良心（或叫自我意识）是主体道德活动的内在指示器，决定着人们的道德行为，人们怎样认识自己的权利和义务，对于良心的形成和作用发挥有重要意义。黑格尔区分抽象的义务和真实的义务以及相应形成的形式的良心和真实的良心，向人们昭示了能否正确理解义务对行为的善恶起着决定性作用，两种不同的义务观形成两种不同的良心，同时会在实践中产生不同的结果，即人们都按自己规定的“义务”去行动，那就无法评价行为的善和恶。真实的良心不是一种纯粹的主观意识，它具有客观的社会内容，它是社会对每个人规定的义务在自我意识中的反思而形成的一种内心信念。这里，黑格尔有一个极为可贵的思想：社会的义务高于个人、家庭的义务，社会的良心高于个人的良心；个体只有把社会的要求变成自我意识和行为原则时，他才具有真实的良心，才是一个道德高尚的人。

3. 履行义务，是人的自由本质的真正实现

法和福利作为义务内含的两个特殊规定，其运行和发展使义务具有善的性质。黑格尔认为，法是一种抽象的普遍，是自由的外在体现，它强调人人共同遵守的法权、法则，而不讲特殊个人的“福利”。如果认为遵守这样的法就是自由，那么，自由就会受到强制，这是自由发展的低级阶段。特殊个体存在着的“特殊目的”称为“福利”，这是从行为个人的需要、利益和诸目的的角度来说的。黑格尔反对禁欲主义，认为人有权追求自己的“福利”，有权把需要作为自己的目的。但他并不认为人只是一般生物，仅有生物的需要。他特别指出，如果个人的“福利”仅仅停留在这一阶段，那么，个体不能得到真正的自由。也就是说，只讲个人特殊的“福利”和意志，而不承认法的普遍性，个体也得不到自由。

法和福利各自均有片面性，单独追求其中的一个方面都不是真正的自由，要么停留在抽象法的领域，人们在应做什么、可做什么的道德反思中陷入困境，不能抉择行为；要么受制于赤裸裸的自然冲动的驱使，而这无疑是对人的一种限制。如果说这是一种自由的话，那也只是一种自由的抽象，即不自由。唯有把两者结合为一个统一体，从而克服各自的片面性和两者间的矛盾，人才会有道德上的自由。黑格尔正确地指出：“具有约束力的义务，只是对没有规定性的主观性或抽象的自由、和对自然意志的冲动或道德意志（它任意规定没有规定性的善）的冲动，才是一种限制。”[18] 当人们认识到伦理关系对个人的必然性规定是普遍的、客观的，人们就会摆脱自然意志的冲动和主观特殊性的规定，按照义务指令去行动，在实践中把个体的利益、个体的目的升华为共同利益和共同目的，从而获得自由。“义务就是达到本质、获得肯定的自由”，[19] “在义务中，个人毋宁说是获得了解放。”[20] 人们履行真实的义务不仅不违背人的自由本性，恰恰相反，正是人的自由本质的实现。

黑格尔义务论中的有关自由和必然的观点，深刻地说明了自由不在于个体摆脱必然性的要求（社会要求）而独立，也不在于完全排斥特殊个体的特殊利益，而在于两者在道德实践中的辩证统一。义务要求它本身要客观、现实，符合社会发展；同时要求个体的特殊利益和意志要提升、净化。

注：

[1]《法哲学原理》，商务印书馆 1962 年版，第 138 页。

[2]《法哲学原理》，商务印书馆 1962 年版，第 187 页。

[3]《精神哲学》，第 475 页。

[4]《精神哲学》，第 474 页。

[5]《精神现象学》（下册），商务印书馆 1979 年版，第 149 页。

[6]［10］《法哲学原理》，第 173 页。

[7]《哲学史讲演录》，第 1 卷，商务印书馆 1959 年版，第 58 页。

[8]《法哲学原理》，第 172 页。

[9]［16］［18］［20］《法哲学原理》，第 167 页。

[11]《法哲学原理》，第 342 页。

[12]《法哲学原理》，第 127 页。

[13]《法哲学原理》，第 126 页。

[14] 这一思想在《精神现象学》中就已出现，请参见“良心作为义务的现实”一节。中译本下册，第 148 页。

［15］《法哲学原理》，第 140 页。
［17］《法哲学原理》，第 143 页。
［19］《法哲学原理》，第 168 页。

（原载《学术月刊》1992 年第 12 期）

对“良心”这一道德观念的分析

在人类社会生活中，人们常用“有良心”来赞誉某人的道德行为，用“没良心”来谴责某人的不道德行为。可见，良心是常用来评价人们行为的术语。

“良心”作为伦理学的范畴，已有数千年的历史。早在古希腊的文献中，就有“不是为了害怕而是为了良心”的语句；我国的唯心主义哲学家、儒学大师孟子在中国最早使用了“良心”这一概念。从中外伦理学史上看，每一个时代的伦理思想家都注意到“良心”对人的行为的指导、约束作用，因而十分重视“良心”范畴的研究，并给予了种种不同的解说。但由于马克思主义以前的伦理思想家受剥削阶级思想的影响，并以他们自己阶级的世界观作指导，因而，他们把“良心”范畴搞得神秘莫测；反动统治者又往往用所谓“全人类的良心”来掩盖其剥削的本质，调和阶级之间的对立。历史给马克思主义伦理学提出了一个任务，即怎样用马克思主义的观点科学地解释良心这一道德意识现象。可是，新中国成立以来，很少看到有关良心问题的专论。“文化大革命”中，林彪、“四人帮”宣扬“阶级斗争无诚实可言”，谁讲良心谁就是搞资产阶级人性论。直至今天，仍有人认为无产阶级不能讲良心。笔者认为，对于在“良心”范畴上的种种不当认识应当加以澄清。

马克思主义是否承认良心的存在，是我们首先要回答的问题。恩格斯在《爱北斐特的演说》中指出：“共产主义不仅不同人的本性、理智、良心相矛盾，而且也不是脱离现实的、只是由幻想产生的理论。”[1] 列宁一方面揭露在资本主义社会良心必然成为可以出卖的东西，指出：“只要还存在着资本权力，所有的东西——不仅是土地，甚至连人的劳动、人的个性，以及良心、爱情和科学，都必然成为可以出卖的东西”；[2] 另一方面又把党看作是时代的良心的体现者，“我们把党看作我们时代的智慧、荣誉和良心”。[3]

马克思主义承认良心的存在是毫无疑问的，问题在于马克思主义究竟怎么看待良心？良心在道德活动中有没有作用？如何培养人们的良心？本文拟就这些问题进行一些探讨。

“良心”的内容及其实质

怎么理解良心？马克思主义以前的一些哲学家、伦理学家从不同侧面对“良心”这个范畴做过解说。

中国的唯心主义哲学家孟子认为，良心是人的本性。“虽存乎人者，岂无仁义之心哉？其所以放其良心者，亦犹斧斤之于木也……”[4] 这里的良心指善良之心，其具体内容就是“仁义礼智”的四端，即善的萌芽。他说：“恻隐之心，人皆有之；羞恶之心，人皆有之……”[5] 这里讲的同情心、羞恶心与我们现在理解的良心在内容上有某些共同之处。

另一种观点把良心当作判断善恶是非的原则和标准。我国明代的唯心主义哲学家王阳明曾大讲“良知”，其中一个很重要的内容是良知具有识别善恶的能力，是指导、评价个体行为的准则。“尔那一点良知，是尔自家底准则。尔意念着处，他是便知是，非便知非，更瞒他一些不得。尔只不要欺他，实实落落依着他做去，善便存，恶便去，他这里何等稳当快乐。”[6] 这里的“良知”同近代伦理学所说的良心相似。其错误在于他认为良知是“不待虑而知，不待学而能”的人的先天的判断准则。

英国 18 世纪的资产阶级思想家巴特勒比较系统地论述了“良心”的范畴。他认为，在人的本性中都存在着“良心”这一反省原则，就其“良心”一词的严格含义来讲，“是人之凭以赞许或不赞许他的心胸、性情和行为的原则”。[7] 良心是“我们的自然的指导者，是创造我们本性的主上指派给我们的指导者”。[8] 显然，他认为良心是上帝的呼声，这是极其荒谬的。但他把良心看作人本性中的反省原则，也即看作判断偏好、情欲所达到的程度是否合理，而后来指导、调节、限制人的情欲、情感的原则，这又是有其合理因素的。

19 世纪德国唯物主义哲学家费尔巴哈认为，良心是自己审判自己的法官。他说：“良心是在我自身中的他我”，“我是在我之外的超感性的良心的起源，而感性的你是在我之内的‘超感性的’良心的起源。我的良心不是别的，而只是我的自我，即被放在受损害的你的地位上的自我；不是别的，而是他人幸福的代理者，即立足在自己追求幸福的基础上和根据自己追求幸福的命令的他人幸福的代理者”。[9] 他认为，人的本性生来就是要追求幸福。当我在追求自己的幸福时损害了你的利益，使你遭受了痛苦，那么，在行为之后，我的良心就会站在你的地位上来谴责我，使我遭受良心上的折磨。因此，他把孔丘讲的“己所不欲，勿施于人”这个道德原理诉诸人心，使自己对于幸福的追求服从良心的指示。他在一定程度上意识到良心有一种对自身行为做出道德评价的能力。

以上这些论述，其中有合理因素，是可以批判继承的。但由于他们受时代、阶级地位以及历史观上的唯心主义的局限，没有也不可能正确地说明良心范畴，只有马克思主义的伦理学才对良心范畴做出了科学的解释。

马克思指出，“良心是由人的知识和全部生活方式来决定的”，[10] 从而第一次以历史唯物主义观点科学地揭示了良心的性质。马克思主义伦理学所讲的良心既非先天的“良知良能”和生来就有的判断善恶的原则，也不仅仅是对人的一种同情心，而是把良心放在现实的社会关系当中来考察，认为良心是一种道德意识现象，它是社会存在的反映，是人类集体中人们之间形成的观点关系的反映，而社会生产关系本身的性质乃是良心形成问题中起决定作用的东西。良心是指个人在对他人、对社会的关系中对自己行为负有的道德责任感，是个人的道德原则和规范。在我们社会主义国家里，一个人对自己所负的义务认识得越深刻，他的道德责任感就越强。那么，他的良心对自己行为的指导和纠正作用就越大，他的良心也就越高尚；反之，如果一个人没有意识到自身同整个社会的联系，没有认识到作为一个公民的责任和义务，一事当前，先替自己打算，那么在个人利益和社会利益发生矛盾（非对抗的、暂时的）时，他会为保存自身利益而放弃或牺牲社会利益。如果在他的行为给社会造成损害的情况下，还不能受到自己良心的谴责，那么，只能说明他是一个丝毫不具备共产主义道德的人。而当一个人能严厉责备自己的不道德动机或不道德行为时，也就表明社会义务已变为他自己的道德需要，变为个人的道德品质。

良心就其内容来说，是道德原则、道德理想体现为内心的情感和信念的东西，是这种情感和信念在意识中的内在统一。这里的情感指的是道德感，是人们心理上对于某种行为所产生的爱慕和憎恨、喜好或嫌恶等情感，以及在行为之后的道德评价过程中产生的道德满足感或羞愧感等。人们履行道德义务、纠正自身错误都离不开这种道德感。这里的信念包括道德理想与善恶识别两方面的内容。首先，人的活动不仅是有意识的，而且是有一定目的和一定理想的，这种理想促使人们不满足现状，激励人们去认识、探求真理，力求达到更高的精神境界。其次，信念是人们长期实践经验的产物，它是建立在理性认识基础之上的。因而，一旦人们鲜明地确立了道德信念，就能自觉地、坚定不移地依靠自己确定的信念来选择行为、进行活动，也能依据确定的信念来鉴定自己行为和他人行为的善恶。

良心是一个具体的历史的范畴，它取决于该时代的社会经济关系。那么，随着社会经济关系的不断变革，良心就有着不同的客观内容。在阶级社会里，良心具有阶级性。马克思在揭露资产阶级社会法庭对哥特沙克及其同志的审判时指出："共和党人的良心不同于保皇党人的良心，有产者的良心不同于无产者的良心，有思想的人的良心不同于没有思想的人的良心。一个除了资格以外没有别的本事的陪审员，他的良心也是受资格限制的。特权者的'良心'就是特权化了的'良心'。"[11] 他们的良心之所以不同的根本点就在于，反映与维护的阶级利益不同。马克思还在不少地方揭露在资本主义社会，资本家为了金钱不顾工人的生命和健康，并认为他们是不讲良心的。"商人和厂主昧着良心在所有的食品里面掺假，丝毫不顾及消费者的健康。"[12] 资本家为了金钱、权势，可以出卖灵魂，出卖自己的亲骨肉，他们哪里讲什么良心！如果在某种意义上还承认有全人类的良心的话，那么，资产阶级几乎丧失殆尽。只有代表全人类利益的无产阶级才有资格讲人性，讲良心。因此，我们不能因为资产阶级用所谓的"良心"来为本阶级的剥削行为辩护而不敢讲良心，也不能因为马克思主义经典作家曾揭露资产阶级讲良心的欺骗性而得出结论：无产阶级可以不讲什么良心。实际上，只有在无产阶级那里，良心这个道德范畴才具有了更多真实的内容，它在共产主义思想体系指导下发挥规范自己行为的道德作用。

无产阶级是人类历史上最先进的阶级，代表着历史发展的方向，集中体现广大劳动人民的根本利益和意志要求，因此，无产阶级的良心是最纯洁、最崇高的。如果在过去的时代，良心就是与不杀人、不放火、不偷窃，要诚实、守规矩等基本的道德要求相联系，那么，无产阶级的良心观点则取决于对集体的利益、党的事业以及祖国的命运、人类的未来的个人责任的意识。斯大林时代的苏联教育家马卡连柯说，人对它的命运感到道德责任的那个集体越广大，人的良心就越发展。在我们社会主义国家里，确实给人的良心的培养提供了条件，开辟了道路。随着社会的发展，人们的良心感会逐步提高，那么，良心在道德活动中的作用就会越来越大。

“良心”在道德活动中的作用

马克思主义伦理学认为，道德是调整个人与他人、个人与社会之间关系的行为规范的总和。那么，要充分发挥道德的社会作用，就必须使人们的道德要求在个人对社会、对集体以及对家庭等的现实关系中确立起来，使道德要求变成人们行为的内在动力，变成人们的内心信念，自觉地支配人们的行为，以维持人与人之间、个人与社会之间的正常关系。

从现实的生活关系中我们可以体会到，受到良好的共产主义道德教育的人不是按照外来的强制，而是根据社会义务和良心的指导来进行活动的，对于他来说，按照共产主义原则行事已成了不可动摇的内心法规和道德习惯。可见，良心的内容依赖于一定的道德原则，良心进行道德选择和道德评价依据的标准就是该时代的道德原则和规范在个人内心深处形成的信念与情感。当然，这也并不意味着人们的良心感形成以后，它就不再发生变化，并能绝对地支配人的一切行为。在理解良心作用的问题上，必须遵从马克思主义的观点。列宁指出：“决定论思想确定人类行为的必然性，推翻所谓意志自由的荒唐神话，但丝毫不消灭人的理性、人的良心以及对人的行为的评价。”[13]我们承认人们行为的选择受客观必然性的支配，也要承认良心会对行为选择产生重大影响，这是我们理解良心作用的根本指导思想。

“良心”发挥作用的主要形式表现在它对人的行为的规范、调节和评价上。行为之前，良心对将要发生的行为或起鼓舞、激励的作用，或起调节、阻止的作用。良心有区分善恶是非的道德判断能力。它以一定社会的道德原则、规范、道德理想长期以来在人们内心深处形成的稳定的信念为标准，对行为前的动机进行思虑、选择、判断。假如判断结果是肯定的，那么，它就会指导人们以炽热的情感、不屈不挠的意志去完成某一道德行为或去实施某一计划。显然，这种内心信念能成为人们行为的动力。如果行为前良心对行为动机做出否定判断，那么，良心就会去调节或阻止将要发生的行为。在行为过程中，良心的选择、评价活动伴随着物质活动过程在不断地进行。当然，就不同的人来说，这种作用的大小以及是否在过程中自始至终起作用也是有差异的。现实生活中的大量现象表明，行为在过程中有时是中断的。这可能有两种情况：一是因行为之前判断失误，需要第二次反省，或因其他情绪的干扰做出错误选择；二是因主客观情况的变化，需要马上抑制某种情感，制止行为的继续。良心充分发挥其作用还是在行为之后。这是因为，行为之后，良心才能全面地审判行为的动机和效果，自身就是精神法庭。这个阶段的良心一身兼二任，既是公诉人，又是审判官。审判得出两种结果：良心的谴责和道德上的满足。良心的谴责是通过内疚、悔恨、羞耻等情感的形式表现出来的，它是人内在的意识活动，一般不易被人发现。一个人做了一件不道德的事，当良心发现后，常常感到不安，自己责备自己，有时时过境迁，可良心上的痛苦往往持续很长时间。对此费尔巴哈曾做了精彩的描述："纵然没有任何见证人，没有任何共谋者（因为唯一可能告发我干坏事的人，已经没有生存于此世，而他的尸体已被我抛到了大海里去了，或被我烧掉了），但我在我自身中仍然有共谋者，有见证人，有可能的叛徒和起诉人。"[14] 从某种意义上讲，良心谴责的道德制裁更具有教育作用。中外文学史上不少作家描绘良心所遭受的痛苦，认为良心是惩罚罪人灵魂的机关，有时这种谴责情感还会转化为忘我行为的动力。一个具有强烈的责任感的人，做了一件具有崇高道德意义的事，虽然别人不知道，但良心上会产生一种满足感，也即"因使他人得到了快乐而自己也快乐"。这是良心发挥作用的表现，这种满足感对今后的行为能起到指导作用。

良心在对个体行为的支配上，还具有社会舆论和法律所起不到的作用。

社会舆论作为道德评价的主要方式之一，是在一定社会的道德观念支配下对人的行为做善恶评价的。它既包括对善行的赞扬，也包括对恶行的谴责。社会舆论这种道德评价的特点表现在，个人行为必须是在集体或他人的监督下进行。可是，人类的活动有不少形式是在个体独立活动的情况下进行的，也即当一个人处于做不道德的事可能"永远"不会被人发现，从而消除了害怕社会舆论谴责的顾虑的情况，正是衡量一个人是否有道德修养、是否有纯正的良心的关键时刻。从这种意义上讲，"慎独"就显得特别重要，即按照自己的良心去行动，在任何时候、任何情况下都不违背道德规范。

良心与法律的作用也有所不同。首先，法律作为人们行为的规范，是从社会方面对人的行为提出的要求，它是靠强制的力量来实行的，是靠法院、监狱、检察院、公安部门等专门机构来保证的；而良心是靠自觉来行动的，它不需要任何外来的强制。其次，法律制裁必须是有行为发生并带来客观后果的，而良心不仅强烈谴责不道德行为，而且也经常审查、反省自己的行为动机。最后，在社会生活中，有很多是不违反法律的不良行为，法律无法处理。就是说，法律只能制裁触犯法律的人，而良心谴责不道德行为是不分程度的。只要是不道德行为，不管程度如何，都会受到当事人良心的自责等情感折磨。而对于一个具有无产阶级良心的人来说，他时时处处，并从一言一行严格要求自己，当自己有某种不正确的思想趋向时，他自身就会展开激烈的思想斗争。当他应尽而没有完全尽到自己的责任心时，他就会感到莫大的痛苦，严厉责备自己、教训自己，以使今后不再犯同样的过错。

笔者认为，约束人们的行为、维持社会的安定秩序需要法律、社会舆论、传统习惯、内心信念、教育等的相互渗透、相互影响、相互促进，综合发挥作用，但它们各具特点，都在自己特定的活动领域里发挥作用。我们从良心与社会舆论、法律的差异性上可以看出，良心在道德活动中发挥作用具有自觉性、稳定性的特点，并且具有范围的广泛性。社会舆论不能制约"个人独立活动"、法律条文不可能详细规定家庭关系的准则等，而良心则可约束。

"良心"在社会活动中发挥作用，对于改变整个社会的道德面貌有其重要意义，尤其在建设社会主义精神文明的今天，培养人们的良心感具有重要的现实意义。

个人生活在社会之中，个人的道德观念是在整个社会的道德意识影响下形成自身的道德理想、信念、情感的。而社会是由个人组成的，每个人奉行的社会的道德原则、规范客观地反映了现实中的经济关系与人与人之间的关系，反过来制约人们。所以，社会道德面貌如何是与具体的个人道德状况有着密切联系的。当个人在社会道德关系的实践中形成自己的良心感时，它会自觉支配人们去履行自己的义务，做有道德的事。同时，对他人又有不自觉的教育和影响作用。人们对某人的行为举动做出赞扬的评价时，也就是这种行为教育作用的表现，这种形式也会起到影响、约束他人行为的作用。那么，当社会上的大多数人能从责任感出发开展行动时，这对于改变人们之间的不正常关系、改变社会道德风气、提高整个社会的道德水平无疑是有重要意义的。因此，良心的培养问题应该引起人们的重视。

“良心”的培养

这里讲良心的培养问题，实际上就是怎样才能使人具有坚定的共产主义信念以及高尚纯真的革命情感的问题。

我们知道，良心是一种道德意识现象，它归根结底是由社会的经济关系决定的。但它又受政治、法律、哲学、艺术、宗教等意识形态诸方面的影响，且与人们的文化水平、教育状况有密切关系。可以说，良心是受诸种社会因素影响的。同时，良心又以个人的主观思维活动形式出现。因此，良心的培养是一个非常复杂的问题。它不仅受家庭教育、学校教育状况的影响，而且与个人的道德修养密切相关。这里，仅就与良心培养问题直接有关的方面做些研究。

从社会方面来看，作为道德评价的主要方式之一——社会舆论对培养人们的良心、陶冶人们的品性有更直接的意义。掌握在无产阶级手中的社会舆论，依据共产主义道德的基本原则和道德规范的要求扬善贬恶，发挥社会道德的评价作用。它告诉人们，在我们的社会里，什么是高尚的，什么是可耻的；什么是善的，什么是恶的；什么是正义的，什么是非正义的；什么是要受到赞赏和发扬光大的，什么是要受到谴责和制止的。它在人们的周围形成一股强大的精神力量，促使人们反省自己的动机和行为。当社会舆论赞扬某种道德行为，而人们对这种行为又形成一种强烈的内心信念的时候，就可以指导人们去勇敢地履行道德行为；而当社会舆论强烈谴责某种不道德行为时，人们在内心深处会产生一种厌恶感，告诫自己不能如此行事，社会舆论这种评价对人的行为和良心的培养有一种外在的强制力。

深刻了解社会发展的客观规律，坚信共产主义的实现是历史的必然，是培养人们良心的理论基础。良心与人们的思想、信仰分不开。马克思曾指出：“掌握着我们的意识、支配着我们的信仰的那种思想（理性把我们的良心牢附在它的身上），则是一种不撕裂自己的心就不能从其中挣脱出来的枷锁。”[15] 只有具有坚定的共产主义信仰和信念的人，才能自觉地把自己的命运和人民、祖国、人类的未来密切联系起来，这样的人才能具有强烈的责任感和事业心，才能成为一位有良心的人。而要达到这一目的，就要求人们去认真读马克思主义的书，掌握基本原理和观点，并能运用马克思主义的立场、观点和方法去研究历史，观察现状，使自己对社会发展的客观规律有较深刻的认识。只有建立在这个基础之上的共产主义道德信念才是稳定的、持久的。它不会因现实中出现一些新问题而动摇不定，更不会因出现暂时的挫折而丧魂落魄。相反，这种信念指引人们朝着理想的目标永不休止地战斗。当人们在共产主义道德信念的指导下，对自身行为的社会意义认识越深刻，那么，百折不挠、克服困难的意志力就越坚强。一个人的信念、理想和世界观，经常成为激励人们积极行动的重要动力。

要培养人们的良心，理性认识是基础，但还需要情感这个内在条件。就认识方面讲，“没有‘人的感情’，就从来没有也不可能有对于真理的追求”[16]。所谓培养情感，就是培养能以强烈的革命热情、坚强的意志去履行自己的道德义务的情感；在做了不道德的事之后，产生羞愧感、自责感，并下决心在今后的行动中纠正。而不是遇到困难畏葸不前，甚至屈服于恶势力；犯了错误，无动于衷，毫无羞耻之心。

情感在阶级社会是有阶级性的。要注意区分什么是共产主义的道德情感，什么是封建主义的、资产阶级的、小资产阶级的情感。马克思指出：“在不同的所有制形式上，在生存的社会条件上，耸立着由各种不同情感、幻想、思想方式和世界观构成的整个上层建筑。整个阶级在它的物质条件和相应的社会关系的基础上创造和构成这一切。”[17] 我国生产资料的社会主义公有制和社会主义制度，提供了培养共产主义道德情感的客观可能性。但由于封建的传统观念、国内外资产阶级思想的影响，加之每个人所处的社会环境、条件不同，由此使各个人的需要不同，形成了不同种类的情感。所以，这里存在一个区分情感的问题。例如，在对待上下级关系的问题上，遵从党的正确路线的领导，履行自己的职责，勤勤恳恳地为人民服务，为实现共产主义的远大目标而奋斗；反之，如果上下级干部之间存在以小集团的利益为重，明知是错误，却采取“睁一只眼、闭一只眼”的态度，官官相护或以部门利益、这种价值观或不作为的现象，则必须彻底纠正。

参加共产主义运动，是培养“良心”的根本途径，这是马克思主义伦理学十分强调的。因为良心的确立不是靠一时的感情冲动，也不是建立在对客观事物的表面认识（感性认识）基础上，而是建立在对客观事物必然性认识（理性认识）基础上，是经过长期实践逐步在自己内心深处确立下来的。此外，共产主义的理论、理想、原则本身不是靠空想得来的，而是建立在总结革命经验的基础上，是社会发展客观规律的正确反映，它是现实的，又是不断被正在进行的社会实践丰富和发展的。因此，个人只有参加社会实践，才能形成和确立自己的共产主义道德信念。同时，也只有在社会实践中，才能培养自己的情感。情感既然是人们对道德义务、道德行为所持的一种态度，那么，情感的形成就只有在社会实践的过程中进行。在我们今天的社会里，培养道德情感的实践活动形式是多种多样的，其内容是十分丰富的。如在学校，学生参加政治活动，了解国内外大事，了解我国的历史、地理、环境，可以培养他们的爱国精神和民族自尊感。又如，我们开展的“五讲四美”活动，是培养道德情感的极好方式，但必须长期地、深入持久地开展下去。总之，离开实践去谈道德信念的确立、道德情感的培养都不过是一句空话。参加社会实践是培养良心的根本途径，无产阶级良心的形成就是在实践过程中自觉改造世界观的结果。

在我国存在着培养人们良心的社会条件。只要我们对良心这一伦理学范畴予以重视，并以马克思主义为指导，紧密结合共产主义道德教育，进行科学的研究和解释，一定会在社会主义精神文明建设中发挥它应有的作用。

注：

[1]《马克思恩格斯全集》第 2 卷，第 614 页。

[2]《列宁全集》第 42 卷，第 282 页。

[3]《列宁全集》第 25 卷，第 251 页。

[4][5]《孟子·告子上》。

[6]《传习录·上》。

[7]《西方伦理学名著选辑》上卷，第 813 页。

[8]《西方伦理学名著选辑》上卷，第 832 页。

[9][14]《费尔巴哈哲学著作选》上卷，第 584 页。

[10][11]《马克思恩格斯全集》第 6 卷，第 152 页。

[12]《马克思恩格斯全集》第 2 卷，第 352 页。

[13]《列宁全集》第 1 卷，第 139 页。

[15]《马克思恩格斯全集》第 1 卷，第 134 页。

[16]《列宁全集》第 20 卷，第 255 页。

[17]《马克思恩格斯选集》第 1 卷，第 629 页。

（原载《河北学刊》1982 年第 3 期）

对当前荣誉观的价值审视

荣誉观作为一种道德意识，是人类道德与文明发展水平的标志。亘古及今，一切志士仁人无不十分珍视自己的荣誉。在我国改革开放、建立社会主义市场经济体制的变革过程中，究竟应该怎样理解和把握荣誉这一范畴，什么样的荣誉观才具有善的意义，并最能反映时代的要求和价值，这是伦理学研究中一个不容忽视的问题。

荣誉的内涵

人们通常所说的荣誉，是指一定社会或集团通过社会舆论或其他方式对个人履行社会义务的德行和贡献所做出的褒奖。这种形式的社会评价在一定意义上表明，荣誉是一种来自社会方面的对个人道德行为和贡献的价值认可，体现了一个人存在的社会价值。因为个人为社会做出的贡献有多大以及是否应该得到荣誉，都是由该社会或集团来给予的，显然，现实生活中人们所讲的荣誉不是主体的主观判断和自我评价，而是来自社会方面的价值评价。

伦理学从主体和客体的相互关系上来概括和把握现实生活中表现出来的荣誉观念，认为荣誉是一种社会道德现象，它反映了个人与集体、与社会的关系，体现了个人活动的社会价值，反映了社会道德关系中最一般、最本质的方面，在整个道德活动中有着重要的意义，是其他伦理学概念所不能取代的。因此，许多伦理学著作都科学地分析和概述了这一社会道德现象，把荣誉作为一个基本范畴纳入伦理学体系中。荣誉作为伦理学的一个基本范畴，它的内容或要求应该包括如下三个方面：一是社会对个人行为的赞扬和肯定；二是个人对自己行为的社会后果和社会评价的关心，具体地表现为个人的尊严感；三是强调凡得到社会赞扬和肯定的行为，必须是出于对国家、对人民、对集体利益的关心，忠实地履行各种社会义务的行为。有些人出自功名心、虚荣心或个人英雄主义的动机去行动，即使暂时为集体或社会带来某些益处，也只能给予适当的评价。当然，作为行为主体的个人，对自己的行为后果也决不会漠然置之。19世纪德国哲学家费希特曾深刻地指出："给予个人以荣誉的不是阶层本身，而是很好地坚守阶层的岗位；每个阶层只有忠于职守，圆满地完成了自己的使命，才受到更大的尊敬。"[1] 行为主体出自履行义务的动机去行动，行为之后，往往重视和关心行为的社会效果怎样，并从中认识自己存在的社会价值。当社会通过社会舆论或其他方式把这种荣誉观念转化为个人的内心信念或自我评价之后，就会在个人的意识中形成某种荣誉或耻辱的意向，这往往表现为羞耻心、自爱心和自尊感，也就是人们通常所说的荣誉感或荣誉观。孟子说："恻隐之心，辞让之心，羞耻之心，是非之心，人皆有之。"[2]

其中的羞耻之心，指的就是人人都具有的荣辱感。

荣誉不是一个抽象的、永恒的道德范畴，随着历史的变迁，尤其是经济关系的变革引起道德关系的改变，人们的荣誉观念总是在不断地发生变化。在不同的时代和不同的社会，荣誉范畴往往有着十分不同的内容和表现形式。在原始社会公有制经济关系基础上形成的原始人的荣誉观念，是同劳动和履行本氏族内的义务相联系的，在反抗外族侵略时，勇敢被视为荣誉和美德。人们共同劳动，平均分配产品，人与人的关系平等，由此决定了原始人的荣誉观念是平等的。每一氏族成员只要勤奋劳动，遵守氏族风俗习惯，都能获得荣誉，从而得到人们的敬重。进入阶级社会以后，原始人的荣誉观念受到私有制经济关系的猛烈冲击，平等的荣誉观念不复存在。掌握着生产资料的奴隶主阶级，往往把他们的身份、特权之大小和占有奴隶之多少看作荣誉。在封建社会，等级、门第和权势就是封建地主阶级所理解的荣誉。随着资本主义生产关系的发展，金钱和财富的多寡成了人们评价荣誉的标准。正如恩格斯所说："金钱确定人的价值：这个人值一万英镑，就是说，他拥有这样一笔钱。"[3] 货币的价值就是货币所有者的价值。显而易见，荣誉观念归根结底源于人们所处的社会生活条件和经济关系，是不同社会集团的政治权力和经济利益在道德上的反映。因此，恩格斯强调："每个社会集团都有它自己的荣辱观。"[4]

此外还应看到，反映当时社会经济状况要求的荣誉观念，在现实生活中要直接受到一定社会或团体的道德原则、道德规范的制约和支配。这种制约和支配，是一定社会或团体从整体上对该社会成员行为的一种道德要求。一定社会和团体通过其倡导的道德原则和规范的宣传和教化，对人们的荣誉观念的形成和确立产生重要的影响和作用，而且这种影响和作用是符合道德本性的。当一个人的行为符合这个社会或集团的道德要求时，这个社会或集团就会授予他荣誉，并通过宣传手段，形成强大的社会舆论，把他的行为、品格作为全社会应当仿效的典范，体现出该社会或集团的思想、观点和道德标准，以此作为影响社会其他成员的思想和道德观念（包括荣誉观念）的工具，在人们内心形成一种道德力量，从而调节人们之间的关系。把金钱和财富看作是最高荣誉，是与资本主义社会通行的利己主义道德直接吻合的。而在社会主义社会，发展社会主义市场经济一方面要按照客观经济规律办事，学习资本主义国家的技术、先进的管理方法和成功的经验，进一步解放和发展生产力；另一方面要坚持社会主义方向，走消灭阶级、消灭剥削的共同富裕之路，把为社会、为国家、为人民履行义务，努力工作，多做贡献，作为人生的最高荣誉来追求，这是坚持集体主义道德原则的应有之义和必然要求。但是，要把这种道德要求转化为个人的道德行为和内心信念，逐渐形成道德习惯，人们的人生观和道德理想将起着非常重要的作用。因此，人们荣誉观念的形成，固然不可避免地要受到社会倡导的道德原则、道德规范的影响和支配，但也与人们的人生哲学和道德理想有关。原始社会的英雄理想，决定了力量和勇敢是古代社会氏族成员所具有的主要美德，因而最勇敢和最勤劳的人就享有最大的荣誉，从而受到全体氏族成员的尊敬。随着中世纪封建主义经济和政治的发展，原始社会的英雄理想被宗教道德"最粗卑的迷信"和忠君孝亲的理想人格所代替，等级、特权和门第就成为贵族和地主阶级的尊严和荣耀，因此，“学而优则仕”成为封建知识分子的最大追求。在资本主义社会，狂热地颂扬个人享乐和个人幸福的理想以及虚伪的“两重生活”的人格，决定了人们追求荣誉的动机和行为完全淹没在冷冰冰的金钱主义之中。正如马克思所说的那样：“资本家只是作为资本的人格化才受到尊敬。”[5] 在社会主义条件下，确立为人民服务、为社会服务的崇高人生观和道德理想，有助于人们形成正确的荣誉观。它向人们指出，只有投身社会，一切从人民利益出发，为实现共同富裕而努力奋斗，才是人们应该追求的最高荣誉。“一切向钱看”、唯利是图和拜金主义，绝非社会主义市场经济发展的必然产物，它是同社会主义的本质和道德理想不相容的。发展社会主义市场经济，不仅不否定集体主义的道德价值和社会价值，恰恰相反，只有在集体主义价值观和道德观的指导下，才能尽快地建立起社会主义市场经济体制，促进生产力的发展，最终实现共同富裕，推动社会的全面进步。那种为了钱，可以不讲道德、不讲荣誉、不要良心和人格的思想和行为，是与集体主义的道德精神背道而驰的，也从根本上违背了发展社会主义市场经济的根本目的。可以说，荣誉范畴体现了一定社会、一定集团道德上的理想人格，或者说，是一定社会、集团的道德原则和道德规范的人格化，体现着该社会、集团成员做人的基本方向和人格标准。只有确立了正确的人生观和崇高的道德理想的人，才能够正确地认识个人同他人和社会的关系，自觉地履行自己的义务和职责，形成正确的荣誉观，从不违背良心，始终地保持着自己的尊严。

怎样确立正确的荣誉观

从伦理思想发展史上看，荣誉问题作为一个价值问题，主要有以下几个方面的内容：第一，把荣誉等同于善。斯多葛学派的创造人芝诺就说，“荣誉是圆满的善”，“不荣誉的快乐就不会是善”。[6] 亚里士多德也指出：“何种善始可称为‘善本身’？是否指那种甚至与其他善可分离而仍被人追求的善：如智慧、见识、某种快乐和荣誉?”[7] 芝诺认为，善“就是依照道德而生活”。在亚里士多德看来，善就是“心灵合于德行的活动”。这就是说，善是对价值关系的综合反映，是道德价值系统中一个最高的范畴，荣誉的内容和价值评价要受到善的制约。第二，荣誉反映人的生存价值和社会价值。斯宾诺莎认为：“荣誉是为我们想象着我们的某种行为受人称赞的观念所伴随着的快乐。”“所谓光荣的幸福，即是为遵循理性而生活的人所称赞的行为。”[8] 在中国历史上，儒家把荣誉与人生的处世原则、个人修养、功名成就、治理国家结合起来，更加突出了荣誉的人生价值和社会价值。孔子推崇积极有为的人生态度，认为无能是令人羞耻的事。孟子十分重视荣辱对人的影响，认为：“人不可无耻，无耻之耻，无耻矣……耻之于人大矣，为机变之巧者，无所用耻焉。不耻不若人，何若人有?”[9]《二程集》中说：“或问：‘人有耻不能之心，可乎?’子曰：‘耻不能而为之，可也；耻不能而隐之，不可也。至于疾人之能，又大不可也。若夫小道曲艺，虽不能焉，君子不耻也。’”[10] 孔子还把他的荣誉观与人生修养联系起来，认为：“巧言、令色、足恭，左丘明耻之，丘亦耻之。匿怨而友其人，左丘明耻之，丘亦耻之。”[11] “君子耻言而过其行。”[12] 孔子还提出了“仁”这一范畴，认为凡符合“仁”的思想和行为则荣，反之则辱。孟子也说：“仁则荣，不仁则辱。”[13] 在孔子看来，“仁”与利相互对立，重利是耻辱的，是小人所为。“君子喻于义，小人喻于利。”[14] 荀子继承了这一思想，认为：“荣辱之大分，安危利害之常体；先义而后利者荣，先利而后义者辱；荣者常通，辱者常穷；通者常制人，穷者常制于人，是荣辱之大分也。”[15] 在宋代，张载提出，“宁身被困辱，不徇人以非礼之恭；宁孤立无助，不失亲于可贱之人”，[16] 崇义贬利，以符合义礼为荣，以不符合义礼为辱。陆九渊的重义轻利思想讲得更为透彻，认为“由义为荣，背义为辱，惟义与否”[17]。第三，荣誉反映人的道德价值。芝诺明确地把荣誉和道德行为联系起来，认为：“道德是正当选择的东西，所以我们以不正当的行为为耻，而以道德行为为荣。”[18] 康德提出，行为的道德意义就在于这种行为是出于义务心，而不是出于爱好或愿望，否则，即使这种行为合乎义务，也没有道德价值。从这种观点出发，康德举例说：“例如好荣誉，假如恰巧目的在于有益公众并合乎义务因而是荣誉的事情，是值得赞美并鼓励，但不值得敬重。因为道德的意义就在于这种行为应该出于义务心，不是出于爱好，所以这样行为的人的格准没有道德价值。”[19] 中国历史上的儒家如孔子、孟子等把荣誉和“仁”、“礼”、“义”联系起来，无疑也是对荣誉所内含的道德价值的肯定。

在当前改革开放、发展社会主义市场经济的过程中，人们的荣誉观念与中国的传统荣誉观念相比，的确发生了许多新的变化。对此应当如何认识和评价，并加强正确的理论导向，这是伦理学研究中所面临的一个现实问题。从当前的社会状况看，人们的荣誉观念呈现出以下几个特点：第一，在物质荣誉和精神荣誉的关系上，重前者、轻后者。有人认为物质荣誉最实惠，精神荣誉只好听、不管用。一些人为了获得金钱和财富，不惜出卖人格、国格，金钱成了他们追求的至高无上的理想之神。有些“大亨”、“大款”、“大腕”斗富比阔，一掷千金，以此炫耀自己的价值，满足个人的虚荣心理。这对人们思想的腐蚀和对社会的消极影响不可低估。第二，在个人荣誉和社会荣誉、集体荣誉的关系上，强调个人荣誉，漠视社会荣誉和集体荣誉。有人认为，集体荣誉是大家的，大家的荣誉人人有份，干多干少一个样；国家荣誉听得见、看得见，但与己无关，只有个人的荣誉最有价值，最能反映人生。花钱买文凭、高价卖文凭成了个人晋职晋级的通行证和单位致富的门路。第三，在获取荣誉的途径上，只看效果，不讲手段。只要有钱，不管是劳动所得，还是巧取豪夺，大家统统都光彩。真“三资”也好，假“三资”也好，只要牌子是正的，大家统统硬“三分”。凡此种种，不一而足。因此，在发展社会主义市场经济的过程中，必须加强思想道德建设。在荣誉观的价值导向上，应当重视以下几点：

第一，在物质荣誉和精神荣誉的关系上，重视物质荣誉，更要重视精神荣誉，特别是要重视培养人们正确的荣誉心理，形成良好的荣誉观念。荣誉观念一经形成，作为一种能动的精神力量，对社会物质生活和精神生活必然产生不可忽视的影响。有了正确的荣誉观，就会形成一种建设社会、改造人类自身的积极力量。周恩来在青年时期就十分重视荣誉的社会作用，认为荣誉可以使“有为之士，益奋起勇气，以求闻达”，可以使“不法之徒，思改其过，以补前愆”。许多不道德的动机之所以未转化为行为实践，除了良心起作用外，往往是正确的荣辱心理作用的结果。树立正确的荣誉观念，从个体方面来说，能给人以积极向上的力量，成为激励人们报效国家、实现人生目标的内在动力，可以唤醒人们内心的自尊、自爱和自立意识，从而增强人们改造社会、造福人类的信心和能力。应使人们真正把握荣誉的真谛，知道衡量荣誉的标准绝不是金钱、权势和财富，而是对社会的贡献和真心实意为他人服务的思想和品质。如果有了财富，有了金钱，花天酒地，纸醉金迷，一味地追求物质享乐，那么他永远也不会得到真正的荣誉，永远也不会得到人们的尊重和赞誉。

第二，在个人荣誉和集体荣誉的关系上，重视个人荣誉，更要重视集体荣誉，力求使个人荣誉和集体荣誉结合起来。发展社会主义市场经济，不是不要集体利益，不要国家利益，而是通过鼓励发展个人利益，调动人们的积极性，最终增强国家的经济实力，提高全民族的道德文化素质。事实上，任何个人在事业上的成就和贡献，都是同他人和集体的支持和帮助分不开的。没有广大人民群众的共同努力和奋斗，就不会成功地建立起社会主义市场经济的新体制。离开了国家和集体的利益，就没有劳动者的个人利益；离开了国家和集体的荣誉，也就没有劳动者个人的荣誉。集体荣誉不仅体现了社会对集体成就的表彰，也体现了社会对集体中每一成员的贡献的肯定，集体荣誉就包含着集体中每一成员的荣誉。一个真正关心个人荣誉的人，首先表现为对国家和集体利益的高度责任感，对国家和集体荣誉的赤诚热爱。邓小平同志指出，在我们国家，“以热爱祖国，贡献全部力量建设社会主义祖国为最大光荣，以损害社会主义祖国的利益、尊严和荣誉为最大耻辱”[20]。如果离开了人民和集体的荣誉，甚至不顾国家和民族的荣誉和尊严，迷恋和追逐个人的荣誉，势必要到处碰壁，最终被人民所唾弃，走向荣誉的反面——耻辱。强调集体荣誉高于个人荣誉，并不是否定争取正当个人荣誉的社会价值和意义。人们关心个人的荣誉，实际上是关心社会对自己劳动成果的评价。集体荣誉的取得和维护就是通过许许多多的个人在各方面的努力而实现的，如果丧失正确的荣誉感，对个人荣誉采取漠不关心的态度，就是不考虑自己履行义务的行为后果，也是对集体荣誉不负责任的表现。应当鼓励个人在正确荣誉观念的指导下，为争取个人荣誉去奋斗、去创造，从而实现集体荣誉和个人荣誉的一致。个人不是被动地分享集体荣誉，而是作为集体中的积极分子为争取集体荣誉而努力工作。集体荣誉是个人荣誉的基础和归宿，个人荣誉是集体荣誉的体现和组成部分，二者在本质上都为社会发展所需要。

第三，在获取荣誉的途径上，应该通过诚实劳动和无私奉献去实现，反对不择手段、沽名钓誉、损人利己、骗取荣誉的行为。采取不道德的手段，甚至通过损害他人或社会利益来追逐个人荣誉，是利己主义荣誉观所采取的一贯手段。正如斯宾诺莎所说：“相互努力压制对方，谁最后崛起而为胜利者，才看见他所以获得荣誉，并不在于自己受用，而在于毁损他人。”[21] 这样的荣誉感已失去了它真正的道德内容，追求荣誉的行为完全服从于自私自利的需要。发展社会主义市场经济，离不开诚实劳动、艰苦创业和无私奉献，只有遵纪守法，辛勤地劳动和创造，自觉地履行社会义务，不断地为社会创造物质财富和精神财富，才会受到社会的褒奖和赞扬，得到人们的尊重，党和国家也应给予这些“看来似乎平凡实则艰苦的工作以应有的荣誉”。[22]

市场经济是一种平等竞争的经济，是一种法制经济，它为个人的自由发展、追求理想的目标提供了客观的基础，也为争取每个人的荣誉提供了更好的社会条件。但是也要看到，我国目前的市场经济还是一种不规范、不成熟的市场经济，实现社会主义政治制度与市场经济的最佳结合，还需要经历一个改革与发展的历史过程。在这个历史过程中，如何抑制市场经济这把“双刃剑”的负效应，发挥其正效应，坚定不移地抓好思想道德建设工作，培养人们正确的荣辱观念，将始终是一个十分重要的理论课题和实践课题。

注：

[1] 费希特：《论学者的使命》，商务印书馆 1980 年版，第 33 页。

[2]《孟子·告子上》。

[3]《马克思恩格斯全集》第 2 卷，第 566 页。

[4]《马克思恩格斯全集》第 39 卷，第 251 页。

[5]《马克思恩格斯全集》第 23 卷，第 649 页。

[6] 周辅成编：《西方伦理学名著选辑》上卷，商务印书馆 1961 年版，第 220 页。

[7] 周辅成编：《西方伦理学名著选辑》上卷，商务印书馆 1961 年版，第 285 页。

[8]［21］斯宾诺莎：《伦理学》，商务印书馆 1981 年版，第 147 页、第 183 页、第 199 页。

[9]《孟子·尽心下》。

[10]《二程集》，中华书局 1981 年版，第 4 册，第 1256 页。

[11]《论语·公冶长》。

[12]《论语·宪问》。

[13]《孟子·公孙丑上》。

[14]《论语·子罕》。

[15]《荀子·荣辱》。

[16]《张载·正蒙》。

[17]《陆九渊集》卷十三《书·与郭邦逸》。

[18] 周辅成编：《西方伦理学名著选辑》上卷，商务印书馆 1961 年版，第 229 页。

[19] 北京大学哲学系编译：《十八世纪末—十九世纪初德国哲学》，商务印书馆1962 年版，第 105 页。

[20]《邓小平文选》第 2 卷，第 372 页。

[22]《邓小平文选》第 2 卷，第 166 页。

（原载《郑州大学学报》1994 年第 6 期）

荣誉的社会倡导与实现

荣誉作为特定社会所倡导的价值目标，它能否被个人所认同进而去追求，即荣誉的社会倡导与实现机制问题，毫无疑问，是我国社会道德发展所面临的一个现实课题。尤其是在社会价值观念冲突和嬗变的历史过程中，这一问题显得尤为重要。

确立统一、明确的荣誉标准

荣誉标准，也即评价人们行为与德行的一把尺度。然而，近些年来，人们对荣誉标准的认识并非明确一致，甚至在一些集团和个人那里，荣辱标准发生颠倒。荣誉标准的多义性直接导致它的相对性，即一切善恶因人而异，依境遇而异。荣誉标准失去科学性、客观性和普遍性，最终是消解掉荣誉所蕴含的道理内容和社会功用。因而，确立统一、明确的荣誉标准是荣誉的社会倡导及其实现的前提。

1. 荣誉的标准

恩格斯曾指出："每个社会集团都有它自己的荣辱观。"[1] 那么，当今中国社会的荣辱标准是什么？可以说，对于大多数人来说，这并不成为问题。这就是我们新中国成立后几十年来提倡的为祖国、为社会贡献全部力量，全心全意为人民服务。毛泽东同志曾在高度评价张思德为人民利益而以身殉职时说过："为人民利益而死，就比泰山还重；替法西斯卖力，替剥削人民和压迫人民的人去死，就比鸿毛还轻。"[2] 中国进入改革开放新时期之后，邓小平也几次论及这一问题，党和政府也多次从不同侧面做过阐述，概括起来主要有两点：一是爱祖国，爱集体，爱社会主义；二是贡献，即为建设有中国特色社会主义，为国家的繁荣富强和人民的富裕幸福，竭尽全力，做出贡献。

这一荣誉标准是由我国现阶段的主要任务决定的。以经济建设为中心，大力发展社会主义生产力，是我国现阶段的主要任务，是社会主义本质的要求。邓小平同志指出："我们搞社会主义才几十年，还处在初级阶段。巩固和发展社会主义制度，还需要一个很长的历史阶段，需要我们几代人、十几代人，甚至几十代人坚持不懈地努力奋斗。"[3] 因此，现阶段要把发展生产力作为"压倒一切的中心任务"，可以说，这是目前我国主要的基本的社会价值坐标。由发展生产力，以经济建设为中心的社会价值坐标所决定，目前及今后相当长一段历史时期，我们的社会必须提倡以贡献为主要评价内容的荣誉标准。在这方面，邓小平曾有明确的阐述，他说："中国人民有自己的民族自尊心和自豪感，以热爱祖国、贡献全部力量建设社会主义祖国为最大光荣，以损害社会主义祖国利益、尊严和荣誉为最大耻辱。"[4] 并认为"社会主义新人当然要努力去实现人民的利益，捍卫社会主义祖国的荣誉，为社会主义祖国的前途而献身"。[5] 这里需要指出，一是贡献包括物质财富和精神财富两个方面。为社会、为集体带来显著经济效益的创造性劳动，理应受到表彰，得到应有的荣誉；舍弃个人利益，甚至置生死于度外的英勇壮举，其精神价值也是无可估量的。从社会运行过程来看，这两方面贡献的价值不是孤立的，而是密切相连、相互作用的。物质方面的贡献在为社会精神价值提供坚实基础的同时，其创造活动反映出主体的精神、价值取向，这也是精神财富的内容；精神方面的贡献是对人的理性、道德的呼唤，是对崇高人格的张扬，谁能否认这种力量对人类活动的巨大激励作用？二是以贡献为内容的荣誉的层次性问题。的确，党和国家授予个人或集体的荣誉，并不是社会上多数人所能享有的，但不能由此认为，多数人的劳动就没有什么价值，不值得社会尊重。劳动是光荣的事业，人民群众正由于是劳动实践的主体才成为历史的创造者，无论是从历时态，还是从共时态这两个向度上看，都是如此，但从历史上看，真正把劳动视为荣誉的事业、神圣的事业，还主要体现在社会主义制度下。尤其在我国现阶段，尊重劳动，尊重人才已成为人们的共识。而且，无论从事哪种职业，无论属于哪种所有制关系，无论是“官”还是“民”，只要付出了艰辛的劳动，履行了职责，都应该得到社会和集体的肯定与赞赏。尽管这些没有“荣誉”的形式，但社会、集体、他人通过舆论赞赏，他（或她）的行为同样获得了荣誉的真实意义。我国目前在荣誉授予上存在等次，如有国家级、省部级、地市级，直到基层单位。但有一点是共通的，这就是符合当前我国社会的荣誉标准。因此，在争取荣誉的道路上人人平等，荣誉应该成为大众的追求目标。

2. 荣誉对个体的意义

荣誉标准的内涵是要求个体为社会整体利益去做贡献，是从社会方面形成的评价尺度。那么，荣誉对个体具有什么意义和价值呢？荣誉只有在不仅仅作为评价尺度，而是作为个体行为的价值尺度和价值目标的时候，人们才会去追求。

荣誉对个体的意义，主要体现在个体能力的发挥和自我价值的确认上，这可通过自尊意识来说明。

自尊这一概念反映的是个体对荣誉的价值认同，同时，也是个体作为主体的价值显现。罗尔斯提出自尊的两个内容及其存在的环境。他在《正义论》一书中多次谈到“最为重要的基本善是自尊的善”，并指出自尊所具有的两个方面：首先，包括一个人对他自己的价值的感觉，以及他的善概念，他的生活计划值得努力去实现这样一个确定的信念。其次，就自尊是在个人能力之内而言，自尊包含着自己对实现自己的意图的能力的自信。认为一个人如果没有自尊，那就没有什么事情是值得去做的。他进而指出自尊存在所需的种种条件，即有一个合理的生活计划，尤其是一个符合亚里士多德主义原则的计划，即认为人们从实现他们的先天或后天的能力的活动中得到享受，而且这种能力实现得愈充分，它自身愈复杂，得到的享受也就愈大。他提出的必要条件是，每个人都至少有一个有着共同利益（兴趣）的共同体，他属于这个团体，并且在这个团体之中他感到他的努力能受到他的伙伴们的肯定和赞扬，从而形成这种行为和努力是值得的这样的信念以及自身的价值。用罗尔斯的话讲是“社团纽带”的作用。[6]

罗尔斯的思想颇具启发性。自尊意味着一个人为实现其合理计划而充分展现自己的能力；自尊需要的社会条件是要有一个利益共同体，由他人的评价而形成自我价值的认同，评价与价值得以统一。

另外，荣誉的个体意义还必须从更深层的社会经济根源来阐释，这也可以说，是接着罗尔斯的“必要条件”往下讲。顺便补充一句，罗尔斯的理论适用于他设定的理想社会，这在理论研究上是允许的。然而，以往人类的历史和当代世界的现实都与上述设定相距甚远，因此，如要将问题说得更客观、合理些，还必须运用马克思主义的唯物辩证法为指导来分析。

迄今为止，社会经济关系有公有制和私有制两大形式，私有制引致经济利益的对立，直接造成人的劳动活动的成果与物质利益和社会荣誉相分离，甚至相对立；公有制从根本上克服了激烈的、社会自身难以克服的利益冲突，从而使人的劳动活动的成果与物质利益及社会荣誉统一有了现实的基础。在奴隶社会和封建社会，劳动是卑下的，“学而优则仕”，奴隶的劳动成果被剥夺，过着非人的生活，还谈何荣誉？资本主义较前两个社会形态要文明、进步，尤其是当代发达资本主义社会，物质生活、文化生活都已达到相当高的水平，然而一个不可否认的事实是，由于私有制经济关系的存在，人的劳动活动成果与物质利益、社会荣誉的分离与对立，并未从根本上解决，资本的多少仍是获取物质利益、社会荣誉的可靠后盾。社会主义制度以公有制经济关系为主体，在人类历史上第一次为劳动者的劳动成果与其物质利益、社会荣誉的统一提供了可能。第一，体现了劳动者在创造物质价值和精神价值的同时，实现了自身的价值。在我国，劳动不仅是谋生的手段，而且，社会主义物质文明和精神文明的建设，也唯有通过劳动来实现。因此，通过劳动取得物质利益和社会荣誉，这就使得“每个人都像其他人一样只是劳动者”[7]，这样就把劳动者置于主人翁的地位，有助于挖掘人们的内在潜力，充分调动人的积极性。第二，有助于劳动者认识个人利益与集体利益、社会利益的一致性，有助于社会总体目标的实现。利益关系主要靠经济手段来调节，是看得见、摸得着的东西；而荣誉属于社会意识范畴，它主要是辅助经济调节来发挥作用。只有使劳动者在生产过程和分配过程中，意识到自己的劳动成果与物质利益、社会荣誉密切相关，一己之利与社会利益相一致，自己的命运与祖国的命运息息相关，才能培养人们的爱国主义、集体主义、社会主义观念，社会倡导的荣誉标准才有可能成为人们生活的目标。第三，是社会主义发展的目标设定与现实性的辩证统一在我国现阶段的具体表现。以“按劳分配”为主体的分配制度，是与社会主义公有制联系在一起的，是现阶段生产力发展水平所决定的，也是由社会主义最终实现全体人民“共同富裕”的目标所规约的。坚持贯彻“按劳分配”原则，给做出贡献的单位和个人以物质利益和社会荣誉，不仅不会导致剥削现象的产生，而恰恰是对平均主义的否定，从而为社会的进步提供物质基础和精神条件。因此，这既符合现阶段的发展需要，又符合未来发展的目的；既能反映劳动者的个人需要，又能体现社会意志，社会荣誉已不再是“社会”的，而真正成为“个人”的。

物质激励与精神激励互动的激励机制

几十年来的实践证明，我国社会倡导的荣誉观是科学的、正确的。一些率先践行者成为人们行动的“楷模”，在我国“两个文明”建设中产生了积极的“示范”效应。然而，毋庸讳言，随着我国改革开放和市场经济的发展、利益关系的不断调整和重组，人们的观念和社会组织结构等方面都发生了重大变化，荣誉这一观念领域凸显出两大问题：一是不少人对荣誉持冷漠麻木心态，缺乏追求的热情；二是“英雄”遭冷遇，甚至由于义举而陷入困境。这就需要严肃地思考荣誉的激励机制问题。

探讨这一问题，首先要全面、客观地认识和评价荣誉的两种激励方式：一是重精神鼓励，较少讲物质鼓励；二是强调物质鼓励，认为精神鼓励没什么用。

前一种激励方式在我党历史上已形成一种传统，它的产生与存在有着历史的必然性和现实的合理性，为推动我国社会的经济建设、提高全社会的道德水平、增强民族凝聚力，发挥了难以估量的作用。在我国新民主主义时期和社会主义建设时期，在我党倡导的“全心全意为人民服务”、“大公无私”、“毫不利己，专门利人”的自我牺牲精神的鼓舞下，各条战线涌现出成千上万的英雄人物和优秀分子，并且鼓舞了全国人民。在今天改革开放的新的历史条件下，我们要继承这笔宝贵财富，坚持运用这一激励手段。与此同时，应根据变化了的情况，具体把握新时期精神激励的内容、方式，并给物质激励以一个恰当的位置，着力研究两种激励的互动问题。如果以延安时期、新中国成立初期精神激励的作用为根据，认为讲物质激励有损荣誉的崇高和纯洁，以致否定物质激励在今天的意义，则是不妥的。

后一种认识的片面性无须多加评说，实践已经做出了回答。重视物质激励的作用本无可厚非，但一味认为靠金钱可以换来人们的工作责任心、忘我的劳动态度和健康的荣誉心理，实在是把人简单化了。

这里提出物质激励和精神激励的互动机制，似可做如下理解：物质激励是基本手段，同时又要显示其精神价值；精神激励旨在发挥导引和提升职能，同时又不要离开物质鼓励。两种激励相互作用、相得益彰，由此形成的整体效应驱动人去追求荣誉和正确的人生目标，促进人的健康发展。

物质激励要体现精神价值。由于我国社会生产力发展水平不平衡，不同的个人占有的物质财富多寡不同，因此，对社会上大多数人来说，谋生逐利仍是人们劳动活动的主导动机。“金钱不是万能的，但离了金钱则是万万不能的”，就是这种心态的表述。社会在给做出贡献的个人以荣誉的同时，把物质鼓励作为基本手段，这不仅有助于弘扬社会正气，发挥荣誉的社会导向作用，而且有利于调动和激发广大劳动者建设社会主义的主动性和创造热情。邓小平同志对此也有明确论述，他说：“为国家创造财富多，个人的收入就应该多一些，集体福利就该搞得好一些。不讲多劳多得，不重视物质利益，对少数先进分子可以，对广大群众不行，一段时间可以，长期不行，革命精神是非常宝贵的，没有革命精神就没有革命行动。但是，革命是在物质利益的基础上产生的，如果只讲牺牲精神，不讲物质利益，那就是唯心论。”[8] 又说，对那些干得好的，给他们“颁发奖牌、奖状是精神鼓励，是一种政治上的荣誉。这是必要的。但物质鼓励也不能缺少”。[9] 与此同时，邓小平还针对物质鼓励上已经出现的滥发奖金风，告诫全党和全国人民，我们是个穷国、大国，要艰苦创业，并要求共产党人和先进分子，用共产主义道德去指导和约束自己，发扬无私奉献的精神。

上海电镀表厂（以下简称上镀厂）1994 年的调查结果也显示了这一点。[10] 这个厂为激发职工的荣誉感，采取了“物质激励和精神激励相结合”的激励模式。依据多数职工对个人正当的物质利益的重视，他们花了大量财力用在满足职工基本生活需要上。上海有两大难，一是交通难，二是住房难。该厂在解决“两难”上颇有成效。物质奖励还表现在分配上，他们的分配原则是向关键工种、关键岗位、关键人物倾斜，突出贡献和效益，同时兼顾公平。这既增强了企业的凝聚力和吸引力，也有效地引导职工为企业、为国家去做贡献。同时，上镀厂 20%的职工认为，要使物质激励产生积极作用，主要应该做到“要体现奖金的精神价值”，另有 39.1%和 13%的职工认为“奖励要公正”和“奖得要有名堂”。这些材料给人以深刻的启示：物质鼓励无疑是调动人的积极性的基本手段，但它只有在同时满足人的精神需要（包括人的荣誉心理）和价值追求的情况下，方能发挥积极效应。

精神鼓励须辅之以物质手段。精神鼓励对正确荣誉感的形成具有重要作用。上镀厂绝大多数职工对精神激励的作用做了肯定回答。其精神激励的形式有：①职工荣誉激励。如评定“先进工作者”、“十佳职工”、“优秀党团员”等。②企业凝聚力激励。如 1989 年调整产品结构时，开展“一条船意识”教育，使企业渡过难关。1991 年则利用创国优产品、创部优管理等来凝聚人心。③企业领导的人格形象激励。④以“企业集体仁义”为价值导向，以经济工作为中心，采取各种形式进行经常性的思想政治工作，也产生了良好的精神激励效果。通过以上方式，关心企业前途命运的人多了，愿意为企业发展做贡献的人多了，树立企业良好形象的自觉性更高了，敬业爱岗、忠于职守、助人为乐的精神得到了发扬。

调查还特意指出，精神激励之所以能在上镀厂产生积极作用，除了满足职工荣誉的需要外，伴之以物质上的得益也是一个重要原因。职工在回答“精神激励之所以能产生积极作用的原因”时，有 47.8%的人认为“既得先进称号又有物质上的收益”，有 13%的人认为“对提职提级有利”。

由于我国的情况千差万别，在物质激励与精神激励互动的激励机制中，其内容、形式、手段、步骤都不会像是一个模子铸出来的，这就要具体情况具体分析，寻求解决的最佳途径。但其总的价值取向是一致的，这就是把全体人民吸引到社会主义事业这面旗帜下，吸引到创业、贡献这一人生价值目标上。

多层次、多方面的保障体系

人是社会的人。其荣誉观无不受社会环境、团体氛围的制约和影响；同时，对特定的个体来说，其认知能力、心理因素等是荣誉观形成中的主观因素。因此，有了物质激励与精神激励这一动力机制，还需要相应的、社会各层面的保障条件，否则，动力机制就难以真正顺利运行。

1. 良好的社会道德风尚

社会道德风尚通过人们的行动、议论、评价表现出来，它体现社会的善恶意识和荣辱标准。而就目前来说，社会上大多数人对我国的社会道德风尚表示不满意。那么，如何形成良好的社会道德风尚呢？从社会道德风尚形成的具体过程和直接影响来看，党风，尤其是党的领导干部的思想和行为是至为关键的因素。正如邓小平所说："当前的精神文明建设，要着眼于党风和社会风气的根本好转"，"端正党风，是端正社会风气的关键"。[11] 因此，改善社会风气、提高社会道德风尚，领导干部应该做到以下几点：

第一，领导干部应该率先实践社会道德。罗尔斯曾谈到在一个公正的社会里，人们是怎样接受社会道德的。他说："当从属于一个公正的社团的各种角色的道德理想由那些有吸引力的和值得尊敬的人们带着明显的意图付诸实践时，这些理想就可能为其实现的那些见证者们所接受。"[12] 在我国，共产党是执政党，是"全心全意为人民服务"的党，她在人民心中享有崇高的威望，由于这种历史的特殊原因，党的领导干部的言行对广大人民群众来说影响极为深刻。历史和实践都已证明：党风好，党员和党的领导干部能够发挥先锋模范作用，党在人民中的威信就高，人民群众对党就信任，党与群众就能建立起鱼水关系，同心同德，推动社会主义事业的健康发展，社会风气、社会道德风尚就好。党风不正，就会玷污党的形象，损害党的威信，破坏党群关系，严重挫伤人民群众建设社会主义的积极性、创造性和主动性。就现在而论，端正党风重中之重的问题是惩治腐败，以廉养德。这是中国整个改革开放过程中必须重视的一个关系到有中国特色社会主义建设成功与失败的大问题。

第二，党的领导干部应该成为社会道德的维护者。由于领导干部所处的位置，不仅要求他们自身言行符合社会道德，而且还承担着在一定范围内维护社会道德运行的责任。

道德、荣誉是意识的东西，是观念的一部分，但它又表现为一种活动。它在社会中发挥作用，一靠领导者有组织地宣传、教育；二靠领导者通过管理制度等来保证这些意识的、观念的东西有赖以生存的土壤，并转化为道德实践活动。这样，社会道德、荣誉就不会受到漠视，道德行为主体也不会产生失落感。而从少数领导者（除腐败者之外）身上可以发现，他们多有"唱功"，缺乏"做功"，"说起来重要，干起来不要"，仅把道德建设停留在口头上，在他们的思想中，似乎这些东西就是说教。因此，针对人民对社会道德风尚不满意这一问题，我们认为，领导干部在实践社会道德方面要率先垂范，为人们树起一面旗帜，同时，还要把功夫下到组织、管理上来，真正建造一个良好的社会道德文化氛围，促使更多的人按照社会道德来指导和约束自己的思想和行为。这样，社会风气的根本好转就不再是一种希求、一个任务，而会成为一种现实。

2. 强有力的团体道德

正确荣誉感的形成，不仅需要有良好的社会道德风尚，而且需要强有力的团体道德的导引和约制。

团体道德一般指团体对两种关系处理的原则和规范：一种是团体如何处理自身与

其他团体和社会整体的利益关系，即团体对外关系的处理；另一种是对内关系的处理，指团体内部诸种关系的处理。

正确处理团体与社会整体的利益关系，就要坚持集体主义道德原则，把社会整体利益放在第一位，保证社会整体利益、团体利益和个人利益的共同发展。这是团体道德的主要内容，也是一个团体树立良好形象的基本保证。不仅如此，它还影响着团体内部成员的行为。劳伦斯·米勒认为："一个组织很像一个有机体，它的机能和构造更像人的身体。坚持一套固定的信念，追求崇高的目标而非短期的利益，以及对一切行为最有影响力的，是它的灵魂。"[13] 近年来，我国的一些团体，尤其是一大批大中型国有企业，都十分重视企业道德建设，做了一些开创性的工作，取得了一定绩效。与此同时，也出现了一些新的问题，其中，只要团体利益、不讲社会整体利益的"团体利己主义"表现突出，并在不少团体中程度不同地存在，这不仅严重地破坏了社会道德，而且直接有害于人们正确荣誉观念的建立。

如果把地方或团体的利益放在第一位，不惜牺牲人民和国家的利益，则这样的团体"道德"意识只能把人导向狭隘的团体利己主义，导向善恶不分、荣辱颠倒的境地。并且，由于团体利己主义是以集团、组织为单位的谋私活动，人们的依附性心理特征造成个人似乎不负有更多的道德责任，因而，这不仅严重扭曲个人的荣誉心理，而且可能在法律面前铤而走险，现实中这样的事例并不罕见。

团体道德调整其内部诸种关系，对个人有更为直接的影响。一个人一生的大部分时间是在团体中度过的，如果说个性品德的基础奠定于家庭，那么，道德意识（包括荣辱观念）的培养，使个体真正成为有一定道德理解力和道德自觉的人，却只有在团体中才能实现。因此，团体内部必须要有一套具有强制力的行为规范和准则。

首任日本伦理研究所所长的丸山敏雄在剖析日本旧道德的不足时指出，"旧道德是没有强制力的"，"即使有人说：'从前的道德是空头支票。'我们恐怕也无法替那些道德申辩。"[14] 就是说，一个人做了违反道德的事，而道德对此则无动于衷或无能为力，这样，道德就失去了强制力。可以说，这种道德形同虚设。关于道德的强制性，已引起当代一些西方学者的高度重视。彼得斯和沃特曼在研究企业文化时写道："优秀公司的文化观念一般都带有很强的规范性或准则性。""它强制到这种程度：或者你接受他们的准则和规范；或者你走开，没有折中的余地。"[15]

道德的强制力与法律、政策的强制力的表现形式不同，它主要通过舆论形成的评价性的强制力、组织管理上的制度制约等来实现。一个组织良好、高效的团体，一般来说，都有强有力的道德作支撑。河南新乡七里营乡刘庄村就是这样一个团体。在刘庄，谁的知识多、技术精，为国家、为集体贡献大，谁就是榜样，就是人们效仿的楷模，谁就有荣誉。相反，只顾自己、贪图享乐、不愿进取、浑浑噩噩的人，则是舆论谴责的对象，致使其难有立身之地；并且，还要受到相应的组织纪律和管理制度的惩罚。在刘庄，既有团体明确的价值目标，又有干部的身体力行；既有制度的约束，又有良好的道德文化氛围，又有制度的约束；腐朽的思想从外边渗透不进来，内部产生的违反道德的思想和行为也没有立足之地，切实发挥了团体道德的作用。

在当前，强有力的团体道德尚未形成。人们在思想认识上未给予足够的重视是其主要原因，因而不愿花大力气去长期探索适合本团体道德建设的方式、途径、内容等。但现代管理实践已向人们提出，团体的绩效与人发挥潜力及创造力成正比，人的道德是精神资源的重要组成部分，是团体内无形的资产。无论是从社会道义，还是从团体功利上讲，都是应予以重视的一个问题。

3. 健全的个体荣誉心理

良好的社会道德风尚、强有力的团体道德，从客观上为社会荣誉的实现和个体形成健全的荣誉心理提供了条件。但对于个体来说，还有一个正确认识和如何争取荣誉的问题，这就是划清荣誉与虚荣的界限、正确认识个人与社会的关系、选择争取荣誉的正确途径等。

荣誉是社会对一个人的高尚品质和不平凡行为的总的价值估价，是对德行的奖赏。它是社会给予的、客观的，不是“自我表现”出来的。一个有正确荣誉感的人，也是一个自尊的人，包尔生对自尊的人做出概括，认为“作为有能力的人的标志是真正的自尊，给予他以对自己的意志和能力的自信和建诸于这种自信之上的决断的把握性及实施决断的坚定性。自尊的人不会对自己的能力作过高估计，也不轻易地自我满足，他尊重别人，在日常劳动面前，他总是准备接受比较困难的任务，在荣誉和礼物面前，他决不坚持要得到平均的一份”。无论何时，只要生活将他置于解决巨大的社会问题的地位，我们总会从他身上看到那种具有高尚精神的人的范例，这是一种相信自己能从事伟大的事业并且配得上这个事业的人。[16] 马克思在他 17 岁时就深悟自尊的蕴意：“尊严就是最能使人高尚起来，并高出于众人之上的东西”，“是最能为人类谋福利而劳动的职业”。[17] 这种分析是妥切的，深刻地概述了健全荣誉心理的主要特征。

虚荣是荣誉的堕落形式。爱虚荣的人常表现出对自己和自己的成就的过高估计，靠炫耀自己的成绩来得到尊敬、赞扬，至少是奉承。与虚荣心理相伴随的是奢望。这种人脱离社会与他人，甚至将自己与其对立起来，追求不切实际的目标，追求“荣誉”和名誉而置其他一切于不顾，甚至不惜以牺牲幸福和生命、自尊和善的良心为代价。高傲与虚荣、奢望相连，与自尊相对立。高傲的人如果得不到奉承，就会转而去凌辱别人。包尔生判定了此种人的结局，“高傲是自我毁灭之母”。[18]

自卑、怯懦也是不健全的荣誉心理。与虚荣、奢望、高傲的人相反，自卑、怯懦的人常表现出对自己能力的过低估计，缺乏自信和解决困难的勇气，很少去开拓进取，因此常难以付诸行动。这种心态导致个人失去创造力，失去追求更高目标的激情，与现代生活是不相协调的，其消极意义也要充分认识。当前，我们党以孔繁森为榜样，在全社会开展马克思主义世界观、人生观、价值观的教育，对个人形成正确的荣誉心理，将具有不可低估的意义。

注：

[1]《马克思恩格斯全集》第 39 卷，第 251 页。

[2]《毛泽东选集》第 3 卷，第 1004 页。

［3］《邓小平文选》第 3 卷，第 379-380 页。

［4］《邓小平文选》第 3 卷，第 3 页。

［5］《邓小平文选》第 2 卷，第 256 页。

［6］参见［美］约翰·罗尔斯《正义论》，中国社会科学出版社 1988 年版，第 427-429 页。

［7］《马克思恩格斯选集》第 3 卷，第 12 页。

［8］《邓小平文选》第 2 卷，第 146 页。

［9］《邓小平文选》第 2 卷，第 102 页。

［10］引自华东师范大学朱贻庭教授主持撰写的一份调研报告。

［11］《邓小平文选》第 3 卷，第 114 页。

［12］参见［美］约翰·罗尔斯《正义论》，中国社会科学出版社 1988 年版，第 458 页。

［13］劳伦斯·米勒：《美国企业精神》，中国友谊出版公司 1985 年版，第 198 页。

［14］［日］丸山敏雄：《实验伦理学大系》，社会科学文献出版社 1991 年版，第 72页。

［15］彼得斯·沃特曼著：《寻求优势——美国最成功公司的经验》（摘译本），管维立译，中国财政经济出版社 1985 年版，第 119 页。

［16］参见［美］约翰·罗尔斯《正义论》，中国社会科学出版社 1988 年版，第 498 页。

［17］《马克思恩格斯全集》第 4 卷，第 6 页。

［18］包尔生：《伦理学体系》，第 498 页。

（原载《中州学刊》1995 年第 6 期）

论无产阶级的幸福观

究竟什么叫幸福？应该树立什么样的幸福观？这是人生观教育中需要解决的一个重要问题。

马克思主义伦理学认为，幸福是人们在一定的社会关系中，在一定的社会实践条件下，对生活产生的种种感受，以及对生活意义的认识和评价。因此，在一般的意义上来说，幸福就是在为实现崇高的理想的奋斗过程中，人们意识到智力和体力发挥的程度而产生的一种道德满足感，并包含有积极的道德评价因素。“幸福”虽然表现为人们的意识和感情，但它又具有十分现实的社会内容。它受一定社会的经济、政治、文化、民族传统等制约，其中社会的经济关系起决定作用。因此，不仅幸福实现的程度与社会的发展水平相一致，而且人们所处的时代不同，从属的阶级不同，对幸福的理解也不尽相同。就是说不同的时代、不同的阶级有着不同的幸福观。

确立崇高的共产主义理想，是无产阶级幸福观的本质特征

人类在社会中生活，需要是多种多样的，具体到每个人，更是千差万异，各具特色。我们承认，任何一种需要的满足都可称为幸福，然而，我们更强调只有为实现阶级的、个人的最高社会需要而奋斗，才是人生最大的幸福。某一阶级的最高社会需要，主要指这一阶级的历史使命及最终目的；个人的最高社会需要，指个人在社会实践中形成的生活的目的、理想、信念等。阶级的和个人的最高社会需要都不是凭空产生的，而是来源于特定的社会关系，其中，经济关系占主导地位。

在资本主义社会，资产阶级的最高社会需要就是拥有巨额的物质财富。对此，恩格斯揭露得十分深刻：除了快快发财，他们不知道还有别的幸福；除了金钱的损失，他们不知道还有别的痛苦。与此不同，在马克思主义指导下，无产阶级把消灭私有制，解放全人类，实现共产主义的崇高理想作为自己的最高需要，把为实现这一理想所进行的艰苦卓绝的斗争当作生活的最大的幸福。一百多年来，共产主义运动在世界上蓬勃兴起，无产阶级先进分子，为了共产主义事业，金钱、荣誉、地位不屑一顾，就是献出生命也心甘情愿。方志敏烈士写道：“……我能舍弃一切，但是不能舍弃党，舍弃阶级，舍弃革命事业。”中国共产党人正是在为实现共产主义的理想这一信念的鼓舞下，领导全国人民进行了半个多世纪的英勇斗争，闯过了一道道难关，才换来了国家的解放，民族的复兴，人民的安乐。为人类解放而奋斗，这乃是共产党人的最大幸福。

共产主义理想、信念一经形成，它不仅成为生活的总目标，而且成为评价整个生活的总的价值方针，使幸福获得它更深刻的意义。这就是说，幸福是对全部生活做出

总的评价的范畴，它制约着人们对生活中每一具体事件乃至偶然因素的评价。人的整个生活进程是由不同的阶段组成的，而不同的阶段又是由种种具体事件构成的。人们对某一具体事件做出苦与乐、幸与不幸的评价时，往往自觉不自觉地受他的理想这一总的价值方针所制约。《在生命的跑道上冲刺》所报道的年轻共产党员、工程师陶凤联在患癌症后，还为了攻克“2800 项目”而努力拼搏，在生命的延长线上冲刺，最后，过早地结束了自己年轻的生命。然而他感到生活有意义，感到自己生命的充实。而对于那些认为人生就是吃、喝、玩、乐的人来说，病症就会使他一蹶不振，还谈什么奋斗！因此，人们在对某一事件做出苦与乐、幸与不幸的评价时，抱有什么样的理想或生活的总目的，乃是一个具有决定意义的价值尺度。

人生在世，意料不到的“灾难”会不断出现，如患病、亲人死亡、青年人的失恋，这些都可以说是一种不幸，那么，如何对待人生旅程中的这些问题呢？是由此而消沉下去呢，还是以积极的态度投入生活呢？在无产阶级看来，个人的不幸总具有个人的意义，如果与整个革命事业、与自己总的生活目的比较起来，还是应以革命事业为重，以实现自己的崇高理想为重。所以，我们只要能摆正个人和社会及事业的关系，正确地处理生活中出现的各种矛盾，革命理想与热情就能“溶化”这种不幸，使人重新鼓起斗志，满怀信心地投入生活。

因此，无产阶级的幸福观以确立共产主义理想为其本质特征，其幸福范畴并不是指一种生活的完全满足状态，也不是仅有欢乐，没有苦恼，仅有幸福，没有不幸，而是指苦与乐、幸与不幸紧密地交织在一起，没有苦就没有乐，没有不幸也就没有幸福。无产阶级的阶级地位及其历史使命决定了无产阶级的幸福观，必须是为实现共产主义理想而斗争。马克思有一句名言：“幸福，就是斗争。”无产阶级就是为了实现共产主义，在改造自然、改造社会的艰苦斗争中获取幸福的。

建立在劳动基础之上的物质生活和精神生活的统一，是无产阶级幸福观的内容

马克思主义伦理学认为，一定的物质生活资料是幸福的重要内容。整日饭不温饱，衣不遮体，这自然是一种不幸。无产阶级革命的目的正是为了铲除这种不幸的根源。我们今天进行社会主义现代化建设的根本目的之一，就是为了满足人民不断增长的物质生活需要，使人们的物质生活不断改善。

但是，人类的社会生活需要，不仅限于对物质产品的需要，而且还有对精神产品的需要。如理想、信仰、道德情操、文化、艺术以及对知识和真理的追求等，概言之，就是对真善美的追求。尤其是一个人的理想、信念，这是人的精神支柱，是生活的动力。有了它，才能真正感到生命的价值和生活的意义。看一个国家也是如此，不能只看那个国家物质产品的丰富。如一个国家物质文明水平较高，而盗窃、暗杀、酗酒等现象却大量发生，人们内心空虚，无所追求，社会风气日益衰败，难道生活在这样的社会里会幸福吗？

今天，我们党把建设高度的物质文明和精神文明作为新时期的两大任务来完成，

并强调，建设以共产主义理想为核心的社会主义精神文明是社会主义的特征之一，这无论在理论上还是在实践上都是正确的。无产阶级幸福观认为，物质和精神这两方面的幸福都是建立在劳动基础之上的。首先是劳动、创造、斗争，其次才是享受。实质上，劳动、创造、斗争本身就是一种幸福。实现了自己的崇高理想是一种幸福，在实现理想的奋斗过程中同样也充满了幸福。

在我们今天的社会里，劳动者是社会的主人，劳动光荣也逐渐成为人们的道德意识。劳动不仅创造物质生活资料，而且生产丰富多彩的精神食粮。劳动者只有在劳动中，智力和体力才能得到充分的发挥，并在不断接近自己的理想的过程中，得到道德上的满足，同时，也只有在劳动中，才能享受到同志间的爱、友谊、团结，才有可能形成高尚的道德情操，充分意识到自己存在的社会价值，了解人生之真谛，逐步走上自我完善。由此可见，无产阶级幸福观所说的物质生活的幸福和精神生活的幸福，是同创造性的劳动和工作密不可分的。不劳而获的物质产品和精神产品，并不构成幸福的内容。

共产主义道德的基本原则——集体主义是无产阶级幸福观的核心

无产阶级把集体主义原则作为幸福观的核心，这是由实现共产主义这一最终目的决定的。“共产主义要最后地消灭剥削、消灭阶级，要解放全人类，要把人类社会推进到空前未有的、无限光明的、无限美妙的幸福境地”（《论共产党员的修养》第29-30页）。因此，无产阶级的幸福观不是对个人或少数人幸福的追求，而是对整体幸福的追求。它以集体主义为核心，并要求伴有或多或少的个人牺牲。关于无产阶级幸福观的这一显著特征，普列汉诺夫曾有过很好的阐述：“实际上道德的基本问题不是对个人幸福的追求，而是对整体的幸福，即对部落、民族、阶级、人类幸福的追求。这种追求和利己主义毫无共同之点。相反的，它总是以或多或少的自我牺牲为前提。”

当然，无产阶级幸福观并不否认个人的幸福，无产阶级的最终目的，就是使社会上每一个成员都获得幸福。在我们今天的社会里，在人民的利益根本一致的条件下，个人与社会就是一个互相联系的整体，集体幸福是个人幸福的基础，个人幸福又是集体幸福的具体体现。个人为创造集体幸福而劳动，集体则使越来越多的个人有可能得到自己的幸福。因此，任何将个人幸福和集体幸福割裂、对立起来的观点都是错误的，都不是无产阶级幸福观所要求的。

无产阶级幸福观反映了历史发展和道德进步的要求，揭示了幸福的客观内容，找到了实现人类幸福的根本途径。在今天新的历史条件下，我们要用自己的双手为社会创造更多的物质财富和精神财富，为社会主义祖国的富强和人民的幸福去劳动、去创造，这乃是人生的最大幸福。

（原载《伦理学与精神文明》1983年第3期）

制度结构制衡：伦理制度建设的新思路

经济和道德的关系问题是一个永恒而常新的话题。近几年“制度伦理学”、“社会伦理学”的提出无疑是一个新的研究思路。在此，我们尝试性地提出所谓“制度结构制衡论”构想，来探讨目前社会主义市场经济体制建设和伦理制度建设的内在关联问题。

我们以“制度结构制衡论”作为研究问题的出发点是基于以下考虑或原因的：

（1）以往关于经济与道德的关系的讨论大都集中在抽象地设定经济对道德或道德对经济有什么积极或消极的作用；或者人们在争论什么样的经济利益产生什么样的道德观念，什么样的道德观念为什么样的经济制度、政治制度服务。但都忽略了一个更为现实、重要的问题：道德和经济不能做什么，即它们各自作用的界限及其相互制约性，以及经济和道德在什么样的社会制度结构下起什么作用、如何起作用的问题。

（2）传统的讨论大多强调道德的意识形态性作用及其对经济利益、政治制度的依附性特征，而很少研究伦理作为一种相对独立的制度（这里一是强调伦理是“道德立法”，二是指人们遵守和践行道德，除依靠宣传、教育外，还必须重视制度管理和约束）同经济制度、政治制度在整个社会有机体结构中的相互制约、协调、平衡问题。马克思主义唯物史观中关于伦理的制度性以及社会制度的伦理性设定等重要论述的现实意义，长期以来并未引起重视，马克思的社会结构理论、社会有机体理论对于指导研究经济与道德关系的重要方法论意义也没有得到深入探讨。

（3）当前市场经济体制改革中所面临的严峻问题正在于：一方面市场经济运行的制度化、规范化、程序化程度低；另一方面社会公共道德失导、失范、虚无化现象相当严重，这正是两种制度的软弱无力的恶性循环所致。因此，这有待于政治体制改革、经济体制改革的进一步深入，需要市场制度、伦理制度、政治法律制度建设的同步进行、良性互动来解决。

因此，我们提出的“制度结构制衡论”认为，在建立现代市场经济体制的今天，在实现由传统的高度一体化的社会制度结构向现代化的政治、经济、道德文化制度的功能性分化与整合转型的新形势下，根本的问题不再是经济、政治、道德作为基本要素之间谁决定谁、谁服务谁、谁牺牲谁的那样一种等级制，“金字塔型”结构秩序的维护，而是如何解决新旧制度、观念之间的冲突和社会结构的无序失衡现象，从而实现经济、政治、伦理作为三个相对独立的制度主体在功能上互补、资源上互济、结构上制衡的那样一种良性循环秩序。这既是一个重大的现实问题，也是一个重要的理论问题。

通过全面审视和挖掘马克思主义经典作家所阐发的丰富的伦理思想不难发现，他们不仅明确指出利益是道德的基础，道德具有阶级性、历史性和为一定阶级服务的功能，而且十分强调道德在社会制度结构中的特殊地位和作用。我们以为，马克思主义的伦理观既是一个观念形态概念，又是一个社会制度概念。这是我们提出“制度结构制衡论”的依据之一。

早在《德意志意识形态》一书中，马克思就在批判资产阶级道德的虚伪性的同时，从社会制度存在和发展的角度强调了道德的重要作用：“资产者对待自己制度的规章就像犹太人对待律法一样：他们在每一个别场合只要有可能就违反这些规章，但……如果全体资产者都一下子违反资产阶级的规章，那末，他们就不成其为资产者了……淫乱的资产者违反婚姻制度，偷偷地与人私通……实际上是为了自己而取消家庭。但是，婚姻、财产、家庭在理论上仍然是神圣不可侵犯的，因为它们构成资产阶级赖以建立自己的统治的实际基础，因为它们……是使资产者成其为资产者的条件……资产阶级道德就是资产者对其存在条件的这种关系的普遍形式之一。”[1] 而以批判经济决定论、捍卫唯物史观为己任的晚年的恩格斯，并不是抽象地从经济发展角度来评价资本主义大工业社会工人的非道德处境和某些表面上的道德待遇问题，而是明确指出：“工人阶级处境悲惨的原因不应当到这些小的欺压现象中去寻找，而应当到资本主义制度本身中去寻找。”[2] 这就充分说明，人们既不能用道德的观点来评价一个社会制度是否合理，因为道德本身也是一个社会制度问题、社会制度概念；也不能单纯从经济发展角度评价一个社会的进步程度。经济连同它和道德的关系问题同样应当到一个社会制度的内在结构那里寻找答案。

此外，马克思的“社会经济结构”理论和社会有机体理论，也给“制度结构制衡论”的提出以重要的方法论启示。众所周知，对唯物史观关于经济与道德关系问题的经典论述最流行的解释是认为经济决定道德，道德对经济具有能动反作用，这种经济决定论仅看到马克思对经济与道德关系问题的理解有“要素性”还原论的含义，而忽视了“结构性”制约的另一方面内容。这里有两段人所共知的表述，充分说明了社会结构理论在马克思那里所具有的重要方法论意义：“权力永远不能超出社会的经济结构以及由经济结构所制约的社会的文化发展。”[3]“问题不在于各种经济关系在不同社会形式的相继更替的序列中在历史上占有什么地位……而在于它们在现代资产阶级社会内部的结构。”[4] 因此，社会发展本质上是人类社会实践结构（生产方式）的有序进化和质的变革，社会存在的深层本质是由实践所构成的政治、经济、文化的功能结构。

关于社会有机体，马克思有两种理论范式。一是十分流行的“立体型”：经济基础与上层建筑二元模式，或社会经济生活、制度上层建筑和观念上层建筑三层次模式，旨在揭示社会发展动力系统的层次性和社会有机体的动态性。二是人们并不陌生的，也是本文着重探讨的“平面型”：社会经济、政治、文化三个子系统在功能上互补、结构上制约所形成的平衡系统，旨在揭示社会发展动力系统的协调性和社会有机体的相对静态性、循环性、平衡性一面。可以说，以往比较重视对社会子系统的冲突、矛盾的动力机制的研究，而对诸子系统间的功能耦合、协调的动力机制研究不够。限于篇幅，本文只分析经济、政治、伦理在制度层面上的相互关系。

马克思曾多次谈到社会有机体自我控制、自我平衡、自我协调机制对社会发展的重要动力作用。他不是在经济决定道德观念的产生这种“机械论式”隐喻意义上讲的，而是在社会经济结构的“似有机体性”隐喻意义上揭示社会各部分发展的功能互补关系及总体性联系，他说：“任何有机体制的情况都是这样……使社会的一切要素从属于自己，或者把自己还缺乏的器官从社会中创造出来。”[5] 马克思通过批判资本主义社会物的系统对人的控制这个异化事实，揭示了社会制度特别是市场经济体系的自我平衡机能：“虽然每个人的需求和供给都与一切其他人无关，但每一个人总是力求了解普遍的供求情况；而这种了解又对供求产生实际影响。虽然这一切在现有基地上并不会消除异己性，但会带来一些关系和联系，这些关系和联系本身包含着消除旧基地的可能性。”所以，“平衡代替了实际的共同性和普遍性。”[6] 也正因为如此，马克思称这种不以人的意志为转移的市场自我平衡调节机制乃“美好和伟大之处”[7]。

显然，我们不能认为马克思这里是在斯密的“看不见的手”的意义上完全肯定、无限夸大市场的自我调节作用。事实上，马克思更多的是在批判它调节作用的盲目性、破坏性和局限性，是在批判资本主义社会的经济、政治、文化相互矛盾的不可避免性意义上，指出了社会有机体的自我平衡、协调，各部分功能互补的必要性问题。用现代经济学语言来说，马克思正是在市场失灵、政治失灵意义上来分析资本主义社会的经济危机、政治危机和伦理危机的。

从社会制度结构层面分析，社会经济制度、政治制度、伦理制度之间既相互包含、相互渗透，又相互制约、相互作用。社会政治制度、经济制度常以“正义”、“合义”为基础，尽管其内涵有程度上的差异；伦理制度反映经济制度的客观要求，也蕴含有政治制度的原则和内容；政治制度既是某种经济制度实现的保证，又是伦理制度得以发挥作用的重要社会条件。这正是三种制度实现结构制衡的客观依据。当然，我们提出这一观点，不只是出于理论发展的需要，更重要的是对现实必要性的思考。市场经济制度、民主政治制度、现代伦理制度作为维护、约束现代化社会秩序的三种基本力量各有自己的行为原则、价值观念和社会功能，共同维护了社会有机体的平衡、稳定、有序。具体来讲，三种制度力量有各自作用的界限性、资源的互济性，以及功能上的互补性和结构上的制衡性的内在关联。

（1）三者的“理性化”原则的不可相互替代性和各自作用界限的不可逾越性。市场经济制度、民主政治制度、现代伦理制度的根本区别首先不在于哪一个更合理、更重要，它们都是“理性化”的产物，问题在于各自奉行的理性化尺度、准则不同。

从一定意义上来看，民主政治制度奉行的是公正的权威性和共同的服从性、他律性合理化原则；市场经济制度则遵循自由、平等的交换这一形式合理性原则；现代伦理制度则设定一种自尊、自觉、自律、教化约束的实质合理性为主的原则。政治的权威在它的职权范围内是神圣不可侵犯的，绝不能把市场交换原则纳入政治生活和道德活动领域。权力、自由、道德、良心、尊严等是不能“斤斤计较”、“讨价还价”的，搞权钱交易，出卖交换政治权力就是罪恶。当然，人们也不能随意使用政治权威，牺牲市场交换的自由平等秩序和违背经济生活规律，更不应借用政治权力破坏和践踏人的道德人格。市场经济的自由交换、讲求功效、趋利避害等原则在这一领域内是合法的、合理的，但加以泛化就会造成政治腐败和社会道德沦丧；同样，也不能只靠道德、良心去解决政治、法律、市场交换等问题，道德要求的泛化和标准的单一则会造成经济发展上的低效益和政治上的“人治”，以及以情代法等不良现象。

马克思曾批判资本主义社会各种理性化原则之间的矛盾，但这并不意味着要用一种“统一的”理性尺度来解决社会冲突。相反，他批判的正是那种普遍理性的抽象性、片面性、异化性实质。马克思一方面认为资本主义的普遍自由和平等制度是商品交换制度的要求和理想化表现，但另一方面又认为这种政治、道德原则被商品交换制度牺牲了，或者说自由平等制度实际上就是货币交换制度。这种制度间的矛盾的产生是因为“资产阶级社会即发达的交换价值的社会”[8]，交换价值支配着生产关系和交往关系的总和即经济基础。因此，它导致社会道德关系的虚无和危机：“它使人和人之间除了赤裸裸的利害关系，除了冷酷无情的‘现金交易’，就再也没有什么别的联系了……它把人的尊严变成了交换价值，用一种没有良心的贸易自由代替了无数特许的和自力挣得的自由。”[9] 由此看来，问题不在于市场经济制度注定就是反道德的，关键是政治、经济、伦理各自价值观、合理性原则的不可替代性、越界性。

（2）三种制度在资源上的互济性和不可替代性。资源本是一个广义的概念，它不仅是有形的物质的经济的因素，而且是无形的精神价值。社会资源的稀缺性问题单靠市场调节或政府行政干预是解决不了的。从历史的角度看，不同时代的稀缺资源内涵各不相同。如在原始社会为解决人与自然的矛盾，技术便成了稀缺资源；古代社会为实现由氏族共同体向国家政治共同体过渡，理性化的权威制度、宗教世界观则成为稀缺资源；在早期资本主义市场经济社会，自然物质财富的价值作为稀缺资源进入人们的意识之中；而在当今发达资本主义社会，社会与外在自然、人的内在自然之间的尖锐矛盾决定了信仰、信任等价值和知识价值的稀缺性存在[10]。另外，资源的短缺性还有明显的社会环境制约性或条件性特点。例如，当社会陷入普遍贫困时，物质财富是稀缺的；当社会陷入信任危机、信仰危机时，道德价值就是稀缺的；当社会陷入无政府状态时，政治法律的权威就是稀缺的。并且，社会在这三个制度领域出现任何一个严重资源短缺，都有可能出现社会整合失灵和危机，社会就会陷入失衡与无序之中。

另外，从现代资源经济学角度来看，市场经济无疑是比较合理、有效地配置稀缺资源的手段。但“这只手”不是万能的，它不可能充分利用、有效配置一切形式的稀缺资源，且会加剧某些资源的稀缺性。如它会把自己的危机转嫁给政治、道德生活，用自己的价值尺度去取代政治、道德价值尺度；它也无法有效利用、调动像道德价值这样的可共享性、可再生性资源，甚至认为这种资源是非稀缺的，因而是“无价值的”。这就造成像生态、道德这些全社会、全人类共有资源的巨大破坏、浪费，造成人与自然平衡的破坏（生态危机），造成社会与人的内在自然自我调节平衡的破坏（道德危机）。所以，以为市场经济的发展会自然带来社会制度的民主、平等、自由、公正的结果的观点，是幼稚的，也是危险的。正因为这三种资源不可相互替代，也不可交换，所以才有了互济或互偿的必要。一个社会的政治、经济、文化、道德的平衡发展需要这三种资源的互济、协调。

中国现在及今后相当一段历史时期，将会面临一个突出的社会问题，即经济发展与道德进步如何相互促进、同步发展的问题。十几年的实践告诉我们，市场经济的发展不可能自然而然地带来道德进步，更何况我国正处于社会转型期。始终坚持“两手都要硬”的方针，遏制“道德滑坡”，少付不应有的“代价”，保持改革、稳定、发展的大局，无疑是一个正确的抉择。

（3）三种制度在功能上的互补性和结构上的制衡性。历史地来看，社会主义市场经济体制构想的提出和实践本身，是长达百年的市场经济和计划经济孰是孰非争论的结果；从理论角度而言，它比较成功地解决了国家政权和市场两种制度力量的相互关系。以往的争论都分别对市场和国家赋予“全能”的形象，其实，无论是政治制度还是市场制度都不是万能的，它们均有自身独特的功能。

市场制度在配置资源方面的自由性、灵敏性、效益性、自发平衡机制是任何一个政府职能所不能取代的，但政府的自觉干预会有效克服市场的盲目、无序、失灵、分配不公、社会公害等弊端。离开了政治，市场是被盲目的手所操纵的疯狂的赌博机器；离开了市场，政治这只“看得见的手”也就只剩下一只大拇指了[11]。但没有了道德，政治将是没有灵魂的干尸，市场便是一个没有人性的冷冰冰的金钱世界。换个角度来看，没有发达的市场经济作依托，政治力量的高度发达也只会导致社会贫困的普遍化。“天下多忌讳而民弥贫”（老子语），或如马克思所说：“一个国家越是强盛，因而政治性越强，那末这个国家就越不会理解社会疾苦的普遍性，就越不会在国家的原理中，也就是不会在现存的社会结构……中去寻找社会疾苦的根源……相反地……却认为社会缺陷是政治上混乱的原因。”[12] 同样，根据“帕累托最优”理论，市场经济从来不可能实现利己又利人的完美境界。利己必损人，当资源配置达到最优状态时，“无一人增加利益而不减损另一个人的利益”，也就是说，如果能在不侵害他人的情况下使某些人更为幸福，则说明资源配置尚未达到最优状态。所以，仅靠市场制度是不可能实现社会成员的公平、民主、自由的政治目标和道德理想的。

总之，问题不在于政治就是非道德或道德的化身，市场就是反道德的罪恶化身或主持公道的正义象征。问题在于人不仅是政治、市场之中的政治人、经济人，而且更是日常生活中的人，都需要最基本的道德信念来引导、最基本的道德规范来约束。一个人是如此，一个健康发展的社会更离不开道德理性作精神支撑。

中国社会目前的问题就是三种制度界限不明、功能紊乱、制衡不够。这主要是因为利益主体呈现多元化态势，社会结构分化过快，制度化、规范化程度低，社会的整合机制尚不健全。传统社会制度的地域化、人伦化、私人化和计划经济时代制度的“单位化”、“半社会化”、“封闭性”现象仍普遍存在。这与市场经济发展所要求的制度的广泛社会化、公开化、普适性、功能专门化要求很不相适应。一方面，传统一体化社会结构逐渐分化；另一方面，社会结构缺乏新的有力的整合机制，出现社会公德、公共秩序、公共制度的虚无化和危机。一方面，社会由计划经济时代国家与社会利益高度一体化格局转向利益主体多元化格局，国家、集体、个体主体交错并存；另一方面，各种利益主体内涵界定模糊，角色设定不明确，权责利界限混乱，造成公私难分、以私损公、以公损私等各种违法违章违纪越轨行为。一方面，由于传统社会利益基础发生大的变动，面对新的伦理问题，传统道德显得捉襟见肘，无力应战，而与新利益格局和社会结构相适应的道德制度正在形成和建设之中；另一方面，社会进行的又主要是传统的道德教育内容和要求，其方法、方式也过于陈旧、僵化，这就迫切需要社会结构的制度化整合机制的重构，需要政治、经济、伦理三种制度力量的结构制约和功能契合。

“制度结构制衡论”论证了建设伦理制度的必要性及其意义，那么，如何建立，抑或我们面临的难题是什么？可以说，这个困难既是理论的，又是实践的；既有历史的因素，也有现实的因素，这包括理论上的“预设”、传统体制的“预制”不够科学、合理，也有现实的政治、经济制度“重构”方面的问题。

（1）传统理论“预设”不明确。传统伦理学强调个体主体的道德规范问题，如权利、义务、良心、责任，普遍忽视对社会群体、社团组织和政府等行为主体的道德规范问题的研究。传统伦理学强调个体主体对社会的组织性、制度性、集体性行为规范的服从，以及遵守道德的必要性，却较少考虑和研究社会各种团体组织活动的道德约束问题，以及相应的制度、法则、政策等的道德合理性。这种理论预设的片面性造成两种后果：一是忽视了各个社会团体组织的伦理建设问题，二是没有把建立一种与政治制度、经济制度相适应的、独立的伦理制度提到社会发展的高度来认识。从一定意义上说，这是我国理论界务虚不够，也是伦理制度建设遇到的难题之一。

（2）传统体制“预制”不理想。中国社会目前政治、经济、伦理制度的结构性失衡、无序，一方面是社会现代化转型期都有的必然伴随现象，但另一方面更有其久远深刻的历史渊源，即作为现代化发展历史前提的传统“预制”问题。主要是：传统社会的政治、经济、道德的混沌统一、低度整合这一预制结构，同现代社会的政治、经济、伦理的制度性、结构性明确分化和功能上的高度整合的要求相去甚远。表现在：天人合一的世界观、知行合一的伦理观、内圣外王的政治观、凡圣合一或神俗合一的生活理想价值观，以及体用不二的实用理性文化观，这一切都造成了传统伦理与政治高度“同构”、与世俗生活高度一体化的文化特质。在几千年的传统社会中，伦理道德似乎起着无所不能的作用，但它为此付出的代价是它彻底丧失了自己独立的价值尺度和独立发挥社会作用的基础。并且，无论在道德理想、个人的权利与义务、自律与他律问题上都带有极大的随意性、模糊性，而没有明确的制度性、规范性约束机制，造成诸如仁政与暴政、亲情与冷漠、禁欲与纵欲、道义论与功利论、泛道德论与道德虚无观点等相互交替、并存的奇特历史现象。

计划经济所实现的中国社会的高度组织化、行政化的整合与统一，似乎克服了传统社会结构那种混沌、涣散的低度统一的弊端，但在很多方面仍带有明显的历史承袭性。政治、经济、道德的高度一体化，国家与社会生活的高度整合性，是以牺牲经济发展活力和效率以及道德的独立约束机制和价值尺度为代价的。换言之，计划经济时代那种社会道德秩序良好健康的局面，一方面固然是伦理道德自身的教育职能成功发挥和泛化的结果，但另一方面更是行政权力全面严密地支配控制社会生活秩序这样一种格局的副产品。在那时，不仅存在着程度不同的经济伦理化倾向，如以道德公平原则牺牲经济发展速度和效益的问题，而且存在着伦理道德的政治工具化问题。道德并没有形成自己独立的制度、规范、价值观念和独立发挥社会作用的社会条件。当前社会生活中道德秩序的混乱、价值取向的失导、社会公德的危机，在一定意义上正是国家权力弱化和控制社会能力下降的一种必然伴随现象，这也恰恰说明了在传统社会结构中伦理道德制度缺乏独立性这一“预制性事实”的客观存在。

（3）现实物质利益基础“预备”不充分。在计划经济时代，伦理存在与发展的基础是国家权力对全社会利益的调控。因而它拥有相当的权威性和约束力，从而发挥着比较有效的社会导向功能。以实现国家与社会、政治与经济的结构性功能性分化和再度整合为目标的改革实践，正在深刻改变着中国的社会利益结构、政治结构，先前的伦理道德面临着一些新问题。其结果是，伦理制度的权威性、约束力下降，进而导致社会大众有令不行、有禁不止、社会公德形同虚设的令人担忧的局面。

从目前来看，社会主义伦理制度建立的基础——社会主义利益关系体系，还有待健全和完善。如目前由利益主体的多元化、贫富差距的扩大化、个人收入的分层化、利益实现的多样化带来的利益关系中的种种矛盾和问题十分突出，并已越出经济领域而波及伦理、政治、文化等社会生活领域。因此，亟须构建和确立适应社会主义市场经济发展需要的，能使多种利益公正而合理实现的利益分配格局。

除此之外，其困难还在于，伦理的制度化建设除了自身建造的特殊内容和规律之外，还有赖于社会主义市场经济体制、政治体制及其他社会制度改革的成功；伦理的制度化不只是靠宣传、教育和普及所能奏效的，它需要在新的社会结构基础上，形成与经济制度和政治制度相互关联、相互配套的伦理制度体系，并需要有相应的、能发挥督导作用的管理制度和操作措施，其中，还必须借助行政的、经济的、法律的等手段。我国目前的伦理制度建设尚存在着诸多困难，但又是一个必须高度重视、逐步认真解决的社会问题。因为这正如我国改革开放的总设计师邓小平极为深刻指出的，制度建设是一个“带有根本性、全局性、稳定性和长期性”的问题[13]。

注：

［1］《马克思恩格斯全集》第 3 卷，第 195–196 页。

［2］《马克思恩格斯全集》第 22 卷，第 370 页。

［3］《马克思恩格斯全集》第 19 卷，第 22 页。

［4］《马克思恩格斯全集》第 46 卷上，第 45 页。

［5］《马克思恩格斯全集》，第 235–236 页。

［6］《马克思恩格斯全集》，第 107 页。

［7］《马克思恩格斯全集》，第 108 页。

［8］《马克思恩格斯全集》下卷，第 464 页。

［9］《马克思恩格斯选集》第 1 卷，第 253 页。

[10] 哈贝马斯：《交往与社会进化》，重庆出版社 1996 年版。
[11] 布洛姆：《政治与市场》，第 5 章，上海三联书店 1992 年版。
[12]《马克思恩格斯全集》第 1 卷，第 480 页。
[13]《邓小平文选》第 2 卷，第 333 页。

（原载《天津社会科学》1995 年第 4 期，合作者：刘怀玉）

孔子“德教为先”思想的当代意义

孔子“德教为先”的思想是儒家伦理的一块基石，也是中国传统伦理的一个重要组成部分。在治理社会方面，孔子重视德教，把德治视为治国安邦的根本手段。关于学生教育，孔子把德教放在各科教育的首位，明确教育的最终目的是培育君子型理想人格。深入开掘这一丰厚的伦理资源，认真借鉴和汲取合理成分，对于当今高校学生道德教育大有裨益。

“德教为先”思想的主要内容

1. 德教的位置：各科教育的首位

治理社会，孔子主张“为政以德”，把德治作为治国安邦的根本手段。他说：“道之以政，齐之以刑，民免而无耻；道之以德，齐之以礼，有耻且格。”[1] 又说：“为政以德，譬如北辰居其所而众星共之。”[2] 认为依靠刑罚虽然可以使老百姓惧怕而不犯法，却不能使他们产生羞耻之心，也达不到依靠他们的良心来自觉地服从道德和法律的目的。道德教化，则能使老百姓安分守己，循规蹈矩，符合社会规范的要求。

在教育方面，《论语》载：“子以四教：文，行，忠，信。”[3]“行”即德行，它是一个道德实践活动的范畴；“忠”、“信”，即忠诚老实、舍己为人，诚实不欺、讲究信用，这是两个重要的道德范畴；“文”主要是指诗、书、礼、乐。书和礼是指思想伦理方面的道理和礼节条文。诗与乐原属于文艺类的科目，在孔子看来，也具有政治伦理的性质。他评述《诗》的内容说：“《诗》三百，一言以蔽之，曰思无邪。”[4] 学乐也是这样：“子谓《韶》：‘尽美矣，又尽善也。’谓《武》：‘尽美矣，未尽善也。’”可见，孔子是用艺术和道德这两个标准来评价乐的。《韶》之所以胜于《武》，就在于《韶》既美又善。概言之，孔子教学，归结到一点，就是“学道”。“百工居肆以成其事，君子学以致其道。”[5]“致其道”，外在的“道”就会转化为内心的“德”。孔子要求学生“入则孝，出则悌，谨而信，泛爱众，而亲仁。行有余力，则以学文”[6]。明确主张把德教放在第一位。要求学生通过学习，接受教育，具备君子的品格，掌握治国平天下的本领。这一思想与孔子的治国大略相一致。

2. 教育的最高目标：培育君子型理想人格

孔子认为，要变“天下无道”为“天下有道”，就必须培养能够承担历史使命的理想人格——“君子”。

“君子”一词，原为对贵族的通称，自孔子始，才赋予其道德含义，成为具有高尚品德和完善人格者的称谓。道德教育所要培养的君子型理想人格，具备以下几方面的品质：

其一，仁、智、勇相统一的品格。孔子理想人格的核心内容，就是具备与“礼”统一的“仁”德。他说：“君子去仁，恶乎成名？君子无终食之间违仁，造次必于是，颠沛必于是。”[7] 认为君子哪怕是仓促之间，颠沛流离之际，都必须致力于“仁”。“仁”是指什么？在孔子那里，他以“爱人”释“仁”。可以说，“爱人”二字体现了孔子以“仁”为核心的教育的重要内容。孔子把“爱亲”规定为“仁”的本始，作为“仁”的最深的心理基础。认为在各种人际关系中，首要的是与父母的关系，“亲亲为大”；不仅如此，还要从“爱亲”推至“爱人”，即“泛爱众”。换言之，爱人是一个由近及远、推己及人的过程。同时，孔子又把“忠恕”作为实行“爱人”原则的根本途径，即所谓行“仁之方”。“爱人”与“忠恕”的统一，就构成了孔子“仁爱”原则的基本内容。

除了“仁”，君子型人格还应具备“智”、“勇”。孔子曰：“仁者不忧，知者不惑，勇者不惧。”[8]《中庸》称：“知、仁、勇三者，天下之达德也。”“知”即“知人”，实质是“知礼”。这里指认识人与人之间的各种伦理关系，掌握有关“仁”的知识，以利于实行“仁”。孔子说：“不知礼，无以立。”[9]“知者利仁”[10]，“未知，焉得仁？”[11]“勇”，就是果敢，不怯，有勇必为。“见义不为无勇也。”[12] 所以，“仁者必有勇”[13]。在孔子看来，“知”、“勇”都是受“仁”规约的，是“仁者”必备的品德。

其二，崇德尚义的道德价值观。孔子以对义利关系的不同态度作为划分君子与小人的价值标准，这就是“义以为上”、“义以为质”的原则。

义利问题所蕴含的问题有二：一是公利与私利的问题；二是物质生活与精神生活的问题。可以说，义利关系是人类道德生活中的一个最基本的问题。孔子说：“君子喻于义，小人喻于利。”[14]“君子义以为上。君子有勇而无义为乱，小人有勇而无义为盗。”[15] 义为行为的最高标准。他也承认：“富与贵，是人之所欲也，不以其道得之，不处也。贫与贱，是人之所恶也，不以其道得之，不去也。”[16] 就是说，人都有对自身利益的欲求，但求富贵，去贫贱，都必须以合义为前提，这就是“义以为上”、“见利思义”、“义然后取”[17]。君子唯义是从。为了“行义”，可能“饭疏食，饮水，曲肱而枕之”，但“乐亦在其中矣。不义而富且贵，于我如浮云”[18]。甚至在必要的时候，为了“行义”，也是“为仁”，就是牺牲个人的生命也应在所不惜。“志士仁人，无求生以害仁，有杀身以成仁。”[19] 后来的孟子讲“舍生取义”，就是继承孔子的“杀身成仁”思想对理想人格的集中表述，也是对理想人格的最高要求。

其三，博施济众、经世济民的远大志向和抱负。孔子的理想人格是积极入世的。经世济民、博施济众是君子应具有的重要素质。子贡曰：“如有博施于民而能济众，何如？可谓仁乎？”子曰：“何事于仁！必也圣乎！尧舜其犹病诸！夫仁者，己欲立而立人，己欲达而达人。能近取譬，可谓仁之方也已。”[20] 提出“因民之所利而利之”。[21] 这体现了孔子强烈的社会使命感、责任感以及对整个社会的关怀。

其四，博学多思、修身不已的品质。孔子说：“君子博学于文，约之以礼，亦可以弗畔矣夫！”[22] 要求君子广泛地学习文献，用礼来规约自己的思想和行为，就不会再违仁德了。他还说："博学而笃志，切问而近思。"[23]"笃志"，即坚定对"仁"的志趣。除了"学"，孔子还强调"思"，两者的关系是："学而不思则罔，思而不学则殆。"[24]博学多思是学习和掌握道德知识的基本途径，是培养良好道德品质的重要手段。不仅如此，在孔子看来，君子在"行仁"的过程中，还要严于修己，不断完善自身，做到"见贤思齐焉，见不贤而内自省也"[25]。"修己以敬"[26]，"躬自厚而薄责于人"[27]。

孔子认为，君子型理想人格是尧、舜、禹等古代圣王已经做到的，也是经过社会道德教育和人们自身修养能够达到的。教育的最高目标是培养人的优秀品质，以求达到"君子"型理想人格境界。"君子"型理想人格和设定，反映了作为教育家的孔子对追求道德至善的执着精神，对后世的影响是极为深刻的。

"德教为先"思想的借鉴意义

孔子的德教思想施之于今天的高校学生道德教育，当然不能照搬、复制，而是要做综合的创造性转换。依据文化适应性原理，孔子的德教思想产生并适用于我国由奴隶社会向封建社会转变的生产力系统、社会关系系统、社会文化—心理系统。今天诸系统发生剧变，传统道德必须经过转换才能适应现代社会。

目前的中国经济正值转型期。经济生活是道德的基础。市场经济为中国经济开创了新的发展远景，同时也给人们的精神生活，尤其是道德生活带来了前所未有的新问题。在一些不良社会风气的影响下，高校学生道德生活中也存在一些令人担忧的问题。据调查，主要问题是：不重视社会公德，如随地吐痰、用语粗俗、大吼大叫扰乱他人休息等；行为以个人为中心，较少考虑他人、社会，个别学生甚至缺乏"爱亲"之心；追求世俗功利，个人生存价值第一，淡漠甚至放弃生存的道德价值；在生活道德上，一些学生主张"非道德化"，认为某些行为无所谓道德与不道德。针对当前及今后相当长的时期高校学生的道德状况，我们一定要加强高校道德建设。而如何加强高校道德建设，孔子的德教思想给了我们深刻的启迪。

1. 把注重现实功利的道德心态引导到崇德尚义、见利思义的价值轨道上来

义利关系是道德理论和人生价值观中的一个重要问题。孔子主张"义以为上"、"见利思义"、非义不取。在物质生活和精神生活的关系上，孔子肯定实践道德的精神生活高于世俗富贵的物质生活，即所谓"孔颜乐处"。在今天看来，对一般人尤其是青年大学生再谈"孔颜乐处"很难理解。但是孔子崇德尚义的价值观对提升人的道德境界，确有其普遍意义和真理性的因素。

生活在市场经济条件下，羞于谈功利、谈个人利益是不现实的。但是，如果只追求功利，淡忘了道德；只追求个人的生存价值，不考虑他人、国家与民族的整体利益；只关注个体的生命价值，忘却了道德是人生命的本质，也是人的价值的具体展现，那么，就有悖于人性，有悖于人类文明发展趋势。受种种客观因素的影响，当代大学生的道德态度呈现出重世俗功利的倾向。因此，应通过有效方式，引导学生正确认识个体的生命价值、私利与公利的关系、一己之利与民族大义的关系。在其关注生命的同时，不忘提高生命意义，增进人生价值；在其重视世俗物质富贵的同时，不忘追求精神生活的充实，不忘追求崇高。以国家民族大义为重，必要时甚至献出生命，是人类道德生活的最高境界。这是孔子德教思想的重要启迪之一。

2. 把主体性意识引导到自觉的道德精神上来

20 世纪 90 年代末的大学生，热情奔放，乐于思考，个性特征鲜明，主体意识在不断增强。如何将这一特点引导到敬仰道德，并自觉地践行道德，加强自身修养上，可以说，是高校德教成功的关键环节。

道德的基础是人类精神的自律。孔子尤为重视道德主体——人的道德实践精神。他讲的君子型理想人格的培养、道德教育内容的实施，无不求诸人的内心即求诸人的自觉的道德精神。而唯有造就具有自觉道德精神的人，道德教育才能奏效。孔子的这一思想正是道德科学研究的重心，又是道德理论转化为道德现实的关键点。为此，应向学生传授道德理论，研析社会上涌现出的道德楷模，激发学生的情感，启发学生的理性，同时辅之以法制教育、日常行为规范管理及严格的纪律，真正把德教的重心放到培养学生的自觉道德精神上来。只有这样，学生才能抵御各种不道德行为的诱惑、各种不良社会风气的侵蚀，筑起一道坚固的精神防线。

3. 把以自我为中心的意识引导到爱人、爱国的高度社会责任感上来

人际关系问题是中国实行市场经济以来凸显的一个问题。人类之间的同情、相助，是人类社会生活的基础，更是道德生活的基础。然而，在目前大学生中，人际关系方面存在的主要问题是个人第一，爱己胜过爱人；金钱的影响在扩大，人类的亲情、真情在减少，有的甚至冷落父母，把亲子关系也看作金钱关系，自然更谈不上爱别人、爱国家、爱民族。这样，道德生活所致力的和谐有序的社会关系不仅无法达到，而且直接影响社会的经济生活、政治生活的健康发展。

孔子的“爱人”思想确有封建性的糟粕，但他从“爱亲”到“泛爱众”的爱人思想，对于我们把学生从以自我为中心，引导到爱人、爱国的高度社会责任意识上来，不乏积极意义。这就是说，首先从“爱亲”入手，尊重父母，敬养父母，之后引导他们与同学、社会成员以礼相待，互谦互让，进而让他们明白国家、民族的利益，把个人与国家、民族的命运联系起来，把爱国、爱人与爱己统一起来。这样的教育次序可能更易见效。很难想象，学生连与父母这一至深的亲情关系都不能正确处理，还奢谈什么爱别人、爱国家。

4.“德教为先”：高校教育的战略选择

当前，学生道德教育确实存在不少尚待探索、解决的问题。这不只是关系到学生自身成才的问题，而且是直接关系到 21 世纪中国人以什么样的精神屹立于世的大问题，其问题的实质是：经济发展与道德进步能否兼而得之。这是各国现代化进程中都遇到的难题。中国的发展目标是，物质文明与精神文明相互促进，共同发展，鱼与熊掌必须得而兼之。为此，根据高校学生的生理年龄与心理特点，鉴于当前学生的道德状况，更由于我们面临着世界性难题的挑战，我们必须把高校学生教育放到重要地位，而高校教育坚持“德教为先”则是正确的战略选择。具体来讲，就是切实把对学生的道德教育放到首位，并落到实处。其中，要正确处理知识的学习、技能的训练与思想道德教育的关系；学校开展的一些活动、社会实践等，都应有目的地渗透道德教育的内容。当然，为了培养德才兼备的现代化建设人才，仅靠学校的道德教育还是不够的。文化环境的优劣、社会秩序和风尚的好坏、政府政策上内蕴的价值取向等，均直接波及对学生的道德教育。因此，当代大学生的道德教育是一个复杂的问题。我们立足当代，以史为鉴，继承我国优良传统伦理文化，便是从一个侧面对上述问题的探索。

注：

[1][2][4][12][24]《论语·为政》。

[3][18]《论语·述而》。

[5][23]《论语·子张》。

[6]《论语·学而》。

[7][10][14][16][25]《论语·里仁》。

[8][13][17][26]《论语·宪问》。

[9][21]《论语·尧曰》。

[11]《论语·公冶长》。

[15]《论语·阳货》。

[19][27]《论语·卫灵公》。

[20][22]《论语·雍也》。

“五四”以来的中国革命道德规范研究

本卷是《中国革命道德》丛书的“规范卷”，收录的是中国革命道德规范具有经典规定性的言论，包括忠于共产主义事业、热爱祖国、全心全意为人民服务、坚持集体主义等方面的道德规范。

中国革命道德规范指的是自1919年以来，以中国共产党人为主要代表的革命者，在新民主主义革命与社会主义革命和建设实践中所遵循并一贯倡导的重要道德准则。它深刻反映了近代中国社会变革与发展的必然要求。作为意识形态的道德，它是在马克思主义的指导下，在同封建主义、资本主义道德的斗争中，为顺利完成不同历史阶段的任务，最终实现社会主义和共产主义而服务的。它是马克思主义伦理思想与中国具体实践相结合的产物，是毛泽东思想、邓小平理论的一个重要组成部分，是马克思主义伦理思想在中国的新发展。中国革命道德深深根植于中华民族文化的土壤之中，是中华民族精神的集中体现，同时，又是对中国古代优秀传统伦理文化的批判继承与质的超越，可以说，这是中华民族对全人类文明做出的贡献。中国人民应该倍加珍惜这笔宝贵的精神财富。

中国革命道德是社会主义道德规范体系建立的直接前提

建设有中国特色社会主义，既要抓好社会主义物质文明建设，同时，又要以思想道德建设为核心，抓好社会主义精神文明建设。特别是在社会主义市场经济条件下，更要重视精神文明建设。中国革命道德规范既是中国特色社会主义道德规范体系建立的直接前提，又是其重要组成部分，两者同属社会主义、共产主义道德规范体系，是中国革命和建设取得成功的重要思想保证，在我国改革开放的新时期，仍具有巨大的精神支撑作用。继承和弘扬中国革命道德，无疑是社会主义精神文明建设的一个重要组成部分。邓小平同志指出：“要恢复和发扬我们党和人民的革命传统，培养和树立优良的道德风尚，为建设高度发展的社会主义精神文明做出积极的贡献。”江泽民同志为《中国传统道德》丛书的题词是：“弘扬中国古代优良道德传统和革命道德传统，吸取人类一切优秀道德成就，努力创建人类先进的精神文明。”他们明确提出了全面挖掘、系统梳理、继承和弘扬中国革命道德的重大历史意义与现实意义。党的十四届六中全会通过的《关于加强社会主义精神文明建设若干重要问题的决议》提出的社会主义道德体系，是对中国古代优秀道德文化的继承，但主要是在弘扬中国革命道德的基础上概括出来的。因此，整理概括中国革命道德规范的根本目的在于，发扬革命道德传统，弘扬中华民族精神；更好地坚持社会主义思想道德，抵制各种腐朽思想的侵蚀；

指导和调整人们的思想和行为，提高国民道德素质，造就“四有”公民，尤其是要求党员、党的领导干部坚定社会主义、共产主义信念，身体力行社会主义、共产主义道德，使社会主义、集体主义、爱国主义思想更加深入人心，成为社会意识的主旋律，形成良好的人际关系、社会秩序和道德风尚，保证我国社会主义现代化建设的健康发展。

中国革命道德规范是在中国新民主主义革命和社会主义革命与建设时期形成的。它有一个从产生、发展到逐步成熟的历史过程。在不同的历史时期，在革命和建设的不同领域，以中国共产党人为主要代表的革命者，言行一致，注重实践，他们以自己的行动，甚至以自己的鲜血和生命，成为率先践行革命道德的典范，因而，中国革命道德规范的内涵十分丰富。这里所说的中国革命道德规范，包括革命道德的核心、原则、要求、态度、修养、风尚等方面，还包括理想、思想意识方面的“应当”。我们以为，中国革命道德的核心、原则在整个革命道德体系中占有特别重要的位置，同时，也应该是革命者所必备的品质、所必须遵守的道德规范。

中国革命道德规范体系的主要内容

中国共产党是一个伟大的无产阶级政党，其最终奋斗目标是实现共产主义，因此，忠于共产主义事业，既是中国共产党人不可动摇的理想、信念，又是中国共产党人在实践中所始终遵循的一条最高的道德规范，这一规范充分体现了中国革命道德的先进性、革命性与崇高性。它首先要求中国革命和建设必须坚持马克思主义的指导。这是中国共产党人在长期实践中得出的科学结论。为此，就要认真学习马克思列宁主义、毛泽东思想和邓小平理论，倡导马克思主义学风，提高全党的马克思主义水平，保证革命事业的健康发展。忠于共产主义事业，还要求坚信共产主义的真理，树立共产主义理想，努力培养共产主义人生观，要求坚持共产党的领导，坚定走社会主义道路的信心，坚决反对资产阶级自由化，抵制一切腐朽思想的侵蚀。在革命和建设的伟大实践中，发扬革命英雄主义精神和革命乐观主义精神，为共产主义事业奋斗终生。针对我国社会主义市场经济条件下出现的“共产主义渺茫论”，邓小平同志鲜明地指出：“我们马克思主义者过去闹革命，就是为社会主义、共产主义崇高理想而奋斗。现在我们搞经济改革，仍然要坚持社会主义道路，坚持共产主义的远大理想。”他说：“没有这种精神文明，没有共产主义思想，没有共产主义道德，怎么能建设社会主义。”因此，坚定共产主义信念，忠于共产主义事业，是一个革命者必备的革命品质，也是一个革命者应当遵守的最高道德规范。

爱国主义是中国革命道德的重要规范，是中国共产党领导人民进行革命和建设的一面旗帜。争取民族独立，捍卫国家主权，是爱国主义在处理国家、民族对外关系方面的体现；加强民族团结，维护祖国统一，是爱国主义在处理国家内部各民族间关系时的道德准则；坚持社会主义方向，建设社会主义祖国，是爱国主义这一规范的根本特征和最高要求。爱国主义是一个历史范畴，作为中国革命道德规范的爱国主义，从五四运动到中华人民共和国的成立，它主要表现为争取民族独立，建设新中国；新中国成立后到改革开放以来，它主要表现为建设有中国特色社会主义祖国。"在当代中国，爱国主义与社会主义本质上是一致的，建设有中国特色社会主义是新时期爱国主义的主题"。坚持爱国与爱社会主义、爱共产主义的统一，是这一规范的典型特征，从而区别于其他类型的爱国主义。个人利益服从于祖国、民族利益，为维护祖国利益勇于牺牲个人利益，是集体主义原则在爱国主义这一道德规范中的具体展现。

全心全意为人民服务，从总的道德建设来说，它是革命道德的核心，同时，它又是一个必须遵守的道德规范。毛泽东、刘少奇同志曾在革命早期精辟地阐述了为人民服务的光辉思想。全心全意为人民服务是中国共产党的根本宗旨，同时也是贯穿中国共产党实践的一个十分重要的道德规范。作为道德准则，它要求以人民的根本利益为一切言论的最高标准；热爱人民，关心人民，服务人民；树立群众观点，坚持群众路线，与人民保持血肉相连的密切关系；端正党风，为政清廉，坚决同一切损害人民利益的现象作斗争。在改革开放的新的历史条件下，以邓小平同志为代表的共产党人，从最广大人民的根本利益出发，把"人民拥护不拥护"、"人民赞成不赞成"、"人民高兴不高兴"、"人民答应不答应"作为制定各项方针政策的出发点和归宿点，作为检验一切工作的唯一标准。在党的十四届六中全会的决议中，第一次提出为人民服务是社会主义道德的核心。明确这样一个核心，各个方面的具体道德规范建设就有了灵魂。这说明中国共产党人对党的宗旨的认识达到了一个新的高度，即将共产党的政治宗旨与共产党的伦理价值观统一起来，从而更有利于充分地发挥这一道德核心的指导和规范作用。同时，也揭示了中国革命道德与新时期社会主义道德建设在本质上的一致性。

集体主义是中国革命道德的基本原则，它贯穿于中国革命道德规范体系的各个方面、各个层次，从这个意义上讲，又可以看作是一个高层次的道德规范。集体主义由社会主义基本经济政治制度所决定，体现了无产阶级和中国共产党的性质，是无数共产党人及革命者无私奉献精神的真实写照。集体主义是调整个人、集体和国家三者利益关系的基本原则或最高规范，它强调集体利益高于个人利益，在个人利益与集体利益发生矛盾时，提倡个人要顾全大局，以集体利益为重，在必要情况下，个人应当为集体利益而牺牲个人利益，甚至用生命来维护集体和社会的利益。这是集体主义原则最重要的要求，也是中国革命道德与历史上任何道德原则的根本分野。需要指出的是，集体主义与中国传统道德中的整体主义思想有着本质的区别。因为在长期的封建社会中，统治阶级总是把自己的阶级利益，甚至是把一姓王朝的利益冒充为所谓国家的利益和整体的利益。作为中国革命道德原则的集体主义，它代表和反映的是全体人民的共同利益，个人利益与集体利益的根本一致性是这一道德原则赖以存在与发展的基础。在坚持集体利益高于个人利益的前提下，还强调集体必须尽力保障每个社会成员正当个人利益的满足，促进个人价值的实现。它旗帜鲜明地反对个人主义、本位主义。那种认为强调集体主义就是贬抑个性、约束个人、限制个人，甚至是敌视个人的观点，是毫无根据的。集体主义原则的主要内容是：革命利益第一；顾全大局，统筹兼顾；团结协作，相互尊重；遵守纪律，服从组织；坚持民主集中制，反对无政府主义、自由主义。集体主义是无产阶级的力量源泉。一旦集体主义原则被广大人民所接受，就一定能唤起他们高度的革命热情和创造精神，有力地推动社会主义现代化大业的发展。

实事求是是马克思主义的思想路线，也是中国革命道德的基本准则。毛泽东同志在延安为中央党校的题词是："实事求是"。邓小平同志讲："实事求是，一切从实际出发，理论联系实际，坚持实践是检验真理的标准，这就是我们党的思想路线。"江泽民同志在党的十五大报告中指出，实事求是是马克思主义、毛泽东思想、邓小平理论的精髓。坚持实事求是，同时又是中国共产党人干事、做人的首要准则，是中国共产党的优良作风。这一规范集中体现了中国共产党无私无畏的高尚品格和博大胸怀，说明了党是一个伟大的党、光荣的党、正确的党。这正是中国革命和建设永远立于不败之地的根本所在。邓小平同志这样总结我们党的历史："过去我们搞革命所取得的一切胜利，是靠实事求是；现在我们要实现四个现代化，同样要靠实事求是。"实事求是作为一条重要的道德规范，它的基本要求是："实事求是，力戒空谈"，一切从实际出发，注重实践；坚持真理，修正错误；遵照惩前毖后、治病救人的方针，从团结和革命事业的大局出发，积极开展批评与自我批评，尤其是要敢于和善于做自我批评。

艰苦奋斗，勤俭创业，是中华民族的传统美德，以中国共产党人为代表的革命者继承了中华民族这一优良传统，并把它同无产阶级的解放事业联系起来，使之得以升华，成为中国革命道德的重要规范。在物质条件极为恶劣的革命战争年代，中国共产党人依靠艰苦奋斗精神，克服重重艰难险阻，终于取得了新民主主义革命的胜利。井冈山精神、长征精神、延安精神、南泥湾精神等，就是艰苦奋斗精神的具体展现。革命胜利前夕，毛泽东同志谆谆告诫全党：务必使同志们继续保持谦虚谨慎、戒骄戒躁的作风；务必使同志们继续保持艰苦奋斗的作风。新中国成立后，我国冲破帝国主义的重重封锁，坚持独立自主、自力更生、艰苦奋斗、勤俭节约的方针，把一个一穷二白的旧中国建设成为初步繁荣昌盛的新中国。鞍钢精神、大庆精神、红旗渠精神、北大荒精神、雷锋精神、焦裕禄精神等，都是中国共产党人发扬艰苦奋斗精神的生动体现。改革开放和现代化建设的新时期，邓小平同志提出，搞四个现代化所必备的四个前提条件之一，就是要有一股艰苦奋斗的创业精神。江泽民同志在纪念抗大建校 60 周年大会上指出："全党同志在改革开放、发展社会主义市场经济的新形势下，对各种腐朽思想文化的影响要保持高度警惕。大家应当永远发扬艰苦奋斗的革命精神和艰苦朴素的优良传统"，阐述了艰苦奋斗精神在当代的巨大价值。独立自主、自力更生；励精图治、艰苦创业；勤俭节约、反对浪费，是这一规范的具体道德要求。

热爱科学是中国革命道德的一个具有特殊意义的规范，是我国社会进步和实现现代化的必然要求，是以中国共产党人为代表的革命者一贯提倡的道德准则。早在新文化运动后，一批先进的中国人就率先举起民主与科学的大旗，反对封建专制和愚昧迷信。新中国即将成立时，中国人民政治协商会议就把"爱科学"写进《共同纲领》，作为"国民公德"的一项重要内容。尤其是新中国成立后，毛泽东等老一辈无产阶级革命家大力倡导"热爱科学"，并向全国人民发出向科学进军的伟大号召。在建设有中国特色社会主义的实践中，邓小平同志明确提出“科学技术是第一生产力”的崭新论断，要求全党和全国人民要学科学、爱科学、用科学，尊重知识，尊重人才。当今时代，科技发展一日千里，国际间综合国力的竞争主要是科技的竞争、人才的竞争，经济的发展主要依靠科技进步和劳动者素质的提高。“热爱科学”这一中国革命道德规范，就具有更为重大的现实意义。我们要在全社会形成热爱科学、尊重知识和人才、勤奋求知、勇于探索的良好社会氛围，迎接新科技革命的挑战，把我国的现代化建设不断推向前进。

热爱劳动，忠于职守，作为中国革命道德中的一个重要规范，具有显著的特征。历史上，鄙视劳动，鄙视劳动人民，是一切剥削阶级共同的道德观念。以中国共产党人为代表的革命者，在同剥削制度的斗争中，高举劳动光荣、劳动人民创造历史的大旗，将劳动的道德价值提高到前所未有的高度。社会主义制度建立以后，劳动人民从政治上、经济上真正当家做主，《中华人民共和国宪法》明确把“爱劳动”列为国民公德的内容，热爱劳动成为社会主义社会最崇尚的美德之一。这一规范强调劳动光荣，尊重劳动，热爱劳动人民，谴责一切好逸恶劳、不劳而获的腐朽思想。在劳动活动中，要爱岗敬业、忠于职守，严格遵守职业道德。随着生产社会化程度的不断提高，职业道德建设更为重要。特别是在我国建立社会主义市场经济体制的过程中，大力倡导服务群众、奉献社会的道德要求，树立良好的行业风气，对保障社会经济生活的有序运行，具有特别重要的意义。

树立社会主义新风，建立新型人际关系，是中国革命道德规范中的一个特殊道德要求。社会风尚是一个社会及其全体国民文明水准、精神状态、行为方式、价值观念、道德面貌的综合显示。它渗透社会生活的各个领域，潜移默化地影响每一个人的行为。用中国革命道德破除陈规陋习，整肃社会风气，提倡文明、健康、科学的生活方式，树立社会主义新风，既是一个社会不断进步的要求，也是革命道德的历史使命。这一规范要求全面加强以“五爱”为内容的社会公德教育，树立社会主义新风尚；破除等级观念和特权思想，树立平等意识，保护妇女、儿童、老人的合法权益，实行社会主义人道主义，在全社会形成团结互助、平等友爱、共同进步的新型的社会主义人际关系，培养有理想、有道德、有文化、有纪律的社会主义新人。在家庭关系、家庭伦理文化建设上，革命道德与封建传统道德有截然不同的要求。中国革命道德提倡婚姻自由、夫妻平等；尊老爱幼，家庭和睦；严格要求子女亲属，特别是领导干部，更要从严要求，以老一辈无产阶级革命家为楷模，树革命家风。

修身自律，保持节操，是中国革命道德在个人道德修养方面的准则。在中国革命道德中，个人修养是齐家、治国、平天下的根本。中国革命道德继承了这份宝贵遗产，但不同的是，以中国共产党人为代表的革命者，把个人修养同革命事业的成败联系在一起，把个人修养同无产阶级群众的实践活动结合起来，从而使这一规范具有了全新的内容。许多中国共产党人和革命者就是实践的典范。他们以革命事业为重，严于律己，谦虚谨慎；淡泊名利，清正廉洁；襟怀坦白，光明磊落；改造思想，保持节操的高风亮节和高尚的人格力量，在中国革命和建设中曾发挥过巨大的作用。在社会主义市场经济条件下，我们必须加强自我修养，培养高尚道德情操，坚持“活到老，学到老，改造到老”，以身作则，率先垂范，以伟大的人格力量促进社会成员的个体道德自觉，从而推动全社会的道德进步。

上述本卷的内容基本上依照从高到低，从一般到特殊，从社会到个体的逻辑顺序。在其重要性上，还有一个主次之分，有一个孰轻孰重的问题。忠于共产主义事业是中国革命道德规范的最高层次的要求，是优秀的中国共产党人所一贯遵循的道德准则。它从理想、信念、意识方面，从理想与现实辩证统一的角度，指导社会生活，调整人们的行为。全心全意为人民服务是一个十分重要的道德规范，又像深植于各规范中的灵魂，是整个道德体系中的核心。集体主义是中国革命道德的原则，同时又是一个最高的道德规范。“五爱”是基本的社会道德要求，还有职业道德规范、家庭道德规范、个体道德修养方面的要求。中国革命道德的核心与原则，贯穿于各个领域、各个层面的道德规范之中，而相对具体的道德规范，则是道德核心与原则在不同生活领域的延伸，从而形成一个具有内在联系的中国革命道德规范体系。

有关编写《中国革命道德·规范卷》的一些具体问题，需要做一说明。

本卷中所拟的章、节、目，在逻辑与层次的安排上，严格依据原始资料进行梳理、概括，以忠实于资料为原则。包括一些节、目标题的表述，就出自革命家的原作。本卷基本上展示了中国革命道德规范的主要内容与方面，从中也可看出这样一些情况：一是 10 个规范的内容多少是不平衡的；二是有的规范论述相对集中在某一历史时期，而在另一历史阶段就显得比较薄弱。例如，热爱科学、职业道德、社会公德等规范，新中国成立前论述较少，现在收集的主要是新中国成立后，尤其是 20 世纪 80 年代、90 年代中国共产党人的论述。这是因为，在不同的历史时期，革命和建设所面临的任务，思想道德领域的问题，道德奠定的社会经济、政治、文化基础，人们的思想道德水平等方面存在较大差异。还有，在对某一规范的阐发上，也许主要领导人已有明确而又充分的说明，其后仍可能收入一些相近的观点，以致出现重复。我们的考虑是，忠实于历史与资料，客观地再现历史的全貌，从而有助于人们了解、把握中国革命道德规范生成、发展到成熟的整个演进过程。

中国革命道德规范是这一时期政治、经济、文化的一部分，它们相互交织在一起。尽管在编写中，我们可以根据规范的规定来择取、剥离，但有些既是政治要求、思想路线，又是工作作风、方法，同时，还是道德规范。尤其是道德规范与政治要求联系十分密切。出现这种情况有中国传统文化的影响，政治与道德难以划界，还有一个主要原因是，中国共产党人担负的历史任务决定了两者的不可分割性。如实事求是，是中国共产党的思想路线，是马克思列宁主义、毛泽东思想、邓小平理论的精髓，这是一个思想路线、认识路线问题。但从其内涵上看，我们不能否认，实事求是的确又是一个道德规范问题，一个“应当怎样”干事、做人的标准问题，一个充分展示中国共产党人无私无畏的崇高道德境界的问题。包括理论联系实际、密切联系群众、批评与自我批评的共产党三大优良作风，都可确认为道德规范。

中国革命道德规范是中国人民的一笔宝贵精神财富。尽管它在新中国成立前后已基本形成，而当今中国社会的历史、经济、文化等条件已发生了很大变化，某些规范的针对性受到一定的限制，但是，中国革命道德规范始终是社会主义政治制度、经济制度的反映，是广大劳动人民的根本要求。这就决定了中国革命道德规范与中国特色社会主义建设的根本一致性，与发展社会主义市场经济的根本一致性。不仅如此，中国革命道德对于正确把握社会主义精神文明建设的价值导向、澄清思想是非，具有重要的指导作用。面对当今中国社会思想道德领域存在的严峻问题，加强革命道德教育，光大革命道德精神，充分开掘其当代价值，可以说是一项光荣而艰巨的任务。本卷就是为此而做出的尝试。

（原载《高校理论战线》2000 年第 3 期，合作者：王东虓）

中国革命道德：马克思主义中国化的重要理论成果

中国革命道德是以毛泽东同志为代表的共产党人，创造性地把马克思主义基本理论同中国革命与建设实践有机结合的产物，是马克思主义中国化的一个重要理论成果，是马克思主义政党思想精神上的旗帜，是当今推进社会主义核心价值体系建设、巩固全党全国各族人民团结奋斗的共同思想道德基础的宝贵文化资源。我们应该倍加珍惜，并大力传承与弘扬。

古代传统道德是中国革命道德产生和形成的历史前提

中国共产党是无产阶级的政党，她自成立之日起，就自觉地传承和弘扬中华优秀传统文化，并积极地倡导和推进先进文化的建设。革命道德就是中国共产党自觉传承与创造的马克思主义中国化的伦理理论成果。中国革命道德的基本内容包括：以实现社会主义和共产主义的崇高理想为最终目的，以全心全意为人民服务为宗旨和核心，以集体主义为基本原则，高举爱国主义与国际主义相结合的旗帜，形成无私奉献、顽强拼搏、艰苦奋斗、勤俭节约等革命精神。中国革命道德作为中国共产党人创造的先进文化成果，就其形成的思想源流而言，它首先传承了中华民族古代的优良传统道德，并立足于新的实际进行革命性改造，使其发生根本性的变革，成为马克思主义中国化的一个崭新理论成果。

古代传统道德主要是指从先秦到辛亥革命时期所积淀和流传下来的伦理道德。其得以形成的基础是：在所有制方面，以土地占有制为特征；在经济存在形式上，以自然经济为基础；在社会关系上，表现为等级森严的人伦之道；在文化背景上，以正统儒家伦理思想为主导。在阶级社会中，“统治阶级的思想在每一时代都是占统治地位的思想”，“占统治地位的思想不过是占统治地位的物质关系在观念上的表现，不过是以思想的形式表现出来的占统治地位的物质关系”。[1] 在我国长期的封建社会里，占统治地位的是地主阶级的道德。它的基本内涵和本质特征是，以“畏天命”、“知天命”、“顺天命”的唯心史观为理论依据，以“君为臣纲”、“父为子纲”、“夫为妻纲”为基本纲领，以尊君孝亲为主要行为原则，以仁、义、礼、智、信为主要行为规范。这套系统的道德规范体系，从其阶级本质和历史功能来看，是为维护地主阶级剥削和压迫广大农民的根本利益服务的，是强加在劳动人民身上的枷锁。但在封建社会发展的不同阶段，以儒家伦理思想为主导的社会伦理和道德教育理论，曾经发挥了推动社会进步、维护社会和谐的积极作用，其中宣传仁爱思想、强调整体精神、倡导人伦价值、追求理想人格、重视道德教育和道德修养等内容，顺应了时代和民心，是生活智慧的集结，不乏可取的实践理性成分，且具有鲜明的中华民族性特征，需要认真甄别和借鉴。

封建社会除了占统治地位的地主阶级道德外，与此相对立存在的还有农民阶级的道德。在压迫和被压迫的封建制度统治下，处在社会底层的农民阶级自然产生“等贵贱、均贫富”的道德主张，把“主公道、讲义气”作为人际关系的原则，并在长期的生产活动中形成了勤劳、勇敢、忠厚、简朴、互助济贫等优良品质和精神。这些突出地表现为历代农民的生活实践和农民起义中的道德诉求。由于受历史的局限和封建主义文化的影响，其中不可避免地夹杂着小生产者的保守、狭隘、缺乏组织性的落后意识和绝对平均主义思想等消极因素，但它的本质、主流是好的，它直接反映了劳动人民的共同利益和精神需求，同无产阶级的道德要求有着天然的联系，是革命道德应当重视和批判继承的。

此外，在漫长的封建社会里，不同的阶级、阶层、集团和个人共处于一个既对立又统一的生活环境之中，人们在特定的历史环境中繁衍生息、生存发展，总会遇到一些共同问题，形成一些道德共识，遂形成一些为全民族所接受和遵循的伦理道德。包括处于上升时期的统治阶级代表人物、进步的思想家、民族英雄，为了维护国家和民族的利益，谋求社会进步，积极提倡一些“能以长久存在”的道德传统和民族精神。诸如，人皆可以为尧舜，应有“仁爱”之心；“兼相爱、交相利”，“兴天下之利，除天下之害”，“见利思义”，“先天下之忧而忧，后天下之乐而乐”，“天下兴亡，匹夫有责”；为抗击外敌入侵，宁可“杀身成仁、舍生取义”而在所不惜；“富贵不能淫，贫贱不能移，威武不能屈”；“为政以德”，“廉洁奉公”，刚直不阿；“言而有信”，“言必信，行必果”；刚健有为，自强不息，开拓进取；扶贫济困、尊老爱幼、尊师重教、家庭和睦、遵守公共秩序等。这一切，都是中国古代的生活智慧结晶和优良道德传统，为革命道德提供了珍贵的文化遗产。

综上所述，古代传统道德是一个复杂的多面体，既有精华，也有糟粕，并且二者往往交织在一起。正如毛泽东指出的：“所谓中国几千年来的文化，是封建时代的文化，但并不会是封建主义的东西，有人民的东西，有反封建的东西。”“封建主义的东西也不全是坏的，也有它发生、发展和灭亡的时期。当封建主义还在发生和发展的时候，它有很多东西还是不错的。反封建主义的文化也不全部可以无批判地利用，因为封建时代的民间作品，也多少都还带有若干封建统治阶级的影响。”[2] 这就是说，古代传统文化中，精华与糟粕混为一体，先进与落后并存，我们应当对古代传统伦理道德文化进行具体的历史的分析，取其精华，弃其糟粕，并根据新的历史条件创造出适应社会发展和人民需要的崭新道德体系。

革命道德的形成和发展之所以要以古代传统道德为历史前提，是由新旧道德之间的联系所决定的。人类道德作为人类对自然、对社会、对自身认识的成果，其发展呈现出前后连贯、相互包含、传承更新、由低级向高级的演进过程。在这个总过程中，任何一种新道德的出现，都是从先前的旧道德脱胎而来的，这就是道德发展的历史连续性。道德从本质上作为反映社会经济关系的意识形态和上层建筑，随着经济关系的变革和社会历史的变迁，也要相应地改变自己的形态和内容。“历史不外是各个时代的依次交替。每一代都利用以前各代遗留下来的材料、资金和生产力”[3]，也都利用先人创造的文化成果。由于这种社会形态依次发展的历史联系，作为反映社会经济关系的道德，也必然具有历史继承性。因此，毛泽东说，不能割断历史，“从孔夫子到孙中山，我们应当给以总结，承继这一份珍贵的遗产”[4]。此外，道德还具有相对稳定的独立性。在特定历史阶段上形成的道德观念、道德规范和善恶评价标准，并不是随着社会变迁和时代更替而立即消失或变化，它作为一种文化积淀，逐渐成为一种传统观念和习惯势力，像血液一样置于社会有机体之中，并将长期存在着，对现代人的心理素质、价值取向、道德要求、行为方式和社会风尚仍然起着潜移默化的影响。例如，仁、义、礼、智、信、温、良、恭、俭、让，都是内涵十分丰富的社会道德规范，尽管不同时代、不同阶级、不同阶层的人们对其都有不同的理解和应用，但在社会生活中总能看到它的存在，或发挥正面影响，抑或产生负面影响。我们只有对这份遗产重新审视，批判继承，推陈出新，才能创建出为广大人民所认同和接受的崭新道德形态。再者，不同时代、不同阶级的道德都具有一定的普适性，如不许偷盗、见利思义、尊老爱幼、文明礼貌等道德规范就是人类共同的文明诉求。先进的道德只有善于借鉴和汲取这些人类文明中具有普适性的思想，将其包含于自身之中，才能真正创立并超越前人的道德理论。

革命道德的生成开创了中国道德发展的新时代

中国革命道德是中华民族道德发展的新阶段，它的产生和形成是中国伦理道德发展史上空前的革命性变革，标志着占统治地位的封建主义道德体系的终结；中国革命道德的产生和形成又是道德进步规律使然，它同古代传统道德既有联系又有本质上的区别，既有继承又有创新，是在对古代传统道德扬弃和超越的前提下形成的马克思主义中国化的又一时代性成果。

中国革命道德是近现代中国社会大变革的产物。革命道德萌芽于 1919 年“五四”运动前后，发端于中国共产党成立以后蓬勃的伟大的工人运动和农民运动，经过土地革命战争、抗日战争、解放战争，以及社会主义革命和建设的实践而逐渐形成。革命道德是在马克思主义的指导下形成的，它归属于共产主义道德体系，与古代传统道德具有根本不同的性质。正如列宁在谈到无产阶级文化时正确地指出的：“应当明确地认识到，只有确切地了解人类全部发展过程所创造的文化，只有对这种文化加以改造，才能建设无产阶级文化”，“无产阶级文化并不是从天上掉下来的，也不是那些自命为无产阶级文化专家的人杜撰出来的……无产阶级文化应当是人类在资本主义社会、地主社会和官僚社会压迫下创造出来的全部知识合乎规律的发展。”[5] 中国革命道德既根植于中国革命和建设的实践，又渊源于中华民族的文明史，这是道德发展的逻辑使然。

近代以来，鸦片战争的炮火打开了大清帝国的大门。面对西方资本主义列强的入侵和清政府的腐败，特别是随着西方资本主义文化的传入，传统的伦理道德遇到了前所未有的挑战，新旧伦理思想发生了激烈冲突。人们在忧愤之中不能不对“孔孟之道”

进行反思。龚自珍、魏源等一些忧国忧民的士大夫，揭露和抨击了当时吏治腐败、道德沦丧的现象，但没有认识到这种现象的本质和根源。因此，他们虽然以清廉自持并提出“整肃道德”的主张，但也只是对封建礼教做某些修补，“存天理去人欲”仍是基调。太平天国的领袖洪秀全、洪仁玕，对封建礼教持批评态度，也接触到西方某些伦理思想，主张转变社会道德风尚。但是，他们试图将西方某些宗教道德嫁接至传统伦理道德之上，但未能摆脱封建道德的藩篱。洋务运动的代表人物李鸿章、左宗棠等，面对中外民族矛盾和中西文化冲突的现实，在注重引进西方先进科学技术、创办民族资本主义企业的同时，初步认识到株守封建礼教没有出路，必须加以“变通”，革除其中某些陈腐的教条。然而，他们坚持“中学为体、西学为用”的原则，旨在“取西人器数之学以卫吾尧舜禹汤文武周孔之道”，根本不触动封建主义伦理道德体系。戊戌维新运动时期，严复、康有为、梁启超、谭嗣同等先后介绍了西方的进化论和伦理思想，并以“乐利主义”、“背苦超乐”的人道主义以及“天赋人权论”、“社会契约论”为武器，对君主专制和封建礼教展开批判。由于他们对中国封建伦理道德和西方资产阶级伦理思想缺乏深刻的阶级认识，难以分辨精华与糟粕，遇到了不可解决的矛盾，最后不得不向守旧势力妥协和向封建礼教复归。

辛亥革命时期，以孙中山为代表的资产阶级民主革命派，把对封建礼教的批判与革命的实际行动相结合，以西方的自由、平等、博爱思想为武器，对“君权神授”、“君为臣纲”以及与封建专制主义相联系的道德规范予以致命打击。同时，对传统伦理道德中的“忠”、“孝”规范和“人格”、“国格”观念，重新加以解释，并赋予革命内容，他提出的“八德”，即忠、孝、仁、爱、信、义、和、平，是他以此代替封建纲常伦理思想体系的新尝试，在变革旧道德上迈出了可贵的一步。遗憾的是，他们超脱不了阶级和历史的局限，由于缺乏科学和强有力的批判武器，随着革命成果被篡夺而告失败，未能完成批判旧道德、重建新道德的历史使命。

“五四”新文化运动期间，激进的民主主义斗士们针对当时十分猖獗的尊孔复古反动思潮，举起民主和科学的旗帜，发出“打倒孔家店”的口号，提倡新道德，破除旧道德，向封建礼教发起猛烈攻击。这场以个性解放为主的“伦理革命”，扭转了思想文化领域的倒退局面，使延续几千年的封建主义伦理道德陷入危机，也为马克思主义在中国的传播打开了通道。与此同时，面对国际形势和国内现实，一些先进分子感到学习西方资产阶级民主主义总是行不通，解决不了中国的问题，也不可能真正实现“伦理革命”。“十月革命一声炮响给我们送来了马克思列宁主义。十月革命帮助了全世界的也帮助了中国的先进分子，用无产阶级的宇宙观作为观察国家命运的工具，重新考虑自己的问题。”[6] 以李大钊、陈独秀为代表的革命先驱们，以马克思主义为武器同封建礼教进行坚决斗争，对传统伦理变革做了深刻的剖析。但是在这个时期，没有把批判旧道德、提倡新道德普及到工农大众中去，只是揭开了伦理道德领域彻底革命的序幕，无产阶级道德代替封建主义道德的伟大使命，就历史地落在中国共产党人和无产阶级身上。

1921 年中国共产党成立，中国无产阶级独立地走上政治舞台，成为领导中国革命的核心力量，从此翻开了中国历史的新篇章。以毛泽东为代表的中国共产党人，坚持把马克思主义的基本原理同中国革命的具体实践相结合，领导中国人民夺取了新民主主义革命和社会主义革命的胜利。在这场革命战胜反动、进步战胜倒退的伟大历史进程中，思想道德领域合乎逻辑地发生了革命性变革。这是空前的革命性变革，在伦理思想发展史上，它的时代性成果和主要标志就是产生和形成了革命道德，从而开创了中国伦理道德发展的新时代。

首先，这次变革确立了马克思主义在中国伦理道德建设中的指导地位。革命道德是在马克思主义世界观和方法论指导下形成的。它既同以“天命论”为理论依据的封建主义伦理道德相对立，又与建立在抽象的人性论和人道主义基础上的资产阶级伦理道德彻底划清了界限，扫除了笼罩在伦理道德领域的理论迷雾。在它的生成过程中，用辩证唯物主义历史观从理论与实践的结合上解决了一系列重大的社会伦理问题，形成了系统的革命道德理论。毛泽东的《关于纠正党内的错误思想》、《为人民服务》、《纪念白求恩》，刘少奇的《论人的阶级性》、《论共产党员的修养》，周恩来的《我的修养要则》等，都是中国革命道德的经典之作。

其次，这次变革实现了对古代传统道德的扬弃和超越。革命道德是对古代传统道德批判、继承、改造和创新的崭新成果。在对待古代传统道德的问题上，它反对否定传统文化的历史虚无主义和肯定一切的文化保守主义，而采取批判继承的科学方法。这就是通过消化和分解，“剔除其封建性糟粕，吸取其民主性精华”，概括出适合时代需要的道德范畴和道德规范。以爱国主义为例，自古以来中华民族就有维护祖国的独立、统一和富强的优良传统。然而在封建时代，往往将“爱国”与“忠君”联系在一起，带有历史的阶级的局限性。中国共产党人在革命和建设的历史过程中，依据国际国内具体条件，将传统中“爱国”与“忠君”的关系进行综合创新，转换成“热爱祖国”与“忠于人民”的联系，并赋予新的内容，自觉地把民族的解放和振兴、祖国的独立和统一、人民的自由和幸福有机地统一在实际行动中。经过辩证的“扬弃”，就把中华民族的爱国主义传统提升到了一个新的历史高度。正是通过这种批判、继承和创新有机结合的扬弃，革命道德实现了古代优良道德传统从旧质向新质的转化及新质超越旧质的革命性跃升。

最后，这次变革铸就了富有民族特色的革命道德规范和优良道德传统。革命道德既有科学的思想理论内核，又有深厚的中华民族文化底蕴，其内涵极为丰富。例如，坚定的社会主义和共产主义理想信念，全心全意为人民服务的执政宗旨和人生观，坚持无产阶级的集体主义道德原则，倡导自强不息、艰苦奋斗、一不怕苦二不怕死的革命英雄主义精神，致力于民族振兴、祖国统一、富强的爱国主义传统，团结友爱、一方有难八方支援的社会风尚，等等。这些高贵品德和精神既继承了中华优秀传统道德精神，又生动地体现了无产阶级世界观、人生观和价值观，成为凝聚和激励中华民族建设新社会的强大精神力量，也为改革开放以来的社会主义道德建设、社会主义新文化建设奠定了基础，指明了方向。

自觉传承和弘扬革命道德传统

中国革命道德与社会主义道德是中国革命和建设发展的不同阶段的产物，都是马克思主义中国化的重要成果。前者是后者的前提和基础，后者是前者的发展和提升，两者之间存在着本质的逻辑关系。新时期的社会主义道德与社会主义核心价值体系建设，就是中国共产党人对革命道德传统在当代的传承与弘扬，也是文化自觉、文化自信、文化创新的集中体现。

1996 年，《中国传统道德丛书》出版，时任中共中央总书记、国家主席江泽民为该书题词：“弘扬中国古代优良道德传统和革命道德传统，吸取人类一切优秀道德成就，努力创建人类先进的精神文明。”这成为日后研究和出版《中国革命道德丛书》的重要思想指导和精神动力。2001 年 9 月 20 日，中共中央印发的《公民道德建设实施纲要》明确提出：“要继承中华民族几千年形成的传统美德，发扬我们党领导人民在长期革命斗争与建设实践中形成的优良传统道德，积极借鉴世界各国道德建设的成功经验和先进文明成果。”它的颁布为新时期公民道德建设注入了强大动力，为以爱国主义为核心的中华民族精神的弘扬创造了条件。罗国杰先生在《伦理学探索之路》一书中提出：“在大力弘扬我国古代优良道德传统的同时，还应该大力弘扬中国共产党人、人民军队、一切先进分子和人民群众在中国新民主主义革命和社会主义革命与建设中所形成的优良革命道德传统。”陈先达先生认为：“在道德领域中我们有两种传统，既有在长期历史发展中形成的古代道德传统，又有中国人民在近现代的民主革命、社会主义革命和社会主义建设中逐步形成的革命传统。我们不能忽视对中国传统道德的弘扬，但也不能忘记进行革命传统和革命道德传统的教育。在某种意义上可以说后者更加重要。”[7]笔者十分认同这些观点。

在建设中国特色社会主义的伟大历史征程中，我党高度重视、积极主动地应对思想道德领域出现的一系列新矛盾、新问题，其创新理论进一步丰富了社会主义道德理论宝库。随着改革开放和建立社会主义市场经济体制，我国的现代化建设全面展开，政治、经济、文化、社会等领域发生了深刻变化，经济生活中的“理性经济人”意识、社会生活中的“官本位”文化，在思想道德领域产生了深刻而又广泛的影响，道德观、价值观的冲突日益尖锐，如义与利的关系如何处理、公平与效率何者为先、荣与辱的评价标准等。怎样坚持社会主义道德、坚持社会主义核心价值体系等主流文化，正确处理一元化与多元化的关系，严肃地摆在我党面前，亟待道德理论上的创新。党的十二届六中全会通过的《中共中央关于加强社会主义精神文明建设指导方针的决议》、十四届六中全会通过的《中共中央关于加强社会主义精神文明建设若干重要问题的决议》、十七届六中全会通过的《中共中央关于深化文化体制改革、推动社会主义文化大发展大繁荣若干重大问题的决定》，三个文件都旨在加强精神文明建设，包括思想建设、道德建设、文化建设等。十七届六中全会提出以建设社会主义核心价值体系为根本任务，坚持用社会主义核心价值体系引领社会思潮，进一步突出了思想道德建设的重要性。其理论成果既是对革命道德传统的继承，又是结合时代特点和国情变化的理论创新，从而使社会主义道德理论体系、社会主义核心价值体系日臻丰富和完善。

其一，把思想道德建设提高到社会主义精神文明建设的突出位置。我国的改革开放对于思想道德的影响主要表现在：一方面，适应社会变革和时代要求的新思想、新观念猛烈地冲击着传统道德文化；另一方面，西方的文化也多方影响和渗透，个人主义、利己主义、功利主义价值观影响深刻，在一些地方特别是农村，落后的封建道德意识沉渣泛起。邓小平明确指出："所谓精神文明，不但是指教育、科学、文化（这是完全必要的），而且是指共产主义的思想、理想、信念、道德、纪律，革命的立场和原则，人与人的同志式的关系，等等。"[8] 以思想道德教育为重要内容的精神文明建设，既为物质文明提供精神动力和智力支持，更是物质文明建设的思想保证。两个文明都搞好了，才是有中国特色的社会主义。而思想道德建设的根本任务则是"要使广大人民有共产主义理想、有道德、有文化、守纪律"。[9] 党的十二届六中全会和十四届六中全会分别制定了两个关于社会主义精神文明的重要文献，从中国特色社会主义建设的高度，深刻阐明了新时期道德建设的一系列重大问题，开创了思想道德建设的新局面。江泽民在党的十四届六中全会的讲话中，详细阐述了"努力开创社会主义精神文明建设新局面"这一重大课题。在党的十六大报告中，江泽民同志概括了十三年来我们党对什么是社会主义、怎样建设社会主义，建设什么样的党、怎样建设党的认识所积累的十条宝贵经验，而"坚持物质文明和精神文明两手抓，实行依法治国和以德治国相结合"就是其中一条。党的十七届六中全会提出要把社会主义核心价值体系作为社会主义文化建设的根本任务，其中包括革命道德的精髓：为人民服务、集体主义道德、爱国主义、社会主义共同理想、"八荣八耻"社会主义荣辱观等。

其二，系统建构社会主义道德规范体系。在长期的革命实践中，共产党员和革命群众始终把人民的利益放在第一位，发扬"毫不利己、专门利人"的无私奉献精神，激励着一代又一代人为争取民族解放、祖国独立、人民的自由和幸福而奋斗。我国尚处在社会主义初级阶段，由于所有制结构和利益主体的多元化，人们的思想觉悟和价值观念不尽相同。正是从这种实际出发，邓小平同志提出高低层次不同的道德要求。他首先要求继续"用共产主义道德约束共产党员和先进分子的言行；提倡和表彰'全心全意为人民服务'，'个人服从组织'，'大公无私'，'毫不利己、专门利人'，'一不怕苦，二不怕死'的精神"[10]，身体力行，做出表率。而对广大群众则要求做到"五爱"基本道德要求，在全社会开展爱国主义、社会主义、集体主义和艰苦奋斗的教育，反对封建主义、资本主义的腐朽思想作风，消除腐败和丑恶现象。在中国特色社会主义理论指导下，将先进性要求和广泛性要求结合起来，建构了社会主义道德规范体系。这就是，以为人民服务为核心，集体主义为原则，"五爱"、"爱国守法、明礼诚信、团结友善、勤俭自强、敬业奉献"为内容的道德基本规范以及"八荣八耻"等道德要求，形成有利于国家统一、民族团结、经济发展、社会进步的以社会公德、职业道德、家庭美德为内容的道德规范体系。十七大报告第一次把个人品德建设与社会公德、职业道德、家庭美德建设一起提出，突出了个人品德建设的重要性，"三德"建设由此延伸为"四德建设"。胡锦涛同志提出的"八荣八耻"社会主义荣辱观，是社会主义核心价值体系的重要内容，更是在新的历史条件下对社会主义道德理论的新丰富、新发展。社会主义基本道德规范的系统概括，是我们党对建立与社会主义市场经济体制相适应的道德体系的最新认识成果，标志着我国的道德建设进入一个崭新的发展阶段。正确理解先进性与广泛性的辩证关系，为人民服务就不是一个抽象的口号，而是一种实际行动。它之所以能够提升为新时期社会主义道德规范体系的核心，就在于人的价值的实现终归要体现在造福于民的具体职业实践之中；共产党人只有在思想上和行动中坚持为人民服务，想人民所想，急人民所急，干人民所愿，才能真正实现党的执政宗旨与道德原则的高度统一。

其三，丰富集体主义道德原则的内涵。在长期的革命和建设实践中确立起来的集体主义原则，是正确处理国家、集体、个人之间利益关系的基本原则。但随着时代的变迁、经济关系的调整，特别是改革开放、发展社会主义市场经济以来，集体主义道德原则作为一个开放的道德思想，也是在不断变化与日益丰富的。如何理解不同时期集体主义道德原则的具体内涵，在市场经济条件下还要不要提倡和坚持集体主义道德原则，成为伦理学理论上的一个焦点。有人提出用人道主义、功利主义代替集体主义，还有人提出用个人主义取代集体主义。在经济利益与革命精神的关系问题上，邓小平同志针对只是抽象地强调革命精神、忽视或否定物质利益，从辩证唯物论的高度明确指出："不讲多劳多得，不重视物质利益，对少数先进分子可以，对广大群众不行，一段时间可以，长期不行。革命精神是非常宝贵的，没有革命精神就没有革命行动。但是，革命是在物质利益的基础上产生的，如果只讲牺牲精神，不讲物质利益，那就是唯心论。"[11] 针对片面强调物质利益、多劳多得，忽视或否定革命精神，不讲"共产主义风格"等"右"的错误倾向，他又指出："我们提倡按劳分配，承认物质利益，是要为全体人民的物质利益奋斗。每个人都应该有他一定的物质利益，但是这决不是提倡各人抛开国家、集体和别人，专门为自己的物质利益奋斗，决不是提倡各人都向'钱'看。要是那样，社会主义和资本主义还有什么区别?"[12] 根据社会主义市场经济规律，他大力提倡一部分人通过诚实劳动先富起来，然后带动和帮助所有人共同富裕，这就将社会主义利益原则和道德原则辩证统一起来，为实现全体人民的共同理想和价值目标找到了正确的途径。江泽民同志提出的社会主义的本质就是实现人的全面发展，科学发展观中的以人为本、统筹兼顾原则等，都是我们深化新时期集体主义道德理论的重要指导思想。

注：

[1]《马克思恩格斯选集》第2版第1卷，第88页。

[2] 龚育之、石仲泉：《毛泽东读书生活》，生活·读书·新知三联书店2010年版，第200–201页。

[3]《马克思恩格斯选集》第2版第1卷，第51页。

[4]《毛泽东选集》第2卷，第534页。

[5]《列宁选集》第4卷，1995年版，第285页。

[6]《毛泽东文集》第4卷，1991年版，第1471页。

［7］陈先达:《革命的道德和道德的革命——读〈中国革命道德〉》,《光明日报》，2000 年 4 月 11 日。《中国革命道德》是由教育部组织编写的大型多卷本丛书，于1999 年出版。著名伦理学家罗国杰任总主编，党和国家领导人对丛书的编写和出版给予了很多的关怀和鼓励。《中国革命道德》多卷本分为理论卷、规范卷、名言卷、教育修养卷，对有关革命道德的本质、规范、道德名言以及当前学习革命道德的迫切性和培养方式做了详细论述；简编本则重点突出地对有关问题做了综合论述——作者注。

［8］［10］《邓小平文选》第 2 卷，第 367 页。

［9］《人民日报》1985 年 3 月 8 日。

［11］《邓小平文选》第 2 卷，第 146 页。

［12］《邓小平文选》第 2 卷，第 337 页。

（原载《伦理学研究》2012 年第 6 期）

革命优良传统的当代价值

革命优良传统是中国共产党人在领导20世纪中国革命和建设的伟大征程中形成的，具体体现在“红船精神”、井冈山精神、长征精神、延安精神、抗战精神、西柏坡精神等之中，如全心全意为人民服务、坚定的共产主义理想和信仰、密切联系群众、不怕牺牲与百折不挠的奋斗精神、大公无私的奉献精神等，成为我们党在前进道路上战胜各种艰难险阻、不断夺取胜利的强大精神支柱和宝贵精神财富。革命优良传统是马克思主义中国化的理论产物，凝聚的是中国精神、展示的是中国气派、彰显的是中国风格，这种优良传统已融入到中国共产党人的血脉之中。在当代，革命优良传统是培育社会主义核心价值观的重要理论资源，更是建树共产党人精神家园中的瑰宝，我们应该坚守、弘扬、发展。

革命优良传统：党的宝贵精神财富

革命优良传统曾是我党领导全国各族人民奋起抗争、建设社会主义新中国的精神法宝。革命优良传统萌芽于1919年“五四”运动前后，发端于中国共产党成立以后蓬勃开展的工人运动和农民运动，经过土地革命战争、抗日战争、解放战争，以及社会主义革命和建设的实践逐渐形成的，是以毛泽东为代表的共产党人把马克思主义与中国革命、建设实际相结合的产物，是这一代领导集体的伟大理论创造和文化创新。革命优良传统传承中华民族的优良文化传统，又是在此基础上的文化变革与理论创新，从而把马克思主义中国化推向一个崭新的阶段。

十八大以来，在中央重要文献和习近平总书记的多次讲话中，都反复强调要学习、了解中国革命历史，传承革命优良传统和精神，并与时俱进地丰富与发展。总书记曾先后到河北阜平西柏坡、山东临沂、福建古田、陕西延安铜川、贵州遵义等革命老区考察，在革命圣地发表了重要思想。在西柏坡，他说，“当年党中央离开西柏坡时，毛泽东同志说是‘进京赶考’。60多年过去了，我们取得了巨大进步，中国人民站起来了，富起来了，但我们面临的挑战和问题依然严峻复杂，应该说，党面临的‘赶考’远未结束。”[1] 他表示，西柏坡曾来过多次，每次都怀着崇敬之心来，带着许多思考走。对我们来讲，每到井冈山、延安、西柏坡等革命圣地，都是一种精神上、思想上的洗礼。每来一次，都能受到一次党的性质和宗旨的生动教育，就更加坚定了我们的公仆意识和为民情怀。[2] 历史是最好的教科书。对我们共产党人来说，中国革命历史是最好的营养剂。多重温这些伟大历史，心中就会增加很多正能量。[3] 延安是中国革命圣地，位于杨家岭的党的七大会址是著名的革命教育基地。2015年2月14日上午，习近平来到革命圣地延安参观。他动情地说，这里曾来过多次，插队时每次到延安都要来看看，每次都受到精神上的洗礼。落实好全面建成小康社会、全面深化改革、全面依法治国、全面从严治党的战略布局，要求全党同志以与时俱进、奋发有为的精神状态，不断推进实践创新和理论创新，继续书写马克思主义中国化、时代化新篇章。[4]他参观了陕甘边革命根据地照金纪念馆和薛家寨革命旧址，他指出，以照金为中心的陕甘边革命根据地，在中国革命史上写下了光辉的一页。要加强对革命根据地历史的研究，总结历史经验，更好发扬革命精神和优良作风。习近平强调，我们党是一个具有长期奋斗历史和优良革命传统的党，也是一个紧跟时代步伐、善于与时俱进的党。党的建设必须坚持继承和创新相结合，结合时代条件发扬党的光荣传统和优良作风。老一辈革命家和老一代共产党人在延安时期留下的优良传统和作风，培育形成的延安精神，是我们党的宝贵精神财富。今天，全面从严治党要继续从延安精神中汲取力量。要把抓理想信念贯穿始终，提高辩证思维、系统思维能力，保持党同人民群众的血肉联系，始终为党和人民事业艰苦奋斗、不懈奋斗。总书记的足迹和意味深长的讲话，值得我们认真思考。

当今，面对风云激荡的国际形势，面对改革进入深水区、经济社会矛盾凸显的国内形势，以习近平为总书记的党中央深入思考并回答党在21世纪新的历史条件下怎样更好地治国理政这一重大理论和实践问题，提出协调推进“四个全面”的方略，“全面从严治党”置于其中，充分说明党的领导在实现治国理政方略中的领导地位，充分体现了“中国共产党的领导是中国特色社会主义最本质的特征”。全面从严治党，核心是“从严”，把握“从严”的总开关就是解决好共产党人的世界观、人生观、价值观问题。“总开关”问题没有解决好，这样那样的出轨越界、跑冒滴漏就在所难免。因此，习近平总书记高度重视共产党人的“三观”教育和精神家园的建构。学习和弘扬革命优良传统和作风，把思想建党、精神“补钙”、制度治党紧密结合起来，要求领导干部要做到心中“四有”、“三严三实”，坚守共产党人的精神家园，这是从中国共产党人的崇高使命而言，也是自觉对中国革命优良传统的传承与弘扬，更是新时代创新马克思主义中国化的新篇章。

坚守理想信仰：共产党人安身立命的根本

坚持和弘扬革命优良传统，内容十分丰富，从文化到精神，从理想到规范，从意识到作风，其中坚定理想与信念尤其重要。

革命优良传统强调坚定社会主义和共产主义理想，建设中国特色社会主义，同样必须树立坚定的社会主义、共产主义理想。对于一个社会特别是一个政党来说，理想，是方向，是力量，是凝聚力，这一点不能失缺，更不能动摇。中国共产党自成立之日起，就把实现全人类最美好、最远大的共产主义理想写在自己的旗帜上，在长期的革命和建设实践中，始终将其作为激发和凝聚全国各族人民的精神动力，作为整个国家和民族的共同信念和道德。中国共产党由小到大，由弱变强，从几十人发展到几百万人直至上升为8500万人这样人数众多的党，领导新民主主义革命取得成功和社会主义建设取得瞩目的成就，这些都离不开坚定的社会主义理想和共产主义理想的指引与激励。我国进入新世纪新阶段，经济社会发展呈现出诸多新的阶段性特征，多元利益主体的经济格局，多元价值诉求的文化生态，凸显了 21 世纪的诸多新特征。时代急剧的嬗变，诞生于血与火年代的、多少仁人志士抛头颅洒热血坚守的社会主义、共产主义理想与信念，有无必要坚守？如何才能坚守？这对于认同“搞市场经济了，就是要人们去赚钱”，“理想理想，有钱就想，前途前途，有钱就途”的一些人来说，的确成为一个问题或一个挑战。对于共产党人而言，回答则是坚定而明确的。邓小平同志讲得清楚，“中国要坚持社会主义制度，要发展社会主义经济，要实现四个现代化，没有理想是不行的。”[5] 1985 年，邓小平在中国共产党全国代表会议上指出：“社会主义的优越性怎么能全面地发挥出来？……过去我们党无论怎样弱小，无论遇到什么困难，一直有强大的战斗力，因为我们有马克思主义和共产主义的信念。有了共同的理想，也就有了铁的纪律。无论过去、现在和将来，这都是我们的真正优势。”[6] 邓小平的论述，深刻总结了我们党在革命和建设时期不断取得胜利的 “真正优势”，指出了中国要坚持社会主义制度没有理想的精神支撑是不行的。党中央警醒全党，新形势下加强和改进党的建设面临“四种风险”，存在“四个考验”，抗不住风险，经受不住考验，就有亡党亡国的危险。现实中，确有少数党员和干部出现了理想动摇、思想空虚，甚至迷失前进方向和动力的颓废现象，极端利己主义、享乐主义、奢靡之风大有滋生蔓延之势。为了解决这些问题，为了确保我们党始终成为中国特色社会主义事业的坚强领导核心、成为全国人民的主心骨，就必须全面推进从严治党。党要管党、从严治党的重中之重是造就有理想、有信仰的共产党人。结合新世情新国情新党情，在继承前几代中央领导集体奠定和开辟中国特色社会主义伟大事业的基础上，习近平强调，我们要把坚持和发展中国特色社会主义这篇大文章写下去，坚持马克思主义，坚持社会主义，一定要有随着时代、实践和科学的发展而不断发展的观点，这就需要在继承传统基础上的理论创新。习近平指出：“在我们党 90 多年的历史中，一代又一代共产党人为了追求民族独立和人民解放，不惜流血牺牲，靠的就是一种信仰，为的就是一个理想。”[7] 面对各种诱惑和挑战，习近平号召全体共产党员，“坚守崇高信仰，炼就金刚不坏之身”。[8] 并强调指出，“坚定理想信念，坚守共产党人精神追求，始终是共产党人安身立命的根本。对马克思主义的信仰，对社会主义和共产主义的信念，是共产党人经受住任何考验的精神支柱。形象地说，理想信念就是共产党人精神上的‘钙’，没有理想信念，理想理念不坚守，精神上就会‘缺钙’，就会得‘软骨病’。”[9] “共产党员特别是党员领导干部要做共产主义远大理想和中国特色社会主义共同理想的坚定信仰者和忠实践行者。”[10] “革命理想高于天。没有远大理想，不是合格的共产党员；离开现实工作而空谈远大理想，也不是合格的共产党员……而一切迷惘迟疑的观点，一切及时行乐的思想，一切贪图私利的行为，一切无所作为的作风，都是与此格格不入的。”[11] 总书记的一系列论述，明确回答了在新的历史时期必须坚定坚守理想、信仰，这是“安身立命的根本”，是精神上的“钙”，是“精神支柱”，是“总开关”。他说，党的好干部必须坚定共产主义远大理想，真诚信仰马克思主义，矢志不渝为中国特色社会主义而奋斗。他要求把远大理想与共同理想辩证地统一在中国特色社会主义实践中，旗帜鲜明地批评与远大理想、共同理想格格不入的意识和行为，做一个合格的共产党员。在现阶段，我们讲的理想就是党的十八大讲的“坚守对中国特色社会主义的道路自信、理论自信、制度自信”；就是社会主义核心价值观讲的富强、民主、文明、和谐、自由、平等、公正、法治；就是立足本职，树立职业操守，坚定不移地推进中国特色社会主义伟大实践不断前行，实现中华民族伟大振兴的“中国梦”。因此，在经济转型、社会嬗变加快的今天，在多元文化、多元价值观共存的文化生态中，坚定共产主义远大理想、坚定中国特色社会主义共同理想的教育不是可有可无，而是愈加紧迫愈加重要。在全面从严治党中培养一大批“四有”干部，培养一代又一代有理想、有文化、有道德、有纪律的社会主义公民，用行动传承和弘扬革命优良传统，始终应放到关乎中国特色社会主义事业千秋万代的重要战略地位来考虑。

执政为民：不变的政治本色

中国革命优良传统强调全心全意为人民服务，建设中国特色社会主义，同样必须坚守这一宗旨和执政之本。全心全意为人民服务是党的宗旨，是中国革命优良传统的灵魂，也是社会主义道德的核心，是党员领导干部必须确立的人生观、价值观、道德观。毛泽东曾深刻指出，“为什么人的问题，是一个根本的问题，原则的问题。”[12] 共产党人“就是要全心全意为人民服务，不要半心半意或者三分之二的心三分之二的意为人民服务。”[13] 他要求党员领导干部一刻也不脱离群众，一切从人民的利益出发而不是从小人或小集团的私利出发，向人民负责和向党的领导机关负责的一致性。这就是我们的出发点。在中国革命优良传统中，全心全意为人民服务作为革命传统的精髓，贯穿于我党领导革命和建设的每一历史时期。新中国成立后的社会主义建设时期，我党倡导学习雷锋精神、学习县委书记的好榜样焦裕禄精神等。在我国进入改革开放时期后，邓小平同志特别强调坚持社会主义物质文明和精神文明“两手都要抓，两手都要硬”的指导思想，在弘扬中国革命优良传统的基础上，他提出社会主义道德规范体系中有不同层次的道德要求。对于共产党员和先进分子而言，要“用共产主义道德约束共产党员和先进分子的言行；提倡和表彰‘全心全意为人民服务’，‘个人服从组织’，‘大公无私’，‘毫不利己、专门利人’，‘一不怕苦，二不怕死’的精神”。[14] 身体力行，在道德上做出表率。而对广大群众则要求做到“五爱”基本道德要求，在全社会开展爱国主义、社会主义、集体主义和艰苦奋斗的教育，旗帜鲜明地继承和弘扬革命优良传统。在深刻总结我党发展壮大的成功经验时，他这样讲道，“从延安到新中国，除了靠正确的政治方向以外，不是靠这些宝贵的革命精神吸引了全国人民和国外友好人士吗？没有这种精神文明，没有共产主义思想，没有共产主义道德，怎么能建设社会主义？党和政府愈是实行各项经济改革和对外开放的政策，党员尤其是党的高级负责干部，就愈要高度重视、愈要身体力行共产主义思想和共产主义道德。”[15] 坚定有力地回答了改革开放时期，党员党的高级领导干部仍必须信守、践行全心全意为人民服务的优良道德传统。针对极少数领导干部精神懈怠、搞特殊化，邓小平曾严厉地批评道，如果“我们自己在精神上解除了武装，还怎么能教育青年，还怎么能领导国家和人民建设社会主义!”[16] 在他看来，全心全意为人民服务是共产党员和领导干部的政治本色、道德本色，党员领导干部必须保持。

改革开放30多年后的今天，以习近平为总书记的党中央把共产党人的宗旨意识教育提高到了一个新的更高的地位。习近平结合现阶段的国情和人民对物质文化日益增长的需要，在十八届中共中央政治局常委同中外记者见面时强调指出：“人民对美好生活的向往，就是我们的奋斗目标。”“全心全意为人民服务，是我们党一切行动的根本出发点和落脚点，是我们党区别于其他一切政党的根本标志。党的一切工作，必须以最广大人民群众利益为最高标准。检验我们一切工作的成效，最终都要看人民是否真正得到了实惠，人民生活是否真正得到了改善，人民权益是否真正得到了保障。”[17] 全面系统地阐述了新时期党的执政宗旨、明确评价党的一切工作和检验工作成效的最高标准，强调全心全意为人民服务的执政宗旨是共产党与其他政党不同的根本标志。“如果丢失了共产党人的远大目标，就会迷失方向，变成功利主义、实用主义者，最后意志消沉，奉行及时行乐的人生哲学，甚至产生“人不为己，天诛地灭”的想法，把当干部作为一种谋取私利、巧取豪夺的手段。”全心全意为人民服务，公开申明共产党人除了人民的利益，没有也不允许有自身的特殊利益，更不允许以权谋私。执政宗旨要求党员领导干部一定要密切党群、干群关系，始终保持同人民群众的血肉联系，这是革命优良传统，也是执政的铁律，我们应该以史为鉴。在2013年全国组织工作会议上明确提出了“信念坚定、为民服务、勤政务实、敢于担当、清正廉洁”的好干部标准，赋予了好干部新的时代内涵，是新时期干部的实践准则和奋斗方向。其中，把信念坚定、为民服务放到了第一、第二的重要位置，要求以好干部为标准，实践全心全意为人民服务的宗旨。全心全意为人民服务这一要求，作为共产党员和领导干部必须时刻铭记。2015年1月12日，习近平同志在同中央党校第一期县委书记研修班学员进行座谈时发表重要讲话。他说，“焦裕禄同志以自己的实际行动塑造了一个优秀共产党员和优秀县委书记的光辉形象。做县委书记就要做焦裕禄式的县委书记，始终做到心中有党、心中有民、心中有责、心中有戒”。“四有”要求，是今天我们党传承中国革命传统精髓的典例，体现了新时期党对领导干部的新要求，具有很强的现实针对性和指导意义。县委书记的好榜样焦裕禄离开我们已50多年了，为什么他的精神在今天的亿万人民心中像一座永不磨灭的丰碑，如此激励人、感染人？这是因为焦裕禄有一颗全心全意为人民服务的公仆心，怀有时刻关注群众疾苦和冷暖的公仆情。一句“我是您的儿子”表达了他是用自己的心、自己的情甚至自己的生命去爱人民。

在社会主义市场经济下，剧烈的社会变革使党员领导干部既得到了空前的历练，也经历着严峻的考验。现实中少数领导干部漠视群众利益和诉求，公仆意识淡化，或“只对上负责，不对下负责”，“官僚主义”工作作风使新时期的干群关系出现了一些矛盾和摩擦，甚至极少数干部以权谋私。历史上，任何一个政党都有自己鲜明的奋斗目标和价值追求，为谁立命、为谁谋利始终是一个根本性、方向性问题。弘扬中国革命优良传统，客观认识新形势下的干群关系，解决好“为了谁”、“依靠谁”、“我是谁”的问题。“以惟邦本，本固邦宁”，人民是国家的基石，民生问题解决得好与坏，人民高兴不高兴、认同不认同，直接关系到国家的执政根基和长治久安。中国传统文化中就有民本经济思想，在今天以人为本、以民为本的执政理念指导下，为人民服务包含了更多新内容。当前广大群众最关心的是教育、住房、贫富差距、医疗、食品药品安全、生态环境等生存与发展问题，人们过去盼温饱，现在要致富要环保；过去为生存，现在要发展要生态。人民对美好生活的向往，就是我们的奋斗目标，这就是中国共产党人坚持不变的价值目标和精神追求，是当前全心全意为人民服务的现实内容。

中国革命优良传统作为中国精神的重要组成部分，内涵丰厚，博大精深，在新的时代里，它不仅没有过时，也不会过时，而且会代代相传，在传承与变革中树立起新的时代精神丰碑，在新的历史背景下绽放出更加绚烂的光彩。传承、弘扬革命优良传统，坚守共产党人的精神家园，依据新世情丰富和建树共产党人的精神家园，开创马克思主义中国化的新篇章，不啻为推进中国特色社会主义宏伟事业的力量源泉和强大的精神动力，这无疑是当代中国共产党人的又一项重要使命。

注：

［1］习近平：《党面临的“赶考”远未结束——再访西柏坡侧记》，《人民日报》2013 年 7 月 14 日。

［2］习近平：《习近平年前回延安有何深意》，人民网，2015 年 2 月 14 日。

［3］习近平：《盘点十八大以来习近平考察革命圣地的“红色足迹”》，中国共产党新闻网，2015 年 6 月 18 日。

［4］习近平：中国共产党新闻网 2015 年 2 月 17 日。

［5］《邓小平文选》第三卷，北京：人民出版社 1993 年版，第 124 页 。

［6］《邓小平文选》第三卷，北京：人民出版社 1993 年版，第 144 页。

［7］［8］《习近平谈党的信仰：坚守它　炼就金刚不坏之身》，《人民日报》，《2014 年 3 月 24 日》。

［9］《习近平谈治国理政》，北京：外文出版社 2014 年版，第 15 页。

［10］［11］《习近平谈治国理政》，北京：外文出版社 2014 年版，第 23 页。

［12］《毛泽东选集》第三卷，北京：人民出版社 1944 年版，第 857 页 。

［13］《毛泽东文集》第七卷，北京：人民出版社 1999 年版，第 285 页。

［14］［15］［16］《邓小平文选》第二卷，北京：人民出版社，1994 年第 367 页。

［17］《习近平谈治国理政》，北京：外文出版社 2014 年版，第 28 页。

（部分内容发表于《红旗文稿》2016 年第 4 期）

赚钱与为人民服务关系之辨析

——评茅于轼“赚钱就是为人民服务”的观点

2009 年 11 月 16 日《河南商报》刊登了一篇题为《茅于轼郑州讲创业：空谈理想不如学会赚钱更重要》的报道，文中把茅于轼先生在河南青年创业大讲堂演讲中的新观点做了摘要。在谈到青年人创业赚钱的问题时，茅于轼先生语出惊人地提出“青年人赚钱的行为本身，就是为人民服务了，我不赞成不赚钱的为人民服务”，“免费的为人民服务未必是好事，我不赞成。在市场经济中赚钱，不是免费服务，也不是低价服务，而是按照经济规律的服务，赚钱本身就是一种为人民服务”。《河南商报》称当时的场景，“四个多小时的演讲和沟通中，这位老人不断抛出的观点，引发了场内阵阵掌声”。我们认为对上述观点有必要做一理论上的澄明，以免混淆视听，对大学生创业乃至经济社会生活产生不良诱导。

赚钱、服务与为人民服务概念辨析

茅于轼先生肯定大学生的赚钱行为对社会有一定的意义，但他提出的“赚钱本身就是一种为人民服务”的观点，则需要分析。

在茅于轼先生看来，赚钱就是遵循市场规律发现市场需求，抓住市场交换的机会，通过提供服务或者劳动的方式满足市场需求，获得利润的行为。需要指出的是，这种服务只是赚钱这一动机下的派生行为。一般而言，服务可分公共服务、私人服务与志愿服务，茅于轼先生所说的服务是指在赚钱的自利性动机推动下的市场行为，应归属于私人服务领域。而为人民服务所涵盖的领域，却包括了公共服务、私人服务与志愿服务等政治、经济与社会生活的方方面面。

那么，“为人民服务”又具有哪些内涵和要求呢？

众所周知，为人民服务既是中国共产党的执政宗旨，又是共产党人的人生观、价值观与道德观，还是社会主义道德体系的核心。仅从道德上讲，有其产生的历史背景与具体内涵，特别是在社会主义市场经济条件下，这一道德核心的内涵与要求更为丰富且有层次性。

“为人民服务”是适应时代要求而产生的一种新的道德思想，并随着社会的发展而不断丰富。“为人民服务”命题最早是毛泽东同志在中央警备团追悼张思德会上的演讲中提出的。毛泽东在演讲中说，我们的共产党和共产党所领导的八路军、新四军，是革命的队伍。我们这个队伍是完全为着解放人民的，是彻底地为人民的利益而工作的。此后多次谈到共产党人要全心全意地为人民服务。

进入改革开放时期，邓小平同志指出，在社会主义建设时期，党员尤其是党员领导干部和先进分子仍必须践行全心全意为人民服务这一道德要求，一切从人民的根本利益和长远利益出发，一心一意为人民群众谋福利。对于广大群众来说，为人民服务主要是通过工作岗位与敬业精神来体现的，它要求在为个人、为社会的诚实劳动与服务中，获得个人正当利益。见利思义，义利兼顾，遵纪守法，诚实劳动等，都是为人民服务的道德要求。为人民服务这一道德核心，在新时期就有了先进性与广泛性的层次之分，从而大大增强了道德对经济社会生活的引导功能。

中共中央在2001年颁发的《公民道德建设实施纲要》中，更加明确地指出，为人民服务作为公民道德建设的核心，是社会主义道德区别和优越于其他社会形态道德的显著标志。它不仅是对共产党员和领导干部的要求，也是对广大群众的要求。每个公民不论社会分工如何、能力大小，都能够在本职岗位，通过不同形式做到为人民服务。可见，为人民服务首先是社会主义道德体系的重要组成部分，它与其他社会形态的道德根本不同。其次，在社会主义市场经济条件下，为人民服务作为公民道德建设的核心，已从少数先进分子所应遵守的道德原则，逐步发展为每个公民应该遵守的基本道德准则，从而实现了“为人民服务”道德的先进性要求和广泛性要求的辩证统一。

通过对赚钱、服务与为人民服务三个概念内涵和层次性的分析，不难看出，茅于轼先生讲的“青年人赚钱的行为本身，就是为人民服务了”，“赚钱本身就是一种为人民服务”，不加分析与区别地将市场中的赚钱行为和内涵丰富且多层次要求的为人民服务道德画上等号，在概念上是如此的模糊，理论上是如此的不妥。也许茅于轼先生的本意是想为赚钱这一经济行为找到伦理道德上的支持，但对于在市场中竞争的大学生而言，这样的观点就有可能对他们的价值观、道德观产生一些负面影响。

中国古代的荀子曾讲，“利以养体，义以养身”，这里的利讲的就是物质生活，义就是指道德精神。大学生要生存当然要创业，要竞争，但不加分析地强调赚钱，特别是把赚钱与为人民服务画上等号，这就可能引发理论上的混乱，进而误导社会特别是青年群体。茅于轼先生认为市场经济过程中的赚钱行为本身就是一种为人民服务，如果说与市场经济条件下为人民服务的底线要求还有一些关联的话，那么，他的论点也必须加以修正。市场经济是信用经济，大学生创业者在遵照市场规律、抓住市场交换机会赚钱的过程中，必须讲诚信、守信用。否则，突破赚钱行为的合理性限度，就会陷入误区。

赚钱行为的道德合理性界限与为人民服务道德的关系

肯定市场经济条件下出自自利性动机，遵循市场规律寻找市场需求，为广大的消费者提供新的服务以满足他们的需求，并且是建立在诚实劳动基础上的赚钱行为的时候，它是符合为人民服务道德最低要求的，说明了赚钱这样一种经济行为和为人民服务这样的道德原则之间存在某些关联性。

但必须特别强调的是，茅于轼先生所说的赚钱行为与为人民服务的关系，实质上涉及当今中国经济生活中一个重要的且带有普遍性的经济伦理话题，因此，有必要对市场经济中赚钱行为的合理性界限做进一步的理论探讨。

遵循市场规律赚钱作为一种经济行为，就其行为的服务领域来看，它是属于私人服务领域的。在私人服务的领域，自利性的动机处在价格机制、供求机制、竞争机制和风险机制等市场机制的作用下，能够满足市场消费者的需求，并不断创新，提高效率，降低成本，提高技术水平和服务水平。从效果来看，似乎赚钱动机所产生的服务行为能够对社会整体的利益产生促进作用。这正是亚当·斯密在《国富论》中所阐明的“看不见的手”的理论。人只要做“理性经济人”就可以了，“在这场合，像在其他许多场合一样，他受着一只看不见的手的指导，去尽力达到一个并非他本意想要达到的目的。也并不因为事非出于本意，就对社会有害。他追求自己的利益，往往使他能比在真正出于本意的情况下更有效地促进社会的利益。”可以说，自我国改革开放、建立社会主义市场经济体制以来，这一观点的确已在中国社会产生了广泛影响，以至于成为一些学者认为的主流市场意识。那么，应该如何看待这种意识与观点？

关于对市场的评价，除了持市场原教旨主义观点的学者外，已经达成共识，即市场机制并不像亚当·斯密所说的那样完美无瑕，其本身是存在缺陷的。这些市场机制的缺陷，就为自利性的动机所促成的赚钱行为产生不利于社会整体利益的影响提供了现实可能性，从而形成与为人民服务的道德相对立的行为和后果。市场经济的本性与行为者的自利性动机，犹如一枚硬币的两面，互为表面，互为条件，现实中我们看到了在自利性动机驱动下的赚钱行为，已带来了许多严重的社会道德缺陷。如只关注个体的利益，损害社会整体的利益。市场经济的内在本性是趋利的，很容易产生拜金主义、利己主义等错误的道德意识，这一点是我们在任何时候都必须警惕的。拜金主义是一种金钱至上的思想道德观念，认为金钱不仅万能，而且是衡量一切行为的标准。拜金主义危害严重，从人的发展来看，拜金主义与人的全面发展相背离，与为人民服务的道德要求相冲突，它剥夺了人的本质的丰富性，把人降低为金钱的奴隶；从社会来看，拜金主义盛行的社会必然是一个物欲横流、人情冷漠、尔虞我诈、人人自危的社会，是一个道德沦丧、信仰缺失的社会。

事实上，正是由于缺乏对市场机制与赚钱的自利性动机的约束，忽视其合理性的道德界限，我们的市场经济活动中才发生了越来越多的突破道德底线的行为。例如，不久前刚刚发生的长江大学五名见义勇为的大学生搭人梯救助落水儿童，三名大学生付出了自己年轻的生命。当大学生多次跪求后来赶来的打捞公司的船主施救落水者时，却遭到拒绝，船主称“活人不救，只捞尸体”。还有不断被曝光的私营小煤矿主，他们如何虐待矿工，矿工又是在怎样的条件下工作，难怪人们把煤称为“带血的煤”。不难理解，当人们在市场经济条件下，把赚钱作为经济活动和企业提供服务的唯一动机时，就必然会产生各种各样的突破道德底线的社会伦理问题。

不赚钱的为人民服务应在全社会大力提倡

茅于轼先生讲，“我不赞成不赚钱的为人民服务”，“免费的为人民服务未必是好事，我不赞成。”似乎为人民服务离不开赚钱二字，似乎赚钱多少成了评判为人民服务的试金石。很明显，茅于轼先生在大力宣扬赚钱的市场行为的同时，又在无情地贬抑为人民服务这一道德精神。

如上所述，服务分不同的领域和层次，在不同领域和不同层次上，为人民服务有着不同的道德要求，不能混为一谈。首先是公共服务层次。公共服务的存在源于市场经济条件下私人服务不能提供某些社会集体性的服务，所以，公共服务存在的目的，就是为社会提供满足公共利益的服务，即公共产品。这部分服务在性质上属于公共服务。鉴于这些情况，公共服务必须做到也应该做到“全心全意为人民服务”，必须代表公共意志来决策、来实施，在此过程中公共服务者不应持有自利性的动机。当然，在公共服务的层次上也存在着一个问题，即公共性要求与公务人员自利性之间的矛盾，这是一对特殊的道德矛盾，必须通过制度、教育等来解决。如果持有自利性的动机来提供公共服务，很容易产生诸如权力寻租、以权谋私等公共服务领域的腐败现象，使得公共服务丧失原本存在的意义。其结果是，不仅不能提供有利于社会整体的服务，而且还会直接损害广大人民群众的切身利益。所以在公共服务领域，必须杜绝自利性动机的负面影响，通过制度来合理解决公共性要求与自利性之间的矛盾冲突，倡导全心全意为人民服务的道德精神。显然，在这一领域，“赚钱就是为人民服务”的观点是极其错误的。

其次是私人服务层次。诚实守信为消费者提供服务，是这个层次为人民服务的基本要求。英国经济学家亚当·斯密在《国富论》中曾经说：“我们每天所需的食料和饮料，不是出自屠户、酿酒家或烙面师的恩惠，而是出于他们自利的打算。”这种自利性的动机于我们今天私人服务的提供者们，也是同样适用的，只不过市场经济的有序运转，要求在私人服务层次上必须满足诚实守信的道德原则。在私人服务层次，如果遇到个体利益与为人民服务的道德原则冲突的情况，那么仅仅履行对于私人服务领域的为人民服务的最低要求就无法解决这一冲突与矛盾。只讲赚钱就是为人民服务，更无力克服这一现实的道德难题，正确的道德抉择应该是，把体现为人民服务道德要求的公共利益置于首位，把关心人、爱护人、尊重人放在各种利益打算的优先地位。在湖北荆州打捞船公司“活人不救，只捞尸体”的事件中，典型地体现了赚钱行为与为人民服务的冲突性，以及所带来的社会后果与道德恶果。这种冲突体现的是两种价值观的对立。孰是孰非，孰好孰坏，不言而喻。“免费的为人民服务未必是好事，我不赞成。在市场经济中赚钱，不是免费服务，也不是低价服务，而是按照经济规律的服务，赚钱本身就是一种为人民服务。”当我们联想到列举的湖北大学生的悲剧，茅于轼先生的这番言论似乎恰好是在为打捞公司的不作为和讨价还价提供道德辩护，很显然，“赚钱本身就是一种为人民服务”有确定的合理性限度，超出这一限度，如在个人私利与社会公益发生冲突时，就会显出这种观点是多么的错误与荒谬。

最后是志愿服务层次。志愿服务是指任何人志愿贡献个人的时间及精力，在不为任何物质报酬的情况下，为改善社会服务、促进社会进步而提供的服务。一般说来，志愿服务都是不求回报的无私奉献，因此也可以说志愿服务是真心真意地为人民服务，是自觉自愿地为人民服务，显然这种服务是由那些志愿者们提供。在发达国家，志愿服务正以其突出的社会效益受到越来越多的国家政府和社会的重视。许多国家的志愿服务活动起步早、规模大，社会效益好。它们在国内有广泛的群众基础和良好的社会声誉，已逐渐步入组织化、规范化和系统化的轨道，形成了一套比较完整的运作机制和国际惯例。近年来，志愿服务活动在我国蓬勃发展，如在第29届奥运会上，我国的志愿者给世人留下了美好的印象，为祖国争得了荣誉。因此，在构建社会主义和谐社会的背景下，在全社会提倡为社会利益服务的非营利性是为人民服务道德在高层次上的体现，它代表了我国先进文化和道德的前进方向，是引领与整合其他文化与道德思潮的主流价值观。

由于我国尚处在社会主义初级阶段，当前人们的道德水平参差不齐，有先进与落后之分，有进步与腐朽之别，因此，为人民服务道德有对党员、领导干部的先进性要求，又有适应不同觉悟层次公民的广泛性要求，社会主义道德就是在先进性的道德精神引领下前进的。我们不能只讲广泛性要求，也不能脱离实际只强调先进性要求，应当正确处理两者之间的关系。

对“赚钱就是为人民服务”的评析

通过上述分析，从动机与效果相统一的角度，可以对“赚钱就是为人民服务”的观点做出评价。

1. 诚实守信的赚钱行为符合为人民服务道德的基本要求

以赚钱为动机的服务行为在服务的层次上属于私人服务领域，如果这样的动机带来的经济行为是不断地为消费者提供优质的产品和优良的服务，那么，从为人民服务道德核心在社会主义初级阶段所具有的多层次性要求来看，这样的行为是符合为人民服务道德的最基本要求的。从后果论的评价角度看，如果一种行为对预期的目标产生的影响是正面的，那么这样的行为就可以被认为是对的。诚实守信的赚钱行为的确会产生不断满足消费者需求，开发并满足新的市场需求，推动市场经济健康持续发展的效果，因此，我们可以认为，合法意义上的赚钱行为促进了社会财富增长和公共利益的实现，发挥了为人民服务的功效，在道德评价上，这种行为是具有正当性的。

2. 出自自利性动机的赚钱行为需要合理限制，否则会产生对社会利益有害的后果

抱着自利性动机的赚钱行为，在市场经济条件下并不能保证产生与为人民服务相一致的效果，对于自利性动机的过分肯定会引发多种多样的社会道德缺陷，这正是当下社会道德底线不断被突破的直接原因。当自利性的动机在市场经济活动中过于膨胀时，就必然会产生对社会利益有害的各种问题，如关注个体的利益、短期行为、外部不经济、拜金主义等，都会对社会整体利益和长远利益产生负面的影响。如果从后果论的角度来看，这样的赚钱行为是与为人民服务的道德要求相冲突的。不仅如此，这种赚钱行为者还应当承担社会责任。在道德评价上，此类行为是失当的。

3. 正确对待为人民服务的道德要求与赚钱的自利性动机之间的冲突

当为人民服务的道德要求与赚钱的自利性动机相冲突的时候，茅于轼先生所反对的“免费的为人民服务”恰恰是我们应该大力提倡的。事实上，评价一种经济行为是否符合一种道德原则，并不能单独从效果一个方面来看，也不能单独从动机来看，应该坚持用动机和效果辩证统一的方法来全面评价。我们认为，当代表社会整体利益的道德要求与自利性动机相冲突的时候，坚持道德原则优先、整体利益至上，就是肯定一种行为的动机对评价的重要性。我们可以把动机分为正当和善，如果一种行为是出自正当的动机，产生了好的效果，我们可以肯定它的正当合理性，说它是善的。从程度上来比较，善的行为比正当的行为更进了一步。这也正是我们肯定和提倡“免费的为人民服务”的经济行为的理由。

4. 赚钱的自利性动机与为人民服务的道德原则存在某些一致性，从服务的层次上来看，必须限定在私人服务领域

为人民服务的道德原则在公共服务层次的道德要求与私人领域是不同的，它要求广大的公务员本着全心全意为人民服务的原则为社会提供服务，尽力消除自利性的动机对社会整体利益的负面影响。对于社会中的先进分子而言，应该努力践行为人民服务道德的高层次要求。我们在构建社会主义和谐社会的过程中，还应大力发展志愿者服务，倡导无私奉献精神，丰富社会服务的层次性，更好地为人民提供各种各样的服务类型，更好地为人民谋福利。

注：

[1] 毛泽东：《为人民服务》，《毛泽东选集》第 3 卷，人民出版社 1991 年版。
[2] 亚当·斯密：《国民财富的性质和原因的研究》，商务印书馆 1988 年版。
[3] 罗国杰：《为人民服务——社会主义道德建设的核心》，《党建》2002 年第 2期。
[4] 夏伟东：《论个人主义思潮》，高等教育出版社 2006 年版。
[5] 李仁君：《服务的层次》，《海南日报》2005 年 8 月 10 日。

（原载《马克思主义研究》2009 年第 12 期，合作者：崔璨）

个人品德建设研究

党的十七大报告提出，要“大力弘扬爱国主义、集体主义、社会主义思想，以增强诚信意识为重点，加强社会公德、职业道德、家庭美德、个人品德建设”。其中，加强个人品德建设是在中央文献中首次提出。这是社会主义道德规范建设理论的新丰富和新发展。

加强个人品德建设的意义

把个人品德与社会公德、职业道德、家庭美德三大特殊领域道德建设一起，作为社会主义道德建设的任务，这在理论上与实践上都有重要的意义。

首先，个人品德建设的提出，为社会主义道德理论体系增添了新内容。中共中央颁布的《公民道德建设实施纲要》中，就社会主义道德建设体系作出概括。主要包括，以为人民服务为核心，以集体主义为原则，在全社会大力倡导“爱国守法，明礼诚信，团结友善，勤俭自强、敬业奉献”的基本道德规范，加强社会公共生活、职业生活、家庭生活等领域中的道德建设，即社会公德、职业道德、家庭美德建设。十七大报告提出个人品德建设，道德建设由先前的“三德建设”丰富为“四德建设”，从而为社会主义道德建设理论增添了新内容。

社会公德是全体公民在社会交往和公共生活中应该遵循的行为准则，涵盖了人与人、人与社会、人与自然之间的关系；职业道德是所有从业人员在职业活动中应该遵循的行为准则，涵盖了从业人员与服务对象、职业与职工、职业与职业之间的关系；家庭美德是每个公民在家庭生活中应该遵循的行为准则，涵盖了夫妻、长幼、邻里之间的关系。“三德”分别从社会层面、组织层面、家庭层面，提出了相应的道德建设要求。个人品德是一定社会的道德原则和规范在个人思想和行为中的体现，是一个人在其道德行为整体中所表现出来的比较稳定的、一贯的道德特点和倾向。个人品德既是社会道德原则和规范的内化，也是个体作为主体，对社会道德的认识、选择以及实践的结晶，是个人在社会生活中的行为活动个性化了的道德特质。个人品德属于个体层面。从社会到组织到家庭，乃至个体，十七大报告构建了多层面全方位的道德建设方略。

其次，个人品德建设的提出，必将推动道德理论的新突破。伦理学研究的视阈将进一步拓展，一些理论观点将进一步得以深化。如由重社会道德建构到与个体道德建设并重；由重道德反映客观社会规律方面的理论探索，到对包括个体内在需求、内在心理、内在精神的共同关注；由重社会到重社会与个体间的辩证关系，从而在道德理论上把社会与个体、客体与主体、社会规律与个体需求等辩证统一起来，避免道德建设理论的抽象化、空洞化。而且，伦理学理论的研究范式将会更加重视对主体、对意义、对价值的理论探索，更加关注诸如个体何以守德、怎样才能守德等问题的追问。

最后，重视个人品德建设，有助于唤起个人的道德责任感，提升社会道德水平。个人品德是“内在的法”，社会公德、职业道德、家庭美德的实现，最终都要诉诸个人品德。个人品德提高了，就可以“内德于己，外德于人”，促进社会道德进步。特别是当今道德生活中存在的私人活动领域中的问题，法律与制度难以约束，良好的个人品德则是有力的规范力量。因此，必须坚持制度建设与个人品德建设并重，治标与治本并重的治理原则。十七大报告要求党员领导干部要“讲党性、重品行、作表率”，把个人品德提到了应有的高度。

个人品德是社会道德的内化

所谓道德内化，是指道德的主体通过一定的方式和渠道，将社会道德知识、价值观念、道德规范等转化为内在的道德品性，唤起自己的道德责任心和义务感，并形成稳定的道德人格的过程。个体能否实现道德内化，既要依赖于客观的社会道德环境，又与主体自身的主观条件、心理状况有关，因此道德内化具有鲜明的个体性与主体性特征。

近年来，社会道德对个体道德的内化作用在弱化，直接影响到道德功能的有效发挥，这是我国当前道德建设面临的一个严峻问题。其原因是多方面的，这里仅从道德理论角度谈两点。

一是社会道德价值体系尚缺乏文化上的有效整合。中华民族优秀的传统伦理文化是当今道德理论研究和道德教育的宝贵精神资源。中国共产党人在长期的革命战争年代所形成的道德传统，既是对传统美德的传承，又是在继承基础上的创新与质的提升。社会主义建设时期形成的以为人民服务为核心、以集体主义为原则的社会主义道德价值体系，是社会主义精神文明建设的核心，是我国改革开放、发展社会主义市场经济条件下道德建设的思想指导。然而，由于这些道德原则是在计划经济体制、一元文化背景下形成的，它所倡导的善恶荣辱标准，它所提供的具体规范，因在一些层面缺乏与当今经济生活的有机结合、与当今多元价值观的有效整合，理论上迫切需要建构与创新。十六届六中全会提出：“马克思主义指导思想，中国特色社会主义共同理想，以爱国主义为核心的民族精神和以改革创新为核心的时代精神，社会主义荣辱观，构成社会主义核心价值体系的基本内容。”社会主义核心价值观集中反映社会主义经济制度、政治制度的根本要求，是社会主义先进文化、社会主义道德的灵魂，但如何探寻与公民个体道德建设的结合点，尚需在理论上、实践上深入探索。

二是社会道德价值规范体现社会需求，反映社会的普遍意志与愿望，其基本功能是维护社会秩序，对于个体而言，它是绝对命令。个体道德从其内容上看，它是社会道德的内化，是个体社会化的产物和结晶。由于中国由传统的农业社会、工业社会向信息时代的急剧变革，“熟人”社会正在向“陌生人”社会过渡，社会关系呈现出许多新特点，道德曾凭借风俗习惯、社会舆论、内心信念等传统方式发挥作用的平台或载体，在当今社会已主要被新兴媒体，特别是互联网所取代，因而直接影响到社会道德对个体行为的规约与道德内化。加之社会道德评价标准缺乏确定性与统一性，社会道德评价体系的扬善抑恶功能得不到有效发挥，个体道德因缺乏社会道德的有效引导与约束，道德相对主义甚至道德虚无主义的倾向有所滋长，一些人陷入价值选择的困境。由此可见，研究社会道德如何内化为个体品德，就成为一个极其重要的话题。

社会道德来自普遍意志，是社会价值尺度，其使命是维护经济社会秩序；个体道德是特殊意志的表达，是在社会道德影响下形成的个体价值尺度，其目的是为了更好地生存与发展。任何一种社会道德只有转化为个体道德，才能称得上真正意义的现实道德。因此，道德不是说教。它只有成为社会个体自觉的意识与行动，内化为个性化的实践精神和内在需求，道德才会具有鲜活的生命力和“内在冲动”。道德作为“内在的法”，在一定意义上可以说，社会道德的实现和社会道德生活的原动力，来自于每个公民的道德自觉。

首先，个体道德的形成与发展有其相对独立性。从社会道德与个体道德的辩证关系来看，社会道德与个体道德都是道德存在的样式，既有相互形成、相互影响的一面，又有自我形成、自我发展的一面，反映了两种道德形态间的辩证联系。因此，社会道德的实现必须向个体道德运动，转化为个体自觉的道德活动，它才能现实地实现自身。社会道德代表和反映共同利益，具有普遍性质和意义，在它的规约和引导下，伴随着人的社会化进程，特殊的个体成为社会道德存在的载体，从而实现社会道德的具体化与现实化。

其次，个体的道德活动是一种有意识、有目的的实践精神。人的需要即人的本性。个体的内在需要结构是在社会生产活动和交往中形成并发展的，它是个体道德活动的内驱力，是个人道德活动的内在尺度。因此，个体的道德活动，是主体依据内在尺度的一种能动的积极的实践精神活动，是个体的一种再创造，决不是对既成社会道德的机械复制，这才是社会道德向个体道德运动乃至内化的根据。社会道德的内化过程，是个体积极的、能动的学习、选择、实践和修炼的结果，是个体对特定社会道德的深刻认识和体验的结果。个体道德一旦形成，就以其个性化的心理、情感、态度和行为方式，对社会道德产生积极的或消极的影响。个体道德在对社会道德的内化过程中，还常常面对种种道德冲突、多种价值选择的困惑。个体道德也正是在冲突与矛盾中，趋向成熟与完善的。

再次，道德主体与社会道德的关系，不只是认知关系，而是一种价值关系。个体的意志自由，是道德的前提条件。意志自由的实质是社会准则与个体内在尺度的统一。社会道德是人类按照自己的需要和价值尺度把握现实关系的产物，它具有个体接受它的可能性与实现其要求的现实性，从而使道德从“自在”的状态转化为“自为”的存在。个体又是社会道德的现实化与实现载体，道德活动必须满足于个体的需要，符合个体内在的价值要求，因而两者之间建立的并非只是认知关系，更重要的还是一种价值关系，也即遵守社会道德准则对行为主体所具有的意义。这也就是道德生活中，为什么存在着大量的明知故犯的缘由所在。随着个体自我意识的完善，其拥有的自由度和自主选择能力越是增强，其道德完善程度越取决于个人自身的努力，社会道德的实现程度就越是取决于个人的道德自觉。

最后，主体的道德实践是内化的根本。实践是联系主体与客体的中介，并通过实践活动与整个世界发生种种关系，因此，主体是社会历史发展的产物。“动物和自己的生命活动是直接同一的，动物不把自己同自己的生命活动区别开来，它就是自己的生命活动，人则使自己的生命活动本身变成自己意志的和自己意识的对象”。人高于其他动物的一个最显著的特征，正是人能把自己的生命活动作为客体加以认识和改造，人才成为自身及其全面发展的主体，这是人之所以为人的本质特征。因此，社会实践是人的主体性生成和发展的基本途径，也是道德内化的根本。人的主体性是在社会关系中形成和提高的，社会关系又是由人的交往活动建构和联结起来的。人的主体性只有在交往中、在社会实践中才能获得和建构。只有积极参与社会实践，主体性才会获得存在的根基。只有主动进入道德实践，社会道德才能为个体所认识和把握，并得以实现和内化。

加强个人品德建设

个人品德是在长期的、一系列的行为中所表现出来的稳定的、恒久的、整体的心理状态和道德人格。黑格尔说：“一个人做了这样或那样一件合乎伦理的事，还不能说他就是有德的；只有当这种行为方式成为他性格中的固定要素时，他才可以说是有德的。”

个人品德具有复杂的内部结构。提升个人品德，需要从社会到个体，从主体到客体等方面，着力创造环境去培育。

加强个人品德建设，要全面把握个人品德的构成要素。个人品德由道德认识、道德情感、道德意志和道德行为等因素所构成，个人品德建设也需要从此入手。

道德认识是社会的道德要求转化为个人内在品德的首要环节，是品德形成的基础。道德认识可以划分为感性认识（生活体验）和理性认识（形成道德概念、判断、理论等）。从感性认识到理性认识，是道德认识的深化过程。这是一种使外在的社会道德内化的过程，其结晶就是在内心里形成善恶、是非、荣辱、正邪等价值观念和目标，并集中地表现为道德良心。良心作为主体意识的内部规定和自我确信，在它符合道德善的原则时，才具有道德价值和尊严，它从内在的方面集中体现着个人品德。

道德情感是个体在社会实践中伴随其立场、观点和生活经历所形成的对现实道德关系和道德行为的好恶、爱憎等心理活动。这种高级感情是在一定利益关系的基础上，通过作为主体的人对世界，包括他人、关系、活动的体验与认识而形成的。它是人类道德心理中最深沉最活跃的因素，是一切道德活动得以进行和合目的发展的主体保证，同时又是个体完善自我的一个方面。道德情感分直觉的道德情感、想象的道德情感、理性的道德情感。具体形式有同情、羞耻、尊重、自尊等。

道德意志是人们在履行道德义务或决定道德行为的过程中，自觉自愿地作出抉择、克服困难的顽强力量和坚持精神。主要表现在克服内外在障碍，坚决执行由道德动机作出的选择，用正确的观念战胜不正确的观念，从而完成一定的道德行为，履行一定的道德义务。它受道德认识的影响，只有在坚信其正确性和正义性时，才会在内心形成坚定不移的信念和实现目的的精神力量；它受道德情感的影响，没有情感，就没有对正义的执着追求。道德意志是道德认识向道德行为、道德品德转化的关键。

道德行为是个人道德品德的外部状态，表现为语言和行为习惯。由于道德认识、道德情感、道德意志，属于道德意识领域，属于精神性的因素，还没有客观化、物质化。品德是一个主观意识范畴，而且也是一个实践范畴，是知行的统一。脱离了实践，品德就失去了存在的客观基础和表达方式。只有在道德实践中，个人品德才能巩固、成熟，成为人生整体行为的一贯倾向和稳定特征。社会实践不仅是人们形成品德的客观基础，而且也是人们改变自己已经形成的品德的基础。

品德与行为关系密切。第一，道德行为是形成个人品德的基础。没有一定的道德行为积累，就不可能形成道德品德。道德行为是道德品德的客观内容，道德品德是道德行为的综合表现。一定的道德行为经常地表现出来，形成一定的道德行为习惯，就表现为具有稳定特征的品德，而一定的道德品德只有通过道德行为才能表现出来。个人品德一方面表现为内在的心理和价值意识特质，另一方面又表现为外在的行为活动和行为习惯，是一个人的内在价值和外在价值的统一。第二，个人品德是道德主体自觉自主的行为过程。人的道德品德不仅是一种道德生活习惯，更重要的还是一种自觉自主的意志选择过程，是凭借意志选择而获得的行为习惯。第三，个人品德是在行为整体中表现出来的稳定特征和倾向。人的道德行为不单是个别行为或在特定时间内构成的行为整体，而且是各个活动领域和各个活动时期的一系列行为结合起来的行为整体。个人品德就体现在他的持续行为中，体现在他的一系列行为所构成的整体中。总之，道德行为是个人品德的表现方式和判断依据，而个人品德则是个体道德行为的综合表现。人的品德只有从其行为整体中才能反映出来，道德行为实践则是鉴别个人品德高低优劣的试金石。因此，从其个人品德内部的构成因素来看，加强个人品德教育，需要从与此相关的几个方面入手。

首先，加强个人品德建设，要重视提高人们的道德认识。要使人们具备某种品德，就必须使人们了解和把握社会各个生活领域的道德规范，了解和认识什么是善，什么是恶；什么是荣，什么是辱，然后才能有所适从，才能有一个明确的道德实践方向。其次是陶冶人们的道德情操。有了某种道德认识，还需要炽热的道德情感，需要有一种对善的执着追求，在实践中形成稳固的道德情感。再次是锻炼受教育者的道德意志。如果没有坚强的道德意志，就不能在道德实践中克服困难，战胜邪恶和私欲，把善和正义发扬光大，也就难以形成高尚的品德。最后一个环节就是养成道德行为习惯，使人们对于道德规范习惯于遵守，达至从心所欲而不逾矩的道德境界。

其次，加强个人品德建设，要着力提升个体的主体性。个人品德的培养要以主体性的确立为基础。现代社会道德滑坡很大程度上就是因为主体性没有确立，个人缺乏主体意识，缺乏责任意识。或者沉醉于对于主体的狂妄自信之中，没有意识到主体的有限性；或者只意识到主体的有限性，从而随波逐流，缺乏独立的价值判断。

培育主体性，增强个体的道德抉择能力。关注人的主体性，注重培养个体的道德选择与道德判断能力，把外在的道德规范转化为个人的内在需求，从而自觉自愿地遵守社会道德规范。在当前的社会转型中，由于利益的驱动和社会关系的调整，出现了一定程度的道德滑坡现象，如一些人对社会道德规范的认同感弱化，如少数人的道德虚无主义意识等，究其根源主要在于社会道德规范没有内化为人的内心自觉，而道德内化不力又源于人的主体意识的缺失。因此，要有效地实现道德内化，就必须关注个体的内在需要，培育人的主体性，使道德主体能自由自主地思考、选择，让人们在选择中体现自身的主体性和能动性，在选择中实现社会道德。

培育主体性，强化个体的社会责任意识。人的主体性的发挥离不开人对道德的规范性的理解遵循。任何一个人要想实现其自我肯定、自我发展与自我完善，都不能不遵循一定的道德原则和道德规范，不能不对自己的行为加以规范和约束，不能不对社会承担责任。通过这种规范和约束，使人们在追求个人利益的满足和个人价值的实现的同时，不至于损害他人的利益和公共利益，并使个人的道德追求与社会发展的方向相一致，这样也更有利于个人利益的满足和价值的实现。如果无视甚至背离道德的“规范性”，那么无论怎样发挥其“主体性”，也都难以实现自我的自由和发展。因此个人的道德主体性与客观制约性是辩证统一的，个体的道德权利与义务也是辩证统一的。个体的道德主体性依照社会的需要，依据调节个人利益和社会利益关系的需要，这种道德的主体性发挥得越充分，就越是能够自觉地按照社会道德来规约自己的行为，使之更加符合社会历史发展的需要。一旦个体的道德主体性得到充分发挥，遵守道德规范就会变成主体自由自觉的行动，道德主体性与道德规范性真正达到统一。道德的本质就在于它是主体性与约束性的统一。人既是道德的客体，又是道德的主体；既有接受道德约束、维护社会集体利益的一面，又有促进自身发展和创造道德规范、推动道德前进的一面。

最后，加强个人品德建设，要重点创设良好的社会伦理文化环境。一是要重视示范群体的作用。从目前来看，示范群体的道德引领作用尚待进一步发挥。就领导与群众而言，领导属示范群体；就成年人与未成年人而言，成年人是示范群体。关于领导行为，《论语》曰：“君子之德风，小人之德草，草上之风必偃。”意思是说，上层的道德好比风，平民百姓的言行表现像草，风吹在草上，草一定顺着风的方向倒。为政阶层必须率先实践先进道德，先正己，然后才能教化百姓。有的地方政府和官员：一面吃着上千元甚至上万元一桌的酒席，一面感叹穷人的孩子上不起学，弱势群体看不起病；一面要求公民讲诚信，一面是弄虚作假，编数字，造形象，干一些劳民伤财的事情。言行不一、行为失德现象，不仅危及到政府的公信力，而且对社会风尚也产生了某些消极影响。符合公平正义的政治始终是道德进步的重要推动力，政府官员是我国政治文明建设的主体，官德建设处在社会道德示范群体之首，它代表着正义、理性与良知，其影响力十分巨大，仍必须加以强调。

二是要培育公民的价值认同感。培养公民的道德自觉，守法是底线，价值认同是根本。社会赏罚作为一种法律和道德的调控方式，它引导和规范人们的行为选择，是一种社会性的、具有强制力的干预，其功能重在维护社会秩序，应该尽快建立与完善。社会道德调控的实质在于价值选择和价值导向的提倡和宣传，它把个体的言行规范在预设的轨道内，有利于形成与社会道德相一致的个体道德。胡锦涛总书记提出的“八荣八耻”社会主义荣辱观，就是社会道德评价的标准和尺度，它通过个体内在的道德情感（耻感），来激励荣誉的，贬抑耻辱的，对公民道德自律精神的培育，很有意义。

三是要着力处理好经济与道德的价值冲突，为公民提供正确价值导向。经济的发展是一个自然的历史的过程。当今，培养公民的道德自觉是在人对物的依赖关系背景下，即一定程度上被利益所支配的条件下实现的。道德价值的引导必须基于该基础之上。我们既不能以理想化的目标来点评现实，脱离功利价值谈道义价值，更不能漠视道义价值鼓励或倡导物质主义、纵欲主义，机械地用经济决定论来说明一切伦理问题的偏颇意识。用批判性的目光发现问题，以建设性的态度积极干预社会生活，这才是负责任的选择。

德性论视阈下的个人品德建设研究

当前，我国伦理学界尤其重视个人品德建设，这表明，道德理论研究的维度已不仅仅关注社会道德规范体系的建构，而且更加关注个人作为行为者本身的研究；道德建设的维度已经不仅仅限于对社会公共生活和家庭生活领域的道德规范的遵从，而且更加注重个体生活领域的个人品德的养成。理论上的多向度研究，必将推动我国社会主义道德理论和道德建设的深化。德性伦理学（有的学者把德性译为美德，本文择取德性一说）侧重对行为者本身的品性、品德、实践智慧的探究，由此被学者称为“显学”。就个人品德建设研究而言，德性论的确从一些方面和环节弥补了规范论的薄弱之处，因而值得格外重视。

个人品德研究：德性论的思维向度

伦理学理论上长期以来存在着规范论与德性论之争。规范论重规范建构，如后果论重后果和功效，义务论重动机和义务。与此不同，德性论则尤为关注行为者本身。党的十七大报告曾强调，要“大力弘扬爱国主义、集体主义、社会主义思想，以增强诚信意识为重点，加强社会公德、职业道德、家庭美德、个人品德建设”。其中，加强个人品德建设在中央文献中是首次提出。那么，回顾和思考我国改革开放 30 多年的道德理论与道德建设研究，德性论对于我们探索个人品德建设问题，具有重要意义。

一般而言，个人品德是个体道德水平和境界的标志，由道德认识、道德情感、道德信念、道德意志、道德行为等因素构成，是与个性、个体心理、人格发展密切相关的一个范畴。“品”，即品性、品质，而“德”，是优点、长处或卓越。据徐复观考证，“德”最初释为“行”，周初文献中的“德”字，都是具体的行为。在《诗经》中，“德行”二字就已连为一词，“有觉德行，四国顺之”（《诗·大雅·抑》），《论语·先进》篇亦有连用，后来才逐渐内化为人心之德的“德性”之义。在西方，德性来自拉丁文 vir，意指“男子气概”；希腊文为 arete，意指某方面的能力、特长和优势。一般而言，德性表达的意思是人的品性与特质。随着德性伦理学在国内外日渐复兴，个人品德的理论和建设研究理应汲取德性论的理论成果。

个人品德相对于社会道德而言，它是个体“内在的法”，通过一系列的行善活动积淀而成。从其内容而论，个人品德是一定社会或阶级的道德原则和规范在个人意识与行为中的体现，是个人在社会生活中个性化了的道德特质，是个人一种稳定的善恶倾向和性情，并通过道德认识、道德情感、道德信念、道德意志和道德行为表现出来。其中，道德认识是指通过对道德知识的学习，知善恶，它是个人品德形成过程的发端，也是社会道德准则转化为个人内在品德的首要环节。道德情感是指个体在社会实践和生活经历中，基于自身环境、认知对现实道德关系和道德行为形成的好恶、爱憎、同情、自尊等情感范畴，它是个人品德形成和发展的催化剂，如列宁所说："没有人的感情，就从来没有也不可能有人对真理的追求。"道德信念是指在道德认识和道德情感的驱动下，形成的对某种道德的确定不疑的信仰，也是道德内涵中所说的"内心信念"，它是稳定地践行道德的强大精神支撑。道德意志是指人们在履行道德义务或决定道德行为的过程中，自觉自愿地做出抉择，并努力克服践行道德中的各种困难而形成的顽强心理，它是促使个人养成良好品德的持之以恒的内在力量。道德行为则是"知"、"情"、"信"、"意"的最终目的和实现，是个人品德的外部形态，它具体表现为言和行。由个人品德构成的各个要素看，只有在社会道德实践活动中，个人品德才能形成、巩固、成熟，成为表达每个人的总体行为的一贯倾向和稳定特征，成为人之为人的内在属性。

个人品德与社会生产生活领域内的社会公德、职业道德和家庭美德的内涵不同。公共生活和家庭生活领域内的三大道德，即社会公德、职业道德和家庭美德，呈现给人们的是一个个规则和规范。如社会公德反映的是基于社会的共同利益而约定俗成的道德规则和规范，如助人为乐、明礼诚信、爱护公物、保护环境等，它是人们为了维护公共生活秩序、保证社会有机体正常运行所必须践行的，具有公共性的特征。职业道德是从业人员在一定的职业活动中应遵循的，具有自身职业特征的，涵盖职业观念、职业情感、职业理想、职业态度和职业技能等多方面的道德要求和行为规范的总和，具体道德要求是爱岗敬业、诚实守信、服务群众、奉献社会等方面。家庭美德是指人们在家庭生活中调整家庭成员间关系、处理家庭问题时所遵循的道德规则的总和，具体道德要求有尊老爱幼、男女平等、夫妻和睦、邻里团结等。从以上我们可以看出，社会公共生活领域内的社会道德无一例外是一种规范的道德理论，是强调"你应当做什么"的道德律令。此种情景中，行为者有可能在行动中不会思考这些道德规范背后的理由是什么，他只要遵从规则行事就是道德的，这在一定程度上忽视了行为者本身的道德需求和个人道德主体性。同时，在现实道德生活中我们经常可以看到，虽然几乎每个公民都知道有社会公德、职业道德、家庭美德，但是一些违背社会公德、职业道德、家庭美德的行为却时有发生。为什么人们都知道保护环境是一条非常重要的社会公德，但是还有这么多人肆意破坏环境，甚至不惜以牺牲环境为代价来换取一时的利益？为什么人们都明晰诚实守信是一条非常重要的道德规范，是维系社会正常运行的道德纽带，可是在生活中还存在这么多背信弃义的失德行为？为什么人们都认可尊老爱幼这条家庭美德，但在社会上一些虐待老人、遗弃儿童的事情仍时有发生？解析这些道德难题，就需要转向对个人作为道德主体也即行为者本身的关注。对于道德主体来说，即使作为体现社会公共利益和整体意志的社会道德规范不乏合理性和普遍性，但只要没有被主体自觉认识、认同并实践，它就仍然是一个高高置于抽象和理想层面的一纸空文而显得苍白无力。因此，加强个人品德研究，就必须重视社会道德规范的内化，重视行道德之事的"实践智慧"的积累，如公正作为一个重要的道德范畴，要内化为个人品德，就要在实践中行公正之事，最终形成行为者的道德自律，这是人类精神的基础。由此可见，个人在社会道德规范面前的道德主体性地位就凸显了出来。

德性伦理学关注行为者自身的品质、品德及德性养成，把行为者的品质作为道德思考的重要因素。它批评规范论中的功利主义伦理学和康德的义务论伦理学，认为他们都存在一个不偏不倚的观点：通过普遍理性的规则就能够获得道德生活，这十分类似于直接把自然科学领域中的一些制定公理的推导体系应用于道德领域，如康德道德哲学的一个重要特点是把道德义务的概念设定为伦理学的中心概念，作为人们行动的道德命令；又如罗尔斯的“正义”概念、诺齐克的“自由”概念等，都认为道德生活在于遵守和服从我们认识到的各种各样的道德义务。然而现实的伦理生活是复杂的，作为行动者的每个个体都具有特殊的个性特质，有其追求的终极价值目的，他或她要保护个人生活的统一性和整体性，在现实伦理生活中，我们不能抛开个人在具体行为选择中的道德认识、道德情感、道德意志和道德行为，仅仅在行动中依靠严肃的规则行事而忽视了个体生活的统一性。

个人品德研究：德性论的聚焦点

像众多西方的传统一样，德性理论最早来源于古希腊哲学，我们所讨论的四大德性——智慧、公正、勇敢和节制在柏拉图的著作中都可以找到。虽然荷马、亚里士多德、《新约》及中世纪的思想家们的理论彼此差异明显，但我们可以在他们的著述中找到关于美德的概念，同时他们也为我们提供了内容丰富的德目表。

亚里士多德的德性思想是最古老、最有影响力的德性理论之一，现代的德性理论大多受到亚里士多德德性伦理学的影响。他认为一个人要拥有实践经验和实践智慧，同时还必须具有成熟的情感和感情，要求行动者具有公正、友爱、仁慈等诸多良好的品质。在他看来，这些品质是获得幸福生活所不可缺少的，缺少这些我们将不能获得最终的善和幸福。现代的德性理论是建立在对当代道德哲学的批评之上的，尤其是对两大规范伦理学理论——功利主义和义务论的批评之上。功利主义和康德的义务论认为，道德向我们提供了行动的理由，这些理由的有效性并不依赖于我们对自己的幸福的设想。德性伦理学对这个观点提出了批评，认为在做出道德行为、道德评价、道德判断时，我们应该考虑行动者自己的道德心理状态和品质结构。正如德性伦理学代表人物麦金泰尔所论证的，我们具有什么样的道德，受到了什么样的道德要求的约束，是与我们所生活的特定的道德实践和文化传统相联系的，道德自我是在这样一个实践或传统中构成的，不可能有一个能够独立于任何实践或传统而存在的普遍的道德自我，因此也就不可能有普遍有效的道德规范和道德律令，就好比对上帝命令的遵从只有在信仰上帝的国度才能够存在，对于信奉佛教或伊斯兰教的人们，他们并不买上帝的账，甚至还鄙视上帝。功利主义伦理学和康德的义务论伦理学都忽视了对行为者主体的实际的道德心理、道德品质的考察。因此，理论上有必要把伦理关注的焦点从行为和义务转向作为一个整体的人的道德心理。功利主义伦理学和康德义务论伦理学是以行为为基础的，而德性伦理学是以行为者为基础的，更加关注行为者自身的品质、品德，这与个人品德的研究不谋而合。

目前比较流行的德性伦理学理论范式主要有三种：幸福主义的德性伦理学、以行为者为基础的德性伦理学和关怀伦理学。幸福主义的德性伦理学可以追溯到古希腊的亚里士多德的伦理学，当然还包括现代的道德哲学家在亚里士多德德性理论基础上的一些发展，如德性伦理学家罗莎琳德发展了更细致的对幸福主义的德性伦理学的解释。她认为德性使它的拥有者成为一个好人（Good Human Being），所有的生物能够通过他们自然的样本（Specimens）——某种程度的品质而被评估。罗莎琳德认为人类拥有的一种特殊方式是理智的方式——人类理智的行动，一个品质允许我们做决定并对这些决定负责任。德性的行动即和理性一样，是依靠人类本性的行动，通过这些人类将会达到幸福，这意味着德性有利于他们的拥有者。德性伦理学家麦金泰尔认为："德性是一种获得性的人类品质，对它的拥有与践行使我们能够获得那些内在于实践的利益，而缺乏这种品质就会严重地妨碍我们获得任何诸如此类的利益。"没有这些德性就会妨碍我们获得实践的内在利益，并且是以一种非常特殊的方式妨碍我们。以行为者为基础的德性伦理学主要以斯洛特为代表。斯洛特的德性理论建立在我们普遍的感性直觉上，对哪种品质是值得赞扬的给出了解释。斯洛特对聚焦行为者的理论和以行为者为基础的理论做了区分。聚焦行为者的理论以什么是德性的个人来理解道德生活，在这里，德性是内在的一种倾向。斯洛特更强调道德模范、道德圣贤在道德行动中的影响作用。她指出一些可钦佩的人类品质、德性，如仁慈、善良、同情等，通过查看我们钦佩的道德模范来鉴别这些优秀的品质，进而指导行动者自身的行为。最后一种有影响力的德性伦理学理论是女性的关怀伦理学，主要被女性哲学家或作者发展，如 Annette Baier 等。关怀伦理学的理论主要受以男性为主的解释道德问题的道德术语所刺激，所以一些女性作者以女性的角度来思考一些问题，如女性特有的品质——关怀他人、耐心、抚养能力、自我牺牲等。女性的这些德性是被忽视或被认为是处于次要地位的，因为社会没有完全地评估女性所做出的贡献。因为这个理论是以品质为基础来进行分析，所以一般意义上也被认为是德性伦理学。

个人品德由道德认识、道德情感、道德意志和道德行为等因素所构成并表现出来，是个人在社会生活中的个性化了的道德特质，是一种稳定的倾向和性情，也是个人实践智慧的一种沉淀。既然个人品德是一种稳定的倾向和性情，那么这种品德必然要受制于个人生活的整体性和统一性，并思考"我应该成为什么样的人"、"我应该如何生活"的问题。在德性伦理学看来，品德是在对生存状态认知的基础上显现出的理想追求，是个人面对不同的情境、解决道德难题中不断增长的"实践智慧"。

以"仁慈"的德性为例。优良的个人品德确立了人作为理性本体存在的道德主体地位，道德主体的能动性使主体在与客体相互作用的过程中积极地改造客体，从而成为自我主宰、自我克制的道德主体。主体的自主性和创造性不断提高，使其在维护和恪守社会公德、职业道德、家庭美德的实践中逐步达到"内得于己，外德于人"、"从心所欲，不逾矩"的自由境界。我们可以相信：当情景需要时，一个仁慈的人会表现出仁慈。此外，他那仁慈的行为举止，也并不是出于盲目的、非理性的习惯或本能。准确地说，这种情景需要某种行为，这是他在每一相关场合都如此表现的原因。仁慈的人对于情境施加于行为之上的某种特定要求具有一种敏感性。这种敏感性在于行为者的意识、情感。一个仁慈的人知道面对仁慈的需要时会怎么样，我们也可以说，这种敏感性是一种感知能力。当然，仁慈的人不需要把自己应该在那些相关场合中加以提倡的行为归类为仁慈的。如我们所讲的，当他表明自己的仁慈之时，如果他在某个这样的描述语——“要做的事情”或“应该做的事情”之下考虑了他所做的事情，这就足够了。

通过仁慈的德性、仁慈的行动，个人就拥有了仁慈的品德。不是仅仅为了地遵守某种道德规范、道德律令，而是行为者主动意识到的；不是道德他律到道德自律的转变，而是行为者本身所具有的道德自律；不仅仅针对某一个场合，而是在所有的场合都如此；不仅仅在社会中表现出来，在职业生活、家庭生活中也能够很自然地表现出来。就这一理论看，仁慈的德性不需要我们在社会公德、职业道德、家庭美德这三大领域范围内各自制定一定的行为规范，只要行为者拥有了仁慈的德性，他在任何生活领域内，不管是公共生活领域还是私人生活领域，都会形成这种稳定的行为习惯，并将其作为自己正确行动的判断标准，仁慈使得我们思量我们作为人类所特有的同情心，不仅仅是对我们人类自己，也包括对自然、环境甚至生活在地球上的一切生物的同情。仁慈使得我们从自利或局部自爱的狭隘意识中跳出来，“老吾老，以及人之老；幼吾幼，以及人之幼”要比“各人自扫门前雪，休管他人瓦上霜”更值得人们赞同和追求，而这种仁慈德性正是行为者个人品德的展现。

由此可见，德性伦理学是一种“以行为者为中心”的伦理学，而不是“以行为为中心”的伦理学；关心的是人“生存”或“在”（Bing）的状态，而不是“行”（Doing）的规条；强调的问题是“我应该成为何种人”（What Sort of Person Should Be），而不是“我应该做什么”（What Sort of Action Should I Do）；它采用特定的具有德性的概念（如好、善、德）作为基本概念，而不是以义务的概念（正当、义务、责任）作为基本概念；不认为伦理学是提供特殊行为指导规则或原则的汇集。这些特征也正是德性论的理论贡献。

个人品德建设：德性论的启示

个人品德是个人的心理、意志、品格、人格的综合体，个人品德建设需要多学科、多视角的综合研究。德性伦理学的理论对于个人品德建设的研究，有着重要的理论启示和实践价值。

（1）重视道德认知与道德行为合一的道德修炼与教育。德性论非常重视实践智慧的培育。个人品德的形成和发展离不开具体的实践情景，离不开个人作为主体的道德心理体验与认同。只有通过某种一贯的美德行为才能表现出其所拥有的品德，因此个人品德建设不仅要重视道德认知，更要关注道德行为，做到道德认知与道德行为的合一。这是实践智慧形成和提升的必经路径。我国有着五千年的优秀传统伦理文化的积聚，为当代的德性教育和个人品德建设提供了深厚的文化基础。中国传统道德教育重视

"教化"、"德教"为先，都是为了"生活之迁善"，偏重于启迪内心的领悟而达到行为的自觉。如哲学家王阳明曾经提出的一个问题直到现在还值得我们思考，这就是那么多读圣贤书、进行了那么久道德训练的人，为什么一旦处在官位上，一些人的所作所为会和书中的相反？王阳明先生指出这是"知"和"行"的问题。知道道德原则、道德规范是一回事，怎样去践行又是一回事，关键是要做到"知行合一"。中国传统道德教育思想中强调"德教"与"修身"合一，"知道"与"躬行"合一，"言教"与"身教"合一，其实质也是为了个人实践智慧和美德的养成。传统道德中这种鼓励人们追求高尚的精神境界、向往理想道德人格的思想，在我们今天的社会主义道德建设中，仍然有着重要的借鉴意义。

（2）重视行为者本身内在的道德心理与道德意识的研究。德性论聚焦行为者，从人类特有的一些心理特质和行为者内在的道德心理入手来研究德性伦理，为我国现阶段的个人品德建设提供了理论支持。斯洛特的德性论从研究幸福论的伦理学入手转向了从行为者的道德心理入手，认为研究道德心理是捍卫德性论一个非常重要的方面。休谟在其论著《人性论》和《道德原理探究》（是《人性论》道德学的改写）中也非常重视个人的情感，并详述了正义、诚实、真诚、仁慈等有益于社会的品质。西方古典经济学鼻祖亚当·斯密也在《道德情操论》中用极大的篇幅论证了人类所特有的道德心理——同情心。的确，行为者的道德心理是一个异常复杂和变动的结构，个人在做道德判断时很难脱离开。事实上，行为者本身内在的道德心理与个人品德有着紧密的联系，甚至本身就属于个人品德的内容，因此，德性论关注行为者本身内在的道德心理、情感与意识的培养，尤其值得我们参鉴。

（3）重视道德典范的树立和影响力。德性行为者发展道德品质，拥有德性，并且使自己的行动和德性保持一致，因此，道德典范是德性论中不可缺少的要素。道德典范是指现实中一些人能够比较完备地体现一个社会的道德理想，具有崇高的道德境界，被人们视为理想人格的化身、道德上的杰出人物，如古人所言的"圣人"、"贤人"、"仁人"，又如当今评选的感动中国人物。通过道德典范的树立，社会中的人们知道什么是善与恶，应该如何选择行为，并在实践中努力践行。我国历代统治者及思想家大力渲染"圣人"、"贤人"、"仁人"，就是试图通过道德典范的树立来有效地实施道德教育。在我国现阶段，感动中国人物评选和全国道德模范评选活动，同样是通过道德典范的树立，为我们开展道德教育提供现实路径。各行各业、各条战线涌现出来的道德典范，虽然岗位不同、职业不同、事迹不同，但他们坚定的理想信念、崇高的职业精神境界和良好的道德修养，传承了中华民族的传统美德和革命道德传统，诠释和践行了社会主义核心价值体系的本质要求，展现了改革开放时代的精神风貌。一个道德模范，就是一本鲜活的伦理教科书，使抽象的道德价值体系变得看得见、摸得着，具体而又生动，让人民群众可信、可亲、可学，直观而又理性，这对于个人品德建设无疑会产生极大的影响力。

个人品德现状是社会道德水平的一个缩影，反映了国家和民族的道德精神面貌，加强个人品德建设是当今文化建设的一项重要任务。德性伦理学作为一种理论范式，为研究个人品德提供了理论上的支持，为个人品德建设提出了新的思路和向度。但在重视德性论的同时，也应看到规范论也是须臾不可离的，全面深刻地研究新时期的个人品德建设，需要的是各种伦理流派与理论范式的对话与互补，这才是理智的选择。

注：

［1］Rosalind Hursthouse. Virtue Ethics. Oxford，1999.

［2］麦金泰尔：《追寻德性》，译林出版社 2003 年版。

［3］唐凯麟：《伦理学》，高等教育出版社 2003 年版。

［4］马克思：《1844 年经济学哲学手稿》，人民出版社 2000 年版。

［5］Rosalind Hursthouse. Virtue Ethics and Human Nature. Hume Studies Volume XXV，Number 1 and 2（April/November），1999.

［6］万俊人：《关于德性伦理学研究的几个理论问题》，《伦理学》，2005 年第 5 期。

［7］高国希：《德性的结构》，《道德与文明》，2008 年第 3 期。

［8］乔法容：《加强个人品德建设》，《人民日报》，2007 年 12 月 24 日。

（原载《中州学刊》2012 年第 3 期，合作者：马越）

公民怎样才能守德的形而上思考

近年来，我国在公民道德建设方面，从形式到内容都进行了许多新的探索，取得了明显成效。与此同时，公民道德建设领域尚存在的一些突出问题，如道德被边缘化现象，仍需要我们在理论上认真探讨，在实践上不断创新。应该说，这是当前建设社会主义核心价值体系、打牢社会主义和谐社会思想道德基础的一项重要内容。

道德因何被边缘化

道德被边缘化已被社会所公认，国外一些发达国家在其发展进程中也曾遭遇到。联系我国实际，认真总结几十年来道德建设的得失，概括其原因，笔者以为不同程度地存在着四个方面的问题：

一是社会道德价值体系尚缺乏文化上的有效整合。中华民族优秀传统伦理文化是当今道德理论研究和道德教育的宝贵精神资源。中国共产党人在长期的革命战争年代所形成的道德传统，既是对传统美德的传承，又是在继承基础上的创新与质的提升。社会主义建设时期形成的以为人民服务为核心、以集体主义为原则的社会主义道德价值体系，是社会主义精神文明建设的核心，是我国改革开放、发展社会主义市场经济条件下道德建设的思想指导。然而，由于这些道德原则是在计划经济体制、一元文化背景下形成的，它所倡导的善恶荣辱标准，它所提供的具体规范，因在一些层面缺乏与当今经济生活的有机结合，缺乏与多元价值观的有效整合，而在理论上迫切需要建构与创新。十六届六中全会提出："马克思主义指导思想，中国特色社会主义共同理想，以爱国主义为核心的民族精神和以改革创新为核心的时代精神，社会主义荣辱观，构成社会主义核心价值体系的基本内容。"社会主义核心价值观集中反映了社会主义经济制度、政治制度的根本要求，是社会主义先进文化、社会主义道德的灵魂，但如何探寻与公民道德建设的结合点，尚须在理论上与实践上深入探索。

二是上层组织与下层组织行为不协调。近些年来，中央政府加大了制度供给，以维护经济社会的健康发展。但从现实中可以看到，制度的贯彻与落实还不够到位。有些地方政府将上层组织下达的制度绑架甚至扭曲，热衷于搞形式主义、做表面文章；一些地方政府执法不规范，部门之间、地方与部门之间争权夺利；权力过度干预市场，商业贿赂中的"潜规则"从根本上消解着社会秩序与道德。个别地方政府或部门不作为、乱作为，损害了政府形象，直接冲击着社会主义的核心价值观。

三是示范群体的道德引领作用尚待进一步发挥。就领导与群众而言，领导属示范群体；就成年人与未成年人而言，成年人是示范群体。关于领导行为，《论语》曰："君子之德风，小人之德草，草上之风必偃。”即上层的道德好比风，平民百姓的言行表现像草，风吹在草上，草一定顺着风的方向倒。为政阶层必须率先实践先进道德，先正己，然后才能教化百姓。有的地方政府和官员一面吃着上千元甚至上万元一桌的酒席，一面感叹穷人的孩子上不起学，弱势群体看不起病；一面要求公民讲诚信，一面弄虚作假，编数字，造形象，干一些劳民伤财的事情。言行不一、行为失德现象，不仅危及政府的公信力，而且对社会风尚也产生了某些消极影响。

四是社会道德对个体道德的内化作用在弱化。社会道德价值规范体现社会需求，反映社会的普遍意志与愿望，其基本功能是维护社会秩序，对于个体而言，它是绝对命令。个体道德从其内容上看，它是社会道德的内化，是个体社会化的产物和结晶。由于中国从传统的农业社会、工业社会向信息社会的急剧变革，“熟人”社会正在向“陌生人”社会过渡，社会关系呈现出许多新特点，道德凭借风俗习惯、社会舆论、内心信念等传统方式来发挥规范的功能在弱化，进而影响到社会道德对个体行为的规约与道德内化。加之社会道德评价标准缺乏确定性与统一性，社会道德评价体系的扬善抑恶功能得不到有效发挥，个体道德因缺乏社会道德的有效引导与约束，道德相对主义甚至道德虚无主义的倾向有所滋长，一些人陷入价值选择的困境和迷茫。

上述四个方面的现象与问题，是从不同层面提出的，更深层的还有经济方面的原因。在以资本为纽带的现代市场经济条件下，公民基于生存与发展需要而形成的价值观与社会主义倡导的核心价值观，在本质上存在着距离，这些都是导致道德被边缘化的原因，当然，也是我们如何把公民道德建设推向深入的着力点。

公民怎样才能守德

社会道德来自普遍意志，是社会价值尺度，其使命是维护经济社会秩序；个体道德是特殊意志的表达，是在社会道德影响下形成的个体价值尺度，其目的是为了更好地生存与发展。任何一种社会道德只有转化为个体道德，才能称之为真正意义的现实道德。因此，道德不是说教。它只有成为社会个体自觉的意识与行动，内化为个性化的实践精神和内在需求，才会具有鲜活的生命力和“内在冲动”。道德作为“内在的法”，从一定意义上可以说，社会道德的实现和社会道德生活的原动力来自于每个公民的道德自觉。

首先，个体道德的形成与发展有其相对独立性。从社会道德与个体道德的辩证关系来看，社会道德与个体道德都是道德存在的形式，既有相互形成、相互影响的一面，又有自我形成、自我发展的一面，反映了两种道德形态间的辩证联系。因此，社会道德必须向个体道德运动，转化为个体自觉的道德活动才能现实地实现自身。社会道德代表和反映共同利益，具有普遍性质和意义，在它的规约和引导下，伴随着人的社会化进程，特殊的个体成为社会道德存在的载体，从而实现社会道德的具体化与现实化。

其次，个体的道德活动是一种有意识、有目的的实践精神。人的需要即人的本性。个体的内在需要结构是在社会生产活动和交往中形成并发展的，它是个体道德活动的内驱力，是个人道德活动的内在尺度。因此，个体的道德活动是主体依据内在尺度的一种能动的积极的实践精神活动，是个体的一种再创造，决不是对既成社会道德的机械的复制，这才是社会道德向个体道德运行乃至内化的根据。社会道德的内化过程是个体积极的、能动的学习、选择、实践和修炼的结果，是个体对特定社会道德深刻认识和体验的结果。个体道德一旦形成，就以其个性化的心理、情感、态度和行为方式，对社会道德产生积极的或消极的影响。个体道德在对社会道德的内化过程中，还常常面对种种道德冲突、多种价值选择的困惑。个体道德也正是在冲突与矛盾中趋向成熟与完善的。

最后，道德主体与社会道德的关系不只是认知关系，更是一种价值关系。个体的意志自由是道德的前提条件。意志自由的实质是社会准则与个体内在尺度的统一。社会道德是人类按照自己的需要和价值尺度把握现实关系的产物，它具有个体接受它的可能性与实现其要求的现实性，从而使道德从“自在”的状态转化为“自为”的存在。个体又是社会道德的现实化与实现载体，道德活动必须满足个体的需要，符合个体内在的价值要求，因而两者之间建立的并非只是认知关系，更重要的还是一种价值关系，也即遵守社会道德准则对行为主体所具有的意义。这也就是道德生活中存在着大量的明知故犯的缘由所在。随着个体自我意识的完善，其拥有的自由度和自主选择能力越是增强，其道德完善程度越取决于个人自身的努力，社会道德的实现程度就越是取决于个人的道德自觉。

公民的道德自觉如何培育

道德是在社会中运动的。“自古道德凭力扶”，“力”包括权力、财力与人力。

首先，重视示范群体的作用。符合公平正义的政治始终是道德进步的重要推动力，政府官员是我国政治文明建设的主体，官德建设处在社会道德建设之首，它代表着正义、理性与良知，其影响力十分巨大，必须加以强调。

其次，培育公民的价值认同感。培养公民的道德自觉，守法是底线，价值认同是根本。社会赏罚作为一种法律和道德的调控方式，它引导和规范人们的行为选择，是一种社会性的、具有强制力的干预，其功能重在维护社会秩序，应该尽快建立与完善。社会道德调控的实质在于价值选择和价值导向的提倡和宣传，它把个体的言行规范在预设的轨道内，有利于形成与社会道德相一致的个体道德。胡锦涛同志提出的“八荣八耻”社会主义荣辱观，就是社会道德评价的标准和尺度，它通过个体内在的道德情感（耻感），来激励荣誉的、贬抑耻辱的，对公民道德自律精神的培育很有意义。

最后，处理好经济与道德的价值冲突，为公民提供正确的价值导向。经济的发展是一个自然的历史的过程。今天，培养公民的道德自觉是在人对物的依赖关系背景下，即一定程度上被利益所支配的条件下实现的。道德价值的引导必须基于该基础之上。我们既不能以理想化的目标来点评现实，脱离功利价值谈道义价值，更不能漠视道义价值，鼓励或倡导物质主义、纵欲主义，机械地用经济决定论来说明一切伦理问题。用批判性的目光发现问题，以建设性的态度积极干预社会生活，才是负责任的选择。

（原载《郑州大学学报（哲学社会科学版）》2007 年第 9 期）

公民怎样才能守德

要把公民道德建设继续推向前进，必须深入思考公民为何守德及怎样守德这一道德哲学问题。

道德缺失的原因分析

联系我国及河南省实际，认真总结几十年来道德建设的得失，概括其原因，笔者以为不同程度地存在着四个方面的问题。

一是社会道德价值体系缺乏文化上的有效整合。中华民族的优良传统文化、中国革命道德传统、计划经济体制时期形成的社会主义道德体系、国外伦理文化，因之间缺乏有效整合，缺乏与我国当代经济生活实际的结合，加之多元化的价值观存在，公民的价值认同难以形成。

二是一些地方政府执法行为不规范。一些地方政府在制度的贯彻与落实方面还不够到位，还存在执法不规范，部门之间、地方与部门之间争权夺利，商业贿赂中的“潜规则”等情况，损害了政府形象，并影响到公民对主流价值观的认同。

三是示范群体的道德引领作用尚待进一步发挥。就领导与群众而言，领导属示范群体；就成年人与未成年人而言，成年人是示范群体。示范群体中存在的失德行为，给社会风尚带来了许多方面的消极影响。

四是社会道德对公民个体的规范功能在弱化。由于社会的急剧变革，“熟人”社会正在向“陌生人”社会过渡，风俗习惯、社会舆论等传统方式失去了往日的约束力，社会道德评价体系的扬善抑恶功能得不到有效发挥，直接影响到社会道德对个体道德的引导与内化。

让社会道德走向个体道德

社会道德来自普遍意志，是社会价值尺度，其使命是维护和谐的经济社会秩序；个体道德是特殊意志的表达，是个体价值尺度，其目的是为了更好地生存与发展。任何一种社会道德只有转化为个体道德，才能称得上真正意义的现实道德。因此，不是说教。它只有成为社会个体自觉的意识与行动，内化为个性化的实践精神和内在需求，才会具有鲜活的生命力和“内在冲动”。因此，从一定意义上可以说，社会道德的实现和社会道德生活的原动力，来自于每个个体的道德自觉程度。

首先，社会道德必须向个体道德运动，转化为个体自觉的道德活动，才能现实地实现自身。社会道德代表和反映共同利益，具有普遍性质和意义，它直接指向个体和群体的道德进步，不同的社会角色意识与责任意识、特殊的个体成为社会道德存在的载体。在社会道德内化为个体道德的过程中，既有价值认同，但也充满着价值选择上的冲突。

其次，个体的生命活动是有意识的、有目的的。人的需要即人的本性。个体的内在需要结构是在生产活动和社会交往中形成并发展的，它是个体道德活动的内驱力，是个人道德活动的内在尺度。个体道德一旦形成，就以其能动性、独特性的情感态度和行为方式对社会道德产生积极或消极的影响。因此，个体道德不是对社会道德的直接复制，而是再现和创造。

最后，道德是主体自由、自主、自择的结果，它源于主体内在的驱动力。社会道德是人类按照自己的需要和价值尺度把握现实关系的产物，它具有个体接受它的可能性与实现其要求的现实性。个体又是社会道德的现实化与实现载体，道德活动必须满足个体的需要，符合个体内在的价值要求，因而两者之间建立的并非只是认知关系，更重要的是一种价值关系，也即对行为主体所具有的意义。随着个体自我意识的完善，其拥有的自由度和自主选择能力越是增强，其道德完善程度越取决于个人自身的努力，社会道德的实现程度就越取决于个人的道德自觉。

培育公民的道德自觉

首先，应重视示范群体的作用。符合公平正义的政治始终是道德进步的重要推动力，政府官员是我国政治文明建设的主体，官德建设处在社会道德建设之首，它代表着正义、理性与良知，其影响力十分巨大，仍必须加以强调。

其次，培育公民的价值认同感。培养公民的道德自觉，守法是底线，价值认同是根本。社会赏罚作为一种法律和道德的调控方式，引导和规范着人们的行为选择，是一种社会性的、具有强制力的干预，其功能重在维护社会秩序，应该尽快建立与完善。社会道德调控的实质在于价值选择和价值导向的提倡和宣传，它把个体的言行规范在预设的轨道内，有利于形成与社会道德相一致的个体道德。

最后，处理好经济价值与道德价值的冲突，为公民提供正确的价值导向。经济的发展是一个自然的历史的过程。当今，培养公民的道德自觉是在人对物的依赖关系背景下，即一定程度上被利益所支配的条件下实现的。道德价值的引导必须建立在该基础之上，但同时又必须避免用经济决定论来说明一切伦理问题的偏颇意识。

（原载《河南日报》2007 年 6 月 13 日）

公民道德教育重在“内化”

近些年来，我国的公民道德教育注重探索公民道德教育的载体和形式，重视公民个体自身道德主体性的调动，关切公民道德教育的环境营造等，取得了一定成效和经验，但公民道德教育中仍存在一些问题值得深入探讨。笔者以为，公民道德教育中有两个要素，一是道德认知，二是道德行动，而知与行的中间环节就是道德内化。缺乏道德内化，道德教育就会停留在知的层面，公民的德性就难以养成。因此，公民道德教育贵在道德内化。

道德内化及其意义

所谓道德内化，是指道德的主体通过一定的方式和渠道，将社会的道德知识、价值观念、道德规范转化为个体内心的道德（也即内在的法），唤起道德责任心和义务感，并形成稳定的道德人格的过程。个体能否实现道德内化，既依赖于社会的文化与道德环境，又与主体自身的主观条件、心理状况、人格特征等有关，因此道德内化具有鲜明的个体性与主体性特征。在知与行的关系上，中国古代思想家曾有过许多精辟的论述。荀子的“道虽迩，不行不至；事虽小，不为不成”（《荀子·修身》）、朱熹的“论先后，知为先；论轻重，行为重”（《朱子语类》卷九）等都论述了知与行的辩证统一关系。知与行是道德教育中的一对矛盾。对道德主体而言，两者都是不可或缺的，应坚持知行统一，强调行重于知。从知到行，就是道德内化的过程，这无疑是公民道德养成的关键。近些年来，由于经济的、社会的等种种原因，社会道德对公民个体的道德内化作用在弱化，不仅直接影响到道德功能的有效发挥，而且直接影响到公民道德教育的成效。这是我国当前公民道德教育面临的一个严峻问题。

从理论上讲，公民个体道德与社会道德要求存在不一致甚至冲突是道德生活领域的正常现象。社会道德规范体系体现社会需求，反映社会的普遍意志与愿望，其基本功能是维护社会秩序，对于个体而言，它是规则，是绝对命令。诸如我国当前大力倡导的社会主义核心价值体系、公民道德基本规范等，就是社会道德规范体系的重要组成部分。公民个体道德不是独立自成的，从其内容上看，它是社会道德的内化，是个体社会化的产物和结晶。由于中国由传统的农业社会、工业社会向信息时代的急剧变革，“熟人”社会正在向“陌生人”社会过渡，社会关系呈现出许多新特点。“陌生人”社会使道德丧失往日的约束功能和监管职能；互联网等新兴媒体的出现，使道德凭借风俗习惯、社会舆论、内心信念等发挥作用的方式也发生了诸多新变化。而网络的虚拟化、快速化等特点，致使一些不良观念和道德不时会被放大和无休止地炒作，因而直接影响到社会道德对个体行为的规约与道德内化。另外，现实社会中存在的价值观多元化导致道德评价标准缺乏统一性，严重干扰公民对善与恶的道德认知和社会道德评价扬善抑恶功能的有效发挥，个体道德因缺乏社会道德的有效引导与约束，道德相对主义甚至道德虚无主义的倾向大有滋长之势，一些人陷入价值选择的困境，一些人则见利忘义，置道德于边缘化的境地。由此可见，研究社会道德如何内化为公民的个体道德和品德就成为一个极其重要的话题。

首先，应确认公民个体道德的独一无二性以及它形成与发展的相对独立性。公民个体是实体，更是道德主体。从社会道德与个体道德的辩证关系来看，社会道德与个体道德都是道德存在的样式，既有相互形成、相互影响的一面，又有自我形成、自我发展的一面，反映了两种道德形态间的辩证联系。因此，社会道德必须向个体道德运动，转化为个体自觉的道德活动，它才能现实地实现自身。社会道德代表和反映共同利益，具有普遍性质和意义，在它的规约和引导下，伴随着人的社会化进程，通过公民个体成为社会道德存在的主体，才能实现社会道德。

其次，个体的道德活动是一种有意识、有目的的实践精神活动。人的需要即人的本性。个体的内在需要结构是在社会生产活动和交往中形成并发展的，它是个体道德活动的内驱力，是个人道德活动的内在尺度。因此，个体的道德活动是主体依据内在尺度的一种能动的积极的实践精神活动，是个体的一种再创造，绝不是对既成社会道德的机械复制，这才是社会道德向个体道德运行乃至内化的根据。社会道德的内化过程，是个体积极的、能动的学习、选择、实践和修炼的结果，是个体对特定社会道德的深刻认识和体验的结果，也即公民实践智慧的结晶。个体道德一旦形成，就以其个性化的心理、情感、态度和行为方式，对社会道德产生积极的或消极的影响。个体道德在对社会道德的内化过程中，还常常面对种种道德冲突、多种价值选择的困惑。个体道德也正是在冲突与矛盾中趋向成熟与完善的。

再次，公民作为道德主体，它与社会道德的关系不只是认知关系，而且是一种价值关系。道德是规则，更是品德。社会道德来自普遍意志，是社会价值尺度，其使命是维护经济社会秩序；个体道德是特殊意志的表达，是在社会道德影响下形成的个体价值尺度，其目的是为了更好地生存与发展。任何一种社会道德只有转化为个体道德，才能称得上真正意义的现实道德。因此，道德不是说教。它只有成为社会个体自觉的意识与行动，内化为个性化的实践精神和内在需求，才会具有鲜活的生命力和“内在冲动”。道德是“内在的法”，从一定意义上可以说，社会道德的实现和社会道德生活的原动力，来自于每个公民的道德自觉。

个体的意志自由是道德的前提条件，意志自由的实质是社会准则与个体内在尺度的统一。社会道德是人类按照自己的需要和价值尺度把握现实关系的产物，它具有个体接受它的可能性与实现其要求的现实性，从而使道德由“自在”的状态转化为“自为”的存在。个体又是社会道德的现实化与实现载体，道德活动必须满足个体的需要，符合个体内在的价值要求，因而两者之间建立的并非只是认知关系，更重要的还是一种价值关系，也即遵守社会道德准则对行为主体所具有的意义。这也就是道德生活中存在大量明知故犯的缘由所在。随着个体自我意识的完善，其拥有的自由度和自主选择能力越是增强，其道德完善程度越取决于个人自身的努力，社会道德的实现程度就越是取决于个人的道德自觉。

最后，主体的道德实践是内化的根本。实践是联系主体与客体的中介，主体通过实践活动与整个世界发生种种关系，因此，主体是社会历史发展的产物。“动物和自己的生命活动是直接同一的，动物不把自己同自己的生命活动区别开来，它就是自己的生命活动，人则使自己的生命活动本身变成自己意志的和自己意识的对象。”[1] 人高于其他动物的一个最显著的特征，正是人能把自己的生命活动作为客体加以认识和改造，从而成为自身及其全面发展的主体，这是人之所以为人的本质特征。因此，社会实践是人的主体性生成和发展的基本途径，也是道德内化的根本。人的主体性是在社会关系中形成和提高的，社会关系又是由人的交往活动建构和联结起来的。人的主体性只有在交往中、在社会实践中才能获得和建构。只有积极参与社会实践，主体性才会获得存在的根基。只有主动进入道德实践，社会道德才能为个体所认识和把握，并得以实现和内化。

道德内化的具体路径

公民个体道德是在长期的、一系列的行为中所表现出来的稳定的、恒久的、整体的心理状态和道德人格。因此，重视公民道德教育中的道德内化，提升公民个体道德，需要通过从社会到个体、从主体到客体等方面去探讨。

第一，重视道德内化，就要全面把握个体道德的构成要素。

个体道德由道德认识、道德情感、道德意志和道德行为等因素所构成，个体道德建设也需要从这一过程和规律入手，同时，需要特别强调的是道德与行动或行为的关系。

从个体道德内部的构成要素来看，加强公民道德教育，首先是提高人们的道德认识。要使人们具备某种德性和品德，就必须使人们了解和把握社会各个生活领域的道德规范，了解和认识什么是善，什么是恶，什么是荣，什么是辱，然后才能有所适从，才能有一个明确的道德实践方向。其次是陶冶人们的道德情操。有了某种道德认识，还需要炽热的道德情感，需要有一种对善的执着追求，在实践中形成稳固的道德情感。再次是锻炼受教育者的道德意志。如果没有坚强的道德意志，就不能在道德实践中克服困难，战胜邪恶和私欲，把善和正义发扬光大，也就难以形成高尚的品德。最后是养成道德行为习惯，使人们对道德规范习惯于遵守，达到从心所欲而不逾矩的道德境界。

道德与行为关系密切。其一，道德行为是形成个体道德的基础。习惯成自然，自然成人格。没有一定的道德行为积累，就不可能形成道德和品德。道德行为是道德品德的客观内容，道德品德是道德行为的综合表现。“道德就是一连串的行为”。一定的道德行为经常地表现出来，形成一定的道德行为习惯，就表现为具有稳定特征的品德，而一定的道德品德只有通过道德行为才能表现出来。个体道德一方面表现为内在的心理和价值意识特质，另一方面又表现为外在的行为活动和行为习惯，是一个人的内在价值和外在价值的统一。其二，个体道德是道德主体自觉自主的行为过程。人的道德不仅是一种道德生活习惯，更重要的还是一种自觉自主的意志选择过程，是凭借意志自由选择而获得的行为习惯。其三，个体道德是在行为整体中表现出来的稳定特征和倾向。黑格尔说：“一个人做了这样或那样一件合乎伦理的事，还不能说他就是有德的；只有当这种行为方式成为他性格中的固定要素时，他才可以说是有德的。”[2] 人的道德行为不单是个别行为或在特定时间内构成的行为整体，而且是各个活动领域和各个活动时期的一系列行为结合起来的行为整体。个体道德就体现在他的持续行为中，体现在他的一系列行为所构成的整体中。总之，道德行为是个体道德的表现方式和判断依据，是鉴别个体道德高低优劣的试金石。

第二，重视道德内化，就要着力提升个体的主体性。

个体道德的培养要以主体性的确立为基础。现代社会道德滑坡问题在很大程度上就是因为主体性没有确立，个人缺乏主体意识、责任意识和担当意识。或者沉醉于对于主体的狂妄自信之中，没有意识到主体的有限性；或者只意识到主体的有限性，从而随波逐流，缺乏独立的善恶价值判断和正确选择行动的能力。

其一，培育主体性，增强个体的道德抉择能力。关注人的主体性，注重培养个体的道德选择与道德判断能力，把外在的社会道德规范转化为个人的内在需求，从而自觉自愿地遵守社会道德规范。在当前的体制转型中，由于利益的驱动和社会关系的调整，出现了一定程度的道德滑坡现象，如一些人对社会道德规范缺乏价值认同感、少数人存在道德虚无主义意识等，究其根源主要在于社会道德规范没有内化为人的内心自觉和德性，而道德内化不力又源于人的主体意识的缺失。因此，要有效地实现道德内化，就必须关注个体的内在需要，培育人的主体性，使道德主体能自由自主地思考、选择，让人们在选择中体现自身的主体性和能动性，在选择中实现社会道德。

其二，培育主体性，强化个体的社会责任意识。人的主体性的发挥离不开人对道德规范的理解与遵循。任何一个人要想实现自我肯定、自我发展与自我完善，都不能不遵循一定的道德原则和道德规范，不能不对自己的行为加以规范和约束，不能不对社会承担责任。通过这种规范和约束，使人们在追求个人利益满足和个人价值实现的同时，不至于损害他人的利益和公共利益，并使个人的道德追求与社会发展的方向相一致，这样也保障了个人利益的满足和价值的实现。因此，个人的道德主体性与客观制约性是辩证统一的，个体的道德权利与义务也是辩证统一的。个体的道德主体性依照社会的需要，依据调节个人利益和社会利益关系的需要，其发挥得越充分，就越是能够自觉地按照社会道德来规约自己的行为，使之更加符合社会历史发展的需要。一旦个体的道德主体性得到充分发挥，遵守道德规范就会变成主体自由自觉的行动，从而道德主体性与道德规范性真正达到统一。道德的本质就在于它是主体性与约束性的统一。人既是道德的客体，又是道德的主体，既有接受道德约束、维护社会整体利益的一面，又有促进自身发展和完善、推动社会道德进步的一面。

第三，重视道德内化，就要创设良好的伦理文化环境。

一是要重视示范群体的作用。所谓示范群体，如就领导与群众而言，领导层属示范群体；如就成年人与未成年人而言，成年人是示范群体。关于领导行为对社会道德风尚的影响，《论语》曰：“君子之德风，小人之德草，草上之风，必偃”。意思是说，上层的道德好比风，平民百姓的言行表现像草，风吹在草上，草一定顺着风的方向倒。这些论述指明了为政者的行为和道德对社会具有深刻影响。因此，领导干部必须率先实践社会道德，先正己，尔后教化百姓。领导干部是社会的管理层，处在社会道德示范群体之首，其正面与负面影响力都十分巨大，我们必须高度重视。

二是要培育公民的价值认同感。培养公民的道德自觉，守法是底线，价值认同是根本。社会赏罚作为一种法律和道德的调控方式，它引导和规范人们的行为选择，是一种社会性的、具有强制力的干预，其功能重在维护社会秩序，应该尽快建立与完善。社会道德调控的实质在于价值选择和价值导向的提倡和宣传，从而培养公民个人树立与社会道德价值相一致的共同理想和价值标准，增强对社会共同体和组织的价值认同感。如胡锦涛同志提出的“八荣八耻”社会主义荣辱观，就是社会道德评价的标准和价值尺度，它需要通过培育公民个体内在的道德认知、道德情感（耻感），并形成价值认同，来发挥扬善抑恶的功能。

三是要在多元价值观背景下大力宣传主流价值观，为公民提供正确的价值导向。社会主义核心价值体系、公民道德基本规范、“八荣八耻”社会主义荣辱观等，是当今中国主流价值观的重要内容，我们应该结合道德领域出现的新情况、新问题，始终以公民为主体，探索与公民的内在价值需求有效结合、主流价值观能够深入人心的道德教育新思路。此外，经济的发展是一个自然的历史的过程。毋庸讳言，市场经济容易产生追逐利益最大化的价值趋向，容易产生利己主义和拜金主义，公民道德教育必须结合这一道德现实，在大力彰显主流价值观的同时，以包容性思维进行道德理论创新，以建设性态度积极探寻公民道德教育的新路径。

注：

［1］马克思：《1844 年经济学哲学手稿》，人民出版社 2000 年第 3 版，第 57 页。

［2］黑格尔：《法哲学原理》，商务印书馆 1961 年版，第 170 页。

良心与罪犯改造

良心人皆有之，它是社会道德要求在个人内心中凝结而成的道德责任感，是对自己行为的正确或不正确性的一种意识和评价。羞耻、悔恨、内疚等情感都是良心感的表现。在人类社会生活中，良心对个体的行为和观念具有指导、调节的作用，是人们道德完善的内在动力。

那么，被人们所憎恶和唾弃的罪犯有无良心或良心感？考察罪犯的个人成长过程可以发现，罪犯并不天生就是毫无人性、丧尽天良的“缺德”者。在他们身上，健全人的良心曾经存在，并指导他们能够依据社会主义道德原则和规范去做人。不是吗？有的犯罪前就是“三好”学生，模范共青团员，先进工作者，其中有勤奋苦读，进入名牌大学的高才生。在与他人、集体或社会的道德关系中，他们也曾作出过关心集体、助人为乐、热爱劳动等对社会有益的事情，受到人们的赞扬，从而获得良心的满足，他们也曾会因不良的行为引起人们的议论或批评，受到良心的自责，从而产生羞耻之心，力图纠正自己的过失。隐藏在人们内心深处的良心存在过，为什么他们今天作出了不道德行为以致发展到违法犯罪呢？他们的良心泯灭了吗？

这涉及良心的形成问题。良心是人们心理中理性意识和感情的特殊混合物，是道德意识、道德感情和道德信念的有机统一。它由人们的全部生活方式所决定。从形式上看，良心是主观的，它表现为人们的道德信念；实质上，良心的内容是客观的，它是一定社会关系和生活实践在人们意识中的反映，是一定时代的道德原则和要求内化为人们的道德责任感和自我评价的能力，因而，良心又往往表现在个体身上。不同的人既有良心的共性特征，又有良心的个性特征。在今天的社会里，社会主义道德是所有社会成员必须遵守的共同道德，反映在人们的意识上，良心就有一致的内容；然而，人又是各个特殊的个体，它们具有不同的兴趣、爱好、需要、价值观念乃至人生观，社会环境对不同个体产生的影响也就不尽相同，因此，人们的良心观是有差异的，甚至相对立。一些人就是在“人生在世，吃喝二字”，“宁在花下死，做鬼也风流”，“今朝有酒今朝醉，明日无钱再去偷”等腐朽没落的人生观和道德观的驱动下，一步一步滑到犯罪深渊的。还有不少人，即使在十年动乱期间，他们仍埋头工作，力尽职责，照他们的话说就是“为了良心，我们也要生产”，有的还做出了重大贡献。由此可见，良心是个体在社会关系中，有意识、有目的地认识社会和改造社会的产物，人们的人生观和道德观，对于良心观的形成具有重要的指导意义。罪犯的良心不是泯灭了，严格说来是在恶的道德观的控制下扭曲了，或曰暂时的失落。从犯罪原因的分析来看，犯罪分子一般都是一些精神空虚、善恶不分、荣辱颠倒，抱着极端的利己主义原则，置社会主义法律和道德于不顾的人，他们所谓的“良心”与社会道德处于对立地位。因此，应把树立正确的道德观念，唤醒他们的良心，矫正他们那已被扭曲了的灵魂，选作改造罪犯的突破口。俗话讲“治人要治心，治病要除根”，就是讲的这个意思。

从当前对罪犯劳动改造的实践来看，也是如此。犯罪分子在入监的半年内，由于劳改机关对他们进行政治思想、法律知识、道德观等方面的教育，不少犯人会产生自卑感，对自己的前途感到担忧，悲观失望，甚至轻生。这些情绪是罪犯改造的内在条件。因为这种自卑感有助于他们沉思过去，接受教育，弃旧图新。劳改人员还结合犯人的情感变化，开展“假如我是受害者”的专题讨论，学习英模事迹，围绕“同是八十年代的青年人，我们该怎么办”的专题进行讨论，有不少罪犯流出了悔恨的眼泪。他们惭愧、内疚，表示要重新做人，这就是良心的作用。正是由于良心的谴责，他们才开始对以往的劣迹和犯罪行为进行清理、审查和自我评价，哪些是善的，哪些是恶的，从行动上他们主动接受改造、学习技术，争取缩短刑期。劳改工作人员因势利导，循循善诱的思想教育，使犯人中出现了不少“回头的浪子”。良心在罪犯进行自我审查、自我评价的过程中，发挥着扬善抑恶的作用，从而进一步促使他们痛改前非，脱胎换骨，成为社会主义建设的有用之人。

当然，唤起罪犯的良心，帮助他们树立正确的良心观，不是一蹴而就、一朝一夕的事。从某种意义上可以说，治好一个人的生理性疾病容易，而要洗涤一个罪恶的灵魂，培育一颗美好的心灵谈何容易！ 这需要通过多形式、多手段的长期教育，潜移默化，鼓励先进，反复强化的过程才能奏效。其中，作为管理改造罪犯的“人类灵魂的工程师”——劳改干部和工作人员，担负有重要的责任。这不仅需要他们切实地贯彻和落实党的“教育、感化、挽救”等劳改工作的方针和政策，而且要求他们自身必须具有良好的职业道德品质，高尚的思想情操，丰富的法律知识，言传身教，为人师表，不吃请，不受贿，刚直不阿，一身正气。这样，罪犯对劳改干部的教育，就会入耳入脑，在这个过程中，还要及时地发现他们身上的“闪光点”，有效地去引导、教育他们。唯有如此，社会主义道德才会在他们身上从顺化到同化，直到内化。良心这一道德完善的内在因素就会在罪犯的改造过程中发挥积极的、特殊的作用。此外，更重要的还在于，罪犯有了正确的良心感，刑满释放后，才能避免重新犯罪，这正是我们刑罚的最终目的。因此，矫治、培养罪犯的良心，在整个罪犯改造过程中具有重要意义。

（该文撰写于 1985 年）

公民道德建设重在实践

——纪念《公民道德建设实施纲要》颁布两周年

《中央精神文明建设指导委员会关于深入贯彻党的十六大精神　进一步加强公民道德建设的意见》（以下简称《意见》）指出："遵循《公民道德建设实施纲要》的基本要求，抓住知行统一这个关键环节，贴近实际、贴近生活、贴近群众，不断增强工作的针对性和实效性。"《公民道德建设实施纲要》颁布两周年来，各地的成功经验充分证明了，只有坚持"三贴近"的原则，公民道德规范才能真正成为公民的自觉行为，道德建设才能取得明显成效。认真学习《意见》的重要精神，总结河南省近两年来公民道德建设的成功经验，也充分证明了这一点。

道德建设成功与否的关键在实施、在创建

我国几十年道德教育与道德建设的实践告诉我们，道德活动是需要全民参与的活动，是需要通过自律变成公民自觉行为的道德实践活动，唯有调动起全民参与道德建设的积极性，全社会的道德水平才能真正得以提升。这就要解决好三对关系：一是道德理论与道德实践两张皮的突出问题；二是上层宣传与普通公民认同的关系问题；三是先进性与广泛性的关系问题。笔者认为，这实质上仍是如何解决好"三贴近"的问题。《公民道德建设实施纲要》两年来的成功实践说明了这一点。道德活动是知与行相统一的活动，这是道德实践的重要特征。因此，公民道德建设重在实施，重在创建。

河南省公民道德建设活动的成效和经验

《意见》这样评价近两年来贯彻《公民道德建设实施纲要》的成效："党中央印发《公民道德建设实施纲要》以来，各地各部门认真贯彻中央《通知》精神，大力宣传'爱国守法、明礼诚信、团结友善、勤俭自强、敬业奉献'20字基本道德规范，广泛开展形式多样的群众性道德建设实践活动，激发了人民群众关心道德建设、支持道德建设、参与道德建设的巨大热情，有力地推动了新形势下的公民道德建设。"河南省在公民道德建设方面有以下几个特点：第一，从道德认识入手，加强多种形式的宣传和培训，首先使公民认同道德规范。第二，重视道德实践行为，把遵守道德规范变成公民的自觉行动。河南省开展的"双万"活动等多种活动方式，从具体事情做起，从一点一滴做起，从养成良好的生活方式做起，把道德规范渗透到生产生活的每一个环节，逐渐培养起文明科学的行为习惯。第三，突出重点，以诚信为公民道德建设的突破口，树

立诚信意识，塑造良好形象。《意见》提出："从社会关注的问题入手，广泛开展道德实践活动。针对群众反映强烈的问题开展道德实践活动，是引导人们参与道德建设、身体力行社会主义道德的成功经验。"河南省的道德建设根据党的十六大精神，适应社会主义市场经济发展的迫切需要，以诚实守信为重点，开展社会公德、职业道德和家庭美德的教育，抓住诚信意识的灌输和培养这一重点，进行了行业道德规范的制定和落实，对于规范市场经济秩序，改善河南经济的软环境，推动经济发展，起到了巨大的推动作用。同时，坚决打击制假售假、欺诈经营、虚假广告、偷税漏税等违法行为，引导人们坚持诚信为本、操守为重，不断推进河南省社会信用体系建设，保证了社会主义市场经济的健康发展。第四，多种多样的公民道德建设创建活动，有力地促进了道德规范的实施。河南省开展的"道德规范进万家，诚实守信万人行"的"双万"活动，郑州市开展的"道德规范进千店、进万家"活动等，使公民对道德规范产生了普遍的认同感，公民道德素质明显提高，社会道德风尚明显好转，河南的形象也大有改善。

公民道德建设需继续解决的若干问题

《意见》指出，必须看到公民道德建设方面仍然存在不少问题。一些地方放松道德建设，是非、善恶、美丑界限混淆，封建迷信活动、黄赌毒等丑恶现象沉渣泛起；一些领域道德失范，诚信缺失、见利忘义、损公肥私、欺骗欺诈等现象屡禁不止；一部分人爱国主义、集体主义、社会主义观念淡薄，有损国格人格的现象时有发生；少数党员干部理想信念动摇、贪污受贿、违法乱纪，严重损害党的形象。这种状况与迅速发展的经济社会形势、与我国日益提高的国际地位、与全面建设小康社会的客观要求不相适应，必须采取有力措施认真加以解决。如何解决好公民道德建设的这三个不适应，笔者以为，下面几点需要重视。

第一，加大宣传和研究河南省先进道德典范的力度，如史来贺、吴金印、刘志华等，使道德教育更有感召力和说服力。现在河南省正在学习史来贺的先进事迹，他坚持全心全意为人民服务，坚持集体主义道德原则，是实践社会主义先进道德的典例，给我们留下了宝贵的精神财富，我们应该认真学习，大力弘扬。

第二，公民道德规范的宣传、培训工作仍要抓紧、抓好。广泛传播道德知识、普及基本道德规范，是加强公民道德建设的基础性工作。《意见》要求，一切思想文化宣传阵地，一切精神文化产品，都要坚持正确导向，宣传科学理论、传播先进文化、塑造美好心灵、倡导科学精神、弘扬社会正气。宣传是解决公民的道德认知问题、实践公民道德规范的首要环节。

第三，建立社会道德的评价机制和监督机制。这是目前必须重视并解决好的一个问题。除了正面的宣传和教育外，道德行为的践行还需要建立适合全社会的道德评价体系，目的是使公民明白善与恶的标准，即什么是善的，什么是恶的，从而形成明确的赞赏与谴责的道德评价尺度。同时还要建立严格的监督机制，保证道德评价机制的实现。这就要求道德建设要与各种规章制度的执行相配合，与法制工作相结合。

《意见》也提出了具体的要求："公安、卫生、税务、工商、质检、城管、环保等行政部门要严格执法、公正执法、文明执法，依法对各种不良行为给予批评教育和相应处罚。"实践证明，这几方面的工作是否配合得好、结合得好，决定着公民道德建设的成效。

恩格斯关于道德的系统论述
——读《反杜林论》

经济体制的改革触动了我国社会生活的各个领域，人们在对传统道德进行反思的同时，提出了一些重要的理论课题，如随着改革的不断深入，社会道德标准将会发生怎样的变化？人们的道德观念变动的趋向如何？要回答上述问题，就必须正确理解道德的本质。恩格斯在《反杜林论》这部不朽的名著中，系统阐述了道德的本质问题，重新学习该书对我们大有裨益。

19 世纪 70 年代中期，德国小资产阶级社会主义者杜林向马克思主义提出了挑战，恬不知耻地声称，他的哲学是“最后的、终极的真理”，其道德观和正义观也“和一般知识世界一样”、“有其恒久的原则和单纯的要素”。由于杜林先生以“社会主义行家”兼“社会主义改革家”的姿态出现，所以，他的假社会主义谬论一出现就立即在工人运动中产生了极坏的影响。面对杜林的狂妄挑战及其对工人运动所造成的严重危害，恩格斯担负起了全面、彻底地清算杜林假社会主义的历史重任。恩格斯通过对杜林先验的“永恒道德”论的尖锐批判，全面、系统地论述了马克思主义的科学道德观，尤其是对道德的本质问题做了集中的论述。

关于道德科学的出发点问题

要认识道德的本质，首先在于怎样理解人的本质问题。因为道德这种社会现象无论是从个人道德方面还是从社会道德方面去理解，都离不开对人和人的活动的认识，道德就产生于人们之间的相互关系中。可以说，不能正确认识人的本质，就不会正确地认识道德的本质。马克思主义以前的伦理学家对道德本质的曲解，究其理论根源无一不是从这里开始失足的。他们离开具体的历史条件，离开特定的社会关系谈论人性、人的本质，其道德学说是以抽象的人、人性为其出发点的。

杜林研究社会问题的基本方法是把两个抽象的人作为社会的“简单要素”，认为这两个抽象人的意志“完全平等”，而且不同社会其他人发生任何联系，以此作为研究社会平等、正义、道德和法的出发点。恩格斯深刻地指出，这“两个人，他们如此超脱任何现实，超脱一切存在于地球上的那种民族、经济、政治和宗教的关系，超脱任何性别及个人的特性，使得这两个人除了一个光秃秃的‘人’的概念以外，再也没有别的什么了”（《反杜林论》1979 年版，第 104 页。以下凡引自本书的只注明页码）。恩格斯讽刺杜林说：“可是这一个没有责任的孤独的人，除非是天堂里不幸的‘原始犹太人亚当’”（第 164 页），在现实生活中，杜林的意见是一钱不值的。

同杜林先生解释道德现象的基本方法相反，马克思主义道德科学不是以抽象的人、人性等概念作为出发点，而是以具体的社会物质生活条件为其出发点。恩格斯指出："唯物主义历史观的出发点是下述的原理：生产和随生产而来的生产品的交换，是一切社会制度的基础；在每个历史地出现的社会中，生产品的分配以及与之相伴的社会阶段或等级的划分，是由这个社会生产什么，怎样生产以及怎样交换生产品来决定的。"（第 291 页）唯物历史观的出发点，不言而喻，也就是马克思主义道德科学的出发点。

关于道德的本质问题

恩格斯批判杜林抽象人性论的目的，就是要说明任何道德学说都是一定的社会关系的产物，而不能从抽象的"人"或"人性"出发。所以，恩格斯写道："道德和法的观念，它们是或多或少地同他所处的社会关系及政治关系的表现——肯定的或否定的，拥护的或反对的。"（第 102 页）道德是社会关系的表现，这无疑是对道德本质的正确认识。然而，我们知道，社会关系是一个纵横交错、非常复杂的社会系统，有政治关系、思想关系、法权关系、经济关系、道德关系等，它们都对社会道德现象产生这样或那样的影响和作用，在这诸种社会关系中，哪一种是最根本或最终起决定作用的社会关系呢？不弄清这个问题，就很难对道德的本质做出彻底的说明。

道德是社会关系的表现，也是政治关系的表现，但归根结底是经济关系或生产关系的反映，恩格斯指出："所有以往的道德论，归根结底都是当时社会经济状况的产物。"（第 100 页）又说："人们自觉地或不自觉地，归根结底总是从他们阶级地位所依据的实际关系中——就是说从生产和交换的经济关系中，吸取自己的道德观念。"（第 99 页）这里所讲的"生产和交换的经济关系"就是指生产关系。生产和交换是构成生产关系的诸项内容中最基本、最重要的关系，恩格斯说："它们可以称为是经济曲线的横坐标和纵坐标。"（第 156 页）可以看出，恩格斯明确把道德观念和生产关系联系起来，实际上就是把道德的本质看作是生产关系的反映。因为在生产关系的每一个具体环节中，都存在着一个人们之间的相互关系问题，为了调节人们之间的这些关系，就在一定生产关系的基础上产生和形成反映这种生产关系性质和要求的道德原则、规范、观念以及道德行为评价的标准等，某种道德体系的性质总是和一定的生产关系的性质相一致，并被这种生产关系的性质所决定。中国封建社会的所谓"三纲"、"五常"等道德原则和规范，是由中国的小生产的生产方式所决定的，近代资本主义的道德观念，如利己主义、"自由、平等、博爱"等也是被资本主义的生产关系所规定的，社会主义的集体主义道德原则和一系列规范、要求也同样是被社会主义的公有制经济关系所决定的。研究道德的本质，说穿了，就是要揭示一定的道德原则、规范、观念以及道德行为的评价标准等是在怎样的生产关系基础上所形成，并且如何随着这种生产关系的发展、变化而不断改变。

关于阶级社会道德的本质问题

自原始社会解体以来，随着阶级和阶级矛盾的出现，社会的经济基础——生产关系就主要表现为阶级利益和阶级关系，由于人们在特定的生产关系中所处的地位不同，阶级利益、社会实践的领域和方式不同，因而便形成不同的甚至根本对立的道德观念、道德原则和道德标准。在客观上反映了一定阶级的特殊利益和要求的阶级道德，又反过来为维护本阶级的经济利益和政治利益服务，这就是阶级社会道德的本质。可是，杜林先生对此却讳莫如深，极力宣扬超阶级、超历史的道德论，这是他从抽象的人、人性出发所必然要得出的结论。对此，恩格斯指出："社会直到现在是在阶级对立之中运动的，所以道德始终是阶级的道德；它或者是为统治阶级的统治和利益辩护，或者当被压迫阶级足够强大时，是代表他们对于这个统治的抗争，和他们将来的利益。"（第 100 页）

阶级社会中道德具有阶级性这一事实，不仅被恩格斯所揭示，也为阶级社会的全部历史进程所证实。在奴隶社会，一方面像柏拉图、亚里士多德等提出了代表奴隶主阶级利益的道德观念，并公开为奴隶制度进行辩护；另一方面也充满了奴隶反对奴隶主的阶级斗争，在奴隶看来，反抗奴隶制才是合乎道德的行为。在封建社会，一方面存在着反映封建贵族和地主阶级利益、维护封建专制统治的所谓"三纲"、"五常"、"三从四德"等封建道德观念；另一方面也存在着反抗封建统治和封建礼教、反映劳动人民利益和愿望的道德观念。在资本主义社会，一方面存在着占统治地位的资产阶级道德；另一方面又存在着无产阶级和其他劳动人民的道德，无产阶级同资产阶级的道德，无论是道德原则、道德规范，还是道德评价的标准都是互相对立的。所以，恩格斯说："近代社会的三个阶级封建贵族、资产阶级和无产阶级各有自己特殊的道德。"（第 99 页）无产阶级道德是从无产阶级利益中引申出来的，体现了无产阶级和广大人民群众的利益和愿望，用列宁的话来说，就是"为破坏剥削者的旧社会、把全体劳动者团结到创立共产主义者新社会的无产阶级周围服务的"（《列宁选集》第 4 卷，第 353 页）。由于无产阶级肩负着解放全人类、实现共产主义的伟大历史使命，它的根本利益同社会发展的客观规律相一致，因此，无产阶级道德完全符合社会道德发展的必然趋势，和任何阶级的道德相比都具有更为广泛的人民性和普遍的社会性，它"肯定拥有最多的能以长久保持的因素"（第 99 页）。在我国，虽然剥削阶级作为阶级已被消灭，阶级斗争已不是我国社会的主要矛盾，但阶级斗争在我们社会的一定范围内还仍然存在，在某种条件下还可能引起激化。所以，无产阶级还需要通过国家的形式，不仅占有社会的基本生产资料，而且在政治、精神、文化、教育各个领域代表人民利益实施无产阶级的管理和统治，因此，我国现阶段的社会主义道德，就其阶级实质来说，仍然是无产阶级的道德。"只有在不仅消灭了阶级对立，而且甚至在实际生活中这种对立已被忘却了的社会发展阶段上，超越阶级对立及对这种对立的回忆之上的，真正人的道德方才成为可能。"（第 100 页）

关于共同道德的本质问题

马克思主义肯定阶级性是阶级社会道德的主要属性，但这并不意味着否认共同道德的存在。恩格斯在指出现代欧洲社会三个阶级即封建贵族、资产阶级和无产阶级都有自己的特殊道德之后，又进一步指出："在上述三种道德论中，还是有一些对所有三者都是共同的东西。"（第 99 页）恩格斯在这里的贡献不仅仅在于承认共同道德的客观存在，更为重要的是指出了这种共同道德仍然根源于一定的物质经济关系之中，是不同阶级甚至根本对立的阶级的某些共同利益和要求的反映。恩格斯写道，封建贵族、资产阶级和无产阶级之所以能够存在某些共同的东西，是因为这三种道德"代表同一历史发展上的三个不同阶段，这就是说，它们有共同的历史背景，就此而言，它们已不能不包含许多共同之处。不仅如此，对于同样的或差不多同样的经济发展的阶段，道德论也必然多多少少互相吻合"（第 99 页）。可见，忽视对道德的共同性的研究，对道德本质的理解就必然是不全面的。不同的阶级由于存在着某种共同的利益，因而除了道德根本原则、主要规范和道德体系等的对立外，还存在某种共同的道德要求和道德规范。比如在资产阶级革命时代，为了夺取反封建专制主义斗争的胜利，资产阶级曾提出过"自由、平等、博爱"等政治主张，这同时也是资产阶级的道德观念。显而易见，这种道德观念首先是资产阶级利益的反映，当时无产阶级之所以拥护这个口号，并且在这个口号的号召下参加资产阶级的革命斗争，无疑是因为在资产阶级的反封建专制主义斗争中也包含有无产阶级的利益在内。

此外，即使不同的阶级通常也要在同一的社会生活中生活，鉴于维持人们之间正常关系的需要和维护正常社会生产、社会秩序的需要，也总会存在一些起码的、必要的、共同承认的生活准则。比如"切勿偷盗"这条道德戒律，对不同阶级和不同的人们都是适用的。但即使这样的共同道德观念，也只是同特定的生产关系相联系，是私有制出现以后的历史现象。所以，恩格斯写道："自从动产的私人所有制发展以来，在一切存在这种私有制的社会里，一定有共同的道德戒律：'勿偷盗'。"（第 99 页）到了未来的共产主义社会，偷盗动机被彻底消除之后，除了精神病患者，谁也不会再去承认和遵守这条道德戒律了。也就是说，在私有财产关系消除的社会里，"勿偷盗"也就不再成为社会的共同道德要求。

需要指出的是，不同的阶级尽管都可以承认共同道德的存在，但都是从各自的阶级利益出发来承认这些道德准则的，归根结底，仍从属于不同阶级的阶级利益，为不同阶级的利益而服务，而且从来不构成各阶级道德体系的主要成分，在道德实践中履行的情况各个阶级也是大不相同。

关于道德的历史性问题

马克思主义揭示了人类社会发展的客观规律，认为社会历史的发展归根结底是生产方式更替的历史。恩格斯在《反杜林论》中进一步论述了这一思想："一切社会变迁和政治变革的终极原因，不应该求之于人们的头脑中，也不应该求之于人们对于永恒真理和正义的日益增长的认识中，而应该求之于生产方式和交换方式的变更中。"（第 291 页）资本主义的生产方式代替封建主义的生产方式是如此，社会主义的生产方式代替资本主义的生产方式也是如此。作为反映某种生产关系的性质和要求的道德，也必然要随着生产方式的不断更替而迟早发生相应的变化，从而使某种道德理论、道德体系和道德观念等显现出历史性和过渡性的显著特征。社会生产方式的发展和变化是道德发展、变化的终极原因。要探索道德的历史性，就必须考察社会生产方式变革的历史，只有这样，我们才能够理解不同时代道德的本质及其发展变化的客观根据。

遗憾的是，杜林先生不懂得历史发展的客观规律，不了解道德的本质，却要胡说什么“在人类历史上也存在着永恒的真理、永恒的道德、永恒的正义等等”（第 95 页），并且要赋予道德的真理以终极的最后真理的性质。对此恩格斯写道：“我们拒绝一切迫使我们把任何道德的教条作为永恒、终极、从此不变的道德规律的这种企图，这一企图的借口是说道德世界也有超越历史和民族区别之上的不变的原则。”（第 100 页）以善恶观念来说，不同时代都有不同的善恶标准，并常常是互相对立的，哪有什么超历史的永恒的道德。恩格斯进而从正面论述了道德的历史性质，认为“平等”也是一个具体的、历史的道德范畴，无论是资产阶级讲的平等，还是无产阶级讲的平等，它们本身都是一定历史条件的产物，这历史条件本身则又需要以长期的以往历史为前提。所以，平等观念也不总是永恒的真理。

恩格斯关于道德本质的基本观点，对于我们认识和把握道德领域中的问题，有其重要的指导意义。在当前，我们既要看到经济体制改革给人们带来了道德观念上的某些变化，更要看到我国经济体制改革的性质“是社会主义制度的自我完善和发展”，因此，社会主义的道德原则、规范、要求、观念等也就不会发生性质上的根本变化。

（原载于《百家论坛》1985 年第 1 期）

学者的使命与道德：致力于人类完善
——纪念《论学者的使命》一书发表二百周年

19 世纪德国著名的哲学家费希特，在 1794 年担任耶拿大学教授期间，发表了五篇公开演讲。最初用的题目是《学者的道德》，也就是我们现在看到的《论学者的使命》一书。这是费希特阐述自己伦理观点和政治观点的一部主要著作，曾在当时德国思想界产生了极大的反响，尤其是知识界的进步人士都给予热情的支持和赞扬。时隔二百年后的今天，费希特关于学者的使命与道德的论述，仍能给当代的学者以深刻的启示。

费希特认为，凡具有以下三种知识的人就是学者。第一种，就是关于人的知识，费希特称之为“哲学”的知识。要有关于人的全部天资的知识，要有关于人的全部意向和需求的科学，要对人的整个本质有一个全面的估量。第二种，就是通过什么手段和途径获得第一种知识的知识，费希特称之为“哲学历史”的知识。他认为，作为一个学者，不仅要传播文化，激发人们对知识的需求感，而且要寻找如何才能满足人的这种渴望与需求的手段知识。第三种，就是关于历史的知识。在费希特看来，光凭一种理性根据，我们无论如何也不能指出人类在一定时代中实际所处的阶段。为此，我们必须询问经验，必须用哲学眼光去研究过去时代的各种事件，必须把自己的目光转到自己周围发生的事情上，同时观察自己的同时代人。

费希特论学者阶层的真正使命

那么，学者阶层的真正使命是什么呢？费希特认为：

其一，“高度注视人类一般的实际发展进程，并经常促进这种发展进程”。

在费希特看来，科学本身就是人类发展的一个分支，谁阻碍科学的发展，谁就阻碍了人类的发展。每一个学者都本能地要求进一步发展科学，特别是发展他们所选定的那部分科学。学者应该借助于知识，保障人类的全部天资得到同等的、持续的发展；学者应当用心观察其他阶层取得的进步，并推动其他阶层的进步；学者应该永远走在其他领域的前头，以便为它们开辟道路，研究这条道路，引导它们沿着这条道路前进。在他看来，学者的进步决定着人类发展的一切其他领域的进步。如果学者甘心落后其他阶层，那他从此就不再是他所应当成为的人了。根据这些要求和使命，费希特提出一个对所有人，尤其是对学者更具有特殊意义的规则：“学者要忘记他刚刚做了什么，要经常想到他还应当做些什么。谁要是不能随着他所走过的每一步而开阔他的活动的视野，谁就止步不前了。”（《论学者的使命》，商务印书馆 1980 年版，第 38 页）

其二，主要是为社会服务。

费希特指出，学者比任何一个阶层都更能真正通过社会而存在，为社会而存在。因此，学者应当优先地、充分地发展他本身的社会才能、敏感性和传授技能，为社会服务。

要使自己具有特别的敏感性，他首先应当熟悉他自己的学科中哪些是已有的知识。要学到这方面的知识，就要通过别人口头传授和书面传授，只凭纯粹理性，根据思考，他就不可能发展这些知识。不仅如此，学者要保持自己的敏感性，还应当不断研究新东西，并且要尽力防止那种对别人的意见和叙述方法完全闭塞的倾向。传授技能是学者必须具备的，因为他掌握知识不是为了自己，而是为了社会。要掌握传授技能，从少年时代起，学者就应当训练这种技能。

学者应当把自己为社会而获得的知识，真正用于造福社会。他应当使人们具有一种真正需求知识的感觉，并向人们介绍满足这些需求的手段。而尤其重要的是应当随时随地向人们指明，在当前这个特定条件下出现的需求以及达到面临的目标的特定手段。具体来说就是，学者使人们不仅看到眼前，也看到将来；不仅看到当前的立足点，也看到人类现在就应当向哪里前进。学者应当关心人类不要停顿和倒退，从这个意义上说，学者就是人类的教养员。学者不会受到诱惑，用强制手段、用体力去迫使人们接受他的信念，只能用道德手段影响社会。因为，社会是基于自由概念的，社会及其每个成员都是自由的。

其三，提高人类道德风尚，促进人类个体的完善，人的生存目的就在于道德的日益完善。

学者的职责就是要始终树立这个最终目标，当他在社会上做一切事情时都要首先想到这个目标。而要做到这点，学者本人首先要做一个善良的人，因为谁不是善良的人，谁就无法顺利地致力于提高人类道德风尚的工作。在他看来，身教比言教更具说服力。学者要时刻记住，别人都在追随他的学说，他自己生活中的每个行为都要同他的学说协调一致。学者是最高尚、最真诚的人。“如果最优秀的分子丧失了自己的力量，那又用什么去感召呢？如果出类拔萃的人都腐化了，那还到哪里去寻找道德善良呢?”因此，学者“应当成为他的时代道德最好的人，他应当代表他的时代可能达到的道德发展的最高水平”。

费希特作为一名激进的资产阶级思想代表，猛烈抨击了当时德国的封建主义。他提出人类社会的进步就是科学的进步，学者阶层担负着重大的社会责任和历史责任；他不仅关心人类的现在，而且注目于人类的未来；他不仅认为学者应给人类以知识和获得知识的手段，造福于社会，而且特别强调学者要成为他那个时代道德最好的人，要把提高整个人类道德风尚、完善人类自身作为自己的终极目标。这些思想是人类文明发展中的宝贵财富，对于我们认识当代中国理论工作者阶层的职责、使命和道德，无疑是有意义的。另外，我们今天从他的著作中撷取科学的、合理的成分，也是对人类优秀文化的传承与弘扬。当然，不能不看到，费希特的思想是他所处的特定时代的产物、特定阶级的产物，其局限性自然是存在的。

中国学者担负的职责与道德使命

在目前，中国学者究竟担负什么样的使命与道德这一严肃课题，显然已蕴含诸多新的时代内容，择其要者如下：

第一，理论工作者要认识自己的职业使命。一个健康的国家和民族，不能没有精神动力、智力支持和思想理论营养，在这方面，理论工作者负有特别繁重与光荣的职业使命。

理论工作者以研究社会科学为职业。这种职业之所以有必要存在，是因为社会需要有一批专门人才去探讨社会历史的发展规律，制定出正确的推进社会发展的方案，导引社会健康地发展。因此，理论工作者要认识自己的职业使命，致力于人类完善，推动社会的全面进步。

人类社会有其发展的一般规律，也有各个民族、各个国家发展的特殊规律。很可惜，我们过去对中国社会发展的特殊规律研究甚少，缺少一种历史辩证法的科学态度。我国目前正处在社会主义初级阶段，这是中国社会发展所独有的特殊阶段。特殊阶段就有其特殊的政治、经济和文化。这就要求理论工作者去深入实践，从这个“实事”中“求是”，努力探索建设有中国特色社会主义经济、政治、文化进程中的种种重大理论问题和实践问题。遗憾的是，目前的现实是，社会科学和社会科学工作者都面临着严峻的挑战。有人讲，中国正步入经济社会，理论研究因此将被削弱。在一些地方，昔日静谧的学术殿堂里人心浮动，出现了一股浮躁之风。不少文人纷纷下海弄潮，也冲击着社科研究工作者的人生观与价值观。对一些人来说，在从政、从商、治学的价值选择中，金钱似乎更令人神往，这势必影响社会科学研究的水平和“精品”的生产。不可讳言的是，由于种种原因，理论工作者在工作条件、经济收入、科研经费等方面确实存在着困难和一些应该解决而没有很好解决的问题。而且，在当前的社会环境下，理论工作者根据自己的能力和发展需要，重新择业也无可厚非。只是就凡有志于从事理论研究的工作者来说，必须具有明确而坚定的职业意识和信念，“一种对崇高和尊严的强烈感受，一种不怕任何艰险而去完成自己的使命的火般热忱”（费希特语，同上书，第 42 页），唯有如此，才能完成理论工作者这一特殊阶层的职业使命，其自身价值才能得以实现。正如费希特深刻指出的：“给予个人以荣誉的不是阶层本身，而是很好地坚守阶层的岗位；每个阶层只有忠于职守，完满地完成了自己的使命，才受到更大的尊敬。”（同上书，第 33 页）

第二，理论工作者必须有严肃的学风，坚持理论联系实际的原则，这是有无责任意识的重要表现。有的学者仅仅把治学看作是一种追名逐利的手段、一种晋升职称的敲门砖，因而粗制滥造，只求数量，不顾质量，根本不考虑其学术价值和社会效益如何；甚至有的人把治学视为一种游戏，按兴趣所至“玩弄”知识。这种不良的学风不仅有损于社会科学的健康发展，而且对国民心理也产生了极为恶劣的影响，败坏了社会风气。

要树立严肃的学风，还必须走出基础理论研究和应用理论研究孰轻孰重的误区。从某种意义上说，社会科学的基础理论研究比应用研究更深一层，它以研究新现象、新规律，建立新概念、新理论，探索新的应用前景为目的，为人们正确地认识世界、成功地改造世界提供根本性的理论依据。因此，重视基础理论研究是一项增强国家综合实力、提高民族科学文化素质的战略性措施。对此，政府和学术界是有共识的。对于应用研究来说，情况就不同了。长期以来，我国科研领域存在着一个很奇怪的现象，即在自然科学方面，轻视基础理论研究，重视应用研究；在社会科学领域，重视基础理论研究，轻视应用研究。后者导致在社会科学界一直不同程度地存在着不敢或不愿研究实际问题以及对社会实际缺乏了解的现象。这除了研究人员本身的问题外，也有政策方面的问题，还有历史方面的原因。如在职称评定和晋升方面就存在着忽视现实问题和应用研究，忽视社会调查、政策咨询等项目的片面现象。中国的理论工作者几十年来受"左"和"右"的思潮的干扰，一些正确的理论和建议也可能被指控为谬误甚至反动，致使今天的理论工作者在选择研究方向时，总以为离政治、离现实越远越安全。这种心态与当今中国发展的需要是很不适应的。如此下去，不仅社会科学被社会冷落、经费不足的局面会日益严重，而且，理论研究本身也将失去它自身存在的价值。从国际范围看，可以说，植根现实，解决实际问题，面向应用研究，为科学决策服务，已成为当今社会科学发展的一个主导倾向。因此，走出分散的、封闭的抽象研究论证，关注解决现实重大问题，将是多门社会科学走出困境、有所建树的必由之路。

其实，基础理论研究与应用研究不是相脱离的，两者有着内在的联系性，在其评价标准上也是一致的。无论是基础理论研究还是应用研究的成果，只要对国家的经济、文化和社会发展确有价值，都应给予足够的重视和科学评价。总之，那种只强调基础理论，"为学术而学术"的倾向，或是打着应用研究的招牌，强调一切研究都应当立竿见影，急功近利的"泛现实化"倾向，都不是严肃的学风，也是理论工作者缺乏责任意识的表现。

第三，理论工作者应以人类的道德进步和全面发展为奋斗目标，这是理论工作者责任意识的最高表现。在我国建立社会主义市场经济体制的过程中，个人与社会、传统价值观与现代价值观、物质文明与精神文明、经济繁荣与道德进步、市场经济与人的发展等问题，无不尖锐地提了出来。面对这些严肃的问题，理论工作者必须在弘扬社会主义、爱国主义、集体主义主旋律的前提下，去了解现实，缜密地分析存在的问题，把个人与社会、目前与长远、未来与现实辩证地统一在社会主义的发展过程之中，以求得科学合理的答案，真正做到"以科学的理论武装人，以正确的舆论引导人，以高尚的精神塑造人，以优秀的作品鼓舞人"，为我国的改革开放和经济建设提供精神动力和智力支持，培养一代又一代的"四有"新人。我国改革开放以来的实践告诉人们，不重视社会科学研究的正确价值导向是错误的、危险的。这很容易导致社会文明水准的下降、理想的失落、伦理规范的紊乱，以致在急剧的社会变革和发展面前产生诸多浅薄想法和短期行为。

建立社会主义市场经济体制，实现现代化，绝不是一个单纯的技术问题、经济问题，社会主义市场经济体制的培育和形成，必然要求与之相适应的社会主义新型文化体系的建立。不重视精神产品的生产，不重视人的素质的提高，将直接影响到经济的发展和社会的全面进步，这与建设有中国特色的社会主义的发展目标也是相悖的。

理论工作者不仅要提供优秀的精神产品，而且要言行一致，在行动上率先垂范。“提高整个人类道德风尚是每一个人的最终目标，而且也是学者在社会中全部工作的最终目标。学者的职责就是树立这个最终目标……”（费希特语，同上书，第 40 页）在我国社会风气、思想道德水准远远不能适应建立社会主义市场经济体制需要的今天，理论工作者的这一崇高职责显得尤为重要。

（原载《河南社会科学》1994 年第 6 期）

建立社会主义思想道德体系

抓好思想道德建设这一中心环节，任务是多方面的。就当前面临的问题而言，笔者认为必须下力气解决下述几个重要问题。

（1）尽快建立与社会主义市场经济相适应的思想道德体系，其中，建立一套经济伦理规范更是当务之急。经济生活是社会生活的基础，它渗透、影响着人们生活的方方面面，左右着人们的道德价值取向。因此，经济生活领域的道德现状是我们必须关注的。当前，市场经济秩序混乱是经济活动的一个突出问题，正如国务院《关于整顿和规范市场经济秩序的决定》中所指出的："假冒伪劣产品充斥市场，偷税、骗税、骗汇和走私活动屡禁不止，商业欺诈、逃废债务现象日益严重，财务失真、违反财经纪律的行为比较普遍，工程建设领域招投标弄虚作假、工程质量低劣的问题相当突出，文化市场混乱问题群众反映强烈，生产经营中的重大特大安全事故时有发生。这些问题触目惊心，不仅严重影响国民经济健康运行，给国家、企业和人民群众利益造成重大损害，而且造成投资环境恶化，社会道德水准下降，败坏国家信誉和改革开放的形象。大力整顿和规范市场经济秩序，已经成为当务之急。"解决这一重大问题，政府通过法律的、行政的、经济的干预是必不可少的，而且必须是重拳出击。同时，市场经济还是信用经济、道德经济，假如政府的治理缺乏道德的基础和支撑作用，经济活动主体如果没有自觉的道德约束，就会以种种手段逃避对违法经营的惩罚，坑害国家和他人。在尽快建立与社会主义市场经济相适应的法律规范体系、道德规范体系的过程中，加强经济伦理方面的理论研究与规范制定，是一项紧迫的任务。

（2）加强领导干部的思想道德建设。孔子讲："政者正也，子帅以正，孰敢不正?""其身正，不令而行；其身不正，虽令不从。""君子之德风，小人之德草，草上之风，必偃。"这些思想在今天仍具有启迪意义。我国正在深入开展的党风廉政建设和反腐败斗争，体现了我们党发展中国先进文化的要求。加强社会主义思想道德建设，其中一个重要方面是要抓好党员领导干部特别是高级干部的思想道德建设。要筑起一道坚固的思想道德防线，经得起改革开放和执政的考验，经得起权力、金钱、美色的考验，不断增强拒腐防变、抵御各种风险的能力。实践告诉我们，加强思想道德建设必须重视制度建设和管理，结合实际及时制定领导干部廉洁从政的行为准则和道德规范，并通过有效的机制实行监督，真正做到防患于未然。制定领导干部的行为准则和道德规范，既要适应社会主义市场经济的规则，体现时代要求和创新精神，又要坚持社会主义价值观。要重视继承我国优良的道德文化传统，特别是要继承和大力弘扬中国革命道德的优良传统，防止市场经济的负面影响，反对和抵制拜金主义、享乐主义、极端个人主义。官德好了，会有力地推动全社会思想道德水平的提高，真正实现代表先进文化这一要求。

（3）全面理解和实施治国方略。江泽民同志在2001年年初召开的全国宣传部长会议上强调，要坚持不懈地加强社会主义法制建设，依法治国，同时要坚持不懈地加强社会主义道德建设，以德治国，从而完整地提出我党的治国方略。这一治国方略之所以科学，就在于它是基于道德与法律两者之间存在的辩证关系提出的，也是对国内外治国经验的全面概括。道德是立法的基础，也是执法的基础，还是守法的基础；法律是最低的道德。人们必须首先守法，然后才有可能成为有德者。而当社会上普遍存在知法违法，甚至执法违法这种无视和嘲弄法律尊严的现象时，这个社会的道德一定形同虚设，缺少对民众的约束力。因此，道德与法律二者如同车之两轮、鸟之双翼，忽视其中任何一个方面，都不可能达到国家长治久安的目的。因此，建设社会主义法治国家，需要道德的支持；抓好思想道德建设，同样离不开以法律为后盾。法治强制人的外部行为，是他律；德治规范人的内心世界，是自律，只有两者相辅相成，才能从根本上巩固社会的稳定。正如有同志讲的，如果德治不举，人心不稳，法治就会千疮百孔；而法治松弛，惩恶不力，德治也会破堤而溃。

（原载《河南日报》2001年8月3日）

文化建设的一项极为重要的任务

当今时代是综合国力竞争日益激烈的时代，更是世界各种思想文化相互冲突与相互融合的时代。民族精神是一个民族生存发展的精神支柱，是民族文化中最精华、最核心的内容。中华民族要自立于世界民族之林，就必须坚持弘扬和培育民族精神。党的十六大报告指出，面对世界范围各种思想文化的相互激荡，必须把弘扬和培育民族精神作为文化建设极为重要的任务。

弘扬和培育民族精神，是文化建设的灵魂。民族精神是一个民族在长期的共同生活和共同的社会实践基础上形成的，为民族大多数成员所认同和接受的思想品格、价值取向、道德规范的总和。中华民族在数千年的发展中形成的以爱国主义为核心的团结统一、爱好和平、勤劳勇敢、自强不息的伟大民族精神，博大精深、源远流长。如“位卑未敢忘忧国”的爱国情怀，“富贵不能淫，贫贱不能移，威武不能屈”的浩然正气，仍具有极强的生命力。中国共产党人一贯重视继承和弘扬中华民族精神，并在长期的革命斗争和建设实践中形成了以为人民服务为宗旨和核心，以集体主义为原则，以无私奉献、勇于牺牲、艰苦创业、勤俭节约等为主要精神的中国革命优良传统。改革开放以来，竞争、开放、效率、创新、敬业等观念，日益成为丰富民族精神的新的价值理念，为民族精神注入了新的内容。这就是中华民族之所以历经磨难而不衰，始终保持强大生命力、创造力和凝聚力的根源所在。民族精神是文化建设的灵魂，是建设面向现代化、面向世界、面向未来的，民族的、科学的、大众的社会主义文化不可或缺的组成部分。

弘扬和培育民族精神，是文化建设创新的集中体现。文化作为社会意识形态，有其自身发展的特殊规律，即传承与创新，这是吸取传统文化、外来文化中的精华，剔除其糟粕的过程，从而推进文化的发展。民族精神作为文化的集中体现，它的进步和提升必须遵循同样的规律。然而，这一规律从根本上又是由社会基本矛盾即生产力与生产关系、经济基础与上层建筑的矛盾运动所决定的。民族精神是长期历史文化积淀的产物，它像血脉一样深深地熔铸于民族的生命力、创造力和凝聚力之中，而推进民族精神跃升的原动力，则是当时社会的物质生产方式。生活实践蕴含着一定时代的民族精神，人类又在自觉地培育着这种精神。因此，弘扬和培育民族精神，是继承、发展，同样也是创新，而且这种继承、发展与创新必须立足于建设中国特色社会主义的伟大实践，并依据时代的要求去选择、去考量、去整合。在充分挖掘民族精神当代价值的同时，不断赋予其新的时代内涵，这是当代中国文化建设创新的重要特点。这就要求我们必须立足于改革开放和现代化建设的实践，贴近实际，贴近生活，贴近群众，把握群众精神生活需求，引导和支持健康的、有益的文化，努力改造落后文化，坚决抵制腐朽文化，建立与社会主义市场经济相适应、与社会主义法律体系相协调、与中华民族传统相承接的社会主义思想道德体系，推进先进文化的发展与创新。

弘扬和培育民族精神，不断增强中国特色社会主义文化的吸引力和感召力。民族精神是文化的集中体现，它深深地植根于人们的奋斗实践中。广大人民群众是我国先进文化的创造者，是民族精神的弘扬者和培育者。牢牢把握先进文化的前进方向，紧紧围绕满足广大人民群众的精神生活需求，生产出既符合文化发展规律，又弘扬主旋律、充分体现时代精神的文化产品，才能真正把人们凝聚到社会主义文化建设上来。同时，兼顾不同层次的精神文化需要，处理好先进性与广泛性、满足与引导、培育与抵御的关系，把民族精神的弘扬和培育与提高人的思想道德素质、促进人的全面发展紧密结合起来，使人民群众能从文化建设中满足精神生活需要，吸取精神力量，从而增强中国特色社会主义文化的吸引力和感召力。

（原载《人民日报》2003 年 8 月 26 日）

知与行

对知与行的关系，中国古代思想家曾有过许多精辟的论述。荀子的“道虽迩，不行不至；事虽小，不为不成”（《荀子·修身》）、朱熹的“论先后，知为先；论轻重，行为重”（《朱子语类》卷九）等都论述了知与行的辩证统一关系。知与行是道德教育中的一对矛盾。对道德主体而言，两者都是不可或缺的。从未成年人的成长规律看，坚持知行统一，强调行重于知，则更具有科学性。

一般而言，个体的道德养成，是知、情、信、意、行五个要素连续转化和递进的过程。知，即道德认知，是人们对一定社会的道德原则、规范的认识和理解。这是个体道德行为的基础，也是道德情感、信念和意志形成的根据。情，即道德情感，是基于道德认识对周围世界进行评价时的一种情绪体验，是知、信、意的催化剂，也是个体向善的推动力。信，即道德信念，是对一定社会的道德原则、规范的内心确认和坚定信仰，是道德形成的中心环节，也是个体道德行为的精神支撑和动力。意，即道德意志，是人们在履行道德的过程中表现出的自觉克服困难的毅力和持之以恒的精神，是道德活动持续的保证。行，即道德行为，是基于以上诸要素而表现出的实际行动，也是道德教育过程的最后完成。知、情、信、意、行五个要素相互制约、相互促进，呈阶梯式递进，构成了一个内在的循环系统。这是就一般道德教育过程而言的。

从道德发展的规律来看，未成年人与成年人有很大的不同。他们对眼前的世界充满了好奇，并具有很强的模仿性，但本身又缺乏自我选择与自我判断的能力。因此，必须给他们足够的实践机会，让他们在实践中学习，在学习中获得真知。目前，我国学校、家庭、社会对未成年人的道德教育面临着许多新情况，道德实践活动的载体与形式还不能适应其需要。对于未成年人来说，只注重道德认知而忽视道德实践的德育方法，是不符合其道德成长规律的。

有人曾经问一位获得诺贝尔奖的科学家：“请问您在哪所大学学到您认为最重要的东西?”这位科学家平静地说：“在幼儿园。”“在幼儿园学到了什么?”“学到把自己的东西分一半给小伙伴；不是自己的东西不要拿；东西要放整齐；吃饭前要洗手；做错事要表示歉意；午饭后要休息；要仔细观察大自然。”这位科学家出人意料的回答，说明了道德实践对未成年人道德形成的特殊意义，以及未成年人的道德素质对其一生的影响。

习惯成自然，自然成性格。未成年人道德行为的养成，需要学校、家庭、社会对“知”的系统教育，告诉他们哪些是善的，哪些是恶的，哪些是应该做的，哪些是应当坚决反对的；同时，更需要给他们实践的机会，“勿以善小而不为，勿以恶小而为之”，从点滴小事做起，使他们在活动中磨炼意志，提高自我选择、自我控制、自我调节的能力，从而养成良好的道德习惯，形成稳定的道德品质，最终形成良好的道德素养。

（原载《人民日报》2004 年 12 月 10 日）

加强个人品德建设
——学习党的十七大报告

党的十七大报告提出，“大力弘扬爱国主义、集体主义、社会主义思想，以增强诚信意识为重点，加强社会公德、职业道德、家庭美德、个人品德建设”。其中，加强个人品德建设是首次在中央文件中正式提出，具有重要的理论意义和实践意义。

个人品德由道德认识、道德情感、道德意志和道德行为等因素所构成。道德认识是社会的道德要求转化为个人内在品德的首要环节，是品德形成的基础。道德情感是个体在社会实践和生活经历中基于自身立场、观点所形成的对现实道德关系和道德行为的好恶、爱憎等心理活动。道德意志是人们在履行道德义务或决定道德行为的过程中，自觉自愿地做出抉择、克服困难的顽强力量和坚持精神，受到道德认识、道德情感的影响。道德意志是道德认识向道德行为、道德品德转化的关键。道德行为是个人道德品德的外部状态，表现为语言和行为习惯。只有在道德实践中，个人品德才能形成、巩固、成熟，成为人生整体行为的一贯倾向和稳定特征。社会实践不仅是人们形成品德的客观基础，而且是人们改变自己已经形成的品德的基础。

加强个人品德建设的提出，为社会主义道德理论体系增添了新内容。2001 年，中共中央颁布《公民道德建设实施纲要》，就社会主义道德建设体系做出了概括，主要包括：以为人民服务为核心，以集体主义为原则，在全社会大力倡导“爱国守法、明礼诚信、团结友善、勤俭自强、敬业奉献”的基本道德规范，加强社会公共生活、职业生活、家庭生活等领域中的道德建设，即社会公德、职业道德、家庭美德建设。党的十七大报告增加了个人品德建设，道德建设由“三德建设”变为“四德建设”。“四德建设”分别从社会层面、组织层面、家庭层面和个体层面提出了相应的道德建设要求，丰富了社会主义道德建设的内涵。

重视个人品德建设，有助于提升社会道德水平。党的十七大报告强调，党员领导干部必须“讲党性、重品行、作表率”，这实际上也是要求领导干部加强个人品德建设。个人品德是“内在的法”，社会公德、职业道德、家庭美德的实现最终都要诉诸个人品德。个人品德是一定社会的道德原则和规范在个人思想和行为中的体现，是一个人在其道德行为整体中所表现出来的比较稳定的、一贯的道德特点和倾向。个人品德既是社会道德原则和规范的内化，也是个体作为主体对社会道德的认识、选择以及实践的结果，是个人在社会生活中的行为活动个性化了的道德特质。个人品德提高了，就可以“内德于己，外德于人”，促进社会道德进步。特别是当前，在私人生活领域存在大量法律与制度难以约束的情况，因此必须坚持制度建设与个人品德建设并重，发挥道德模范的榜样作用，引导人们自觉履行法定义务、社会责任、家庭责任。

加强个人品德建设，须多管齐下。一是应提高人们的道德认识。要使人们具备高尚的品德，就必须使人们了解和把握社会各个生活领域的道德规范，了解和认识什么是善、什么是恶，什么是荣、什么是辱，然后才能有一个明确的道德实践方向。二是应陶冶人们的道德情操。有了某种道德认识，还需要炽热的道德情感，需要有一种对善的执着追求，在实践中形成稳固的道德情感。三是应锻炼人们的道德意志。如果没有坚强的道德意志，就不能在道德实践中克服困难，坚持善良和正义，抵制邪恶和私欲，也就难以形成高尚的品德。四是应引导人们养成良好的道德行为习惯。如果人们对于道德规范能够自觉遵守，乃至达到从心所欲而不逾矩的境界，个人品德自然能不断提升。

（原载《人民日报》2007 年 12 月 24 日，合作者：胡隆辉）

思想家眼中的“良心”

“良心”是人们在日常生活中经常使用的一个概念，实际上也是中外思想史上许多思想家经常讨论的一个命题。探讨一些思想家眼中的“良心”，对于加强当下的道德建设颇有启发意义。

许多思想家都认为良心是一个人所固有的，是人心中“内在的法”。孟子认为，良心是人的本性，是善良之心。“虽存乎人者，岂无仁义之心哉？其所以放其良心者，亦犹斧斤之于木也，旦旦而伐之，可以为美乎？”恻隐之心、羞恶之心、恭敬之心、是非之心，人皆有之。与孟子类似，明代王阳明将良心作为“不待虑而知，不待学而能”的先天存在的判断准则。他说：“尔那一点良知，是尔自家底准则。尔意念着处，他是便知是，非便知非，更瞒他一些不得。”也就是说，良心具有识别是非善恶的能力，是指导、评价个体行为的准则。英国 18 世纪的思想家巴特勒也有类似的观点。他认为，在人的本性中都存在着“良心”这一反省原则，良心是“我们的自然的指导者，是创造我们本性的主上指派给我们的指导者”。19 世纪德国著名哲学家费尔巴哈认为，良心是自己审判自己的法官。他说：“我的良心不是别的，而只是我的自我，即被放在受损害的你的地位上的自我；不是别的，而是他人幸福的代理者。”他认为，人的本性生来就是要追求幸福。当我在追求自己的幸福时损害了你的利益，使你遭受了痛苦，那么，在行为之后，我的良心就会站在你的地位上来谴责我，使我遭受良心上的折磨。

如果说良心是个体所固有的，那么，良心的具体内容是不是个体所规定的？德国古典哲学的集大成者黑格尔详尽地论述了义务和良心的关系，认为义务使良心具有客观内容，良心则使义务现实化。换言之，良心的具体内容是客观的、社会的。在黑格尔眼里，义务和良心是紧密联系的一对范畴。义务是普遍的、外在的，良心则是特殊的、内在的。义务要获得现实性，就必须通过良心这一中间环节，把外在的必然性变成自我的意识，把义务的要求变成良心的指令。良心是主体在认识和反思义务时形成的自我意识和心理，主体怎样认识自身的义务，就会形成怎样的良心。黑格尔把义务和良心作为一对范畴，在对立统一中把握两者的运动过程，这在一定程度上反映了道德活动的客观过程，揭示了道德主体行为的内在心理机制。

马克思认为，良心是一个具体的历史的范畴，受经济关系、政治制度、文化背景、个体素养等影响。尤其是阶级阶层不同，良心往往有着不同的内容，并且随着社会的变迁，良心的内涵也会发生变化。在阶级社会里，良心具有阶级性。马克思在揭露资产阶级社会法庭对哥特沙克及其同志们的审判时指出：“共和党人的良心不同于保皇党人的良心，有产者的良心不同于无产者的良心，有思想的人的良心不同于没有思想的人的良心。一个除了资格以外没有别的本事的陪审员，他的良心也是受资格限制的。特权者的‘良心’也就是特权化了的良心。”他们的良心之所以不同的根本点就在于，反映与维护的阶级利益不同。马克思还在不少地方揭露资本家为了金钱而不顾工人的生命和健康，并认为他们是不讲良心的。

从中外一些思想家关于良心的诸多论述中可以看出，良心是一定社会的道德理想、道德原则内化的个体情感和信念，是“内在的法”。良心发挥作用的主要形式表现在对人的行为的规范、调节和评价上。行为之前，良心对行为动机进行思虑、选择、判断，如同指挥官；行为过程中，良心如同检察官；行为结束后，良心如同审判官。良心是自我道德评价的一把利器，也是激励人向上的一种精神力量。培育良心，对于提高个体道德水平、推进公民道德建设具有重要意义。

（原载《人民日报》2013 年 10 月 27 日）

爱国守法：公民必须遵守的道德准则

道德规范作为人类道德行为的基本准则，是对一定社会道德关系的反映，是一定的社会对人们提出的道德要求。道德规范在社会主义思想道德建设中居于重要位置，也是我国发展先进文化的重要组成部分。在中共中央印发的《公民道德建设实施纲要》中，把爱国守法作为公民道德建设的一个基本的道德规范。爱国守法是每位公民必须遵守的道德准则。

爱国守法反映的是公民个人与国家、与祖国、与社会的关系，是社会主义道德体系中最基本的规范。道德规范的产生和形成不是主观意志的产物，它反映的是客观的社会道德关系，是特定社会对其成员提出的道德要求。爱国守法可以说是任何一个社会都普遍存在的，而且是任何一个社会和阶级都特别重视的一种道德规范。一个人，是社会的人，是国家的公民、祖国大家庭的成员，不管公民个人是否自觉意识到，主观上是否愿意去遵守这一道德规范，他都必须处理与国家、与祖国、与社会的关系，履行自己对祖国、对社会的义务和责任。这正是道德规范对公民个人有约束力的重要条件。因此，爱国守法这一基本道德规范，体现的是一种客观的社会道德关系，同时，遵守这一道德规范还需要公民个人这一行为主体真正认识到规范的客观性、科学性及不可违抗性，并自觉地、主动地去实践规范。

爱国守法作为基本的公民道德规范，包括两方面的内容：一是爱国，二是守法。

爱国是对公民行为提出的一个基本道德准则。我国古代一些思想家和志士仁人给我们留下了十分宝贵而丰厚的精神资源，如“临患不忘国”、“乐以天下，忧以天下”、“先天下之忧而忧，后天下之乐而乐”、“天下兴亡，匹夫有责”等名言佳句，世代传承。这些精神已经凝结成中华民族道德精神的核心内容，成为抵御内忧外患的强有力的精神支柱。中国共产党人在长期的革命、建设和改革中，赋予爱国以新的时代内容，使这一道德规范得到了质的提升，从而根本区别于传统道德。1949 年 9 月 29 日中国人民政治协商会议第一届会议通过的《共同纲领》，就规定“爱祖国”是中华人民共和国全体国民的公德之一；1982 年五届全国人大通过的《宪法》再一次规定，“爱祖国”是公民公德规范。爱国是一个具体的历史的范畴，不同时期有不同的内容和主题。在 21 世纪，爱国主要体现在以下几个方面：第一，热爱祖国，培养深厚的爱国主义感情。第二，坚持社会主义与爱国主义的统一。在当代中国，爱国主义与社会主义本质上是一致的，一个爱国者必然是社会主义现代化的积极建设者和奉献者。第三，实现各民族的团结，维护祖国统一。第四，维护国家尊严和形象，把祖国的利益放在第一位。祖国的命运与公民个人的命运息息相关，个人利益要服从祖国整体的利益。第五，要有强烈的民族自尊心和自信心，决不妄自菲薄，数典忘祖，丧失国格和人格。

守法是对公民行为提出的又一个基本道德准则。这是基于法律与道德的关系而提出的。法律与道德相辅相成，后者是前者的道义基础或价值基础，前者是后者实施的重要保证。在对社会秩序的维护上，两者缺一不可。《公民道德建设实施纲要》把守法作为道德规范提出，是依法治国与以德治国相结合的一个具体内容。从一定意义上说，守法是道德的底线。在任何社会，守法都是对一个公民行为的最起码的规定，是维护社会生活和经济生活正常秩序的基本要求。守法作为法律的要求，是公民必须遵守的行为底线；作为道德规范，则启迪公民自觉地意识到，个人行为不仅必须守法，同时也应当守法，从而增强公民道德上的守法自觉性与主动性，充分发挥道德的自律功能。社会主义市场经济是法制经济，也是道德经济，而法制建设和道德建设的重要基础则是公民必须要守法。因此，守法这一规范要求公民：提高法律意识，增强法制观念，依法维护社会公共利益和集体利益，依法保护个人通过诚实劳动和合法经营获得的正当利益；自觉履行宪法和法律规定的各项义务，积极承担应尽的社会责任，把个人权利与个人义务结合起来，把尊重个人合法权益与承担社会责任结合起来；承担建设社会主义法治国家的道德责任，为形成我国改革开放和经济发展良好的人文环境和社会秩序做出应有的贡献。

爱国守法这一公民道德基本规范的有效实施，对于培养爱国主义情感，弘扬爱国主义精神，增强民族的凝聚力；对于在新的时代条件下维护国家利益、民族利益，不断增强综合国力；对于坚定社会主义信念，更好地建设有中国特色社会主义；对于反对民族分裂，维护祖国统一；对于规范社会经济生活秩序，强化公民的法律意识，提高公民的道德素质乃至全社会的道德水平，都具有重要的现实意义和深远的历史意义。

（原载《人民日报》2002 年 1 月 15 日）

改革开放与人生价值观的若干理论问题

由《人民日报》理论部等单位联合主办的“改革开放与人生价值观”研讨会，于1993年5月4~8日在郑州召开。来自全国和河南省内的近40名专家、学者，主要围绕下列问题发表了各自的看法。

人生价值观教育的历史反思

我党历来重视人生价值观的理论研究和教育，并积累了丰富的经验和方法，促进了我国社会主义事业的顺利发展。但在实际工作中，也存在不足：第一，重视个人利益不够，国家、集体、个人三者利益结合得不够好。第二，不承认价值的层次性，先进性与广泛性、严格性与宽容性、公正与效率、竞争与互助、先富与共富结合得不好。第三，政治价值、理想价值、职业价值与生活价值结合得不好。另外，在对传统文化的吸收、发扬方面，对外来的价值观念、价值理论的接纳和摒弃方面，都还有大量的问题需要研究。

人生价值观的现状与评析

有同志提出，改革开放以来，随着经济的发展和整个社会的进步，一些过时的人生价值观被摒弃，一些传统的人生价值观被赋予了新的内容，还有一些新的人生价值观应运而生，这是当前人生价值观变化的主流。主要表现在：第一，随着党的实事求是思想路线的重新确立和社会主义实践的不断深入，我们一贯倡导的某些人生大目标从幻想回到了真实，其涵盖的内容也出现了很大的差异。第二，在某些人生价值观的要求上更加注重层次性。第三，纠正和完善了一些具有缺失的人生价值观。如“文革”时期的“与人斗其乐无穷”的价值取向被以经济建设为中心的价值取向所取代。第四，适应市场经济的需要出现了新的价值意识，如商品经济中的等价交换意识、追求经济效益的意识、风险意识、公正意识、进取意识等。这些反映了我国人生观、价值观发展的主流。

同时，当前在人生价值观领域还存在不少问题。如：一些应变而没有变，或变化不够的旧意识。表现在人生奋斗的道路上，小进则满，知足常乐，缺乏雄心大志，在很大程度上对社会主义和集体过于依赖，缺乏积极进取的动力。明显消极、错误的人生价值观在一定范围内存在、泛滥，主要是个人主义、享乐主义、拜金主义。改革开放以来出现的、短时间内还不能简单判断是非的人生价值观，如：在择业观上，提出到国外去，到三资企业去，到挣钱最多的地方去；在个人价值态度上，提出自我设计、自我实现、自我成才，能做栋梁就不当螺丝钉，不想当将军的并不是好士兵；在利益分配关系上，更多强调小河有水大河满、小河无水大河干等。

有同志还就市场经济条件下的大学生价值观、军人价值观、工人价值观、农民价值观发表了看法。

社会主义市场经济与集体主义价值导向

大多数与会同志认为，在社会主义市场经济条件下，仍应大力倡导集体主义价值观念，个人主义要不得，但在新的历史条件下，集体主义也应不断充实新的内容。

有同志指出，从历史发展来看，市场经济经历了两大发展阶段。在第一次技术革命时期，形成的是古典市场经济。这时，听任“看不见的手”发挥作用，“管得最少的政府是最好的政府”是其运行的准则。与此相适应，边沁的功利主义是其在价值观上的典型代表。随着现代市场经济体制的逐渐形成和完善，不仅“看不见的手”发挥着作用，同时，也出现了另一只“看得见的手”——政府宏观调控，“管得最合适的政府是最好的政府”成了经济运行的新准则；与此相适应，传统的个人主义价值观受到冲击，失去了旧有的感召力。

我们国家目前所要建立的并不是古典的市场经济体制，而是现代市场经济体制。这种市场经济与社会主义基本经济制度相结合，形成了有中国特色的社会主义市场经济体制。无论从制度上，还是从体制上来看，极端的个人主义价值观都不是社会主义市场经济体制的必然结果，更不是其所应倡导的价值观。社会主义市场经济与集体主义道德不是相互矛盾、相互对立的，而是相互促进、共同发展的。

集体主义原则是我国几十年来坚持的价值导向，从其理论和实践来看，也有一个不断发展和完善的过程。与会同志指出，应把集体主义原则看作一个动态的、开放的思想体系。在新的历史条件下，应该用唯物辩证法的发展观来理解集体主义原则。当然，无论集体主义在发展中经历多少个历史阶段，它的本质和基本要求是不变的。如国家、集体、个人利益的根本一致性，国家利益、集体利益高于个人利益，以及每个人的全面发展等。

会上也有同志指出，“人人为我，我为人人”应作为社会主义价值导向的原则。

人生价值观的若干理论问题

与会同志认为，要使人生价值观问题的讨论逐步深入，对一些概念和基本的理论问题必须认真研究，如需要、利益和价值的内涵，需要、利益和价值的关系；人的价值、人生价值、价值观的内涵；怎样评价不同的价值观，我们应该倡导什么样的价值观等。

对于怎么理解人的价值，有同志提出，人的价值在于创造。作为人的价值的创造，一方面在于对象世界的创造，即物质文明和精神文明的创造；另一方面还在于人自身的创造，即人作为主体的不断发展和完善。

明确地把人的价值规定为创造，不仅适应社会主义市场经济发展的需要，而且对培养一代新人以及促进其他各方面的工作均有现实的指导意义。因为，当社会把创造作为评价人的最高准则的时候，我们的民族精神就有了一个坚强的支柱，我们的社会就会生机勃勃，我们就能在国际竞争中立于不败之地。

（原载《哲学动态》1993 年第 8 期）

加大道德问题的研究力度

在党的十六大精神指引下，河南省大力推进道德建设，公民的道德意识发生了深刻的变化，道德进步成效显著。但是，我们还必须清醒地看到，一些领域和方面存在的道德问题还比较突出，甚至在一定程度上成为制约河南省经济社会进一步发展的瓶颈，因此伦理学特别是经济伦理学担负着十分重要的研究任务。2004 年，我们要从理论上认真研究，实践上积极探索，营造出以优良道德价值为核心的人文环境，促进经济社会的全面进步。

公民道德建设仍需花大力气继续新的探索。公民道德重在建设。这是中央的精神，也是河南省道德建设实践的重要启示。客观地说，2003 年河南省在公民道德建设方面创建了许多新的实践形式，取得了突出成就，在克服道德理论与道德实践脱节、实现二者的有机结合，以及道德的先进性与广泛性相互支持、交叉互动等方面，探寻出了一些有效途径，对于提升河南省全体公民的道德素质，改善经济发展环境，树立河南省良好形象，起到了积极的推动作用。2004 年仍需在此基础上继续新的探索，适应迅速发展的经济社会形势，适应全面建设小康社会的客观要求，结合省情，坚持与时俱进的创新精神，抓住知行统一这个关键环节，贴近实际、贴近生活、贴近群众，使公民道德建设更富有成效。

坚持以人为本，确立新的经济伦理观。党的十六届三中全会明确提出："坚持以人为本，树立全面、协调、可持续的发展观，促进经济社会和人的全面发展"，并提出"五统筹"的目标和任务。这是正确处理人与自然、经济和社会关系的科学发展观。这种发展观提出的理论和实践意义在于，它把道德价值目标纳入并作为我国经济社会发展的价值方针，这是我党对发展理论的一次重大突破，对于指导河南省制定政策乃至法律法规，具有十分重要的价值导向作用。我们要在认真学习的基础上，确立和全面贯彻这一新的经济伦理观，其中提出的经济社会发展中的一些新伦理问题，特别是应用伦理问题，需要深入探讨。

研究社会信用制度建立中道德的支撑功能。《中共中央关于完善社会主义市场经济体制若干问题的决定》第一次系统地提出建立健全社会信用体系，要求"形成道德为支撑、产权为基础、法律为保障的社会信用制度"。如何发挥道德的支撑作用？这种道德的具体内涵又包括哪些？政府信用、企业信用、中介组织信用及个人信用建立中的道德问题等都是需要认真研讨的。河南省致力于诚信道德教育，对社会信用制度建设无疑是非常重要的。

加强企业伦理理论和应用方面的研究。党的十六届三中全会的召开，标志着我国社会主义市场经济建设进入新的发展时期。企业作为微观经济基础，其伦理建设应该进入一个实质性的发展阶段。这就需要不断更新企业伦理观念，建立健全企业伦理规范，探寻道德规范内化为员工信念的道德活动方式等。我们应该树立伦理是无形资产、是一种特殊的资源等现代市场经济伦理理念，开阔视野，务求实效，不断探索企业伦理建设的新途径、新内容，使河南省的企业伦理建设再上新台阶，从而更主动地适应市场经济发展的需要。

政府伦理建设日益提到重要位置。完善社会主义市场经济体制，涉及方方面面的改革，也对政府行为的规范化、科学化提出了更高的要求。从旧体制过渡过来的政府职能，经过 20 多年的改革，已初见成效。但从河南省目前经济发展中存在的问题来看，如地方保护、重大经济决策失误、投资环境不佳等，许多都与政府职能的缺位、越位有直接关联。政府作为管理经济的主体，其行为也需要道德的规范与约束。因此，加强宏观经济调控领域中的政府伦理研究，打造信用政府，同样是 2004 年伦理学科需要重点关注的一个理论话题。

（原载《河南日报》2004 年 1 月 6 日）

诚信：构建和谐社会的道德基础

（教育部邓小平理论和“三个代表”重要思想研究中心）

“诚信友爱”是构建和谐社会在思想道德建设方面的基本要求，诚信是构建和谐社会的道德基础。诚信在构建社会主义和谐社会中的道德基础作用主要体现在以下几个方面：

第一，诚信是建立和谐人际关系的重要道德准则。诚实守信是中华民族的传统美德，在社会主义条件下应当进一步发扬光大。在社会主义条件下，广大人民群众的根本利益是一致的，人与人之间应当是互帮互助、诚实守信、平等友爱、融洽相处的新型关系。这是由社会主义本质所决定的，也是社会主义制度优越性的具体体现。人们之间以诚相待，才能处理好各种人民内部矛盾，使人们各尽其能、各得其所。但在实际生活中，一些人急功近利，弄虚作假，言而无信，尔虞我诈；一些地方存在道德冷漠症，造成人与人之间的隔阂与不信任。因此，以诚信为重点，正确处理义与利的关系、竞争与协作的关系，培育社会主义新型人际关系，是构建和谐社会的一个重要任务。

第二，诚信是维护市场秩序的基本道德规范。用诚信道德引导和规范经济行为，是市场经济条件下构建社会主义和谐社会的一个重要课题。以社会分工为基础的交换关系，要求双方以信用作为守约条件。日益扩展的市场关系逐步构建起彼此相连、互为制约的信用关系链条，维系着市场关系和市场秩序。所以，市场经济也是信用经济、诚信经济，这是市场经济的内在属性。同时，市场经济具有追求利益最大化的属性，如果对经济活动缺乏有效的约束和规范，一些人就可能通过失信行为来谋取不义之财。目前，由于社会主义市场经济体制不完善，失信问题较为严重，加大了企业交易成本，也影响了企业在经贸往来中的信誉。失信行为还从经济生活蔓延到政治、文化及人际关系领域，并滋生了权钱交易等腐败现象。所以，诚信和失信的道德冲突，是发展社会主义市场经济过程中道德建设的一对矛盾，这一矛盾解决得如何，直接关系到市场秩序的状况。加强诚信道德建设，是完善社会主义市场经济的必然要求，我们必须把它作为一项重要工程来抓。

第三，诚信是提升政府公信力的重要因素。政府的诚信，关系民主法治、公平正义，影响着政府的公信力，决定着和谐社会的建设。《中共中央关于完善社会主义市场经济体制若干问题的决定》强调：“增强全社会的信用意识，政府、企事业单位和个人都要把诚实守信作为基本行为准则。”温家宝同志在《政府工作报告》中，提出提高政府公信力的任务。政府的诚信建设，一是体现在制度的公正性层面，二是体现在政府行为的诚信层面。制度公正是政府公信度的基础。制度不公就会导致社会权利与义务的不平等，引发社会利益分配失衡或利益冲突，并为各种不法行为、失信行为提供滋生的土壤。因此，坚持科学发展观，处理好“五个统筹”的关系，通过加强制度建设解决分配公正、司法公正、教育公正等群众特别关切的问题，是诚信政府建设的重中之重。但是，符合社会公正的制度，要通过各级政府及其工作人员去维护和实施，其实施的状况以及由此形成的政风，决定着政府的公信度和形象。在现实生活中，有的地方不能做到依法行政、公正执法，缺乏责任意识，致使政策扭曲；一些地方的腐败现象损害了党和政府的形象，影响了政府的公信力。温家宝同志在《政府工作报告》中讲到政府工作中存在的问题时尖锐地指出，有些关系群众利益的问题还没有得到根本解决；有些政府工作人员依法行政的观念不强；形式主义、官僚主义、弄虚作假和奢侈浪费的问题比较突出；腐败现象在一些地方、部门和单位比较严重。因此，诚信政府建设关系到社会信用体系的建立，关系到社会诚信道德水平的提升。

第四，诚信道德建设是保证我国政治、经济、文化和社会建设协调发展的精神支撑。诚信道德建设不仅是道德建设的重点，而且对构建社会主义和谐社会进程中其他各方面的建设，也是不可或缺的。胡锦涛同志指出，和谐社会的几个特征是相互联系、相互作用的，需要在全面建设小康社会的进程中全面把握和体现。这一深刻阐述，是马克思主义世界观和方法论在和谐社会构建方面的具体运用，它揭示了社会主义和谐社会各个要素之间的辩证关系，说明和谐社会建设是一个系统工程。其中，民主法治是政治方面的明确要求，公平正义首先是经济方面的价值目标，安定有序是社会组织和管理方面的任务，充满活力是社会建设多方面努力的综合成果，和谐相处是对处理人与人、人与自然关系的具体要求。这些目标的实现，都离不开诚信道德的规范、支持和维护。如果一个社会不能在公民中普遍地培育起诚信的道德素养，其政治、经济、文化等各方面的关系就不可能协调，人与人之间就不能做到平等友爱、融洽相处，社会生活就不能充满活力、安定有序。从这个意义上说，诚信道德状况直接关系到整个和谐社会的建设。

在构建社会主义和谐社会的过程中，应该如何加强诚信道德建设呢？

第一，要以诚信为重点，加强社会公德、职业道德和家庭美德建设，培育公民的诚信道德人格。社会公德是全体公民在社会交往和公共生活中应该遵循的行为准则，它涵盖了人与人、人与社会、人与自然之间的关系。在现代社会，公共生活领域不断扩大，人们相互交往日益频繁，诚信道德在维护公众利益、公共秩序方面的作用更加突出。只有人人讲诚信，给他人以信任，公共生活领域中的和谐人际关系才能形成。职业道德涵盖了从业人员与服务对象、职业与职工、职业与职业之间的关系，是所有从业人员在职业活动中应该遵循的行为准则。以诚为本的经营宗旨和爱岗敬业、办事公道、服务群众、奉献社会的职业道德规范，不仅有利于建立企业与消费者的信任关系，政府与公民的信任关系，而且是一个企业发展的无形资本，是提升政府公信力的根本。家庭美德是每个公民在家庭生活中应该遵循的行为准则，以诚信道德为重点，调整夫妻、长幼、邻里之间的关系，有利于形成相互信任、互敬互爱、长幼有序、融洽和谐的关系，从而建立一个稳定社会的微观基础。以诚信为重点的道德建设，最终是要塑造具有诚信道德的公民人格。孔子曰："自古皆有死，民无信不立"，"人而无信，不知其可也"。诚信是个人的立身之本，是做人的首要德行。公民有了诚信这种高尚的道德人格，社会也就有了正常的生产生活秩序，有了和谐的人际关系。

第二，要加强诚信道德建设，需要法律、经济、社会等方面的密切配合。首先，要加强法制建设，为诚信道德建设提供强有力的法律保障。诚信社会必须是一个法治社会。加强公民的诚信道德建设，需要法律与道德相互配合、优势互补，使诚信真正成为公民的道德自律。如果缺乏对失信者惩罚的法治体系，或有法不依，违法不究，执法不严，诚实守信者的利益得不到法律的保护，失信违法的行为可以不受法律的惩处，则诚实守信的道德风气是不可能真正建立起来的。其次，要尽快建立健全社会信用体系，为诚信道德奠定坚实的经济关系基础。诚信道德通过教化来引导和规范人们的行为，是软约束，它需要市场体系、市场关系的进一步完善。社会信用体系以"制度性"和"规范性"来规范经济活动，从根本上维护市场秩序和社会公平。最后，要把诚信道德建设与社会管理结合起来。建设诚信社会，要加强社会管理薄弱环节的建设，逐步完善诚信教育与社会管理相互补充、相互促进的长效运行机制，综合运用教育、法律、行政、舆论等手段，有效地引导人们的价值取向，规范人们的行为。总之，诚信既是道德建设，也是法制建设；既是意识形态领域的工程，也是完善经济制度和社会管理的任务。加强诚信建设，需要在和谐社会的构建中从经济、政治、文化和社会建设各方面综合努力。

（执笔人：乔法容）

（原载《光明日报》2005 年 7 月 19 日）

发展循环经济的三大理念

发展循环经济，是对大量消耗资源、严重污染环境和破坏生态的传统粗放型经济发展方式的一场革命。发展循环经济应树立三大理念：和谐发展、可持续发展、公正发展。这三大理念是经济发展观念的深刻变革与提升。

（1）和谐发展理念。循环经济发展模式以系统论、生态学为理论基础，遵循减量化、再利用、资源化的原则，构建经济—生态—社会和谐发展的链条。和谐发展理念把经济视作地球大系统中的一个开放子系统，它既具有相对独立性，又与社会、生态环境以及地球大系统相互作用、相互制约，经济发展必须与地球大系统实现和谐。传统经济发展模式秉持经济增长第一的价值观，缺乏经济行为必须与自然资源、生态环境相和谐的观念，导致了当今经济发展与自然资源、生态环境相冲突的局面。面对发展困局，美国经济学家鲍尔丁于20世纪60年代提出循环经济概念，并提出建设“生态经济学”学科。发展循环经济，实质是以生态学原理为基础，从整体上研究生态系统和生产力系统的相互影响、相互作用，研究生态和经济的结合，揭示自然和社会之间的本质联系和规律，从而把遵循经济规律与遵循自然规律有机结合起来。

和谐发展理念不仅弥补了先前人类对环境和自然资源价值的认知不足，而且突破了生态与经济的界限。它要求经济发展必须尊重自然规律，经济子系统必须与生态大系统相协调。和谐发展理念彰显了追求经济、社会、环境和人类自身协调发展的精神，倡导的是经济价值、生态价值与人类自身价值相统一的系统发展观。当前，人类必须摒弃仅仅关注经济效率与增长速度的单向度发展观，更加关注资源与环境的承载力，更加重视生态环境的价值和人类自身的价值。循环经济发展模式的核心要求，就是考虑经济活动对资源、环境、社会的影响，把和谐发展放在首位。

（2）可持续发展理念。经济系统与社会系统、生态系统和谐发展，是实现可持续发展的前提。人类选择循环经济发展模式，直接动因是化解经济发展所带来的日益严重的环境污染、生态破坏、资源枯竭矛盾，解决经济社会发展不可持续问题。

可持续发展的要义，是通过清洁生产、减少排污、节约资源、循环利用实现经济增长，既满足当代人的需求，又不损害后代人满足其需求的能力，实现经济发展可持续与人类社会可持续、自然生态可持续相统一。而传统线性经济发展方式，以及片面追求国内生产总值的偏好，暴露出了越来越明显的缺陷，如忽视经济增长的质量和效益、忽视经济增长导致的生态环境损害、忽视人的发展需求与社会福祉的全面提升，是不可持续的。循环经济发展模式在资源投入、企业生产、产品消费及废弃物排放的全过程中，把传统线性发展转变为资源循环利用的环路发展，为实现可持续发展提供了战略性发展范式，能够缓解长期以来经济发展与资源、环境之间的尖锐矛盾，实现经济效益、社会效益与生态效益相统一。

（3）公正发展理念。公正是处理各种利益关系的一个基本准则，是衡量经济社会进步与否的重要尺度。发展循环经济的公正理念，是融经济公正、社会公正、生态公正于一体的综合公正观。

综合公正观要求人类在开发利用自然资源、发展经济时，既考虑自身和当代人的利益，又不危及他人和后代人的利益，体现代内公正、代际公正和人地公正。代内公正是指当代人在利用自然资源满足自身利益的过程中，要体现机会平等、责任共担、合理补偿的原则，强调公正地享有自然资源；代际公正要求当代人在满足自身需求时不损害后代人满足其需求的能力，在消耗自然资源时为子孙后代保留满足其需求的自然条件；人地公正是指人类在满足自身需求时，以基于生态学的自然观和价值观去看待自然，从而公正地对待自然，实现经济社会、自然环境的可持续发展。公正发展理念贯彻于循环经济中，要求人类把开发利用自然资源的权利和保护自然环境的义务统一起来，在进行经济活动时，尽量减少和避免对自然生态环境的损害，并对生态权益受损者给予补偿，使不同地区和人群都有利用自然资源、享有良好生态环境的机会。

（原载《人民日报》2014 年 9 月 19 日）

确立新的科学发展观

《中共中央关于完善社会主义市场经济体制若干问题的决定》明确提出："坚持以人为本，树立全面、协调、可持续的发展观，促进经济社会和人的全面发展"，并提出"统筹城乡发展、统筹区域发展、统筹经济社会发展、统筹人与自然和谐发展、统筹国内发展和对外开放"即"五统筹"的目标和任务。这是一种全新的科学发展观，是我党对发展理论的一次重大突破。

新的科学发展观，明确把以人为本作为发展的最高价值目标取向。马克思主义发展观十分重视人的发展，我们党坚持马克思主义这一发展观，维护人的生存与发展需要，重视人民群众日益增长的物质需求和文化需求，真正代表最广大人民群众的根本利益。江泽民同志在2001年"七一"讲话中提出："我们建设有中国特色社会主义的各项事业，我们进行的一切工作，既要着眼于人民现实的物质文化生活需要，同时又要着眼于促进人民素质的提高，也就是要努力促进人的全面发展。""三个代表"重要思想的本质要求，也是人的全面发展。发展观离开了人，也就失去了目的性意义。我们强调发展是硬道理，发展是执政兴国的第一要务，其最终目的就是人的全面发展。在全面建设小康社会阶段，必须树立人本思想和以人为本的价值观，正确认识和处理手段与目的的关系，把经济社会其他各方面的发展都视为人发展的条件和手段，以便更全面地满足人的各种需求，促进人的素质全面提升和人的潜能更充分地发挥。

新的科学发展观的要义是强调经济社会的"全面、协调、可持续发展"。所谓"全面"，是指我们建设的中国特色社会主义社会，是以人为本的全面发展、全面进步的社会。全面建设小康社会，就是中国特色社会主义经济、政治、文化的全面发展。这里，我们要着重搞清楚"经济发展"与"经济增长"两种不同的经济战略理论。"经济增长论"是比较传统的理论，其特点是以国民生产总值增长为主要目标，以工业化为主要内容，以追求国家经济的繁荣，其结果是虽然能够提高经济增长速度，扩大对外贸易，提高人均计算的国民收入水平，但由于片面追求国民生产总值的增长，往往忽视人民的福利，以过高的积累率，导致经济比例失调、结构不合理、消费不足、贫富悬殊、破坏资源、环境恶化等经济社会问题，从而制约发展。从20世纪60年代后期，越来越多的国家改为实行新的"经济发展"观：以满足人的基本需要为目标，在增加国民生产总值或国内生产总值的同时，重视保证最低限度的人类需要，实行就业优先战略，重视分配公平的调节，重视人民生活质量的提高，重视环境保护等，由过去相对单一的经济指标变为相对综合的多元指标来评价经济发展。单纯的经济增长并不等于社会的发展，具有世界意义的发展观正逐步成为全人类的共识。

因此，我们必须具有这种科学的发展理念。过去我们更多的是从摆脱贫困和实现温饱的角度来考虑发展，从而把发展主要理解为经济增长的单项突破，特别是GDP总量的增长。应根据全面建设小康社会的要求，用新的发展观来审视和评价我国的改革和经济社会发展，如经济结构不合理，城乡二元结构，城乡、区域经济差距进一步扩大，劳动就业矛盾加剧，收入差距进一步拉大，基尼系数上升，自然资源和生态环境恶化等。所有这些问题的解决，都要求我们确立科学的发展观。新的发展观不是不重视经济增长，而是要坚持以经济建设为中心，在经济发展的基础上，整体推进物质文明、政治文明和精神文明建设，实现政治、文化、生态等社会的全面进步。

所谓“协调”，就是要协调好经济社会发展中的各种关系，如城乡发展、区域发展、经济社会发展、人与自然和谐发展、国内发展与对外开放之间的关系。《决定》提出的“五个统筹”、“五个坚持”，贯穿着这一新的发展观。应该说，我们在一些方面还不同程度地存在着发展不协调的问题，如重城市，轻农村；重经济，轻文化；重经济增长，轻社会发展等。在推进改革的过程中，如何实现宏观经济改革与微观经济改革相协调，经济领域改革和社会领域改革相协调，城市改革与农村改革相协调，经济体制改革与政治体制改革相协调，坚持把改革的力度、发展的速度和社会可承受的程度统一起来等，都需要有一个整体的协调。从某种意义上讲，没有协调，就没有稳定的发展环境，就谈不上真正的发展。目前，我们特别要通过协调功能来统筹、协同、平衡地域、城乡、不同社会阶层和社会群体等收入差距较大的问题，以保持改革发展稳定的大局，促进整个社会各领域、各阶层的共同进步。

所谓“可持续发展”，要求在发展中正确处理人口、资源、环境之间的关系，资源开发与环境保护的关系，长远利益与眼前利益的关系等，以保持我国可持续发展能力的不断增强。它强调要综合有效地利用资源，避免资源过度开发，大力发展循环经济和环保经济，降低能源消耗，减少环境污染，使正在恶化的生态环境得到改善，资源利用率得以提高，促进人与自然更加和谐，推动整个社会走上生产发展、生活富裕、生态良好的文化发展之路。

新的发展观具有整体性、全面性、协调性等特征，是发展辩证法在经济社会发展中的具体运用，标志着我党对社会主义市场经济规律的深层认识和自觉把握，表明我党有能力充分驾驭社会主义市场经济的进一步完善。

（原载《河南日报》2003年12月2日）

道德的楷模，精神的丰碑

在史来贺的领导下，自 20 世纪 50 年代以来，刘庄就是我国农业战线上的一面旗帜，在改革开放、发展社会主义市场经济的新的历史条件下，他们大力发展生产力，集体经济日益壮大，又成为远近闻名的“中原首富村”。这个“富”，不只是物质财富、物质文明方面的富有，而且还是精神文明的富有。史来贺是实践社会主义先进道德的楷模，给我们树立起一座精神丰碑。我们纪念学习史来贺，学习他崇高的道德精神，是极其重要的。

全心全意为人民服务，是史来贺道德精神的核心。史来贺是为民办事、为民造福的模范，是执政为民的生动反映，体现了“三个代表”的本质。史来贺经常说的话就是：“干部既是带头人，又是服务员”、“群众的事没小事。要时时处处想着群众，工作上细心再细心，把群众的事办实、办好”。为了群众，刘庄第一批新房落成后，他要让所有的群众都住上后才搬，一直住在 50 年代建的旧房子里。六年后，全村新房盖齐，史来贺家才最后一批搬进了新房。包括刘庄村的别墅式公寓楼进门的台阶，按照史来贺的要求前后修改了几次，现在的台阶不仅上下方便，台阶旁还增加了斜坡，主要是为了方便老弱病残者出入。他身不离群众，身不离劳动，吃亏带头，奉献带头。在他身上，闪耀着先进道德的光辉。

把国家利益放在首位的集体主义精神，是史来贺实践先进道德的原则。集体主义是社会主义道德的原则。刘庄自 50 年代就开始培育集体主义意识，可以说，集体主义精神已经根植于刘庄人的意识和行动中。特别是在社会主义市场经济条件下，如何培育这种精神，如何根据这一道德原则去调整各种利益关系，史来贺给我们做出了榜样。他说：“集体经济得有集体主义，共同富裕得有共同理想。”集体经济是刘庄人之所以具有集体主义意识的根基。2002 年底，刘庄村的固定资产已达 9.1 亿元，年总产值达 8.8 亿元，当年纳税 4529 万元，当年人均纳税 2.8 万元，人均年收入 7500 元。加上集体给予的上学、看病、住房等 20 多项补贴，人均年总收入达 1 万元，户均存款 20 万元以上。这些说明，集体主义道德精神不可能建立在经济贫穷的基础之上。另外，以史来贺为代表的刘庄村共产党员对集体主义道德的率先实践，是刘庄人集体主义精神形成的关键。史来贺讲：“共产党员的称号是奉献，不是索取。当干部不仅要带头苦干，还要过好名利关。”在对国家与刘庄村的利益关系上，他把国家放在首位；在他与群众的利益关系上，他奉献在前；在与周围村的利益关系上，刘庄村曾多次帮助过他们。这就是刘庄人热爱社会主义、信守集体主义精神的根源所在。江泽民同志在刘庄视察时说：“全国的党员都要向史来贺同志学习，一心为公，无私奉献。”

培育好人，是史来贺注重道德教育和道德实践的目的。史来贺常讲："经济搞上去，思想政治工作也要跟上去。既要把群众带到富路上，又要把群众带到正路上。把人教育好，比啥都重要。"所以，不管是在经济发展落后的20世纪50年代中期，还是改革开放、经济快速发展的今天，他特别重视物质文明与精神文明、经济繁荣与道德进步的协调发展，使两者相互促进，相得益彰。人的全面发展是社会主义本质的要求。这些成功实践给我们深入开展公民道德教育、保证经济社会的全面进步，提供了十分深刻的启迪。学习史来贺，学习刘庄，就要学习他们如何使经济与道德，物质文明与政治文明、精神文明共同发展的有益实践。

史来贺是实践先进道德的光辉典范。这种先进道德不仅有力地推动了刘庄村精神文明和政治文明的发展，也直接推动了刘庄村物质文明的快速进步。史来贺——先进道德的楷模，他的精神给刘庄人以向心力、凝聚力、战斗力、竞争力，他的精神是社会主义市场经济条件下进行思想道德建设的典例，具有普遍的社会意义和价值，值得我们认真学习，大力弘扬。中共中央组织部把史来贺的名字与雷锋、焦裕禄、王进喜、钱学森等并列在一起，将其誉为新中国成立以来在群众中享有崇高威望的共产党员的优秀代表。

（原载《河南日报》2005年3月30日）

切实抓好道德和法制建设

在社会秩序的维系、社会风气的治理中，思想道德文化建设和法制建设是很重要的两手。这两手必须同时抓，两手都要硬，而不可以偏废。这两手都抓好了，我们的社会秩序、社会风气的治理水平就会大大提高，社会上的歪风邪气和消极现象就会大大减少。

遵守法律，为道德建设提供支点

法给人的行为提出了最起码的要求，是人们组合成社会的基本保证。在阶级社会中，作为集中体现统治阶级意志的法，在一定程度上是为了维护正常的社会秩序，以期把人们的行为规范在允许的范围内。道德与法律作为维护社会正常运行的两种主要手段，从内容上看，两者相互交叉，如有的既是法律条文，又是明确的道德规范；从功能上看，两者各有发挥作用的范围与方式，同时又互补互动，形成整体效应；从目的上看，两者从根本上又是一致的；从其运行过程来看，道德的法律化与法律的道德化是两者关系的重要表现。几千年的社会形态不断转型更替，法与道德总是相互作用，相得益彰，维护着社会的延续。应当强调的是，社会主义法律与道德是与社会主义的基本政治制度联系在一起的，是为社会主义政治、经济服务的。为了实现这一目的，人们应遵守国家的法律，充分发挥法律保护人民利益，惩治不法之徒，保证国家长治久安的功能。同时，社会主义法律也为我国的思想道德建设提供了一个支点。目前我国社会正处在传统的计划经济体制向社会主义市场经济体制转变时期，在社会精神生活方面存在不少问题，有的还相当严重。一些道德领域失范，拜金主义、享乐主义、个人主义滋长；封建迷信活动和黄赌毒等丑恶现象沉渣泛起；腐败现象在一些地方蔓延，党风、政风受到很大损害等。对此，我们除了加强思想道德建设外，还必须切实加强法制建设。不难想象，如果一个社会的法律尊严遭到践踏，那么，道德的防线势必形同虚设。

严格管理，强化道德的规范功能

马克思指出："道德的基础是人类精神的自律。"就是说，人们把社会的道德原则、规范与准则内化为自己的意志、信念与行为尺度，它不是靠强制来发挥功能，而是靠"自律"，靠自觉自愿来发挥作用。因此，道德建设要靠教育，靠深入细致的思想政治工作，企图用行政命令的方法、强制的方法去解决思想道德上存在的问题，不但没有效力，而且是十分有害的。但是，强调思想教育，并不排斥对社会的严格管理，必须制定和执行必要的法律、制度、条例等，维护社会公共秩序，约束各种不道德行为，惩恶扬善。当然，这种严格管理也要伴之以说服教育，要把教育与管理、自律与他律很好地统一起来。通过持之以恒的严格管理，他律的东西就会逐渐地转化为人们自律的东西，从而提高人们的思想道德水平。可见，仅仅诉诸思想政治工作，道德建设往往显得苍白无力。要依照新情况，适时制定出一些新的法律、制度和条例，这对于人们的价值观念、行为方式具有明显的引导与约制作用。与此同时，一些道德要求也可以以法律、制度和条例的形式出现，即通过法律、制度和条例来把人们的行为规定在合理的范围内，保证其不能损人利己，损害集体利益。就道德教育来说，也可以通过法律、制度和条例来使其落到实处，以防道德条文成为“空头支票”。建立健全监督机制和保障体系，为道德进步创造条件。监督机制、保障体系，说到底主要还是个纪律、制度与法律问题。具体讲，一是要确立明确的价值准则，为大众选择行为、评价行为提供一个尺度。在我国目前由于利益主体的多元化导致价值观念多样性的情况下，我们必须在全社会弘扬社会主义主旋律，大力提倡社会主义道德。二是要从多层面建立社会赏罚机制。违法者必究，违纪者要处理，违德者要教育；对社会道德楷模，要从物质上、精神上给予帮助和奖励，形成物质激励与精神激励的互动机制，引导人们不断提高思想道德水平。三是各团体应建立强有力的行为规则体系，并通过制度来保证实施。简言之，应通过纪律、制度、法律，尽快建立与道德发展相适应的监督与保障机制。这并不纯属道德问题，但它又决定着道德建设的成效大小与成功与否。

领导干部是抓好思想道德建设和法制建设的关键环节

需要强调的是，抓好思想道德建设和法制建设，关键要抓好领导干部这一重要环节。领导干部是思想道德建设和法制建设的领导者和组织者，首先应该成为法律、制度和道德的践履者。“喊破嗓子不如做出样子”，有“唱功”，更要有“做功”。在一些单位，少数领导干部搞形式主义，说得多做得少，或言行不一，不讲党性，无视党的纪律，以言代法，以罚代法，以权压法，这势必把风气带坏，更谈不上加强道德建设。一个单位的风气好坏，往往取决于领导班子的思想道德素质和工作作风，特别是一把手的品德和行为。因为一切纪律、法律、制度、道德的实行，都要靠领导干部带头遵守。这就要求领导干部有较高的政治水平和理论水平，真正认识新时期道德建设的重大意义，坚持不懈地下真功夫去探索、寻找出广大人民群众乐意积极参与的道德建设的新途径、新形式，以推进全社会精神文明上新台阶。

（原载《河南日报》1994 年 3 月 6 日）

抓好思想道德建设的“基础工程”

在我国建立社会主义市场经济体制的过程中，思想道德领域里出现许多新情况、新问题。对此，党和政府极为重视，并多次强调，思想道德建设是社会主义精神文明建设的核心，要把社会主义精神文明建设提到更加突出的地位。社会各界从理论上与实践上也进行了种种探索和努力。笔者认为，思想道德建设是一项宏伟的系统工程，我们必须重视道德的“基础工程”建设。

现有道德问题的症结，是“基础工程”脆弱

当今社会上的诸多不道德现象，如小团体谋私而损害社会利益，地方保护主义以局部利益牺牲全局利益；公民不遵守法律，社会公德意识淡化；党员不遵守党纪，少数领导干部执法违法，甚至执法犯法等，其症结在于法制、制度建设、监督保障体系、领导行为等方面存在问题。抓好上述问题，则是基础工程建设。它不仅直接影响思想道德赖以存在的物质基础状况，而且是当今思想道德进步与社会文明可持续发展的重要内容。实践也已证明，忽视或弱化思想道德的基础工程建设，社会主义精神文明建设（包括思想道德建设）就会停留在社会的宣传教育层面，指导规约社会大众的价值导向和原则自然就失去了社会作用。因此，思想道德的基础工程建设，关乎到思想道德的成败。

抓好“基础工程”，是思想道德建设的可靠保证

遵守法律，为思想道德发挥作用提供支点。改革开放以来，适应社会发展需要，我国颁布了一系列相关法律，到目前，法制建设还有待完善，但现在的突出问题已不是无法可依，而是有法不依，甚至执法违法。

西方一位法学家曾讲“法律是最低的道德”，这话有一定的道理。法给人的行为提出了最起码的要求，道德包含有法律的内容，如爱祖国、爱护公共财产等，又有一些高层次的要求，如无私奉献等。几千年的社会形态不断转型更替，法与道德总是相互作用，相得益彰，维护着社会的延续。目前的中国社会正处在大变革时期，新体制尚未建立，社会道德的无序现象难以避免。

加强制度建设，强化思想道德的规范功能。“道德的基础是人类精神的自律”。就是说，道德是人们把他律，即把社会的道德原则、规范与准则内化为自己的意志、信念与行为尺度，它不是靠强制来发挥功能，而是靠“自律”，靠自觉自愿。然而，社会发展是复杂的，尤其是今天的中国社会，由于社会主义道德奠立的基础——社会主义利

益关系体系尚未建立起来，依照新情况，适时制定一些制度，对于新时期人们的价值观念紊乱、行为失范具有明显的制约作用。对于领导干部来说，制度建设意义尤为重大，这不只是涉及个人的行为，而是关系到一个单位、一个地区发展问题的大事，并且影响到党风乃至全社会的道德风尚。我国改革开放的总设计师邓小平总结我党历史上的经验教训，深刻指出：“我们过去发生的各种错误，固然与某些领导人的思想、作风有关，但是组织制度、工作制度方面的问题更重要。这些方面的制度好可以使坏人无法任意横行，制度不好可以使好人无法充分做好事，甚至会走向反面。”制度建设涉及的范围不同，内容不同，在这方面还需要做出极大的努力。

建立健全监督机制和保障体系，为道德建设创造实现条件。根据我国和世界各国成功的经验，监督大致可分为三类：一是大众监督，二是权力监督，三是舆论监督。从发挥作用的范围与大小来看，三类监督各有其长，作用各不相同，如能相互配合，方能达到最佳的监督效果。

保障体系的功能，是引导人们认识、接受社会主义的行为规范，并保证其实施，达到维护社会公正，维护规则的尊严和权威性，防止与社会主义道德标准和价值导向相左相悖的目的。具体讲，一是要确立明确的价值准则，为大众选择行为、评价行为提供一把尺度。二是要从多层面建立社会赏罚机制。三是各团体应建立强有力的道德规则体系，并通过制度来保证实施。

“基础工程”建设的关键，是领导自身硬

“基础工程”建设的主体是人，其关键在于领导，特别是各级组织的“一把手”。改革开放以来，我们党强调“两手抓，两手都要硬”，可以说这主要是对领导的要求。

领导首先应该成为讲法律、制度和道德的带头人。“喊破嗓子，不如做出样子”，有“唱功”，更要有“做功”。领导者自身能否硬起来的一个重要因素在于领导自身的表率作用如何。在一些单位，少数领导说得多做得少，或说的是一套，做的是另一套，或以言代法，以罚代法，以权压法，更有甚者，个人私欲恶性膨胀，腐败行为有禁不止，这势必把风气带坏，更谈不上思想道德建设。

领导还应成为“基础工程”建设的组织者。由于领导所处的重要地位，除要求他们的言行符合社会法律和道德之外，他们还必须承担组织实施的重任。因为一切纪律、法律、制度、道德的施行，都要靠领导去运作。因此，我们抓“基础工程”建设，首先要抓住领导这一关键环节。

（原载《人民日报》1994 年 4 月 27 日）

加强社会主义初级阶段的道德建设

十五大报告强调指出，“文化是综合国力的重要标志”，“在全社会形成共同理想和精神支柱，是有中国特色社会主义文化建设的根本”。道德在文化建设中居于重要位置。那么，如何加强社会主义初级阶段的社会主义道德建设？党的十五大报告为我们制定了明确的指导方针。我们应该认真学习和领会。

道德建设的历史地位

我国现在处于并将长期处于社会主义初级阶段。这一科学论断，是对中国目前及今后相当长时期所处阶段的历史定位，也是对我国道德建设的历史定位。

道德的社会制约性，是马克思主义的一个基本观点。从历史上看，任何一个社会或社会发展的某一发展阶段的道德，无不受到社会关系，尤其是社会经济关系的制约。我国处在社会主义初级阶段，是从社会发展的角度，对我国现阶段的历史定位，与此同时，初级阶段的社会主义道德，则是对道德建设的历史定位。

初级阶段的社会主义道德建设，从认识论角度看，一方面，我们已经是社会主义社会，我们要深入地开展以为人民服务为核心、以集体主义为原则的社会主义道德教育。任何放弃与反对社会主义道德教育的观点，都是错误的，我们必须坚决抵制。如近年来出现的以“个人主义”、“功利主义”、“合理的利己主义”取代集体主义道德原则的观点。这是一种抹杀社会主义市场经济与资本主义市场经济界限，试图以资产阶级的价值标准来否定、改变社会主义价值标准的思潮。在这一点上，我们必须保持清醒头脑。另一方面，我们的社会主义还处于初级阶段，是不发达的社会主义。这反映了中国的特殊性。道德建设也必须立足于此。道德领域存在有封建主义文化、资本主义文化与外来的多种文化，初级阶段的现实还在不断产生着不同价值取向的文化。对此，我们必须有一个基本立足点，这就是如何从社会主义初级阶段的实际出发，建立以马克思主义、毛泽东思想、邓小平理论为指导的，反映时代特征的社会主义道德规范体系，以凝聚和激励全国人民的力量，促进经济、政治、文化的协调发展。不顾实际，不分层次，不计效果的道德建设，只能流于空谈。

道德建设的任务

明确道德建设的历史定位，才能找准道德建设的位置，认识道德建设的任务。

十五大报告指出，初级阶段的社会主义的主要矛盾，是人民日益增长的物质文化需要同落后的社会生产之间的矛盾，这个矛盾贯穿我国社会主义初级阶段的整个过程和社会生活的各个方面。社会主要矛盾决定社会的根本任务。社会主义初级阶段我国人民的根本任务是发展生产力，逐步摆脱不发达状态，实现民族振兴。道德作为渗透社会每一层面的思想意识和行为规范，如何通过自身的特殊功能，参与社会的根本任务的完成，这无疑是道德存在的价值所在。

初级阶段的社会主义道德建设任务，就是为我国的经济发展和社会全面进步提供强大的精神动力，为适应社会主义现代化建设要求培育一代又一代“四有”新人。具体讲，就是立足中国特色的社会主义实践，建构与社会主义市场经济关系相适应的经济伦理、职业伦理、社会伦理、领导伦理、家庭伦理、个人伦理。为完成这一任务，需要我们弘扬中华民族的优秀传统道德，尤其是中国共产党人在领导人民进行革命和建设中所形成的革命传统道德，同时对国外的道德文化，应坚持以我为主，为我所用的原则，博采众长。只有这样，我们才能建立起民族的、科学的、大众的社会主义道德规范体系。不谈社会主义初级阶段的根本任务，偏离社会主义现代化建设的轨道，道德的作用就无从发挥，道德建设的勃勃生机就会被窒息，最终使道德流于空谈与说教。因此，道德不应成为社会的点缀品。道德只有真正成为社会经济生活、社会生活之必需，它才能被人们所崇尚，所遵循，从而成为人民行动的强大精神动力。为此，我们必须依据社会主义初级阶段的实际和根本任务，加强对现阶段道德建设任务的认识，并为这一任务的完成努力奋斗。

道德建设中的先进性与广泛性

能否正确处理道德建设中的先进性与广泛性的关系，是关系到初级阶段社会主义道德建设成效大小的一个重要问题。十五大报告指出：“提倡共产主义思想道德，同时把先进性要求和广泛性要求结合起来，鼓励一切有利于国家统一、民族团结、经济发展、社会进步的思想道德。”这就科学地阐明了社会主义初级阶段道德建设中先进性与广泛性的辩证关系。

共产主义道德是人类历史上最先进的道德。一百多年来，共产主义思想道德在无产阶级争取解放的政治斗争和经济建设中，在团结无产者为新社会而奋斗的历史进程中，发挥了巨大作用。我国已经建立社会主义的经济基础和政治制度，我们党又有长达 76 年的社会主义和共产主义道德教育的历史，不少社会先进分子成为实践共产主义道德的楷模，对提升社会道德水平起到了先导和示范作用，其意义不可低估。但在理论上和现实生活中，一些人对提倡共产主义道德提出了种种质疑，如现在搞市场经济了，应当重个人权益的价值取向，不宜提倡共产主义道德；有人甚至认为，提倡共产主义道德是“超越阶段论”。可以说，这些观点是不科学的，是有悖于现实的。邓小平同志曾对有人批判“全心全意为人民服务”、“大公无私”等共产主义道德提出了严厉批评，他说：“现在已经进入社会主义时期，有人居然对这些庄严的革命口号进行‘批判’，每一个有党性、有革命性的共产党员，难道能够容忍这种状况继续下去吗?”他认为：“没有共产主义思想，没有共产主义道德，怎么能建设社会主义?”“党和政府愈是实行各项经济改革和对外开放的政策，党员尤其是党的高级负责干部，就愈要高度重视、愈要身体力行共产主义思想和共产主义道德。”历史和现实都已证明，在全社会提倡共产主义道德，党的领导干部率先垂范，是道德建设成功的关键。

由于社会主义初级阶段存在不同的利益主体，人们在不同的生活领域，如经济生活和社会生活领域，往往信奉不同的道德，表现出不同群体的道德觉悟参差不齐。这就要求道德标准应有层次之分。如在人己关系上，“毫不利己，专门利人”是共产主义道德的要求，“先人后己”是道德上的应当，“利己不损人”是道德上允许的。这是道德的最低限度。再如，一个社会成员，不管他能否用共产主义道德来要求自己，但他必须遵守社会公德和职业道德。道德的先进性与广泛性相结合，反映了道德建设客观进程中的辩证法。社会道德的进步总离不开先进道德的导引，社会群体的积极参与道德自觉又决定着道德建设的成败，两者相辅相成，相得益彰，推动着道德进步。

（原载《河南日报》1997 年 8 月 12 日）

诚信，和谐社会的道德基础

构建社会主义和谐社会，道德是精神支撑、价值资源和文化基础，但失信则是当前道德建设中的一个重大而又突出的问题。因此，以诚信为重点加强道德建设，以及怎样才能提高公民的诚信水平，为和谐社会奠定坚实的道德基础，就成为一个必须认真思考和回答的问题。

诚信是维护和支撑经济发展的道德资源

市场经济是法制经济、道德经济，诚信道德在此居于核心位置，有着特殊的作用。

诚信是维护市场关系的基本道德规范。商品交换是以社会分工为基础的劳动产品交换，其基本原则为等价交换，交换双方都以信用作为守约条件，构成互相信任的经济关系。随着交换关系的复杂化，日益扩展的市场关系便逐步构建起彼此相连、互为制约的信用关系链条，维系着错综复杂的市场交换关系和正常的市场秩序。从深层分析，市场经济中的价值规律、供求规律、竞争规律也会形成一种合力，形成一种客观上的市场制衡机制，促成优胜劣汰。所以，市场经济必然是信用经济，信用经济必然要求诚信道德来维护。

诚信还是市场经济发展的一种不可缺少的文化资源。市场经济是比较合理、有效地配置稀缺资源的手段，但这只“看不见的手”不是万能的，它不可能充分利用、有效配置一切形式的稀缺资源，而且还会加剧某些资源的稀缺性，如它会把自己的失灵转嫁给社会道德生活，造成社会道德沦丧。此外，其以商品拜物教为主要内容的负面效应，还会诱使一些人为追求利益最大化去破坏市场经济的平等交易、诚实守信规则，从而造成人文生态和自然生态这些人类共享资源的巨大浪费、破坏，造成人与自然、人与社会、人与人自身调节平衡的破坏，引发道德性危机，如诚信缺失带来的经济社会生活的无序化、环境污染带来的生态破坏等。因此，市场经济生活不可缺少诚信这一道德资源。

诚信是建立和维系和谐社会关系的道德纽带

诚实守信是中华民族的传统美德，但在市场经济条件下，遇到了前所未有的挑战。这种挑战主要来自市场经济在带来效率的同时，也在催生着实用主义哲学、功利主义价值取向的形成，经济生活中的诚信缺失和无序化，消解着现有社会中尚存的良好人际关系。例如，一些人急功近利，弄虚作假，言而无信，尔虞我诈，社会上存在人人自畏的“宰熟”、“见死不救”的道德冷漠症，人与人之间存在隔阂、不信任，甚至怀疑一切。此外，贫富差距过大、行政执法不规范、官场腐败等造成的社会不公等问题，又进一步加剧了人际关系的恶化。有鉴于此，以诚信为重点、为突破点，进而推动道德的全面提升，就成为当前构建和谐社会的一大迫切任务。

以诚实守信为重点，加强社会公德、职业道德和家庭美德建设，在全社会形成互帮互助、诚实守信，全体人民平等友爱、融洽相处的新型人际关系。社会公德是全体公民在社会交往和公共生活中应该遵循的行为准则，涵盖了人与人、人与社会、人与自然之间的关系。在现代社会，诚信道德在维护公众利益、公共秩序方面的作用更加突出。以爱岗敬业、诚实守信、办事公道、服务群众、奉献社会为主要内容的职业道德，不仅有利于建立企业与消费者的信任关系、政府与公民的信任关系，而且还是一个企业发展的无形资本，是提升政府公信力的根本。家庭美德涵盖了夫妻、长幼、邻里之间的关系，是每个公民在家庭生活中应该遵循的行为准则。这些关系间的相互忠诚、互敬互爱、长幼有序、融洽和谐，是一个稳定社会不可或缺的基础。因此，诚信建设应当作为一个关系全局性的民心工程、社会工程、国家工程来抓紧、抓好。

诚信是政府提高公信力的灵魂

政府的诚信状况，直接关系到政府的公信力，关系到社会正义与公平，也就从根本上决定着和谐社会的建设。政府的诚信建设主要包括两大方面的内容：一是政府制定的路线、方针、政策的公正性问题；二是政府行为的诚信问题。

制度公正是政府公信度的基础。政府的公信力首先体现在所制定的政策符合广大人民群众根本利益的要求，体现制度的公正、公平原则，这是制度伦理的基本价值观。我国经济社会运行的实际也说明，制度的公正是目前提高我国政府公信力的一个要素，也是建立诚信政府的重要保证。因此，坚持科学发展观，集中解决分配公正、司法公正、教育公正等方面存在的突出问题，弥合权利不对等、起点不公平、信息不对称、事实上的不公平等制度设计缺陷，就成为诚信政府建设的重中之重。

提高政府的公信度，关键在于政府自身。政府是决策者，又是具体的实施者。符合社会公正的制度最终要通过各级领导去实施，其实施的状况与其自身行为决定着政府的公信度和形象。市场经济是信用经济，信用经济呼唤诚信政府。建设诚信政府，就要坚持全心全意为人民服务的宗旨，坚持以最广大人民的根本利益为各项工作的出发点和落脚点；就要依法执政，以诚为本；就要率先把诚信内化为各级领导干部的自律意识。这是社会主义政治文明和社会主义先进文化的重要内容，也是构建社会主义和谐社会的决定性因素。

加强诚信道德的人文生态建设

诚信道德培育，需要公民具有科学理性精神。从一定意义上讲，公民诚信意识的培育，就是公民科学理性精神的培育，是社会科学理性氛围的形成。科学理性精神体现在经济社会生活中，就是面对新情况、新问题，根据事情的本来面目来认识，不主观，不武断，不盲目，不浮躁，不作假，做到民主决策，科学决策；面对矛盾和冲突，理性地看待并以合法程序来表达自己的利益诉求。

诚信道德培育，需要公民树立规范意识。和谐社会是一个以规范为基础的社会。法律规范是外在控制的手段，道德规范是内在控制的手段，目的是通过规范和调控，建立一个有秩序的和谐社会。现代社会中存在的一个突出问题，就是公民的无规则意识在直接或间接地左右着人们的行为方式和生存方式。由于社会管理中存在的缺陷和薄弱环节，失信者有可能屡屡得手，欺骗有可能比恪守诚信有更适宜的环境和更大的生存空间，其结果便是对诚信道德的彻底颠覆。因此，我们应该把诚信道德建设与社会管理紧密结合起来，使之形成合力，形成良性循环机制，通过制度来不断强化公民的规范意识。

诚信道德培育，需要社会信用体系的建立。诚信道德属于意识形态范畴，它的培育有赖于市场体系的进一步完善。党的十六届三中全会通过的《中共中央关于完善社会主义市场经济体制若干问题的决定》明确提出："建立健全社会信用体系。形成以道德为支撑、产权为基础、法律为保障的社会信用制度，是建设现代市场体系的必要条件，也是规范市场经济秩序的治本之策。"这段话揭示了道德、产权、法律的有机统一，体现了上层建筑与经济基础的交互作用，体现了社会主义制度特性与市场经济共性的统一。这一辩证关系说明，社会信用体系以"制度性"和"规范性"来管理经济活动，对经济交易秩序做出"应然"的安排，要求公民切实兑现承诺，履行义务，从根本上维护市场经济秩序和社会公平；诚信道德则以"非制度性"的软约束来规范人们的行为，两者互生互补，相得益彰。

（原载《河南日报》2005 年 4 月 7 日）

社会主义道德理论的重要创新

胡锦涛同志提出的“八荣八耻”，是新时期我们党对社会主义荣辱观的新概括。它精辟阐明了社会主义荣辱观的丰富内涵，是社会主义道德理论创新的一个典范。牢固树立社会主义荣辱观，对建设社会主义先进文化，推动道德进步和经济社会发展，具有重要意义。

“八荣八耻”社会主义荣辱观提出的意义

胡锦涛同志对社会主义荣辱观的新概括，标志着我国社会主义社会道德评价体系日臻成熟。

荣辱观是社会道德价值标准，是评价道德行为的尺度。它告诉人们什么是善的、什么是恶的，什么是美的、什么是丑的，应该提倡什么、反对什么，褒奖什么、谴责什么，从而形成统一的、明确的社会道德价值导向和社会道德评价体系，发挥道德扬善抑恶的社会功能。由于荣辱观在社会道德生活中的独特地位和作用，每一个社会都十分重视荣辱观对社会道德风尚的影响。但荣辱观的内涵不是抽象的、亘古不变的，而是适应一定经济社会的变化和制度的变迁而不断变换的。

在全面建设小康社会的新的历史时期，倡导什么样的荣辱观，是社会主义道德建设中的一个大课题。在当代世界多种价值观相互摩擦甚至冲突的历史条件下，一些人在人生观、价值观和世界观上发生了动摇，突出的问题是荣辱混淆，甚至荣辱颠倒。一些人持有享乐主义、实用主义、悲观主义人生观，表现出道德标准的错位或扭曲，同我国社会的发展要求极不相称。胡锦涛同志指出，在我们的社会主义社会里，是非、善恶、美丑的界限绝对不能混淆，必须旗帜鲜明。要引导广大干部群众特别是青少年树立社会主义荣辱观。“八荣八耻”切中时弊，善恶分明，为公民道德建设指明了方向，从理论上进一步完善了社会主义道德评价体系。

社会主义荣辱观的新概括，坚持了时代特征与中华传统美德和中国革命道德的有机统一，丰富和发展了中国化的马克思主义伦理思想。

在全社会倡导和树立社会主义的荣辱观，是我们党几代领导人都特别重视的一个问题。我们党树立了一代又一代的道德楷模，这既是对热爱祖国、热爱人民、辛勤劳动、艰苦创业、无私奉献的褒奖，又是对社会主义荣辱观的积极倡导和实践。进入改革开放新时期以来，邓小平同志大力倡导“以热爱祖国、贡献全部力量建设社会主义祖国为最大光荣，以损害社会主义祖国的利益、尊严和荣誉为最大耻辱”[1]，要求给遵纪守法、诚实劳动、艰苦创业、为社会创造物质财富和精神财富的人以应有的荣誉。

胡锦涛同志提出的社会主义荣辱观，涵盖了50多年来我们党一贯倡导的“五爱”道德规范和公民道德规范的内容，既承接中国化马克思主义道德理论成果，又坚持在新的实践基础上的理论创新，从而把时代要求与中华传统美德、与中国革命道德有机结合，使社会主义荣辱观的内容更加丰富，要求更加全面，理论更加系统，特征更加鲜明，从而把中国化的马克思主义伦理思想推向了一个新的发展阶段。

社会主义荣辱观的新概括，为推进公民道德建设、树立社会主义新风尚提供了理论指导。

胡锦涛同志指出，社会风气是社会文明程度的重要标志，是社会价值导向的集中体现。当前社会中存在的见利忘义、损人利己、好逸恶劳、坑蒙拐骗等消极现象，是由社会价值观、道德观中存在一定程度的荣辱界限模糊甚至荣辱标准混淆所导致的。这些消极的、腐败的道德意识严重地污染了社会风气。因此，用什么样的荣辱观来引导和规范公民行为，用什么样的价值观来主导社会道德生活和社会风气，就成为社会主义道德建设中一个十分重要的现实问题。“八荣八耻”的荣辱观，是道德评价标准，也是社会主义的价值导向，它褒奖热爱祖国、服务人民、崇尚科学、辛勤劳动、团结互助、诚实守信、遵纪守法、艰苦奋斗的先进道德，抨击危害祖国、背离人民、愚昧无知、好逸恶劳、损人利己、见利忘义、违法乱纪、骄奢淫逸的落后道德，具有很强的针对性和现实性。这对于推进公民道德建设沿着正确的方向发展，建立经济社会生活新秩序，树立良好的社会风气，具有重要的理论指导和思想保证作用。

社会主义荣辱观的丰富内涵

社会主义荣辱观是社会主义的经济、政治制度在道德观念上的反映。荣誉不是一个抽象的、永恒的道德范畴，随着历史的变迁，尤其是经济关系的变革引起的社会道德关系的改变，人们的荣誉观念是不断发展变化的。在不同的社会和不同的时代，荣誉范畴往往有着十分不同的内容和表现形式。在原始社会公有制经济关系基础上形成的原始人的荣誉观念，是同劳动和履行本氏族内的义务相联系的。勤奋劳动，遵守风俗习惯，就能获得人们的尊重。进入阶级社会以后，掌握着生产资料的奴隶主阶级，往往把身份、特权之大小和占有奴隶之多少看作荣誉。在封建社会里，等级、门第和权势就是封建地主阶级所理解的荣誉。随着资本主义生产关系的发展，金钱和财富的多寡成了荣誉的标准。正如恩格斯所说：“金钱确定人的价值：这个人值一万英镑，就是说，他拥有这样一笔钱。”[2] 显而易见，荣誉观念归根结底根源于人们所处的社会生活条件和经济关系，是不同社会集团的经济利益和政治制度在道德上的反映，因此，不同社会制度下有不同的荣辱观，甚至“每个社会集团都有它自己的荣辱观”。[3] 社会主义荣辱观从根本上反映的是社会主义经济关系与政治制度的要求，体现的是社会主义的本质。“八荣八耻”是对社会主义荣辱观的全面概括和阐述，是新时期社会主义先进文化的重要组成部分。

“八荣八耻”的荣辱观，贯穿着为人民服务的核心价值观。为人民服务是社会主义道德体系的核心，是社会主义道德中的最高价值，是统领社会主义道德所有准则的灵魂。倡导“以服务人民为荣、以背离人民为耻”，就把荣誉观与社会主义道德的核心内在地联系起来。在社会主义条件下，只有确立了为人民服务的人生观和道德理想，才能在道德实践中形成正确的荣誉观。投身社会，服务人民，一切从最广大人民的利益出发，为实现共同富裕而努力奋斗，才是人们应该追求的最高荣誉。“危害祖国”、“背离人民”、“一切向钱看”的行为，是同社会主义本质和社会主义道德理想不相容的。这里，为人民服务作为“最高的价值”规约着其他具体的价值，作为“最高的善”支配着其他具体的善。

“八荣八耻”的荣辱观，体现了集体主义道德精神。集体主义是我们的社会处理个人利益与社会整体利益关系的道德原则，它规约着具体道德规范的内容。作为社会主义道德原则的集体主义，在新的历史条件下既要体现社会主义的本质要求，又要适应社会主义市场经济的本性，因而被赋予了新的内容。但在本质上，它是与个人主义、利己主义相对立的道德原则。“以热爱祖国为荣、以危害祖国耻”，“以团结互助为荣、以损人利己为耻”，社会主义荣辱观彰显集体主义精神，反对利己主义；倡导见利思义，谴责损人利己，体现了集体主义的价值导向。历史上，把金钱和财富看作最高荣誉，是与资本主义社会通行的个人主义道德原则相吻合的；社会主义荣辱观，则是与社会主义道德的核心——为人民服务，与社会主义道德的原则——集体主义相适应的。

“八荣八耻”的荣辱观，破解了市场经济中的伦理难题。在道德建设领域，市场经济讲信用、讲平等、讲竞争、讲效率的要求与追逐利润最大化形成的投机心理、见利忘义、拜金主义之间的尖锐矛盾，给社会主义道德建设提出了严峻挑战，给我国青少年的道德培养提出了诸多新问题，如正确处理义与利、利己与利人、诚信与失信、竞争与协作等关系，是我们在理论上和实践中必须回答的问题。“八荣八耻”的荣辱观，深刻阐述了与社会主义市场经济相适应的义利观，是以为人民服务为核心、以集体主义为原则的社会主义义利观，既把国家人民利益放在首位而又充分尊重公民合法利益。诚信与失信这对道德矛盾，将是我国道德建设长期面临的一个问题，除了加快社会信用体系建设、法律法规建设外，大力倡导诚实守信光荣，不断强化社会道德评价功能，也是非常重要的。市场经济中竞争与协作的关系，也是当今经济社会生活中的新问题，“以团结互助为荣”，提出了建立团结互助的社会主义新型人际关系的要求，阐明了在市场经济的竞争中，损人利己是耻辱的，“扶危济贫”、“乐善好施”才是值得尊重的。

牢固树立社会主义荣辱观

牢固树立社会主义荣辱观，是新时期社会主义先进文化建设的需要，也是经济社会发展的需要。在新的历史条件下，应当通过多种途径在全社会牢固树立社会主义荣辱观。

（1）强化社会道德评价体系扬善抑恶的社会功能。社会道德评价是人类道德活动的一种重要方式，是社会道德调控的重要手段。它依据社会、阶级或群体的道德准则，通过社会舆论、风俗习惯等方式，以社会或他人为评价主体，对道德活动主体的道德行为、品质做出善恶判断，发挥道德扬善抑恶、完善个体与社会的作用。“八荣八耻”

的社会主义荣辱观，为社会道德评价提供了标杆，我们应利用各种舆论手段，加强载体建设，创新教育渠道，努力在全社会形成遵守社会主义道德为荣、违反可耻的社会风尚。当前一个较为现实的问题是，如何在社会赏罚体系中建立良好的物质激励与精神激励的互动机制。社会赏罚是道德调控借以实现的途径之一，对个体道德的发生发展和个体道德人格的完善具有重要的调控作用，其中物质激励与精神激励是最基本的社会赏罚形式。只重视精神激励或只重视物质激励都是有失偏颇的，与社会主义市场经济相适应的赏罚模式应该是，物质激励是基本手段，同时又要彰显其道德的内涵与价值；精神激励旨在发挥导引和提升职能，一般又要有相应的物质激励。两种激励相互作用、相得益彰。邓小平同志对此也有明确论述，他说，对那些干得好的，给他们“颁发奖牌、奖状是精神鼓励，是一种政治上的荣誉。这是必要的。但物质鼓励也不能缺少”。[4] 他同时告诫全党和全国人民，我们是个穷国、大国，要艰苦创业，共产党人和先进分子要用共产主义道德去指导和约束自己，发扬无私奉献的精神。可见，正确处理物质激励与精神激励的关系，解决好社会道德评价机制问题，才能更好地发挥道德在营造良好社会风尚中的特殊功能。

（2）强化团体道德的建设。如果说个性品德的基础奠定于家庭，那么，培养具有道德理解力和道德理性的人，包括树立正确的荣辱观念，大多又是在团体中实现的。团体道德的强制力与法律、政策的强制力的表现形式不同，它主要通过文化牵引、舆论评价、组织管理等制约来实现。一个组织良好、高效的团体，能够对其成员产生强有力的道德促进作用。但应该看到，目前存在的“团体利己主义”（其特征是把本团体、本单位的利益放在首位，不顾社会整体利益）因组织成员的依附性心理往往遮掩了实质上的道德缺失，从而造成个人道德义务、责任意识的弱化，严重扭曲个体的荣辱心理，对社会主义荣辱观的确立具有许多负面影响，这是社会主义道德建设必须重视的一个新问题。

（3）培育健康的个体荣辱心理。在社会道德调控中，荣誉表现的是社会道德评价。道德评价体系要发挥对个体道德的调控功能，关键还在于如何把社会的道德评价转化为个体的自我道德评价。这就要求公民以“八荣八耻”为道德准则，坚持知行统一，在道德实践活动中培育健康的个体荣辱心理，摒弃虚荣、奢望、自卑、怯懦等不良道德心理。只有当社会主义荣誉观念转化为公民的价值认同，内化为个体的内心信念或自我道德评价之后，才会最终形成荣辱感，具体表现为羞耻心、自爱心和自尊心。因此，社会主义荣辱观的教育，不能仅仅停留在社会宣传层面，而要着力于个体的内心体认、自律意识和健康的荣辱心理的培育。

（4）重视为人民服务人生观的教育。列宁在谈到对青年的教育时指出，我们的主要目的是“树立严整的革命人生观”。[5] 毛泽东同志早就说过：“共产党人的一切言论行动，必须以合乎最广大人民群众的最大利益，为最广大人民群众所拥护为最高标准。”[6] 有了为人民服务的人生观、价值观，“八荣八耻”就会成为自觉行为。因此，应该在全社会加强马克思主义世界观、人生观的教育，加强爱国主义、集体主义、社会主义的价值观教育，使以为人民服务为核心、以集体主义为原则的社会主义道德更加深入人心，为牢固树立社会主义荣辱观提供科学的理论基础和精神保证。

注：

［1］《邓小平文选》第 3 卷，人民出版社 1993 年版。

［2］《马克思恩格斯全集》第 2 卷，人民出版社 1965 年版。

［3］《马克思恩格斯全集》第 39 卷，人民出版社 1975 年版。

［4］《邓小平文选》第 2 卷，人民出版社 1994 年版。

［5］《列宁全集》第 6 卷，人民出版社 1986 年版。

［6］《毛泽东选集》第 3 卷，人民出版社 1991 年版。

（原载《高校理论战线》2006 年第 3 期）

牢固树立社会主义荣辱观

胡锦涛同志最近提出的“八荣八耻”，是新时期我党对社会主义荣辱观的新概括。这一精辟论断，阐述了社会主义荣辱观的丰富内涵，明确了社会主义道德的价值导向，是社会主义世界观、人生观与价值观在道德领域的生动体现，是新时期社会主义道德理论创新的一个典范，具有鲜明的时代特征。党员领导干部应该认真学习和努力践行，牢固树立社会主义荣辱观，推动社会主义道德进步和经济社会协调发展。

“八荣八耻”荣辱观提出的重要意义

荣誉与耻辱是社会道德评价体系中的一对重要道德范畴，荣辱观是关于荣辱问题的基本观点和认识。作为社会道德意识的荣辱观，是评价善恶、美丑的道德标准，是社会道德评价体系中不可或缺的重要范畴。作为价值标准，它引领社会风气，是社会道德与文明发展水平的标志。由于荣辱观在社会道德生活中的独特地位和作用，亘古至今，每一个社会无不十分重视荣辱观对社会道德风尚的影响。但荣辱观不是一个抽象的道德范畴，它是随着经济关系的变化和政治制度的变迁而不断变换的，是与社会的发展理念和文化密切相连的。在我国加速现代化建设的历史进程中，在我党提出构建社会主义和谐社会这一新的执政目标的背景下，社会究竟应该倡导什么样的荣辱观，以什么为标杆引领社会风尚，无疑是道德建设和文化建设中的一个大课题。胡锦涛同志提出“八荣八耻”的社会主义荣辱观，很有针对性地解答了这一历史性的问题。

1.“八荣八耻”社会主义荣辱观的提出，标志着我国社会主义社会道德评价体系的日臻成熟

荣辱观是社会道德价值标准，是评价道德行为的尺度。它告诉人们什么是善的、什么是恶的，什么是美的、什么是丑的，社会应该提倡什么、反对什么，褒奖什么、谴责什么，从而在全社会确立善恶分明的道德标准，通过社会道德评价体系，发挥道德扬善抑恶的社会功能。显然，荣辱观也即善恶标准，是一个社会中道德能否有效发挥作用的理论前提。毋庸讳言，在当今中国，由于市场经济的一些负面影响，以及经济全球化带来的多元文化、多元价值观相互摩擦与冲突的文化背景，一些党员领导干部在世界观、人生观和价值观上发生了动摇，的确存在着荣辱界限模糊、善恶标准混淆的严重问题。现实中持享乐主义人生观、实用主义人生观、利己主义人生观的人，首先表现为道德标准上的错位或颠倒。胡锦涛指出，在我们的社会主义社会里，是非、善恶、美丑的界限绝对不能混淆，必须旗帜鲜明。要引导广大干部群众特别是青少年树立社会主义荣辱观。“坚持以热爱祖国为荣、以危害祖国为耻，以服务人民为荣、以背离人民为耻，以崇尚科学为荣、以愚昧无知为耻，以辛勤劳动为荣、以好逸恶劳为耻，以团结互助为荣、以损人利己为耻，以诚实守信为荣、以见利忘义为耻，以遵纪守法为荣、以违法乱纪为耻，以艰苦奋斗为荣、以骄奢淫逸为耻”。“八荣八耻”切中时弊，善恶分明，提出了社会主义道德判断标准，从理论上进一步完善了社会主义道德评价体系。

2.“八荣八耻”社会主义荣辱观的提出，坚持了时代特征与中华传统美德和中国革命道德的有机统一，丰富和发展了中国化的马克思主义伦理思想

“八荣八耻”社会主义荣辱观继承了中华传统美德。如爱国、民本、仁爱、节俭、诚信等，都是中华民族宝贵的精神财富，需要在新的历史条件下传承和弘扬。关于诚信道德，孟子说：“诚者，天之道也；思诚者，人之道也。”孔子强调做人要“敬事而信”，“人而无信，不知其可也”，他提倡“言必信，行必果”。关于节俭，古人云：“俭，德之共也；侈，恶之大也。”关于如何对待义与利，荀子讲：“先义而后利者荣，先利而后义者辱；荣者常通，辱者常穷；通者常制人，穷者常制于人，是荣辱之大分也。”在中国历史上，儒家把荣誉与人生的处世原则、个人修养、治理国家结合起来，更加突出了荣誉的人生价值和社会价值。孟子讲：“人不可无耻，无耻之耻，无耻矣……耻之于人大矣，为机变之巧者，无所用耻焉。不耻不若人，何若人有?”这些都是十分有益的借鉴。

“八荣八耻”社会主义荣辱观是中国革命道德精神在新的历史条件下的新发展。在全社会倡导和树立社会主义的荣辱观，是我党几代领导人都特别重视的一个问题。毛泽东同志在《为人民服务》中说：“为人民利益而死，就比泰山还重；替法西斯卖力，替剥削人民和压迫人民的人去死，就比鸿毛还轻。”我党树立了一代又一代的道德楷模，这既是对热爱祖国、热爱人民、辛勤劳动、艰苦创业、无私奉献者的褒奖，又是对社会主义荣辱观的积极倡导和实践。进入改革开放新时期以来，邓小平大力倡导“以热爱祖国，贡献全部力量建设社会主义祖国为最大光荣，以损害社会主义祖国的利益、尊严和荣誉为最大耻辱”。他要求给遵纪守法，诚实劳动，艰苦创业，为社会创造物质财富和精神财富的人以应有的荣誉。胡锦涛同志提出的社会主义荣辱观，涵盖了50多年来我党一贯倡导的“五爱”道德规范和公民道德规范的内容，既承接中国化马克思主义道德理论成果，又坚持在新的实践基础上的理论创新，从而把时代要求与中华传统美德、与中国革命道德有机结合，使社会主义荣辱观的内容更加丰富，要求更加全面，理论更加系统，特征更加鲜明，从而把中国化的马克思主义伦理思想推向了一个崭新的发展阶段。

3.“八荣八耻”社会主义荣辱观的提出，为推进公民道德建设，加强党风建设，树立社会主义新风尚提供了重要理论指导

随着我国现代化建设的深入，特别是在经济体制转型期，一些错误和腐朽的文化思想、价值观念乘虚而入，社会生活中出现了一些善恶不辨、美丑不分的思想和观点。实践表明，在发展和完善社会主义市场经济的过程中，思想道德必然发生深刻的变化，在承认出现新的进步的道德意识的同时，也要认识到必然会出现某些混乱甚至是错误的道德观念。当前社会中存在的见利忘义、损人利己、好逸恶劳、坑蒙拐骗等消极现象，就是由社会价值观、道德观中存在一定程度的荣辱界限模糊甚至荣辱标准混淆所导致的。这些消极的、腐败的道德意识严重地污染了社会风气。战国时期的思想家荀子曾说过："荣辱之大分，安危利害之常体。"管仲提出"礼义廉耻，国之四维"等，说明了荣辱观的错位会对社会和国家造成不容忽视的危害。

胡锦涛同志十分关注社会风气的改善。他指出，社会风气是社会文明程度的重要标志，是社会价值导向的集中体现。那么，用什么样的荣辱观来引导和规范公民行为，用什么样的价值观来主导社会道德生活，树立社会主义新风气？胡锦涛同志提出的社会主义荣辱观，褒奖了热爱祖国、服务人民、崇尚科学、辛勤劳动、团结互助、诚实守信、遵纪守法、艰苦奋斗的先进道德，抨击了危害祖国、背离人民、愚昧无知、好逸恶劳、损人利己、见利忘义、违法乱纪、骄奢淫逸的落后道德，澄清了一些模糊认识，树立了道德标杆，具有很强的针对性和现实性。这为推进公民道德建设沿着正确的方向发展，建立经济社会生活新秩序，树立良好的社会风气，提供了重要的理论指导和思想保证。党员领导干部应该率先践行社会主义荣辱观的基本道德要求，为净化社会风气，最终在全社会形成团结互助、平等友爱、共同进步的良好风尚做出应有贡献。

社会主义荣辱观的时代特征

胡锦涛同志提出的"八荣八耻"社会主义荣辱观，立足于我国社会主义的基本经济制度和政治制度，坚持中国传统美德、中国革命道德和时代精神的完美结合，坚持社会主义制度与社会主义市场经济的完美结合，坚持社会主义道德范畴与社会主义道德体系的完美结合，弘扬爱国主义、集体主义、社会主义思想，具有丰富的内涵和鲜明的时代特征。

1. "八荣八耻"社会主义荣辱观，是社会主义的经济、政治制度在道德观念上的反映

荣誉不是一个抽象的、永恒的道德范畴，随着历史的变迁，尤其是经济关系的变革引起的社会道德关系的改变，人们的荣誉观念是不断发展变化的。在不同的社会和不同的时代，荣誉范畴往往有着十分不同的内容和表现形式。在原始社会公有制经济关系基础上形成的原始人的荣誉观念，是同劳动和履行本氏族内的义务相联系的。勤奋劳动，遵守风俗习惯，就能获得人们的尊重。在反抗外族侵略时，勇敢被视为荣誉和美德。进入阶级社会以后，掌握着生产资料的奴隶主阶级，往往把身份、特权之大小和占有奴隶之多少看作荣誉。在封建社会，等级、门第和权势就是封建地主阶级所理解的荣誉。随着资本主义生产关系的发展，金钱和财富的多寡成了人们评价荣誉的标准。正如恩格斯所说："金钱确定人的价值：这个人值一万英镑，就是说，他拥有这样一笔钱。"显而易见，荣誉观念归根结底根源于人们所处的社会生活条件和经济关系，是不同社会集团的经济利益和政治制度在道德上的反映，因此，不同社会制度下有不同的荣辱观，甚至"每个社会集团都有它自己的荣誉观"。社会主义荣辱观从根本上反映的是社会主义经济关系与政治制度的要求，体现的是社会主义的本质，代表的是最广大人民群众的意志和意愿。因此，“八荣八耻”是对社会主义荣辱观的全面概括和阐述，是新时期社会主义先进文化的重要组成部分。

2.“八荣八耻”社会主义荣辱观，贯穿着为人民服务的核心价值观

为人民服务是社会主义道德体系的核心，是社会主义道德中的最高价值，是社会主义的人生观，也是统领社会主义道德所有准则的灵魂。倡导“以热爱祖国为荣、以背叛祖国为耻，以服务人民为荣、以危害人民为耻”，就是把祖国和人民作为判断一个人荣辱观的基本价值准则，要求在处理个人与祖国和人民的关系上，应自觉地维护祖国和人民的利益，这就把荣誉观与社会主义道德的核心内在地联系起来，成为社会主义道德体系中的一个重要内容。在全面建设小康社会和努力构建社会主义和谐社会的伟大征程中，我们的党员领导干部只有确立了为人民服务的人生观和道德理想，只有紧紧地依靠人民、团结人民、服务人民，才能在道德实践活动中形成正确的荣誉观。为人民办实事，全心全意为人民服务，像焦裕禄那样一切想着人民，一切为了人民，死后还要埋在兰考的沙滩上，同人民永远在一起的崇高道德境界，是社会主义荣辱观最深刻的内涵和要求。邓小平曾满怀深情地说：“我是中国人民的儿子，我深深地爱着我的祖国和人民。”表达了一个共产党人应有的荣辱观。胡锦涛同志讲的“情为民所系，利为民所谋，权为民所用”，是当代中国社会领导干部的权力观，也是应树立的荣辱观。“背叛祖国”、“危害人民”的行为，则是同社会主义本质和社会主义道德理想不相容的。这里，为人民服务作为宗旨，它是社会主义道德价值体系中的“最高的价值”，它高于并贯穿在其他具体的道德要求中，作为“最高的善”支配着其他具体的善。如孔子提出“仁”这一最高范畴，就认为凡符合“仁”的思想和行为则荣，反之则辱。孟子也说“仁则荣，不仁则辱”，说明了道德体系中不同价值等次间的关系。

此外，坚持“以服务人民为荣、以危害人民为耻”的社会主义荣辱观，与坚持社会主义以人为本的原则在精神实质上是统一的，需要结合实践认真领会和贯彻。

3.“八荣八耻”社会主义荣辱观，体现了集体主义道德精神

集体主义是处理个人利益与社会整体利益关系的道德原则，它规约着具体道德规范的内容。作为社会主义道德原则的集体主义，在新的历史条件下既要体现社会主义的本质要求，又要适应社会主义市场经济的本性，因而被赋予了新的内容。但在本质上，它是与个人主义、利己主义相对立的道德原则。社会主义荣辱观既重视个人的正当利益，又反对不择手段、损人利己，提倡个人利益与集体利益的兼顾与结合。

人的本质是人的社会联系，是社会关系的总和。建立在广大人民群众根本利益一致基础上的集体主义道德，肯定个人利益的客观性、正当性和合法性，强调在社会整体利益的关系中来把握和实现个人利益，个人利益与集体利益之间是相辅相成、相互依存、不可分离的辩证关系。社会主义个人只有在为社会、为人民、为集体利益而奋斗的过程中，才能真正实现和保障自己个人的利益。“以热爱祖国为荣、以危害祖国为耻”，“以团结互助为荣、以损人利己为耻”，社会主义荣辱观彰显集体主义精神，反对利己主义；倡导见利思义，谴责损人利己，表明集体主义原则是调整各种利益关系的价值导向。历史上，把出身和门第看作是最高荣誉的观念，是与封建社会通行的以等级确定人的价值原则相适应的；把金钱和财富看作是最高荣誉的观念，是与资本主义社会通行的个人主义道德原则相吻合的；社会主义荣辱观，则是社会主义道德的核心——为人民服务，与社会主义道德的原则——集体主义所必然要求的。

“八荣八耻”荣辱观向人们指出，个人只有投身社会，一切从人民的利益出发，为实现共同富裕而努力奋斗，才是人们应该追求的最高荣誉。“一切向钱看”，唯利是图和拜金主义，绝非社会主义市场经济发展的必然产物，它是同社会主义的本质和道德理想不相容的。发展社会主义市场经济，不仅不否定集体主义的道德价值和社会价值，恰恰相反，只有在集体主义价值观和道德观的指导下，才能尽快地建立起社会主义市场经济新体制，促进生产力的发展，最终实现共同富裕，推动社会的全面进步。那种为了钱，可以不讲道德、不讲荣誉、不要良心和人格的思想和行为，是与集体主义的道德精神背道而驰的，也从根本上违背了发展社会主义市场经济的根本目的。

4.“八荣八耻”社会主义荣辱观，破解了当代经济生活中凸显的伦理难题

在道德建设领域，市场经济讲信用、讲平等、讲竞争、讲效率的要求与追逐利润最大化形成的投机心理、见利忘义、拜金主义之间的尖锐矛盾，给社会主义道德建设提出了严峻挑战，给处在执政地位的广大党员领导干部的道德教育提出了诸多新问题，如何对待科学与迷信、义与利、利己与利人、诚信与失信、竞争与协作等关系，是我们在理论上和实践中必须回答的问题。

爱科学是宪法所规定的国民公德，是我党一贯倡导的道德规范，也是荣辱观的重要内容。当今世界已经进入知识经济时代，这不仅意味着科技进步和知识更新的速度日新月异，而且意味着今天的中国人必须紧紧跟上时代步伐，以创新的精神、务实的态度，追逐科技发展前沿，加快知识结构更新，真正成为“知识工作者”。如果不思进取，崇尚迷信，那么必将落后于时代，难以承担党和人民给予的重任。

怎样对待义与利？“八荣八耻”的荣辱观明辨了义利关系上的善与恶，深刻阐述了与社会主义市场经济相适应的义利观，这就是既把国家人民利益放在首位而又充分尊重公民合法利益的社会主义义利观，旗帜鲜明地反对见利忘义、损人利己的行为。党员领导干部更需要在新的历史发展时期，认清国家、人民的利益才是大义大利，处理好个人利益与社会整体利益的关系，以此来引导社会风尚。

诚信与失信这对道德矛盾，将是我国道德建设中长期面临的一个重要任务，也是目前荣辱观领域亟须解决的一个突出问题。除了加快社会信用体系建设、法律法规建设外，大力倡导诚实守信光荣，不断强化社会道德评价功能，也是非常重要的。对于党员领导干部而言，应该在提高政府的公信力方面下功夫。政府信用是社会信用体系建立的根本，政府诚信关系到社会诚信的建设水平。“以诚实守信为荣”，应该是市场经济条件下党员领导干部确立的基本道德观念，应该成为判断党员领导干部德行的起码准则。

市场经济中竞争与协作的关系，同样是一个十分重要的理论和现实问题。市场经济的特性就是竞争。“以团结互助为荣”，是建立团结互助的社会主义新型人际关系的要求，在市场经济中应正确处理竞争与协作、公平与效率的关系，提倡通过科学创造、辛勤劳动、遵纪守法等正当手段获取财富，谴责不择手段、损人利己、违法乱纪等不规范的恶性竞争，弘扬“扶危济贫”、“乐善好施”等中华传统美德和团结互助的社会主义道德，建设社会主义和谐社会。

社会主义荣辱观丰富了社会主义道德规范体系，确立了社会主义道德价值导向，是中国化的马克思主义道德理论的新成果，具有鲜明的时代特征。我们应在全社会大力倡导并实践社会主义荣辱观，使它真正内化为全体公民的道德信念，进而把社会主义思想道德建设推向新的发展阶段。

树立社会主义荣辱观的基本途径

胡锦涛同志关于“八荣八耻”的讲话，抓住了当前广大干部群众普遍关心的一个问题，抓住了构建和谐社会一个带有根本性的问题，体现了在科学发展观的指导下，必须把依法治国和以德治国有机结合起来。各级领导干部处于带领群众全面建设小康社会的特殊位置，要带头牢固树立社会主义荣辱观，争做践行社会主义荣辱观的表率。

那么，怎样在多元文化并存、多元价值观念冲突和嬗变的过程中，使广大党员领导干部真正从价值上认同，并进而去遵循、去践行，这一问题尤为现实和重要。中宣部中央文明办在文件中指出，坚持知行统一、教育和实践相结合、自律与他律相结合等道德教育原则，都是科学的、可行的。下面针对党员领导干部的实际，从伦理学科视角谈几点看法。

1. 强化社会道德评价体系扬善抑恶的社会功能

荣誉与耻辱是社会道德评价体系中的一对重要道德范畴，荣辱观是关于荣辱问题的基本观点和认识。作为社会道德意识的荣辱观，是评价善恶、美丑的道德标准，是社会道德评价体系中不可或缺的重要范畴。作为价值标准，它引领社会风气，是社会道德与文明发展水平的标志。可见，荣辱观是社会道德价值标准，是评价道德行为的尺度。它告诉人们什么是善的、什么是恶的，什么是美的、什么是丑的，社会应该提倡什么、反对什么，褒奖什么、谴责什么，从而形成统一的、明确的社会道德价值导向，通过社会对道德活动主体的道德行为、品质做出善恶判断，发挥道德扬善抑恶、完善个体与社会的作用。因此，历史上的任何一个社会和时代，无不重视社会道德评价这一重要的社会道德调控手段。胡锦涛提出的“八荣八耻”社会主义荣辱观，为社会道德评价体系提供了提倡与反对的标准、褒奖和谴责的标杆，党员领导干部应利用各种社会媒体等舆论手段，加强载体建设，创新教育渠道，努力在全社会形成以遵守社会主义道德为荣、违反者可耻的社会风尚。当前应该解决好的一个较为现实且普遍的问题是，社会赏罚体系中物质激励与精神激励间的互动机制问题。社会赏罚是道德调控借以实现的途径之一，对个体道德的发生发展和个体道德人格的完善具有重要的调控作用，其中物质激励与精神激励是最基本的社会赏罚形式。怎样认识两种激励的关系？可以说，我们有只重视精神激励或只重视物质激励的教训，与社会主义市场经济相适应的赏罚模式应该是，物质激励是基本手段，同时又要彰显其道德的内涵与价值；精神激励旨在发挥导引和提升职能，一般又要有相应的物质激励。两种激励相互作用、相得益彰，由此形成的价值导向将会驱动人们去追求社会荣誉。邓小平同志对此也有明确论述，他说，对那些干得好的，给他们“颁发奖牌、奖状是精神鼓励，是一种政治上的荣誉。这是必要的。但物质鼓励也不能缺少”。他同时告诫全党和全国人民，我们是个穷国、大国，要艰苦创业，并要求共产党人和先进分子，用共产主义道德去指导和约束自己，发扬无私奉献的精神。可见，正确处理物质激励与精神激励的关系，解决好社会道德评价机制问题，才能更好地发挥道德在营造良好社会道德风尚中的特殊功能。

2. 强化团体道德的调节力量

社会主义荣辱观的养成不仅需要社会道德评价体系的力量，而且需要强有力的团体道德的导引和规范。如果说个性品德的基础奠定于家庭，那么，培养具有道德理解力和道德理性的人，包括荣辱观念，则又是在团体中实现的。因此，团体内部必须要有一套具有强制力的行为规范和准则，并通过道德实践培育社会主义荣辱观。中宣部中央文明办在文件中要求，在党政机关要开展争创文明机关、争当“人民满意公务员”活动，为全社会做出表率。

团体道德是道德培育的重要环节。首任日本伦理研究所所长丸山敏雄在剖析日本旧道德的不足时指出，“旧道德是没有强制力的”，“即使有人说：‘从前的道德是空头支票。’我们恐怕也无法替那些道德申辩”。就是说，一个人做了违反道德的事，而道德对此则无动于衷或无能为力，这样，道德形同虚设，自然就失去了强制力。西方学者彼得斯和沃特曼在研究企业文化时写道，优秀公司的文化观念一般都带有很强的规范性或准则性。“它强制到这种程度：或者你接受他们的准则和规范；或者你走开，没有折中的余地。”

团体道德包括两个方面：一是团体如何处理自身与其他团体和社会整体的利益关系，即团体对外关系的处理；二是对内关系的处理，指团体内部诸种伦理关系的处理。正确处理团体与社会整体的利益关系，就要坚持集体主义道德原则，“以热爱祖国为荣”，“以服务人民为荣”，把祖国和人民的利益放在第一位，从而保证社会整体利益、团体利益和个人利益的协同发展。在实践中，团体道德既是树立良好团队形象的内在价值目标，也是直接影响其内部成员行为的文化要素。劳伦斯·米勒认为：“一个组织很像一个有机体，它的机能和构造更像是人的身体。坚持一套固定的信念，追求崇高的目标而非短期的利益，以及对一切行为最有影响力的，是它的灵魂。”近年来，我国的一些组织和团体，包括一大批大中型企业，都十分重视伦理文化建设，在团体道德建设方面做了一些开创性的工作，积累了丰富的经验，取得了明显成效。与此同时，在一些部门和团体中也出现了一些新的伦理问题，如只谋小团体利益、不讲社会责任的“团体利己主义”表现突出，并在不少组织或团体中程度不同地存在，近来社会特别关注的商业贿赂也多属这一层面的问题。团体利己主义意识与社会主义荣辱观倡导的集体主义道德原则是根本对立的两种价值观，它严重污染社会道德风气，加大公民道德认同危机，其结果是把人导向狭隘的利己主义，导向善恶不分、荣辱颠倒的境地。

而且，由于团体利己主义是以集团、组织为单位的谋利活动，因组织成员的依附性心理而遮掩了实质上的道德缺失，进而造成个体道德义务、责任意识的弱化，扭曲个体的荣辱心理，对社会主义荣辱观的确立具有许多负面影响，这是当前社会主义荣辱观教育中必须重视的一个新问题。

团体道德的强制力与法律、政策的强制力的表现形式不同，它主要通过文化营造、价值牵引、舆论评价、组织管理上的制度制约等来实现。一般来说，一个组织良好、高效的团体，都有强有力的道德作支撑和保证。因此，团体或组织在树立社会主义荣辱观的教育中担负着特殊的道德职能。

3. 培育健康的个体荣辱心理

荣辱价值标准体现的是社会道德评价，倡导的是社会道德要求，如何把社会道德评价转化为个体的自我道德评价，把社会道德要求内化为个体的行动法则，形成道德自律，这是考量社会主义荣辱观教育成效的重要依据。

荣誉是一种社会道德现象，它反映了个人与集体、社会的道德关系，是一定社会或集团对个体履行社会义务的德行和贡献的褒奖，既体现了个体活动的社会价值，也体现了个体的生存价值与发展价值。斯宾诺莎认为："荣誉是为我们想象着我们的某种行为受人称赞的观念所伴随着的快乐。""所谓光荣的幸福，即是为遵循理性而生活的人所称赞的行为。"孟子十分重视荣辱感对人的影响，认为："人不可无耻，无耻之耻，无耻矣……耻之于人大矣，为机变之巧者，无所用耻焉。不耻不若人，何若人有?"指出了荣辱心理与人生价值的关联。社会主义荣辱观以"热爱祖国、服务人民、崇尚科学、辛勤劳动、团结互助、诚实守信、遵纪守法、艰苦奋斗"为荣，褒奖为国家、为人民创造物质财富和精神财富的个体，充分体现了社会主义荣誉观的价值导向，从根本上体现了个体价值与社会价值的统一。这些说明，荣誉范畴只有在不仅仅作为道德评价尺度，而且作为个体行为的价值尺度和价值目标的时候，人们才会去追求。这就要求公民以"八荣八耻"为道德准则，坚持知行统一原理，在道德实践活动中培育健康的个体荣辱心理，如树立自尊意识，摒弃虚荣、奢望、自卑、怯懦等不良道德心理。自尊这一概念反映的是个体对荣誉的价值认同，同时，也是个体作为道德主体的价值显现。罗尔斯提出了自尊的两个内容及其存在的环境，对我们很有启发。他在《正义论》一书中多次谈到"最为重要的基本善是自尊的善"，并指出自尊所具有的两个方面：第一，它包括一个人对他自己的价值的感觉，以及他的善概念，他的生活计划值得努力去实现这样一个确定的信念。第二，就自尊是在个人能力之内而言，自尊包含着自己对实现自己意图的能力的自信。认为一个人如果没有自尊，那就没有什么事情是值得去做的。他进而指出自尊存在所需的种种条件，即有一个合理的生活计划，尤其是一个符合亚里士多德主义原则的计划，认为人们从实现他们先天或后天的能力的活动中得到享受，而且这种能力实现得愈充分，它自身愈复杂，得到的享受也就愈大。他提出的必要条件是，每个人都至少有一个有着共同利益（兴趣）的共同体，他属于这个团体，并且在这个团体之中他感到他的努力能受到他的伙伴们的肯定和赞扬，从而形成这种行为和努力是值得的信念以及自身的价值。这些论述说明，自尊意味着一个人为实现其合理计划而充分展现自己的能力；自尊需要的社会条件是要有一个利益共同体，由他人的评价而形成自我价值的认同。19世纪德国哲学家费希特也曾深刻地指出："给予个人以荣誉的不是阶层本身，而是很好地坚守阶层的岗位；每个阶层只有忠于职守，圆满地完成了自己的使命，才受到更大的尊敬。"这些观点说明了荣誉与履行社会义务、荣誉与自尊的辩证关系。自尊是一种积极向上的人生态度，是个体社会价值的主体认同，有了自尊感，人们就有了选择正当手段去追求社会荣誉的内在驱动力。

在全社会倡导以"热爱祖国、服务人民、崇尚科学、辛勤劳动、团结互助、诚实守信、遵纪守法、艰苦奋斗"为荣的社会主义荣辱观，充分展示了个体实现社会价值、获得自尊的路径选择。当社会主义荣誉观念转化为公民的价值认同，内化为个体的内心信念或自我道德评价之后，最终才会在意识中形成荣辱感，具体表现为羞耻心、自爱心和自尊心等心理特征。概言之，社会主义荣辱观的确立，最终诉诸公民个体的道德自觉，因此，社会主义荣辱观的教育，不能仅仅停留在社会宣传层面，而要着力于团体道德的强化、个体的内心体认、自律意识和健康荣辱心理的培育。

4. 重视为人民服务人生观的教育

荣誉是一种社会道德现象，它反映了个人与集体、社会的道德关系，是一定社会或集团对个体履行社会义务的德行和贡献的褒奖，体现了个人活动的社会价值，因此，荣辱观作为价值观，它是人生观的重要组成部分。树立社会主义荣辱观，重在确立为人民服务的人生观。列宁在谈到对青年进行社会主义教育时指出："我们的主要目的是锻炼严整的革命人生观。"毛泽东同志早就说过："共产党人的一切言论行动，必须以合乎最广大人民群众的最大利益，为最广大人民群众所拥护为最高标准。"有了为人民服务的人生观、价值观，"八荣八耻"就会成为自觉行为。这与以个人主义、利己主义为核心价值观的享乐主义人生观、悲观主义人生观、实用主义人生观，就有了本质的区别。可以说，荣誉范畴体现了一定社会、一定集团道德上的理想人格，或者说，是一定社会、集团的道德原则和道德规范的人格化，体现着该社会、集团成员做人的基本方向和人格标准。只有确立了正确的人生观和崇高的道德理想的人，才能够正确地认识个人同他人和社会的关系，自觉地履行自己的义务和职责，形成正确的荣誉观，从不违背良心，始终保持着自己的尊严。因此，应该在全社会特别是党员领导干部中，加强马克思主义世界观、人生观的教育，加强爱国主义、集体主义、社会主义的价值观教育，使以为人民服务为核心、以集体主义为原则的社会主义道德更加深入人心，为牢固树立社会主义荣辱观提供科学的理论基础和精神保证。

注：

[1]《邓小平文选》第2卷，第102页。

[2][日] 丸山敏雄：《实验伦理学大系》，社会科学文献出版社1991年版，第72页。

[3] 劳伦斯·米勒：《美国企业精神》，中国友谊出版社1985年版，第198页。

[4] 斯宾诺莎：《伦理学》，商务印书馆1981年版，第147页。

[5]《孟子·尽心下》。

[6] 约翰·罗尔斯：《正义论》，中国社会科学出版社 1988 年版，第 427–429 页。

[7] 费希特：《论学者的使命》，商务印书馆 1980 年版，第 33 页。

（原载《社会主义荣辱观干部读本》）

论社会主义核心价值体系的功能

《中共中央关于构建社会主义和谐社会若干重大问题的决定》指出，马克思主义指导思想，中国特色社会主义共同理想，以爱国主义为核心的民族精神和以改革创新为核心的时代精神，社会主义荣辱观，构成社会主义核心价值体系的基本内容。社会主义核心价值体系的提出，极富现实意义和时代价值。这是我们党在深刻总结历史经验、科学分析当前思想领域的复杂形势的基础上提出的一项重大任务，是我们党在思想文化建设上的一次重大理论创新。为了从理论上深刻认识社会主义核心价值体系，切实把社会主义核心价值体系建设落到实处，在我国思想意识领域更有效地发挥作用，本文拟就社会主义核心价值体系的主要功能做一探讨。

指导功能

建设中国特色社会主义，实现中华民族的伟大复兴，最根本的是必须坚持马克思主义的指导地位。历史和大量事实证明，只有马克思主义和社会主义才能救中国，只有马克思主义和中国特色社会主义才能发展中国。中国共产党成立80多年来，之所以能够在新民主主义革命、社会主义革命、社会主义建设和改革开放中取得举世瞩目的巨大成就，最根本的原因就在于，我们始终坚持了马克思主义的指导地位。马克思主义是我们立党立国的根本指导思想，是党和国家一切工作的根本指针。

马克思主义鲜明的阶级立场、严密的科学体系与巨大的指导作用，决定了我们必须始终坚持以马克思主义为指导。一种理论要不要坚持，不在于它产生时间的早晚，而取决于它是否始终是实践的科学。我们所坚持的马克思主义，是批判地吸收人类文明所创造的一切优秀成果，根据实践的发展、时代的进步、科学技术的变革，不断地进行理论的创新与发展的马克思主义，是与时俱进的马克思主义；我们所坚持的马克思主义，是产生于工人运动之中，指导工人阶级实现自身解放，与工人阶级和劳动人民的前途命运、富裕幸福紧密联系在一起，反映、代表和维护人民群众根本利益与要求的马克思主义。只有用马克思主义的立场、观点和方法正确认识经济社会发展大势，才能在错综复杂的社会现象中看清本质、明确方向。

一般说来，经济基础和政治制度决定意识形态，而意识形态对经济基础和政治制度有巨大的反作用。特别是当一个社会处于大变革的时期，意识形态的反作用更是具有决定性的意义。任何国家、任何社会，其占统治地位的主流意识形态必然都是一元的。这是一个社会健康、稳定、协调发展的保证。马克思主义是社会主义意识形态与社会主义核心价值体系的灵魂，决定着社会主义核心价值体系的性质和方向。随着改革开放的深入，我国社会经济成分、组织形式、利益关系和分配方式日益多样化，人们的价值选择、社会意识、生活方式也日趋多样化。这种多样化是社会进步的体现。同时，我们也必须看到，意识形态越是纷繁复杂，就越需要思想指导；社会越是多样化，就越需要社会协调发展的理想信念和奋斗目标；更需要强调和坚持指导思想与主导价值的一元化，重视和巩固社会的理想信念，确立和壮大民族的精神支柱；更需要坚持马克思主义的指导地位不动摇，坚持用发展着的马克思主义指导实践，牢牢掌握意识形态领域的指导权、主动权、话语权。一旦动摇或放弃马克思主义的指导，实行没有马克思主义指导的社会舆论多元化，使得反马克思主义、反社会主义的思潮在意识形态领域打开了缺口，就会导致社会矛盾激化，政局严重动荡，党的组织分裂，群众生活水平下降，就会最终葬送社会主义事业。

西方人本主义思想以及中国传统文化中的民本思想，不能够成为社会主义核心价值体系中的灵魂与旗帜。“近代西方人本主义反对迷信、崇尚科学，反对专制、崇尚自由，反对神性、张扬人性，对于反对封建主义、推进人的解放起到过一定的积极作用。但人本主义离开具体的历史条件，离开人的社会性，以抽象的、永恒不变的人性说明社会历史，在本质上是为资产阶级取得和维护统治地位服务的。”[1] 中国古代的民本思想体现了朴素的重民价值取向，在一定程度上起到了缓和阶级矛盾、减轻人民负担的作用，但是，“这种民本思想所依据的哲学理论也是以离开人的社会性和历史发展的另一种形式的抽象人性论”[2]，其本质是为了维护封建统治阶级的统治地位。

在复杂多变的国际环境中，我们必须立足国内现实、把握时代潮流，必须坚持马克思主义在意识形态领域中的指导地位，坚定不移地走中国特色社会主义的发展之路。社会主义核心价值体系的建设，以其系统的价值理念和鲜明的社会主义特征，确保我国现代化建设沿着正确的方向前进。如果动摇了马克思主义的指导地位，就会动摇中国特色社会主义的理论根基，动摇全党全国人民团结统一的思想基础，导致思想混乱乃至社会动荡。

引领功能

一个社会的核心价值观，反映社会意识的本质，决定社会意识的性质，涵盖社会发展的指导思想、意识形态、价值取向，影响人们的思想观念、思维方式、行为规范，是引领社会前进的精神旗帜。社会主义核心价值体系是引领人们的思想行为、社会精神风尚和发展方向的灵魂，是关系社会稳定与国家兴旺的决定性因素。

引领多元文化和价值观，最大限度地形成社会共识。当前，我们正处在一个思想大活跃、观念大碰撞、文化大交融的时代，先进文化、落后文化和腐朽文化同时并存，正确思想和错误思潮相互交织。对不同文化间的冲突、碰撞、摩擦，如果不注意引导、协调、妥善解决，就会引起思想混乱，甚至导致社会危机。实践证明，多样化的社会思潮既是无法避免的，又是必须加以引领的。如果任其自由发展，那就会影响和冲击社会主义的主流意识形态，影响和冲击党和人民团结奋斗的思想政治基础，影响和冲击构建社会主义和谐社会的共同目标取向，甚至会动摇中国特色社会主义事业的根基。

在多元价值并存中形成价值共识，确立得到多数社会成员认同的核心价值观，是当今意识形态领域中的一个大问题。在我国，马克思主义指导思想，中国特色社会主义共同理想，以爱国主义为核心的民族精神和以改革创新为核心的时代精神，社会主义荣辱观，代表着最广大人民的根本利益和整个社会的历史走向，具有其他任何价值体系都不可替代的先进性和影响力，因而必然成为我们党引领社会思潮的伟大旗帜。我们必须“坚持以社会主义核心价值体系引领社会思潮，尊重差异，包容多样，最大限度地形成社会思想共识”。[3] 当然，“尊重差异”并不是倡导文化相对主义或文化多元主义，“包容多样”也不意味着容忍、放纵任何不利于社会和谐、稳定、发展的因素，而是必须坚持用社会主义核心价值体系主导、引领、统摄多样化的价值观念，并且在具体实施中，必须坚持原则、区别对待、正确引导。只有旗帜鲜明、理直气壮地以社会主义核心价值体系引领社会思潮，使先进文化得到发展，健康文化得到支持，落后文化得到改造，腐朽文化得到抵制，在多元中立主导，在多样中谋共识，减少思想冲突，增进社会认同，有效避免因认识差异引发社会动荡，才能在建设富强、民主、文明、和谐的社会主义现代化国家这个总目标下，不断增强全民族的向心力和凝聚力，从而也才能沿着中国特色社会主义道路，把构建社会主义和谐社会由美好理想变为举国上下的一致行动。

引领社会意识，牢固树立中国特色社会主义共同理想。马克思主义人生观告诉我们，任何个人都不可能脱离社会而存在，个人的理想、目标、前途必须与社会的理想、目标、前途相协调才能最终实现。任何脱离社会总目标、总趋势的所谓“个人追求”或“个人目标”，都很难变为现实。随着我国经济社会的深刻变化，不可避免会出现社会意识的多样化。这就更加需要一个能够代表广大人民根本利益、为社会各个阶层广泛认可和接受的共同理想，去凝聚社会各阶层、各方面的智慧和力量，打牢全党全国各族人民团结奋斗的思想基础。这个共同理想，就是在党的领导下，走中国特色社会主义道路，实现中华民族的伟大复兴。近代中国曾经备受列强欺凌，积贫积弱，实现国家富强、民族复兴是全民族最强烈的愿望。不论哪个社会阶层、哪个利益群体的人们，都能够而且也应该认同和接受这个共同理想，因为这个共同理想把党的目标、国家发展、民族振兴与个人的发展和幸福紧密地联系在一起，集中代表了我国工人、农民、知识分子和其他劳动者、建设者、爱国者的共同利益和愿望，具有令人信服的必然性、广泛性和包容性，具有强大的感召力、亲和力和凝聚力。只有把握了中华民族在现阶段的这一共同理想，并以之引领每个社会成员的理想，在推进中国特色社会主义事业的过程中才能实现国家的富足和强盛。

引领社会风尚，提升全社会的思想道德水准。什么是善的，什么是恶的；什么是光荣的，什么是耻辱的，这不仅反映社会道德价值标准和取向，而且是一个民族正气盎然、精神奋发的鲜明标志，也是一个社会健康和谐、文明进步的必然要求。新中国成立以来，党和国家大力提倡爱祖国、爱人民、爱劳动、爱科学、爱社会主义的基本道德规范，大力发展各民族和社会成员之间平等、团结、友爱、互助的社会主义新型关系，在道德建设方面取得了巨大进步。但是，目前我国还处于社会主义初级阶段，改革开放和发展社会主义市场经济在推动经济、社会全面进步的同时，也给道德领域和社会关系带来许多深刻复杂的变化，道德取向的多元化使社会主义价值观和道德观受到资本主义、封建主义思想的冲击。一些人甚至颠倒是非，以丑为美，以恶为善，以耻为荣。思想道德领域的这种严峻形势，迫切需要正确的荣辱观引领社会道德风尚，以达成社会道德共识。胡锦涛同志提出的"八荣八耻"社会主义荣辱观，涵盖了爱国主义、集体主义、社会主义思想，弘扬了中华民族的传统美德和中国革命传统道德，集中体现了当代中国社会最基本的价值取向和行为准则，鲜明地指出了在社会主义市场经济条件下，应当坚持和倡导什么、反对和抵制什么，为全体社会成员选择行为、评判行为以至确立正确的价值取向，提供了行为准则和价值引导。社会主义荣辱观适应了发展社会主义市场经济、建设社会主义先进文化的迫切要求，是引领当今中国社会风尚的价值指针。

整合功能

社会主义核心价值体系，汲取了中华民族优秀传统文化，吸收了世界优秀文明成果，倡导和谐理念，培育和谐精神，能够最大限度地形成社会共识，凝聚人心，具有很强的包容性和整合性。

整合多样的思想文化，大力发展社会主义主流文化。在各种思想文化相互交织、相互激荡的复杂背景下，建设社会主义核心价值体系，是我们凝聚和统一社会各阶层、各利益群体思想的有力武器。我们要正视思想文化多元、多变、多样的特点，在坚持先进文化的前提下，树立和强化差异互补、多样共生的意识，坚持为人民服务、为社会主义服务的方向和百花齐放、百家争鸣的方针，用一元指导思想整合多样的思想文化，大力发展社会主义主流文化和先进文化，不断用先进文化丰富人们的精神世界，增强人们的精神力量，同时，倡导人们既敢于表达自己的意见又善于倾听别人的声音，既依法争取自己的利益又尊重别人的合法权利。

整合社会力量，化解矛盾，凝聚人心，促进社会和谐。构建和谐社会，需要不断解决好人与人、人与社会以及人与自然之间的矛盾。当今社会是一个社会结构多元化、利益主体多元化、价值观念多元化、行为选择和行为方式多元化的社会。整合人民内部不同的利益诉求，化解各种社会矛盾，客观上要求以社会主义核心价值体系为根本的和谐文化发挥整合功能，引导人们树立和谐的思想观念，以和谐的思维认识事物，以和谐的态度对待问题，以和谐的办法解决矛盾，以和谐的理念平衡心态，以和谐的方式表达诉求，以和谐的举措凝聚人心，使和谐的理念成为全社会的价值取向，最大限度地消解社会不和谐的因素，把全体社会成员的行为纳入理性、道德、法治的轨道，和睦相处，和衷共济，实现社会力量和社会资源的整合，促进社会的和谐发展，共建和谐，共享和谐。

吸纳和借鉴古今中外的一切优秀文明成果，兼收并蓄，博采众长，促进民族团结和国家安定。社会主义核心价值体系的整合功能，是以承认文化的多样性为前提，与对文化多样性的包容态度分不开的。文化承接着过去又昭示着未来，既是民族的又是世界的。中国传统文化中以包容万物、兼收并蓄、淳厚中和为特征的“和合”精神，经过世世代代的锤炼、锻造，凝聚成新时期以爱国主义为核心的民族精神和以改革创新为核心的时代精神。以爱国主义为核心的团结统一、爱好和平、勤劳勇敢、自强不息的伟大民族精神，是中华民族生生不息、薪火相传的精神血脉，是维护国家团结统一、鼓舞各族人民奋发进取的精神支撑。爱国主义既是一种崇高的道德情感，也是一项重要的政治原则和价值规范。民族精神犹如社会的“黏合剂”，将各族人民的智慧和力量聚集、整合在一起。时代精神代表人们精神世界的主流，反映历史进步的方向，具有强大的感召力和推动力，可以唤起全体人民的斗志和责任心。

社会主义核心价值体系，是一种既具有强烈的民族性又具有鲜明的时代性的先进思想文化，它既主张立足当代，古为今用，推陈出新，又主张立足本国，洋为中用，博采众长；既以开放的心态面向世界，虚心学习世界其他民族的长处，又自觉维护国家、民族的利益和尊严。社会主义核心价值体系把民族精神和社会主义价值观念相融合，充分借鉴一切有利于促进和谐文化建设的有益经验，充分吸收一切有利于增强人们和谐精神的文化成果，使和谐文化不仅深深根植于中华文化的沃土，而且适应世界发展进步的潮流，最大限度地体现了社会的多元诉求，为全民族团结一致、和睦相处提供了更为牢固的精神纽带。

创新功能

社会主义核心价值体系是一个开放的思想体系，它在指导和引领中国特色社会主义伟大实践中，与时俱进，日臻完善，具有鲜明的创新功能。应该说，社会主义核心价值体系的提出与建设本身就是我党在新时期的一次伟大理论创新。

建设社会主义核心价值体系，弘扬改革创新的时代精神，必将更加有力地推动构建社会主义和谐社会的伟大进程。一个民族要站在世界的前列，一刻也不能没有理论思维。新中国成立以来，我们坚持推进马克思主义的理论创新，坚持和弘扬党领导人民在长期奋斗中形成的革命精神，继承和发扬全国各民族的优秀文化，吸收和借鉴世界各国文明的先进成果，形成了以改革创新为核心的时代精神，明确提出社会主义荣辱观。改革是当今时代最重要的主题，改革强调与时俱进，研究新情况，解决新问题；创新是当今时代的本质特征，创新强调开拓创造，以新思路、新方法、新技术、新发明深化改革。与时俱进的改革创新精神，深深熔铸在民族的生命力、创造力和凝聚力之中，深深熔铸在社会主义核心价值体系之中，已经成为中国特色社会主义最重要的品格，是实现中华民族伟大复兴的不竭动力，使我国各族人民焕发出巨大的创造活力，已经并将继续给我国社会带来深刻变革。在构建社会主义和谐社会的过程中，只有不断深化改革，发挥人民群众的首创精神，抓住发展机遇，转变发展观念，创新发展模式，提高发展质量，才能逐渐形成各尽其能、各得其所而又和谐相处的美好局面，才能实现经济建设、政治建设、文化建设与社会建设协调发展、相互促进。

亿万群众构建社会主义和谐社会、建设中国特色社会主义的伟大实践，必将推动社会主义核心价值体系不断自我完善和发展。社会主义核心价值体系是全面建设小康社会、努力构建社会主义和谐社会的纲领，是中华民族伟大复兴的共同思想基础，是社会主义制度的精髓。在复杂多变的国际环境中，我们必须立足国内现实、把握时代潮流，必须坚持马克思主义在意识形态领域的指导地位，借鉴人类有益文明成果，坚定不移地走中国特色社会主义的发展之路。社会主义核心价值体系以其系统的价值理念和鲜明的社会主义特征，确保我国现代化建设沿着正确的方向前进。社会主义核心价值体系四个方面的基本内容相互联系、相互贯通、有机统一，共同构成一个完整的价值体系。社会主义核心价值体系必定要随着时代的发展和中国特色社会主义的伟大实践的发展而不断增添新内容。因此，这一价值体系自身不是封闭的，而是开放的，它要吸收人类创造的一切先进、有益的思想文化成果，从而不断丰富和完善自己。社会主义核心价值体系的自我发展和完善，紧密伴随中国特色社会主义的自我发展与完善进程，因此，我们应当把建设社会主义核心价值体系自觉地统一于建设中国特色社会主义、构建社会主义和谐社会的伟大实践中，在坚持中发展，在发展中坚持，不断推动社会主义核心价值体系的发展与创新，使其始终保持鲜活的生命力、强大的感召力，确保我国经济社会发展沿着社会主义方向前进。

注：

[1] 中共中央宣传部理论局编写：《科学发展观学习读本》，学习出版社 2006 年版，第 20 页。

[2] 教育部邓小平理论和“三个代表”重要思想研究中心：《以马克思主义为指导建设社会主义核心价值体系》，《光明日报》2007 年 3 月 20 日。

[3]《中共中央关于构建社会主义和谐社会若干重大问题的决定》，《人民日报》2006 年 10 月 18 日。

（原载《马克思主义研究》2007 年第 9 期，合作者：赵增彦）

构建社会主义和谐社会必须正确处理的几个关系

按照“民主法治、公平正义、诚信友爱、充满活力、安定有序、人与自然和谐相处”的总要求构建社会主义和谐社会，是党的十六届六中全会从全面建设小康社会全局出发提出的一项重大战略任务，集中反映了广大人民群众的根本利益和共同愿望。当前，在构建社会主义和谐社会的过程中，必须正确处理改革、发展和稳定的关系，正确处理人民内部矛盾，正确处理人口与社会事业的关系。

正确处理改革、发展和稳定的关系

党的十六届六中全会公报强调指出，构建社会主义和谐社会必须坚持正确处理改革、发展、稳定的关系，这是构建社会主义和谐社会必须遵循的六项原则之一。构建社会主义和谐社会，首先要求保持社会稳定。所谓社会稳定，是指整个社会处于稳固、安定、和谐的状态。稳定是社会的重要资源，是政治的首要价值，也是政府的重要责任。历史一再说明，社会稳定则国家兴旺，社会动荡则国家衰亡，这是治乱兴衰的客观规律，也是古今中外治国安邦的历史经验。

当前，在剧烈的社会大变革时期，影响社会稳定的因素是多方面的。一是收入分配不公。近年来农村和部分城镇居民收入增长缓慢，失业人员增多，一部分群众生活困难。而一些富人巧取豪夺，花天酒地，收入差距过大，群众存在不满情绪。二是地区发展不平衡。沿海与内地、城市和乡村发展严重不平衡，有人讲，到城市越看越像欧洲，到农村越看越像非洲。三是市场秩序混乱，社会道德失范，黄、赌、毒现象严重，群众心里有气。四是一些地方治安状况不好，社会秩序混乱，黑恶势力横行，公民缺乏安全感。五是部分党政领导干部腐败，以权谋私，贪污受贿，弄虚作假，铺张浪费，官僚主义、形式主义盛行。六是生态环境恶化，污染严重，严重危及群众生产和生活。七是庞大民工潮的无序流动，增加了社会管理的难度，若长期不能有效安排，将严重影响社会的稳定。八是“诸侯经济”的形成和崛起，必然要求与其经济地位相适应的社会和政治权力资源，若处置不当，对社会稳定将会形成巨大的隐患和冲击。九是外部敌对势力对我国实施的“西化”、“分化”图谋，也对我国现代化建设造成巨大干扰和负面影响。十是石油等战略资源短缺给我国安全和稳定带来的隐患和影响。对于存在的这些严重影响稳定的因素，我们必须清醒认识，高度重视，采取有效措施，逐一予以消解。

维护社会稳定是一项巨大的系统工程，应把改革的力度和社会的可承受度有机地结合起来，采取政治、经济、军事、文化、教育等手段和措施，综合治理。就构建社会主义和谐社会而言，强化反腐倡廉工作，乃是维护社会稳定的民心工程。腐败是社会稳定的大敌，反对腐败，顺乎民心，合乎民意。要继续坚持教育、制度、监督三位一体的反腐败工作思路，发展民主，创新机制，标本兼治，综合治理，加大反腐败的制度供给与工作力度，发现一个坚决查处一个，决不姑息和迁就。要以反腐败斗争的实际行动和成果，来端正党风，赢得民心。党风正则民风淳。社会秩序良好，人民安居乐业，全面建设小康社会、实现现代化就有了保证。

正确处理人民内部矛盾

党的十六届六中全会公报指出："目前我国社会总体上是和谐的。但是，也存在不少影响社会和谐的矛盾和问题。人类社会总是在矛盾运动中发展进步的。构建社会主义和谐社会是一个不断化解社会矛盾的持续过程。我们要始终保持清醒头脑，居安思危，深刻认识我国发展的阶段性特征，科学分析影响社会和谐的矛盾和问题及其产生的原因，更加积极主动地正视矛盾、化解矛盾，最大限度地增加和谐因素，最大限度地减少不和谐因素，不断促进社会和谐。"这就要求我们在构建社会主义和谐社会的进程中，必须善于正确处理人民内部矛盾。在改革开放和发展社会主义市场经济的过程中，人民内部矛盾明显增多，有的还日益突出。正确认识新形势下人民内部矛盾产生的原因和新变化，寻找化解矛盾的有效途径和办法，不断提高党的领导水平和执政水平，增强抵御风险和拒腐防变的能力，这是摆在全党尤其是各级领导干部面前的一个重大历史课题。人民内部矛盾是人民根本利益一致基础上产生的种种矛盾，其性质是非对抗性的。在发展社会主义市场经济的新的历史条件下，人民内部矛盾的新变化广泛地表现在经济、政治和思想文化等各个领域。在经济领域，人民内部矛盾主要表现在各种经济成分之间以及各种经济成分内部，贯穿于生产、分配、流通和消费各个环节，表现在中央与地方，国家、集体与个人之间的利益矛盾上。政治领域中的人民内部矛盾比较复杂，主要表现为党内矛盾、党政矛盾、政企矛盾、干群矛盾以及民族宗教方面的矛盾等。人民内部的思想认识和由此产生的矛盾，在新形势下主要表现为反映改革开放的新观念、新思想和与此不相适应的思想观念之间的矛盾。一是在市场经济中培育起来的自立意识、竞争意识、效率意识、民主法制意识和开拓创新精神与旧的传统观念之间的矛盾；二是社会主义的进步文化与封建主义、资本主义等的各种腐朽文化之间的矛盾；三是人们在世界观方面的差异及由此引起的种种矛盾，尤其是近年来在生活作风方面反映出来的问题，如是保持艰苦奋斗的优良作风还是铺张浪费、骄奢淫逸，是讲科学还是崇尚迷信等斗争日趋激烈。

造成上述人民内部矛盾的原因，主要是随着改革开放的进一步深化和社会主义市场经济体制的逐步建立与完善，社会经济结构的不稳定性加剧以及社会转型加快等。概括来看，既有历史原因、政策原因、利益原因，也有管理理念落后、工作方法不当的原因；既有群众要求合理的一面，也有群众对党和国家政策不了解、不理解的一面；既有基层干部缺乏公共理性精神、素质较差、管理方式落后、处理问题简单粗暴的一面，也有群众要求过高、不顾大局的一面；既有传统文化积淀与现代化相冲突的一面，也有计划经济时期形成的思维定式与市场经济、民主政治建设不适应的一面；既有改革措施发挥作用的一面，也有改革不配套、不协调的一面；既有国内因素，也有国外原因等，各种矛盾交织在一起，形成了当前人民内部矛盾的复杂性、多变性。特别是改革开放在给我国经济带来巨大发展的同时，也加快了社会阶层的分化，新的社会阶层应运而生。新的社会阶层的出现和发展壮大，使我国原有的社会结构发生了深刻变化。改革开放后，随着社会主义市场经济的发展，我国出现了民营科技企业的创业人员和技术人员、受聘于外资企业的管理技术人员、个体户、私营企业主、中介组织的从业人员、自由职业人员等新的社会阶层。

目前，新的社会阶层人士掌握或管理着相当大一部分资本，成为国家税收的重要来源。他们中的很多人还通过参与扶贫事业和发展社会公益事业，在推动社会进步中发挥作用；通过自主创新和创办企业，吸纳社会劳动力，拓宽就业渠道，有效地缓解我国面临的人口与就业的巨大压力。无论从人数上还是从实力上看，新的社会阶层都已成为我国经济建设和社会发展的重要力量。这些新阶层的出现和不断壮大，既扩大了社会主义建设者的队伍，也带来了一系列新的矛盾，其中绝大多数属于人民内部矛盾，是非对抗性的，但其中也有与广大劳动者利益发生根本性冲突的矛盾。处理这类矛盾应该严格遵守国家政策与法律。正确处理这些复杂矛盾，要区别对待，坚持标本兼治，统筹兼顾，综合治理，既要坚持正确的原则，也要具体问题具体分析，针对不同矛盾寻求不同的解决方法。第一，深入贯彻“三个代表”重要思想和科学发展观，实现好、维护好、发展好人民群众的根本利益，是正确处理人民内部矛盾的治本之策。实现好、维护好、发展好人民群众的根本利益，以务实的工作态度取信于民，以良好的党风和政风增强党和政府的组织力、示范力和凝聚力，这是化解和处理人民内部矛盾的治本之策。第二，妥善协调利益关系是正确处理人民内部矛盾的关键所在。处理利益矛盾，一要从宏观政策上采取措施，规范收入分配，依法保护合法收入，整顿不合理收入，调节过高收入，取缔非法收入，缩小贫富差距，防止两极分化；二要建立完善的社会保障体系，这是实现社会安定的“稳定器”，是安邦兴国的根本大计。第三，扩大社会主义民主是正确处理人民内部矛盾的重要途径。共产党执政就是要保证人民行使当家做主的权力。实行民主选举、民主决策、民主管理和民主监督，保证人民依法享有广泛的权利和自由，尊重和保障人权等，是当前推进民主政治进程的重要内容。第四，建立法治国家是正确处理人民内部矛盾的基本方略。要建立和完善社会主义市场经济法制体系，形成完备的利益调节机制；要增强广大干部的法律意识，依法行政，规范行政。第五，加强思想政治工作是正确处理人民内部矛盾的有效方法。思想政治工作是我们党的传统优势。化解人民内部矛盾，需要新形势下思想政治教育工作的创新。第六，加强组织建设是正确处理人民内部矛盾的重要保证。党的基层组织在凝聚群众、维护稳定方面具有不可替代的重要作用。要加强企业中党的建设，加强非公有制经济组织中党的建设，加强街道社区中党的建设，扩大党的工作的覆盖面，密切党同群众的联系，及时解决群众中存在的实际问题，增强党的工作的影响力和渗透力。第七，加快应急机制建设是正确处理人民内部矛盾的重要手段。鉴于当前重特大事故发生频繁，各级政府都应建立应急机制，加强对突发事件的处理，保护人民群众生命和财产的安全，以维护稳定，安定人心。第八，提高广大干部自身素质是正确处理人民内部矛盾的基本保证。正确处理人民内部矛盾，关键在干部，尤其是各级领导干部。无数事实充分证明，如果干部素质不高，不仅不能有效地化解群众之间的矛盾，而且自身也会成为矛盾产生的根源。干部素质提高了，解决人民内部矛盾就有了保障。

建立充分调动一切积极因素的创业机制。全面建设小康社会，构建社会主义和谐社会，必须最广泛、最充分地调动一切积极因素，不断为中华民族的伟大复兴增添新力量。我国正处于社会主义初级阶段，实行“以公有制为主体，多种所有制共同发展”的基本经济制度和“按劳分配为主体，多种分配方式并存”的分配制度，要求包括知识分子在内的工人阶级、广大农民，以及在社会变革中出现的民营科技企业的创业人员和技术人员、受聘于外资企业的管理技术人员、个体户、私营企业主、中介组织的从业人员、自由职业人员等社会阶层，都能够各尽所能，各得其所而又和谐相处，在不同的岗位上，为经济发展和社会进步做出贡献。整个社会要以共同富裕为目标，实行激励人们充分发挥积极性的分配原则，扩大中等收入者比重，提高低收入者收入水平，鼓励全体人民积极投身社会主义建设。为建立新的创业和创新机制，必须进一步解放思想，扫清各种思想观念障碍，努力形成与改革开放新形势相适应的思想观念，真正做到一切妨碍发展的思想观念都要坚决冲破，一切妨碍发展的做法和规定都要坚决改变，一切影响发展的体制弊端都要坚决革除，用思想的大解放推动大发展，用观念的与时俱进开创改革开放的新局面。

正确处理人口与社会事业的关系

中国是世界上人口最多的发展中国家。人口数量庞大、资源相对不足、环境承载能力弱是中国现阶段的基本国情，在一个相当长的时期内，人口问题仍然是中国在社会主义初级阶段发展中所面临的重大问题，是关系中国经济社会发展的关键因素。构建社会主义和谐社会，必须遵循正确的人口理论，实行计划生育等一系列人口政策。

人类自身生产必须与物质资料生产相适应，这是马克思主义人口思想的核心，从《德意志意识形态》、《资本论》、《家庭、私有制和国家的起源》等经典著作中都可以看出这一点。社会生产不仅包括物质资料生产，还应当包括人类自身生产。两种生产的比例是国民经济比例关系中最基本的比例关系，是一种带有全局性、战略性的比例关系。马克思的两种生产理论认为，人口与生活资料的关系从属于物质资料生产，经济状况决定人口的发展，人口变动必须与经济发展相适应。两种生产理论是我国开展计划生育工作的理论基础，也是制定中国经济政策和人口政策的一个重要指导思想。

20 世纪 70 年代以来特别是改革开放以来，中国确立了控制人口增长、提高人口素质的人口政策，全面推行计划生育基本国策。国家鼓励晚婚晚育，提倡一对夫妻生育一个子女，并依照法律法规合理安排生育第二个子女。对少数民族，国家也实行计划生育。各省、自治区、直辖市结合当地实际制定了具体政策规定。中国政府高度重视人口与发展问题，将人口与发展问题作为国民经济和社会发展总体规划的重要组成部分列入议事日程，始终强调人口增长要与经济社会发展相适应，与资源利用和环境保护相协调。经过近30年的努力，中国成功地探索了一条具有本国特色的综合治理人口问题的道路，逐步形成了适应市场经济要求的人口调控体系和计划生育工作管理体制，计划生育工作取得了举世瞩目的成就，公民的生存权、发展权显著改善。

从根本上说，构建社会主义和谐社会，就是从各个方面为广大人民创造一个良好的社会环境，不仅生活富裕、环境优美，而且有日臻完备的社会事业，满足各种文化需要。为保证社会事业更好地满足和谐社会发展的要求，各类社会事业应从自身的任务和特点出发深化改革：一要深化教育体制改革。坚持教育优先发展，构建现代国民教育体系和终身教育体系，建设学习型社会，全面推进素质教育，增强国民的就业能力、创新能力、创业能力，努力把人口压力转变为人力资源优势。二要深化文化体制改革。按照社会主义精神文明建设的特点和规律，适应社会主义市场经济发展的要求，逐步建立党委领导、政府管理、行业自律、企事业单位依法运营的文化管理体制，加快发展文化事业和文化产业。三要深化公共卫生体制改革。建立与社会主义市场经济体制相适应的卫生医疗体系，强化政府公共卫生管理职能，加强医疗卫生服务。

（原载《学习论坛》2006年第5期）

道德建设新课题：用“两个飞跃”指导农村集体主义教育

党的十五大报告提出，深入持久地开展以为人民服务为核心、集体主义为原则的道德教育……引导人们树立正确的世界观、人生观、价值观。怎样去完成这一任务，尤其在我国广大农村如何开展集体主义教育，这是一个重要课题。邓小平提出的农业要有“两个飞跃”的思想，对农村改革和发展具有战略意义，同时，对农村集体主义教育也极富指导意义。本文拟就这一问题作一探讨。

“两个飞跃”的战略思想是指导农村集体主义教育的理论武器

在我国农村实行联产责任制 10 年之后，邓小平从战略高度将农村改革发展的道路概括为“两个飞跃”。他说：“中国社会主义农业的改革和发展，从长远的观点看，要有两个飞跃，第一个飞跃，是废除人民公社，实行家庭联产承包为主的责任制，这是一个很大的前进，要长期坚持不变。第二个飞跃，是适应科学种田和生产社会化的需要，发展适度规模经营，发展集体经济。这又是一个很大的前进，当然这是很长的过程。”[1] 邓小平的论述，指出了“两个飞跃”是一个自然的历史的过程，廓清了中国社会主义农业的发展道路，揭示了农村从低水平的集体化到高水平的集体化发展的必然趋势。“两个飞跃”发展战略的逐步实现，要求社会生产力发展水平的提高，科学技术的发达，物质文明的进步，同时，社会主义精神文明必须与之相适应。邓小平曾深刻指出：“不加强精神文明的建设，物质文明的建设也要受到破坏，走弯路。光靠物质条件，我们的革命和建设都不可能胜利。”[2] 他还多次指出，有“四个方面的工作和斗争，要伴随着我们整个社会主义现代化建设的进程走。这四个方面的工作，或者叫坚持社会主义道路的四项必要保证”，其中第二条就是建设社会主义精神文明。[3] 对于我国经济文化比较落后的广大农村来说，这个问题尤其值得研究。实践也告诉我们，坚持社会主义物质文明和精神文明“两手抓，两手都要硬”的方针，是解决“两个飞跃”发展的实际，以推动农村两个文明协调发展。

邓小平“两个飞跃”的论述，指明了我国农村改革和发展的道路，也为我们对农民进行集体主义教育提供了强大的思想武器，有利于澄清许多流行的糊涂观念，防止“左”和“右”的种种倾向和干扰。我们应当善于运用这个理论武器对农民进行深入的教育。

首先，要以“两个飞跃”的理论武装党员特别是干部，把社会主义农村发展趋势、必经道路、远大前景当作集体主义教育的重要内容，引导广大群众拓宽视野，提高发展新的集体经济的自觉性。由于过去那种“大呼隆”、“大锅饭”式的集体化在农民心目中留下的恶感较深，必须向农民讲清，一方面集体化是社会化生产力发展的客观要求，另一方面新式的集体化与过去那种旧的集体形式有重大区别。新的集体化同高度集约化及农村工业化、城市化进程相联系，以农民群众的自觉自愿为前提，能够充分调动群众进行现代农业规模经营的积极性，实现共同富裕而不搞平均主义，生产力水平、经营形式、劳动方式、分配关系和农民的生活状况，都同以往有重大区别。这是农业现代化发展、农民共同富裕的一条必经之路。新的集约化同农村工业化、城镇化进程相联系，以农民群众的自觉自愿为前提，能够充分调动群众进行现代农业规模经营的积极性，实现共同富裕而不搞平均主义，生产力水平、组织形式、经营形式、劳动方式、分配形式和农民的生活状况，都同以往有质的差异。这是农业现代化发展、农民共同富裕的一条必经之路。

其次，“两个飞跃”的理论也从发展趋势上回答了解决小生产与大市场矛盾的出路。随着市场经济体制的建立、完善和市场化程度的提高，我国农业所面向的不仅是村际间的小市场，而且是全国的和世界的大市场，发展外向型农业，进行农产品多层次深加工，实现农业产业化和贸工农一体化，无论在产品的品种、质量还是数量上，现在的小生产都越来越不能适应大市场的需要。这就需要用现代科学技术和先进的生产手段武装农业（包括种植业、养殖业）以及与此相关的加工工业，促进农业产业化、现代化、逐步实现集约经营，取得规模效益，提高抵御自然灾害和市场风险的能力。如果长期停留在现有一家一户的手工劳动基础上，那就无法适应大市场的要求，当然也就不能使农民在高水平上富裕起来。这个道理要给农民讲清楚，帮助他们明确新型集体化同大市场的内在联系。

再次，“两个飞跃”的理论有充分的实践基础。这些年来，我国各地都涌现出大量成功的典型，应当善于运用这些先进典型解释“两个飞跃”的理论，用活生生的实例对农民进行集体主义教育。河南的刘庄、北京的窦店村是人们所熟知的，而改革开放、实行联产责任制后出现的新集体化典型，如张家港、华西村，河南巩义市的竹林村、临颍县的南街村，新乡县京华公司等，同样应当做广泛宣传。江泽民表扬的以农产品系列加工为特点的修武县小营村，也是一个值得学习的新典型。苏南集体化经济的飞速发展，参与国际市场竞争的事实，更是享誉全国。邓小平 1979 年就对苏南的实践予以肯定，1987 年 6 月，他又给予高度评价和赞扬：“农村改革中，我们完全没有预料到的最大收获，就是乡镇企业发展起来了，突然冒出搞多种行业搞商品经济，搞各种小型企业，异军突起。”[4] 近些年来，苏南农村的发展更是令世人瞩目。如无锡市以强化乡镇工业反哺农业功能为基点，逐步形成一套建设现代化农业的积累机制，农业服务体系不断完善，农业专业化生产有了重大突破，土地经营制度日趋优化，农业规模经营迈出了较大步伐。已初步形成了一批贸、工、农一体化的企业集团，日益雄厚的集体经济在市场经济的竞争中显示出无比的威力和强劲的发展势头，低水平的集体化开始向高水平的集体化过渡。农村社会事业、精神文明建设、集体主义教育以强大的集体经济为后盾，也得到了长足发展。榜样的力量是无穷的，这些共同富裕的新型集体将成为广大农民憧憬的未来，从而增强实现“两个飞跃”的信心。诚如毛泽东所说：“马克思列宁主义的基本原则，就是要使群众认识自己的利益，并且团结起来，为自己的利益而奋斗。”[5]

同时，对于先富起来的农民也要理直气壮地进行“两个飞跃”、“先富—共富”的教育，使他们从经济发展规律上认准社会主义的本质，将来的出路既不是搞平均主义，也不能形成两极分化。邓小平明确指出：“我们提倡一部分地区先富起来，是为了激励和带动其他地区也富裕起来，并且使先富起来的地区帮助落后的地区更好地发展。提倡人民中有一部分人先富裕起来，也是同样的道理。”[6] 又说：“先进地区帮助落后地区是一个义务。”[7] 针对当前我国地区发展不平衡问题，中央决定在“九五”期间，更加重视支持中西部地区的发展，采取政策措施，积极缩小地区间的差距，发展快的地区要为增强国家的经济实力作出贡献，支持欠发达地区发展经济。再者，国家开展的“扶贫工程”建设，提出不把一个贫困户带入下一世纪。对于社会成员之间收入悬殊问题，国家通过税收等方法调节。现在，已涌现出不少先富带后富的典型。这些典型对于先富起来的农民以及全体农民都是有说服力的集体主义教育。

“两个飞跃”战略的实施——巩固和壮大新时期集体主义教育的经济基础

用“两个飞跃”理论武装农民，不只是让他们认识未来发展的集体利益，而且以现实的经济关系为基础认识目前的利益。这也是农村集体主义教育的一个重要内容。

有些同志把农村联产承包责任制同农村集体经济绝对割裂开来，对立起来，认为没有进行集体主义教育的经济基础，这种认识是不全面的。邓小平在农村改革初期，就明确指出：“我看这种担心是不必要的。”“我们总的方向是发展集体经济”，“只要生产发展了，农村的社会分工和商品经济发展了，低水平的集体化就会发展到高水平的集体化，集体经济不巩固的也会巩固起来。关键是发展生产力，要在这方面为集体化的进一步发展创造条件。”[8] 邓小平所说的第一个“飞跃”，并不是取消集体经济，而是对旧集体经济的一种扬弃。家庭联产承包责任制是以土地、水利设施等农业的基本生产资料归集体所有，实行集体和农户双层经营，所有权和经营权分离，使得劳动者同生产资料直接相结合。作为双层经营第一层次的集体经济，还要组织有关增进集体利益的经济活动，如兴修农田水利、集体防治病虫害、推广先进技术等。尽管不少地方集体经济比较薄弱，但是总体上它还是起作用的。随着农业生产力的不断提高，尤其是乡镇工业的迅猛发展，集体经济都将会逐步壮大。此外，作为双层经营一个层次的农户经济可分为两部分，一部分属于集体经济，一部分属于个体经营。一般来说，农户的主业种植业是以集体土地为依托属于集体经济范畴。其他以二、三产业为主的经营部分属于个体经济和私营经济范畴。从双层经营的意义上说，农户经济的发展，无疑有利于集体经济的发展，那种把农户经济与集体经济完全对立的观点是片面的。所以，不能说实行联产责任制后就完全没有进行集体主义教育的经济基础。

“两个飞跃”是一个现实的经济运行过程。在其过程中，社会生产力将进一步发展，新集体经济将会不断发展壮大，集体主义将有着愈益雄厚的经济基础。家庭联产承包责任制这种经营管理方式是现实生产力水平的要求，同时孕育着向“第二个飞跃”运行的未来因素。这种责任制适应农业生产的特点，可容纳不同程度的生产力水平，既可适应以手工劳动为主的状况，又能适应农业现代化进程中生产力发展的需要，特别适宜于我国农村生产力呈多层次发展的状况；它既坚持了土地等基本生产资料的公有制和生产服务、协调管理等集体统一经营的职能，又从根本上克服了人民的利益关系，使集体经营的优越性和农户个体经营的积极性同时得到发挥，解放了生产力，培育了市场的主体，为我国农业向社会主义市场经济的过渡创造了条件。因此，邓小平高度概括“这几年进行的农村的改革，是一种带有革命意义的改革”。[9] 农村改革与发展的实践证明，“两个飞跃”是相互促进的，第一个飞跃是通过变革经济体制，建立和完善家庭联产承包经营体制，解放生产力；第二个飞跃是在生产力不断发展的基础上，让集体统一经营逐步成为主导方面。我们既不能因推动第二个飞跃而否定家庭联产承包经营，又不能因稳定家庭联产承包经营放弃对第二个飞跃的积极探索。我们要用辩证的观点，全面认识“两个飞跃”之间的内在联系以及第一个飞跃向第二个飞跃转变的历史必然性，明白操之过急和因循守旧都是不可取的。

不仅如此，随着改革的不断深入，原有供销合作社、农村信用合作社、合作医疗等得以不断完善。同时，又出现了多层次的服务合作组织，如农业服务体系、一些“公司加农户”中的各类公司、正在完善中的农村储备基金组织，不少地方组成了股份合作制企业，还有民间的各种科技协会等。尽管现在各地发展很不平衡，有的也比较完善，但新的合作制雏形层出不穷，表现出一种新趋势。所有这些正在构建的新型合作经济网络，也是对农民进行集体主义教育新的经济基础之一，这里同样凝结着农民的共同利益。

除了多种有形的经济组织关系之外，农民之间还有自愿组织建立的合作互助基金组织和扶贫救灾多方面的互助、联合、协作、社交等往来共事活动。应当在农民中大力倡导互助共济、团结友爱、协作联合的精神风貌，这也是对农民进行集体主义教育和社会主义精神文明建设的一个基本内容，是巩固社会主义经济基础、抵制各类落后意识和丑恶现象的有力保证。

由此看来，新时期的集体主义教育，不仅有其现实的经济基础，而且它还将日益巩固、壮大，对农民进行集体主义教育是“两个飞跃”进程的必然要求和精神导向。用集体主义教育农民不但是巩固现有经济基础的要求，而且是将来实现第二个飞跃的思想保证。这同尊重农民的意愿不是绝对对立的，因为农民的集体主义意识不能自发产生，必须同经济运动相配合，通过恰如其分的教育来培植。我们决不能等待农村新集体化、集约化完全实现之后，再去进行集体主义教育，而必须把这件事摆在领先位置，把提高农民的觉悟当作发展生产力的一种精神动力。

“两个飞跃”的理论武装——切实发挥农村基层组织作用的精神支撑

农业的第一个飞跃是一场深刻的革命，它已经引起多方面的变革，正如邓小平所说：“改革促进了生产力的发展，引起了经济生活、社会生活、工作方式和精神状态的一系列深刻变化。”[10] 如果仍沿用先前农村集体主义的教育内容和方法，那么，势必事倍功半。我们要认真探索适应新时期集体主义教育的内容与途径，真正抓出实效。

为切实发挥支部和村级组织的作用，应当有计划地组织他们和广大党员学习邓小平理论，特别是“两个飞跃”的战略思想，提高他们新时期带头维护集体利益的自觉性，学会带领群众发展集体经济和进行集体主义教育的本领。现在有许多党员干部不懂得“两个飞跃”的理论，只顾眼前，不看长远，盲目性很大，“以其昏昏使人昭昭”是不行的。村级基层组织最接近农民，必须下决心让他们吸收消化必要的精神食粮，并把学习、工作、宣传结合起来，用自己的模范行动和理论知识去教育党员和农民群众。这是项具有长远意义的思想建设和组织建设，同小康村建设、“富民工程”密不可分。

农村集体主义教育的成效大小，关键在于村级组织和党员干部的作用。事实证明，不仅那些在农村实行联产责任制后坚持完善和新涌现的集体化、集约化先进典型，主要是依靠那里的村组织带领，包括像史来贺、吴仁宝、刘志华等先进人物的巨大作用，而且在广大的农村也主要取决于村级组织和党员干部作用发挥的程度。

用“两个飞跃”的理论武装，着力抓住集体主义教育的核心。“两个飞跃”都是在新体制框架内进行的。新体制与旧体制不同之处就在于，在双层经营中维护农户的经营自主权，尊重农户的正当利益。为此，新时期农村集体主义教育的核心问题是，在经济上，正确处理农户的利益与集体利益、国家利益的关系；在政治上，是切实保障农民个人的民主权利，通过“经济民主”和政治民主增强集体的凝聚力。邓小平指出：“农村改革的内容总的说就是搞责任制，抛弃吃大锅饭的办法，调动农民的积极性。”[11]“切实保障集体劳动者和个体劳动者的合理利益。”[12] 由此出发，邓小平提出“发扬经济民主”，大胆下放权力，发挥各方面积极性的问题。因为“农民没有积极性，国家就发展不起来”。[13] 与此同时，邓小平又告诫人们，“每个人都应该有他一定的物质利益，但是，这决不是提倡各人抛开国家、集体和别人，专门为自己的物质利益而奋斗，决不是提倡各人都向‘钱’看。要是那样，社会主义和资本主义还有什么区别?”[14] 尊重农民生产经营的自主权，是农村改革成功之所在，但决不能滥用自主权，损害国家、集体利益。“特别要防止只顾本位利益、个人利益而损害国家利益、人民利益的破坏性的自发倾向。在这方面，要规定比较详细的法令，以防止对自主权的曲解和滥用。”[15] 这是邓小平谈到企业改革时讲的一段话，它也同样适合于农村。

集体主义教育的核心内容有经济的，也有政治的。先前的集体主义教育较少涉及政治方面，应该说，是不够全面的。新时期的集体主义教育必然关涉到个人的民主权利问题。伴随着经济体制改革，农民个人、生产队获得了一定的经营自主权，政治上要求民主权利就成为必然。邓小平就是在讲过企业、生产队的自主权之后接着指出：“同样，要切实保障工人农民个人的民主权利，包括民主选举、民主管理和民主监督。”[16] 保障农民个人的民主权利，既是新时期农村经济关系的要求，又是上层建筑改革的延伸，它有助于增强集体的凝聚力，有利于集体经济的发展。

在怎样保障农民个人的民主权利问题上，我国不少地区经过近 10 年的探索，已取得重大突破，这就是令国内外关注的村民委员会的选举。可以说这是中国农村在经济体制改革取得成功，在农村政治体制、上层建筑方面进行的又一场社会变革。它一方面有助于克服农村的行政管理的无序状态，另一方面又有利于集体事业的巩固，实现农民个人的民主权利，使村民委员会真正成为联结广大农民利益的“共同体”。

此外，村级基层组织还要采取一定的组织形式和规章制度，落实对农民进行集体主义教育的具体责任。干部包村、党员包户、支部组织、领导和党员带头、定期检查、奖罚分明，就是许多地方的成功经验。只要有责任制，再加上多种形式的教育手段，就可以焕发农民的集体主义精神，提高共同致富、发展生产力的积极性。当然我们并不提倡空洞的说教，应当把思想教育同发展、深化改革密切结合起来，把农民的长远前景教育同眼前的利益结合起来，但是决不能丢掉、削弱思想政治工作，放弃教育农民的责任。我们应当在实践中积极探索把集体主义教育变成激励和约束两种机制有机统一的有效途径，在大力发展社会主义市场经济中用先进思想占领农村阵地。

注：

[1]《邓小平文选》第 3 卷，第 355 页。
[2]《邓小平文选》第 3 卷，第 144 页。
[3]《邓小平文选》第 2 卷，第 403 页。
[4]《邓小平文选》第 3 卷，第 238 页。
[5]《毛泽东选集》第 4 卷，第 1318 页。
[6]《邓小平文选》第 3 卷，第 111 页。
[7]《邓小平文选》第 3 卷，第 155 页。
[8]《邓小平文选》第 2 卷，第 315 页。
[9]《邓小平文选》第 3 卷，第 78 页。
[10]《邓小平文选》第 3 卷，第 142 页。
[11]《邓小平文选》第 3 卷，第 117 页。
[12]《邓小平文选》第 3 卷，第 363 页。
[13]《邓小平文选》第 3 卷，第 213 页。
[14]《邓小平文选》第 2 卷，第 337 页。
[15]《邓小平文选》第 2 卷，第 363 页。
[16]《邓小平文选》第 2 卷，第 147 页。

（原载《郑州大学学报》1998 年第 5 期）

经济发展与道德进步

——河南刘庄道德建设的经验和启示

经济与道德怎样相互促进，共同进步，是当代人类文明发展中的一个十分重要的课题，也是我国在发展社会主义市场经济过程中一个亟待解决的理论问题和实践问题。这一问题解决得如何，直接关系到我国社会主义现代化建设事业能否稳定协调地全面发展。本文拟就刘庄的道德建设经验做一阐述。

自党的十一届三中全会以来，刘庄形成了单一的农业生产发展模式，农林牧工商运全面发展，并且创办了高科技产业，基本上实现了工农业生产现代化，1980 年率先达到小康水平之后，继续向更高目标迈进。刘庄集体经济日益壮大，不断增强了向心力和凝聚力，人们的思想面貌发生了巨大变化。刘庄人热爱党，热爱祖国，热爱社会主义，集体主义思想道德深入人心，并成为人们活动的价值取向。刘庄人艰苦创业，奋发进取，讲劳动、比奉献、尽义务，自觉自愿；团结互助、尊老爱幼、和睦相处、礼貌待人、文明经营、公平竞争，蔚然成风。几千年来遗留下来的封建主义旧思想、旧风俗、旧习惯已经被人们摒弃，资产阶级的腐朽思想也无隙可入，富裕文明的新农村呈现出一派繁荣景象。刘庄人的道德建设不仅没有“滑坡”，反而随着商品经济的发展，在与各种思想文化的冲撞中发展和提高，进而又促进了生产力的发展。刘庄党委书记史来贺被评为全国劳动模范、优秀农民企业家、优秀乡镇企业家、优秀领导干部，中组部把他与雷锋、焦裕禄、王进喜、钱学森列在一起，誉为新中国成立以来在群众中享有崇高声望的共产党员的优秀代表。刘庄先后被中组部授予“全国先进基层党组织”，被中组部、农业部授予“全国乡镇企业思想政治工作先进单位”的称号。刘庄道德建设的主要经验是：

把思想道德建设与发展生产、造福于人民结合起来

刘庄党委在多年农村社会主义教育中认识到，不抓住发展生产力、壮大集体经济、尽快使农民过上富裕的生活这一中心，搞脱离建设的空头政治说教是行不通的；而那种似乎只要生产上去了，农民生活水平提高了，思想道德问题也就自然而然地解决了的想法同样是不可取的。唯有把两者结合起来，思想道德教育才能奏效。

思想道德教育必须有现实的物质利益作基础。史来贺常讲，我们党领导群众闹革命、搞建设，目的是发展生产力，改善群众生活。生产建设搞不上去，就谈不上最终实现共产主义。旧社会留给刘庄的是“一穷二白”，祖祖辈辈在 700 多块“耷拉头”、“侧棱坡”、“盐碱洼”、“蛤蟆窝”土地上生产，人们过着“糠菜半年粮”的生活。1953 年

合作化以后，他们苦干了 20 年，投工 20 多万个，平整土地，搞水利建设，搬土 200 多万方，把 700 多亩地改造成四块旱涝保收大田，粮食亩产达 500 公斤，棉花亩产过百斤，刘庄人最先解决了温饱问题。“文革”中，有人鼓吹“宁要社会主义的草，不要资本主义的苗”，硬要叫史来贺和刘庄人“转弯子”。史来贺则坚定地说：“谁要草叫谁去要草，农民要的是粮食，咱要除草留苗。”刘庄人干社会主义的劲儿一点也没松。刘庄在发展农业的基础上又先后改造和扩建了几个工厂，农林牧工商运全面发展，一年比一年富起来，固定资产达 1.4 亿元，实现了家家有彩电、电冰箱、洗衣机和空调，三分之二的农户有摩托车、录像机和照相机。

在发展生产、造福于人民的基础上，刘庄党委长期不懈地坚持对农民进行“三史”教育，加强社会主义思想道德建设。史来贺认为，农民的思想不会是空白，社会主义思想不去占领，别的思想就会去占领。在刘庄人的心中，都有三部史和四本账。三部史是：旧社会的苦难史，新社会的奋斗史，党的十一届三中全会以来的变化史。四本账是：年年增加的个人收入账，日益雄厚的集体积累账，个人对集体、集体对国家的贡献账，鼓舞人心的发展账。他们用鲜活的事实教育农民，不断加深对党、对社会主义、对集体的感情，引导群众不忘昨天，珍惜今天，更加满怀信心地创造明天。

在改革开放、大力发展商品经济的新形势下，刘庄人更加重视思想道德教育。党委会规定刘庄在对外经济往来中，不准坑人骗人，不准发不义之财，要文明经营，走勤奋致富、科学致富之路。前几年有个采购员去广西，从那里可以转手倒卖 10 吨橡胶，赚 7000 元，便签了合同。可回来后，却受到党总支的严厉批评。总支认为，橡胶是国家的统配物资，村办企业越轨经营是非法的，于是迅速给对方回电退了货。史来贺说：“搞邪门歪道，社会财富总量不会增加，只是富了这家穷了那家；肥了自己，坑了国家。不走正道，富了也不文明，不道德，不光彩。”

如果说，刘庄人在新中国成立初期的社会主义道德热情，是因为社会主义制度的建立极大地解放了生产力，使他们摆脱了穷困，那么，改革开放以来的刘庄人的道德风貌，则是不断解放和发展生产力、创造富裕文明生活的精神体现。这说明，贫穷不是社会主义。现代化文明的时代，社会主义道德不可能根植在贫瘠的土壤之中。

身教与言教相结合，身教胜于言教

几十年来，无论在什么情况下，刘庄党委始终结合不同时期的实际，采取各种生动活泼的有效形式，坚持对农民进行社会主义教育。史来贺认为，不对农民灌输社会主义思想和道德，各种腐朽落后的思想就会去占领，简单化办法不可取，但是不讲灌输也不行。实践证明，这种认识是符合中国农民实际的。

前些年，社会上出现了忽视思想政治工作的倾向，而史来贺总是反复强调思想政治工作的重要性。他对干部们说：“咱当干部要学会做思想政治工作，引导群众心甘情愿地跟党走社会主义道路，把人教育好，比啥都重要。”刘庄人不仅有一套学习制度常抓不懈，而且还总结出许多带有规律性的思想教育方法。对于马列主义、毛泽东思想的教育，社会主义、共产主义的教育，热爱党、热爱国家、热爱集体、遵纪守法的教育，艰苦奋斗、勤俭创业、按劳取酬、共同富裕的教育，都是经常抓。对于带有规律性的思想则是事先抓，反复抓。如当取得成绩时容易骄傲自满、满足现状，就及时进行谦虚谨慎、戒骄戒躁的教育；遇到困难、受到挫折时，容易悲观失望，就帮助总结经验教训，树立克服困难的信念。华星药厂刚建起来的时候，一些青年有许多思想问题，刘庄的干部以身作则，深入调查，对症下药，及时解决了思想问题，没有影响生产。史来贺常常劝告老年人，活着给青年人树立好榜样，死后给青年人留下好思想、好形象。

刘庄党委的社会主义思想道德教育，除了重视言教外，更重要的是把身教与言教结合起来，重在身教。史来贺常讲，书记的素质如何，工作如何，直接影响着党委每个成员作用的发挥。有一个好的书记，才能带出一个好班子；有个好班子，才能带出一个好的党员队伍；有了好的党员队伍，才能带领群众一道发展经济，振兴经济，建设社会主义精神文明。

史来贺自 1952 年任支部书记至今日的党委书记，几十年来，他总是吃苦在前，享受在后，并做到“三带头”：劳动带头，吃亏带头，奉献带头。史来贺的人生信条是：“身不离劳动，心不离群众。”他对“吃亏”是这样理解的，如果自己吃点亏，能把集体的事搞好了，让群众都富了，那么个人也就乐在其中了。他当干部，前 13 年一直是按群众的平均水平拿工分，上级规定给他的补贴工分，他一个不要；支委会决定让他拿全村最高分，他坚决不干。1965 年以后，他开始拿国家干部工资，当群众平均收入比他低的时候，他就把工资全部交给队里，按劳动力平均水平参加集体分配。近几年，刘庄的人均分配水平远远超过他的工资收入，他就只拿自己的工资。村里的十几种福利，连公办教师和离退休回到刘庄的干部，人人有份，可史来贺一样也不要。近十几年来，在商品经济的冲击下，少数党员干部被糖衣炮弹击中，严重地玷污了党的形象。在这场反腐蚀的特殊战斗中，史来贺仍是胜利者。有一年，某县糖烟酒公司请史来贺出任该公司的名誉经理，不要刘庄出钱和人，并许诺给他以优厚待遇，还送来了大半汽车名酒、好烟、鲜肉、鲜蛋等，他谢绝请求，并派人把东西原封不动地送回。史来贺连续当选为全国第五届、第六届、第七届、第八届人大常委会委员后，领导几次安排他到外地疗养，他都谢绝了。

史来贺不仅事事、处处率先垂范，而且对其他党委成员也严格要求，并制定了行为规范：①坚持实事求是，一切从实际出发，创造性地贯彻和执行党的路线、方针和政策；②一个心眼为集体，为群众公而忘私，吃苦在前；③牢记党的宗旨，密切联系群众，甘为人民公仆；④清正廉洁，一尘不染，敢于抵制不正之风。对有以下任何一种行为的总支成员坚决免职：一是以权谋私者；二是搞派性闹不团结者；三是弄虚作假，争名誉者。

刘庄党委认识到，一个党组织要有战斗力，就要坚持党性，把党风搞端正，把自己思想作风的根子扎到正确贯彻执行党的路线、方针、政策上，扎到全心全意为人民服务上，扎到搞好自身建设上。刘庄党委正是一个党性强、作风正的战斗堡垒。

弘扬优秀传统文化，吸收人类一切文明成果，着力建设社会主义新文化

经济生活和道德生活都是处于一定文化背景中的，而且其本身就是文化的一部分。因此，建立与之相适应的新文化，无疑是两者同步发展的一种精神动力和保证。

每一个人都会强烈地感受到，伴随着经济体制改革而来的是各种文化的激烈冲撞，道德问题则首当其冲。当代中国人正面临着文化的选择与创造。

刘庄党委的社会主义新文化建设，是从破除封建意识和习惯心理，变革人际关系和家庭关系入手的。第一，破除封建迷信和婚丧嫁娶中的陈规陋习，树立社会主义新风尚；第二，消除封建家庭意识，建立不分族姓、户户平等、人人平等的社会主义人际关系；第三，消除封建家长制在家庭中的消极影响，建立民主治家、民主理财的制度；第四，用社会主义的集体主义思想教育农民，克服小生产者身上固有的狭隘的自私心理。刘庄人说，在旧社会，刘庄家家户户敬神，祖祖辈辈信鬼，结果是一家更比一家苦，一代更比一代穷。1942 年闹灾荒，村里人不吃不喝也要到庙里去烧香，头都磕出血了，还是眼睁睁地看着蝗虫把地里的庄稼吃光。新中国成立后，刘庄人不信鬼，不敬神，跟着共产党，相信史来贺，生活一年比一年好。大年初一，干部群众握手问好，相互道喜，不搞旧式的家族拜年活动。自 20 世纪 50 年代起，刘庄就在全村废除了封建家长制，实行民主管理家庭。家庭民主选举管理者的标准是：思想进步，作风民主，有能力，威望高，善于理财和处理家庭事务。家庭管理者的主要任务是负责家庭成员的政治思想、经济收支，负责与党总支、村委会的联系。家庭管理者定期改选，胜任者可连任，不胜任者可随时更换。家庭是社会的细胞，家庭关系影响着农村社会的人际关系，确立新型的家庭关系是农村社会主义新文化建设的基础工程。刘庄人从家庭关系建设入手，为农村社会主义新文化的建设奠定了基础。

对农民身上体现出来的优秀传统和文化心理，如朴素、勤劳、艰苦、诚实、守信、乐于助人等，刘庄人则是继承和发扬光大，使之成为社会主义新型农民的内在素质。刘庄人的艰苦创业精神就是中国农民传统优良品质的弘扬。

对于国外文化，刘庄党总支抱着科学的态度给予正确的分析和评价。对资产阶级的腐朽思想、利己主义思想坚决批判；对于资产阶级现代化生产中形成的信息观念、时间观念、人才观念、效率观念以及先进管理方法，刘庄人吸取合理的成分为己所用。曾有一个时期，当有人听信“资本主义好”、“资本主义自由”的流言，劳动纪律一度松弛时，党总支就请访问过日本的总支委员史世兰和到美国出访过的有关领导，向党员和群众谈自己的亲身所见所闻，帮助大家认识当代资本主义的本质。当资本主义的个人主义、利己主义、“一切向钱看”的思想在社会上抬头时，他们又请来英雄模范人物做报告，帮助人们进一步认识资产阶级思想道德的危害性和腐朽性，开展“学英雄，比英雄，做贡献”活动，激励干部群众树立社会主义集体主义意识和无私奉献精神。

刘庄党总支不仅能够正确对待传统文化和外来文化，思想清醒，行动自觉，而且在社会主义新文化的建设方面，注重从根本上提高农民的整体素质，积累了许多经验。他们主要采取了以下措施：

一是抓好基础教育，培养人才。几年来，刘庄先后投资 100 万元，建起了教学大楼、教师办公楼和实验楼，普及了 12 年义务教育。二是抓成人技术培训，提高劳动者的文化技术水平。他们采用“走出去，请进来”的办法，培养各类技术人才。现在全村有 52 人获得工程师、经济师、会计师、农艺师、药师等职称，有 61 人获得一、二级技术员职称。村里还建起电视差转台、地面卫星接收站，设立了图书馆、阅览室等。三是建立激励机制，充分调动全村人学科学、用科学的积极性。四是建立科研组织，开展科普教育。五是聘请专家，引进人才。六是开展全方位、多侧面的思想教育工作。他们在群众中广泛开展爱国主义、集体主义和社会主义思想教育，开展国情、村情教育，开展道德、民主与法制教育，使大家更加热爱党，热爱社会主义，遵纪守法，干好本职工作。村上有电影院，定期为群众放电影；组织了武术队、篮球队等，增进青年们的身心健康；组织村民游览名胜古迹，激发爱国之情。

多年来，刘庄村没有刑事案件发生，没有封建迷信活动，也没有违反计划生育政策的现象，形成了安定团结、家庭和睦、尊老爱幼、遵纪守法、争当先进、多做奉献的良好风尚。刘庄人在解决经济与道德如何同步发展，社会主义物质文明与精神文明怎样才能相互促进这一重大问题上，摸索出了一条成功之路。刘庄的经验和启示，对于我国农村乃至全国各行各业的“两个文明”建设，都将有所裨益。

（原载《道德与文明》1993 年第 5 期，合作者：徐必珍）

刘庄人怎样确立集体主义价值观

集体主义价值观怎样或在什么样的条件下才能被人们所接受，使人们自觉规范、调整自己的行为？集体主义道德从“应然”到“实存”的跨越是否可能，其实践根据和条件是什么？河南刘庄人以自己成功的实践给人们提供了许多有益的启示。

发展生产力，壮大集体经济，不断增强集体的凝聚力

在社会主义条件下，集体主义价值观能否成为我国农民行为的准则，关键在于能否发展生产力，不断壮大集体经济，彻底改变农村的贫穷面貌，使劳动人民过上富裕文明的生活。刘庄党委书记史来贺抓住了这一根本问题。在他看来，社会主义在短期内贫穷可以，但长期不行。社会主义要通过发挥自身的优越性，使人民过上好日子，实现他们祖祖辈辈的梦想。这样，集体才有吸引力和凝聚力，集体主义价值观才能培养起来。因此，几十年来，刘庄人顶住各种压力，排除来自“左”的干扰和右的影响，紧紧抓住发展生产力这一中心不放，把一个“方圆十里乡，最穷数刘庄”的佃户村，建设成了一个富裕文明、欣欣向荣的社会主义新农村。刘庄人打心眼儿里热爱社会主义，热爱集体，他们说：“不管在啥时候，啥情况下，你就是用十八头牛拉，也甭想让我们离开集体一步，离开社会主义一步！”

刘庄人发展生产力和集体经济，也经历了一个不平凡的历史过程。中华人民共和国的成立从根本上消灭了剥削制度，农民分得了土地，开始在自己的土地上劳动耕作。有人就说：“这下可好了，今后只要好好干，不愁没钱花，不愁没吃喝。”可是，小农经济犹如孤枝独苗，抗不住狂风寒霜。由于天灾人祸及诸种原因，不久借债放账、买卖土地房产等两极分化现象在刘庄出现了，一些在旧社会饱受煎熬的老农又担心了：解放后的刘庄会不会再变成过去的刘庄？

走集体化的发展道路，是刘庄人的最初选择。20 世纪 50 年代初，史来贺就在刘庄成立了第一个互助组，后发展为初级社。1956 年成立了刘庄高级社，就在这年，刘庄集体经济经受了严重自然灾害的严峻考验。面对巨大的困难，人们的思想乱了，有人对集体化产生了动摇，有些人则打点行装，准备外出谋生。怎么办？史来贺组织村党支部多次开会，最后提出依靠集体力量，进行生产自救。这年由于生产自救搞得好，刘庄人没有一个外出自谋出路，在生活上都得到了妥善的安排，顺利地渡过了难关。刘庄人不会忘记，1942 年遭受同样的自然灾害，全村有 76 户出外逃荒，37 户卖儿卖女，72 人活活饿死，仅史来贺一家就活活饿死了 3 口。党支部运用刘庄人自己的经历，向社员进行社会主义和集体主义的教育，让大家认识到一个真理：集体能抗灾，合作

能丰收。这场生产自救成了一个巨大的转折。刘庄人真正看到了集体的力量，干部决心把心操在集体上，社员也决心把自己的命运拴在集体上。

党的十一届三中全会的召开，使中国进入了一个新的历史时期。家庭联产承包责任制的实行，意味着中国农村的一场深刻的全面改革已经开始。在新形势下，刘庄的集体经济怎么变，这又是摆在刘庄人面前的一个十分严肃的问题。

史来贺和刘庄人衷心拥护党的十一届三中全会的路线，多次组织村党支部认真学习中共中央文件，理解中央因地制宜，实行不同形式的农业生产责任制的精神，并分析刘庄的实际。他们一致认为，一要坚持改革，贯彻党中央关于农村改革的一系列方针政策；二要实事求是，从本村的具体条件出发，保证集体财产、公共设施的不断增加和充分利用，走共同富裕之路。当时的刘庄已经突破了单一农业的格局，具有农、林、牧、工、副、商全面发展的基础，全村 2/3 以上的劳动力已转换到第二、第三产业上来；集体有一定的科技力量和进行大面积科学种田的经验，高产稳产有保证；公共积累多，集体经济实力雄厚；群众从集体分配中得到的收入逐年增加，对国家的贡献越来越大，群众对集体经济的发展和个人前景充满了信心。

从刘庄的村情和发展生产力的实际出发，刘庄保留了集体经济的优势，革除了生产上某些方面的“大呼隆”和分配上的“大锅饭”，同时吸取家庭联产承包责任制的经验，成立了刘庄“农工商联合社”。10 多年来的实践证明，这种责任制的最大好处，就是能充分发挥集体经济的优越性，有利于农业水利化、机械化、科学化水平的进一步提高；有利于调整产业结构，全面发展，综合经营，加速生产的专业化、社会化、商品化进程；有利于集中人力、物力、财力，扩大再生产，办好公益事业；有利于贯彻按劳分配原则，在有合理差别的前提下，实现共同富裕；有利于进一步稳定、完善和发展自 1956 年以来确立的以村为核算单位的集体经济所有制形式，避免农村分分合合、合合分分所带来的损失。

今天，在我国经济体制的转轨过程中，刘庄人以自己雄厚的集体经济实力，以 20 多年来在商品经济中自我拼搏的经验和竞争能力，以科技为龙头，使刘庄的生产发展更加生机勃勃，前景辉煌。

刘庄的发展实践告诉我们，在农村建立社会主义生产资料集体所有制，目的是解放和发展生产力，壮大集体经济，改善人民生活，而不是把人们捆在一起共同受穷；发展生产力是社会主义的应有之义，如果没有集体经济作保证，生产力发展的结果必然会导致两极分化，这与社会主义的本质是相悖的。因此，农民集体主义价值观的确立，既要求集体经济作根本保障，又必然要求生产力的快速发展。社会普遍贫穷或贫富两极分化，都不可能培养起人们的集体主义意识。这是刘庄人集体主义价值观形成和确立的最重要的根据。

建立科学合理的生产组织形式和管理体制，调动个人的积极性，促进个人的健康发展

集体主义价值观要求集体成员树立集体观念，增强集体的凝聚力，这本身就包含

着集体要成为满足个人正当利益、代表每个人实际利益的共同体。基于这种利益关系结构，集体主义价值观的本义和目的就是调动每个人的积极性，促进个人的健康发展，这就要求在集体内部建立合理的组织形式和科学的管理体制。

建立合理的生产组织结构和管理体制，刘庄人的基本思路是：根据生产力发展的要求和干部的管理水平，以自主自愿为前提，坚持责权利相结合的原则。自 20 世纪 50 年代初期史来贺带头成立的第一个常年互助组到今天的“农工商联合社”，从“三包一奖四固定”的管理制度到今天的承包责任制，刘庄人走了一条艰辛的探索之路。

顶住“小社并大社”的共产风，保持生产组织的适当规模，重视管理体制的科学化。20 世纪 50 年代初期，刚解放的刘庄农民实现了几十年的梦想，分得了土地，大大激发了他们的积极性。但是由于土地分散、抗灾能力弱、各户之间劳动力和农具占有不平等等条件的制约，生产发展受到了一定阻碍。为了解决部分农民生产中的困难，按照自主自愿的原则，史来贺于 1951 年 4 月组成了刘庄村第一个常年互助组。但在发展中，刘庄人感到互助组规模小，人数少，势单力薄，难以抵挡大的灾害，更难改变刘庄“十年九旱，旱旱一大片，涝涝一条线”的恶劣生产条件。后来在史来贺的领导下，刘庄办起了三个初级社。以土地、牲畜入股分红，按劳分配为特点统一经营的初级社，符合大多数农民的心理和利益，一般 40 户左右的规模也基本适合当时农村干部的管理水平。1954 年秋后，中国农业合作化运动出现了急躁冒进的倾向。有些地方为追求高速度，违背农民自愿互利的原则，强迫农民入社，其结果是严重损伤了农民的积极性，破坏了生产力的发展。史来贺冷静分析刘庄的实际，不赞成把刘庄所在的八个自然村合并成一个高级社。因为这八个自然村之间不仅历史上存在着许多矛盾，而且经济发展极不平衡，合并之后必然穷村“共”富村的产，还会造成干部瞎指挥，影响群众的积极性。从刘庄的初级社发展情况来看，尽管当时生产得到了发展，社员生活有所改善，但是干部缺乏管理经验，劳动中还存在着“大呼隆”、“一窝蜂”的现象，初级社的优越性还未发挥出来，因此还需全力巩固。他提出：“大集体是社会主义，小集体就不是社会主义吗？”刘庄人坚持一村一个高级社，实践证明是正确的。从此，刘庄便拉开了与周围村经济发展的差距。

实事求是，建立和进一步完善合村情、顺民意的生产管理体制——富有刘庄特色的承包责任制。党的十一届三中全会以后，中国改革的浪潮首先在农村掀起。当时，多数农村把土地承包给一家一户，实行了家庭联产承包责任制。刘庄应该选择什么样的管理方式，一时众说纷纭。实行联产到户吗？生产门类多，难制定定额。实行专业户吗？刘庄家大业大，一家一户谁也拿不起来。实行“双包”吗？社员温饱问题早已解决，而且机械化、水利化的程度较高，只有若干管理环节才用得上手工。刘庄人全面理解、认真把握中央精神，从自己的实际出发，成立了刘庄“农工商联合社”，这无疑是管理体制上的一个新突破。

刘庄“农工商联合社”下分农业、园林、畜牧、工副、商业、农机、建筑 7 个专业，36 个生产经营承包单位，实行“综合经营、专业生产、分工协作、奖罚联产”的承包责任制。

“综合经营”，就是在农工商联合社这一经济实体内部统一领导，统一计划，统一支配人力、物力、财力，统一核算，统一分配的前提下，对各业实行系统管理。“专业生产”，就是按专业和各部门的特点，在产值、用工、利润、开支等方面定出承包指标，建立不同形式的承包责任制。一是承包到厂；二是承包到组；三是承包到户；四是承包到人。“分工协作”，指在各业分工、人员基本固定的前提下，根据需要在本社内相互调剂、相互协作，做到定而不死、活而不乱。“奖罚联产”，指各专业按合同规定，超额完成任务者，到年终拿出超额部分的 30%进行奖励；完不成任务者，则按完成任务部分的 20%进行处罚。这种责任制形式，从管理原则上看，是责权利的有机统一；从管理方式和内容上看，较好地解决了宏观管理与微观搞活、协作与竞争、全局与个人、贡献与所得等管理活动中的一些难题，充分调动了人的积极性。可以说，这是以人为本的现代管理理论的一种具体实践，也十分有利于人们自觉确立集体主义价值观。

刘庄“农工商联合社”既是一个经济实体，又是一个利益共同体；既有个人活动和行为的原则、规范，又能给人以充分施展才能的空间和条件。这就从根本上超越了压抑个性自由和发展的“群体本位主义”，也超越了个人第一、为所欲为的狭隘的“利己主义”，真实地反映了社会主义条件下个人与集体、社会的客观联系。社会主义社会已经从根本上消灭了虚构集体存在的社会条件，但是，如果不去着力建立适合人的力量展现的生产组织形式和管理体制，真实的集体就难以建立起来。这是刘庄人确立集体主义价值观的又一个重要实践根据。

干部劳动带头，吃亏带头，奉献带头，发挥人格导向作用

集体主义价值观的确立，需要通过人格导向来实现。在农村，则主要体现为村干部的人格导向。

史来贺常讲，书记的素质如何、工作如何，直接影响着党委每个成员作用的发挥。有一个好的书记，才能带出一个好的班子；有一个好的班子，才能带出一个好的党员队伍；有了好的党员队伍，才能带领群众一道发展经济，建设社会主义精神文明。他自 1952 年任支部书记到今日的党委书记，几十年来，总是吃苦在前，享受在后，并要求自己做到“三带头”：劳动带头，吃亏带头，奉献带头。

在刘庄，没有一个干部不参加集体生产劳动，在他们看来，“只有身不离劳动，才能心不离群众”。从 1957 年起，刘庄干部就取消了工分补助，人人凭出勤记工，靠劳动吃饭。干部开会一般都放在晚上，或者是放在雨天和休息时间，不记工分。当年为了实现周恩来总理的心愿和嘱托：“千亩棉花平均亩产百斤以上，你们带了个头，希望你们认真总结经验，找出差距，先进更先进，高产再高产，彻底改变穷困面貌，给全国树立个榜样”，史来贺从北京开会一回到刘庄，就卷起铺盖卷，一头扎进棉花地中，搞起田间科研实验室。在这小小实验室里，他一住就是八年，对棉花的品种、密植、病虫害、浇水施肥管理，日夜进行观察试验，总结出了一套管理经验，使棉花产量年年有新的突破。史来贺的好作风带动了村干部一班人，参加集体劳动蔚然成风。他们各有各的劳动岗位，各有各的技术专长，1979 年，大小队干部 85 人全部被评为劳动模

范。在市场经济条件下，生产发展给干部提出了新的任务。史来贺对劳动的看法是，过去单一农业生产时，干部不参加劳动就无法领导农业生产，现在乡镇工业发展了，干部花在企业管理上的脑力劳动时间增多了，但也要挤出时间跟班劳动，一是可以及时解决生产中出现的问题，二是可以密切干群关系，他从多年农村工作的经验中体会到：发展集体经济的关键在于基层干部的思想作风和工作作风，特别是干部要参加集体生产劳动。

在史来贺和村干部的影响下，刘庄人把劳动好坏、贡献多少当作评判人价值大小的标准，全村上下形成了爱集体、爱劳动的良好风尚。这不仅有力地推动了刘庄的经济建设，而且也培育了一代新型的社会主义劳动者。

带头吃亏、带头奉献，也是刘庄干部的信条，体现出他们崇高的道德觉悟和思想境界。史来贺对“吃亏”是这样理解的：如果自己吃点亏，能把集体的事情搞好，让群众都富了，那么个人也就乐在其中了。他当干部，前 13 年一直是按群众的平均水平拿工分，上级给他的补贴工分，他一个不要；支委会让他拿全村最高分，他坚决不干。1965 年以后，他开始拿国家干部工资。当群众平均收入比他低的时候，他就把工资全部交给队里，按劳动力平均水平参加集体分配。近几年，刘庄人均分配水平远远超过他的工资收入，他又只拿自己的工资。村里的十几种福利，连公办教师和离退休回到刘庄上的干部，人人有份，可史来贺一样也不要。近十几年来，少数党员干部被糖衣炮弹击中，严重地玷污了党的形象，污染了社会风气，在这场反腐蚀的特殊战斗中，史来贺仍是胜利者。有一年，某县糖烟酒公司请史来贺出任该公司的名誉经理，不要刘庄出钱和人，并许诺给他以优厚待遇，还送来大半汽车名酒、好烟、鲜肉、鲜蛋等。史来贺谢绝请求，并派人把东西原封不动地送回。

史来贺不仅事事、处处率先垂范，而且对其他党委成员也严格要求，并制定了行为规范：①坚持实事求是，一切从实际出发，创造性地贯彻和执行党的路线、方针和政策；②一个心眼为集体，为群众公而忘私，吃苦在前；③牢记党的宗旨，密切联系群众，甘为人民公仆；④清正廉洁，一尘不染，敢于抵制不正之风。刘庄村干部在实践中正是这样做的。刘庄党委认识到，在社会主义市场经济条件下，保证党组织的战斗力、凝聚力和号召力，很重要的一条就是靠党组织一班人的人格力量的影响和带动。这就要坚持党性，端正党风，把自己的思想作风的根子扎到正确贯彻执行党的路线、方针、政策上，扎到全心全意为人民服务上，扎到搞好自身建设上。刘庄村党委正是这样一个党性强、作风正的战斗堡垒。

“其身正，不令则行；其身不正，虽令不从。”“劳动带头，吃亏带头，奉献带头”，这就是刘庄干部的“公仆”精神。这种精神以特有的人格力量，培育出一代又一代的刘庄公仆，培育出一批又一批具有集体主义价值观的刘庄人。

坚持长期的思想教育，有一套易于操作、行之有效的工作方法

长期以来，刘庄党委坚持思想领先的原则，将思想政治工作渗透到生产、生活的各个环节。特别是党的十一届三中全会后，他们认真研究新形势下的新情况，不断探

索思想政治工作的新路子，使多年形成的一套思想政治工作方法日臻完善，为刘庄人集体主义价值观的确立和发展创造了良好的文化氛围和条件。

第一，灌输的方法。对农民进行思想教育，要不要讲灌输的方法？史来贺在有人借反对过去有的地方采取简单办法教育农民的做法，来否定向农民灌输社会主义思想时，坚定地认为，简单化的办法不可取，但是不讲灌输不行。人的思想不会空白，社会主义思想不去占领，别的思想就会去占领。这种认识完全符合中国农民的思想实际。

为此，几十年来，刘庄群众和党员干部形成了一套严格的学习制度。每月召开一至两次群众大会，对干部群众进行形势教育，国情、村情教育，政策教育和法制教育以及马克思主义基本理论教育，灌输社会主义思想和道德。每月上一次党课，加强党的基础知识和基本路线教育，并针对不同时期党员的思想表现以及形势、任务，确定党课的内容。有一个时期，一些人听信“资本主义好”、“资本主义国家自由”的流言，劳动纪律松弛，党委就让出访过日本的党委委员史世兰给党员和青年讲课做报告，又请一位出访过美国的领导干部给党员和青年讲资本主义社会见闻。各厂每月召开三次思想政治工作会议，学习党的方针、政策，及时解决思想和生产中的实际问题。多少年来，刘庄党委把干部和群众的学习放到党委的重要日程上，做到思想上有位置、日程上有安排、组织上有保证。

第二，对比的方法。农民最讲实际，最信服的也是实际。村党委结合农民的亲身经历，采取“五对比”的方法，对农民进行爱国主义、集体主义和社会主义的教育。一是通过新旧社会对比，教育农民不忘过去苦，珍惜今日甜，深刻认识只有社会主义才能够救中国这条颠扑不破的真理；二是以党的十一届三中全会前后的变化进行对比，引导农民真正理解十一届三中全会以来党的路线、方针、政策的正确性，在政治上同党中央保持一致；三是把发展农工商综合经营和传统的单一农业生产进行对比，教育农民认识农村经济改革的重要意义；四是拿国家、集体给个人带来的好处和个人对国家、集体的贡献进行对比，教育农民富裕不忘国家、不忘集体，正确处理国家、集体、个人三者的关系；五是以自己的幸福生活与先烈的艰苦环境比，教育农民发扬革命前辈的光荣传统，始终保持艰苦奋斗的优良传统，树立远大的理想。

第三，党员联系户制度。刘庄党委有健全的民主生活制度、学习制度、谈心制度、选举制度、群众评议制度等，党员干部与群众建立了联系户制度，建立了思想政治工作责任制。村党委、村委会和农工商联合社的干部对全村农户实行分户包干，全村87名共产党员，各人联系2~3户。其任务有三项：宣传党的方针、政策，做好思想政治工作；关心群众生活，帮助群众解决家庭实际问题；听取群众对党总支工作的意见和要求。逢年过节，党员要到被联户家中看望，各企业和经营单位都设置了政工厂长和政工干部，全村共设置政工厂长和政工干部24人，还配备了学习辅导员、读报员。这样，党委联党支部，党支部联党员，党员联农户，从工厂到车间，从村委会到每个家庭，一层抓一层，做到党员人人有任务，群众户户有人联，形成了一个强有力的思想政治工作网络。

第四，家庭教育、管理制度。家庭是社会的细胞。在农村思想教育和道德建设中，家庭有社会难以取代的职能。刘庄村党委在1957年曾对刘庄家庭问题进行过认真的专题调查并达成共识：应该发挥家庭在解决邻里纠纷、家庭矛盾、封建迷信和其他思想问题方面的作用，把家庭建设成为思想教育的重要阵地。时至今日，刘庄社会主义“两个文明”同步发展，集体主义思想深入人心，家庭的教育与管理是一个不可或缺的条件。

反对封建迷信活动是农村思想工作的一个难点。修盖庙宇、塑修神像、烧香拜佛、祈神降福、相面测字、卜问吉凶等，严重地腐蚀着人们的灵魂，干扰着人们正常的生产活动和生活秩序。而在刘庄，人们信共产党，信社会主义，信集体的力量，不信鬼神。前几年，当外村的亲戚来刘庄宣扬迷信思想时，刘庄党委决定在全村各个家庭开展反对封建迷信的活动。刘庄群众运用对比的方法，用自己的切身实践，自己教育自己。很多群众说：在旧社会，咱刘庄人家家信神，祖祖辈辈搞迷信，结果是一代更比一代穷，一家更比一家苦。1942年闹灾荒，旱灾加蝗虫。当时刘庄有土地庙、奶奶庙，村里人不吃不喝也要买纸买香到庙里去烧，头都磕出血来了，结果还是眼睁睁地看着蝗虫把地里的庄稼吃光。仅一年多时间，刘庄就饿死72人，卖掉37人，其中5家绝户。新中国成立后，我们依靠集体的力量，战胜了天灾人祸，过上了幸福的生活。通过讨论，群众心明眼亮，认准了团结一致、艰苦奋斗、科学创业的道路，也进一步发扬了刘庄的新风俗。

在刘庄，家庭还是培养集体主义意识的场所。1981年，刘庄一位年轻人看着外村的地都分了，他想凭着自己的技术分出去单独干。他爱人知道后，教育他说：“你的本事哪来的？还不是集体为你们免费出去上学学来的。老史几十年来，领着村上人没白没夜地干，图的啥？不就是让全村人过好日子吗？要想个人富，20个你也比不上老史一个。”这位年轻人思想通了，后悔不该有这个想法。在刘庄，家家户户想集体，爱集体，凡有损于集体发展的、侵占集体小便宜的、与集体离心离德的行为和想法，一般都可以在家庭内部得到解决，这不仅大大减轻了村干部的工作负担，而且教育效果很好。随着刘庄民主管理家庭制度的不断完善，刘庄家庭这块教育人的阵地愈益发挥着重要作用。

新时期集体主义道德建设的启示

——关于河南刘庄的调查

在社会主义市场经济条件下，如何进行集体主义道德建设？这是一个直接关系到两个文明建设的大问题。本文依据对我国农业战线的老典型——河南流转的集体主义道德建设的调查，提出几点思考，以期给人们一些启示。

大力发展生产力，不断壮大集体经济，为集体主义道德建设提供物质基础。集体主义作为反映广大人民群众根本利益并为之服务的道德原则，能否成为我国农民的行为准则，很重要的一条就在于大力发展生产力，不断壮大集体经济，彻底改变农村的贫穷面貌，使农民过上富裕文明的生活，为集体主义道德的发展提供物质基础。正如邓小平同志指出的，物质是基础，人民的物质生活好起来，文化水平提高了，精神面貌会有大变化。

刘庄党委抓住了这一根本问题。在他们看来，社会主义要发挥自身的优越性，使人民过上好日子，集体主义道德才能培养起来。因此，几十年来，刘庄人紧紧扭住发展生产力这一中心不放，把一个佃户村建设成为一个富裕文明的社会主义新农村。

刘庄人发展生产力和集体经济，也经历了一个不平凡的过程。解放初至50年代后期，他们依靠自己的双手，艰苦奋斗，改造了700多块沟壑不平的土地，解决了温饱问题；1958年至1970年，他们在改善农业生产条件上狠下功夫，全村95%以上的耕地达到高产、稳产、园田化，巩固了集体经济；1971年至1978年，改革单一的农业发展格局，以畜牧业为突破口，大力发展工副业，实现了农林牧副工全面发展，集体经济进一步壮大。党的十一届三中全会后，刘庄才真正开始了从低水平的集体化向高水平的集体化的跃迁。

刘庄的发展实践告诉我们，贫穷不是社会主义，社会主义的集体主义道德也不可能生长在贫瘠的土壤之中。

坚持共同富裕的发展目标，处理好“先富”与“共富”的关系，是集体主义道德建设的基本条件。刘庄人几十年来把坚持农民共同富裕作为发展目标，在本村内部实现了合理差别的共同富裕，同时，又从物质上、思想上、道德上扶持周围贫困村走上富裕之路。刘庄党委根据生产力发展水平和本村实际，不搞平均主义，不搞“大锅饭”养懒汉，把贡献多少与劳动报酬直接挂钩，妥善地处理国家、集体、个人三者之间的利益关系，充分地调动了农民的劳动积极性。在刘庄，找不到贫困户，也没有“暴发户”，只有合理差别的共同富裕。他们还通过无息借款、无偿支付等方式，扶持了周围13个村。

毛泽东说过："马克思列宁主义的基本原则，就是要使群众认识自己的利益，并且团结起来，为自己的利益而奋斗。"只有让群众明确意识到共同富裕的发展目标，集体才会有向心力和凝聚力。不谈集体经济和共同富裕，与社会主义的本质相悖，集体主义道德也不可能建立起来。

重视制度建设和管理，调动个人的积极性，是集体主义道德建设的重要内容。因此，在集体内部建立适合人发展的合理的组织形式和科学的管理制度，就显得十分必要。刘庄党委十分重视并较好地解决了这一问题。党的十一届三中全会后，刘庄建立了合村情、顺民意的生产管理机制——刘庄"农工商联合社"，实行"综合经营、专业生产、分工协作、讲法联产"的承包责任追。从管理原则上看，是责权利的有机统一；从管理方式和内容上看，较好地解决了宏观管理和微观搞活、协作与竞争、全局与个人、贡献与所得等难题。

刘庄"农工商联合社"，既是由联合劳动形成的一个经济实体，又是一个利益共同体；既有个人活动行为的规范和准则，又能给人们以施展才华的空间和条件。这就从根本上超越了压抑个性自由发展的"群体至上主义"，也超越了个人第一，为所欲为的狭隘的"利己主义"，真实地反映了社会主义条件下个人与集体、个人与社会的客观联系。

坚持言教，重在身教，是集体主义道德建设成功的关键。几十年来，刘庄党委坚持对农民进行社会主义教育，坚持向农民灌输社会主义思想和道德。在刘庄，不仅有一套严格的学习制度，而且还摸索出许多带有规律性的教育方法，如根本性的问题（马列主义、毛泽东思想、邓小平建设有中国特色的社会主义理论、爱国主义、社会主义、集体主义教育）经常抓，带规律性的思想事先抓、反复抓等。

刘庄党委重视言教，更重视以自己的行为来教育人、感化人。他们认为，党组织要有战斗力，就要坚持党性，全心全意为人民服务。正是靠这种共产党人所特有的人格导向力量，培育出具有集体主义道德观的刘庄人。

（原载《光明日报》1995 年 7 月 27 日）

我国农村集体主义价值观的现状与建设路径

自我国改革开放至今，思想理论界关于集体主义价值原则的争论就没有停止。一些观点认为，搞市场经济了，互利或个人主义、功利主义应该成为社会主义道德的价值原则等。中国的改革开放是一场革命，引起了社会经济、政治、文化、社会等各领域的深刻变革，集体主义作为价值原则到底发生了哪些变化？面临着哪些挑战？还要不要作为价值原则在全社会倡导与践行？这诸多新问题的确值得深思。解析这些问题是富有挑战性的。本文以我国的农村作为调研分析对象，是因为：我国的改革开放首先从农村开始，经过 30 多年的制度变迁，在家庭联产承包责任制基础上建立的各类合作经济组织，形成了新的伦理关系，产生了新型的经营主体，集体主义价值观的内涵也更加丰富并彰显新的维度，本文尝试做些探析。

当前我国农村合作经济发展的现状与问题

有不少人认为，现在农村实行家庭联产责任承包制，缺乏集体主义价值观存在的土壤和条件。2014 年中央一号文件提出："全面深化农村改革，要坚持社会主义市场经济改革方向"，"推动农村集体产权股份合作制改革，保障农民集体经济组织成员权利，赋予农民对落实到户的集体资产股份占有、收益、有偿退出及抵押、担保、继承权，建立农村产权流转交易市场，加强农村集体资金、资产、资源管理，提高集体经济组织资产运营管理水平，发展壮大农村集体经济。"集体主义价值观是社会主义经济制度与政治制度在道德上的反映，当前的各类合作经济是现阶段集体主义价值观存在的根基。那么，改革开放 30 多年来，中国农村经济组织结构到底发生了哪些变化？

家庭联产承包责任制基础上农民自愿结成的合作经济组织，是集体主义道德之所以能根植并获得更多真实内容的土壤。1978 年农村实行联产承包责任制的改革，极大地释放了农村的生产力，农民有了土地、劳动力与生产资料的支配权，提高了农村资源配置的效率，使农业生产在短期内就超越了历史水平，从而奠定了中国改革开放的物质基础和体制基础。但随着经济的发展，其分散和独立的生产已严重不适应甚至阻碍了生产要素的合理配置，如资金的筹集、农业科技的推广、标准化生产、农业基础设施建设等。同时，因自身掌握市场资源、信息资源等有极大的局限性，在不对称的价格关系中，承受着极大的风险和压力，也最容易受到伤害。如在农资购买环节上，化肥、农药、籽种等农业生产资料均存在较大程度的卖方垄断。况且，我国的农业还面临着世贸开放更大的挑战。农民专业合作组织便从带有自然经济状态的简单协作或叫作合伙的合作组织，发展到今天日益分工明确、运作协调、联系紧密的生产组织，在一定范围内有效整合与配置土地、资金、信息、科技、劳动力等农业经营资源，形成有一定竞争力的农业组织群体，这是农业发展和农民面临的必然选择，也是更好地解决“三农”问题的有效着力点。

顺应农业发展规律和农民发展意愿，2007 年 7 月 1 日正式颁布实施《中华人民共和国农民专业合作社法》，这是我国第一部涉及新型农民合作经济组织的法律。该法律对农民专业合作社有了更为准确和科学的定义：“农民专业合作社是在农村家庭承包经营基础上，同类农产品的生产经营者或者同类农业生产经营服务的提供者、利用者，自愿联合、民主管理的互助性经济组织。”“农民合作社以其成员为主要服务对象，提供农业生产资料的购买，农产品的销售、加工、运输、贮藏以及与农业生产经营有关的技术、信息等服务。”不难看出，新型农民合作经济组织是农民在家庭联产承包经营的基础上，依照加入自愿、退出自由、地位平等、民主管理、盈余返还的原则，按照章程来进行共同生产经营活动的经济组织。这和 20 世纪 50 年代的农业合作化有本质的区别。而今天的新型农民专业经济合作组织，一是不改变土地集体所有制的性质，仍然是以家庭承包经营为基础；二是不限制农民的身份自由，充分尊重农民的财产权利。近几年，一种由农民自己建立起来的合作组织——农民专业合作社组织，正在全国各地农村生根发芽。根据国家工商总局的数据，截至 2012 年底，全国共注册农民专业合作社 68 万家。农民专业合作经济组织的组织形式和活动方式多种多样，按照农民合作的紧密程度，可归纳为以下三种主要类型：

1. 专业合作社

专业合作社作为农民专业合作经济组织的典型形式，可以认为是农民联合自助组织的目标模式。其基本特征是从事专业生产的农民自愿入社、自由退社、平等持股、自我服务、民主管理、合作经营的经济组织。这类合作社一般是实体性的，内部制度比较健全、管理比较规范、与农民利益联系紧密，形成劳动者约定共营企业和社会利益共同体。农民入股需缴纳一定股金，合作社除按股付息外，主要按购销产品数量向社员返还利润。专业合作社也是企业，有的在工商管理部门登记为企业法人。专业合作社在东部地区较多，中部地区次之，西部极少。山东省莱阳市就是以这种类型为主，有专业合作社 420 多个，基本社员 17 万户，占全市总农户的 80%。

2. 股份合作社

股份合作社是在合作制基础上实行股份制的一种新型合作经济组织。基本特点是实行劳动联合与资本联合相结合、按劳分配与按股分红相结合。与一般专业合作社不同的是，资本在股份合作企业的生产经营活动和收益分配中占有比较重要的地位。这类组织一般也是实体性和紧密型的，全国各地都有，尤其在东部较多，近年发展较快。农民兴办龙头企业或龙头企业牵头兴办合作组织，进行农产品加工、销售、运输、储藏、资源开发和水利建设等。山东、北京等省、市有超过 30%的农民专业合作经济组织为这种形式。

3. 专业协会

专业协会是一种较为松散的合作形式，包括农业服务协会和专业协会等。农业服务协会为农户提供综合性系列化服务。专业协会主要是从事专项农产品生产、销售、加工的农民，按照自愿互利的原则，以产品和技术为纽带，组建的社团性合作经济组织。专业协会着重为会员提供技术和运销服务，并在民政部门登记，注册为社团组织，其前途是向具有实体的合作社方向发展。凡是从事专业生产并达到一定规模的农民都可以加入协会，协会对会员进行无偿和低偿服务，入会农民根据协会的要求进行生产销售。

河南作为农业大省，近年来农民专业合作社组织进入由数量快速发展转变为数量规模与质量效益并重的规范化建设阶段，农村新型经营体系正在形成。截至 2013 年 2 月，全省农民专业合作社达到 3.07 万个。其中，农机类、畜牧类合作社分别发展到 3600 家和 4447 家；入社农户 175 万户，辐射带动农户 257 万户；入社农户的收入比非成员农户高出 20%以上；出资总额 462 亿元。在国家政策的大力引导与支持下，适应农民合作意愿的农民专业合作社快速健康发展，以河南省濮阳市为例，截至目前，农民专业合作社已成为该市发展农村经济的有效载体。2011 年 3 月 10 日，濮阳市农民专业合作社发展工作领导小组成立，标志着该市农民专业合作社进入了一个新的发展阶段。自《中华人民共和国农民专业合作社法》颁布施行以来，该市农民专业合作社的发展呈现出以下几个特点：第一，发展势头较为迅猛。濮阳市各类农民专业合作社由 2007 年的 10 余家发展到 2012 年底的 3000 余家。其中，省级农民专业合作示范社 19 家（濮阳县 7 家、清丰县 4 家、华龙区 3 家、南乐县 2 家、范县 2 家、高新区 1 家），市级农民专业合作示范社 44 家，县级农民专业合作示范社 125 家，已初步形成了省、市、县三级示范社引导体系。第二，涉及领域日渐广泛。全市农民专业合作社涉及种植、养殖、农机服务等 60 余个行业领域。从行业分布看，种植业 473 家、畜牧业 291 家、供销类 222 家、农机服务类 109 家、其他类 41 家，分别占总数的 41.6%、25.6%、19.5%、9.6%、3.7%。2010 年农民专业合作社统一销售农产品 23.6 亿元，统一组织购买生产资料 13.8 亿元。如濮阳市新农村合作社由最初的几十户发展到现在的 12 个自然村 3000 多户，入社农民达 40000 人，以濮阳市农业局和市农科所专家为依托，拥有 20 多人的科技服务队，为社员提供产前、产中、产后的技术、信息，生产资料购买和产品的销售、加工、运输、贮藏等服务，每年仅种子、化肥、农药三项就为社员节约 30 多万元。第三，服务内容日趋增多。农民专业合作社从过去的单纯技术推广服务，开始向技术、信息、加工、销售、储运等全程综合服务转变。如濮阳市清丰县河山农业机械专业合作社拥有 83 台各类农业机械，实行订单作业，预约上门，为种粮大户提供土地托管，开展耕、耙、播、收、脱、运等农机作业系列服务，同时，还建立了“河山农机合作社农机调配交易中心”，开展二手农机交易服务。2010 年共托管土地 1200 亩，开展免耕播种 2000 亩，不断提高了农机的社会化服务水平。第四，带动能力不断增强。合作社成员 13.3 万个，带动农户 19.8 万户。全市农民专业合作社辐射带动 8400 多户特色经营农户入社，入社龙头企业 21 家，合作社成员出资总额达 50.97 亿元，年产值达 11.5 亿元。全市农业产业化龙头企业达到 502 家，其中省级重点农业产业化龙头企业达到 23 家，市级重点企业达到 104 家。如濮阳县绿源有机蔬菜专业合作社不断扩大覆盖面，社员已发展到 110 户，涉及子岸、五星、渠村、海通等乡镇的十几个村，建设基地 1000 亩，辐射带动基地 3000 亩，间接带动农户 1500 户，仅此一项户均年增收 1000 元。发展和创新农民专业合作社，有效增加了农民收入，加快了新农村建设的进程。农民专业合作社把从事专业优势产业的农户组织起来，通过推进农业结构调整，参与农产品加工、营销活动，规模购买农业生产资料，降低生产成本，减少交易费用，有效地保证了农民收入的稳定增加。濮阳市农民人均纯收入年均增长 15.52%，2010 年该市农民人均纯收入 5076.54 元，比 2009 年的 4410.50 元增加 666.04 元，增长 15.1%，其中，相当一部分是农民专业合作社的贡献。农民合作社的发展，使农民得到了实惠，降低了交易成本，“龙头企业＋企业＋专业合作社＋农户”的运作模式，解决了一家一户办不了、办不好的农业发展问题，逐步形成规模生产和规模经营，农民通过日益密切的生产联系和市场联系，新的合作集体具有了更多实实在在的内容，集体主义意识在自觉与不自觉的专业经济合作组织环境中悄然生成。

合作经济背景下集体主义价值观的新内涵、新维度

农民专业合作社是农村集体经济的一个表现形式，它的蓬勃发展不仅有力推动了农村经济的发展，增强了农村经济抗风险的能力，维护了农民的利益，而且，与分散的一家一户自然状态下的经营不同，合作经济还是新时期农村集体主义价值观形成的客观基础。

邓小平在概括中国农村改革和发展的历史进程时指出：“中国社会主义农业的改革和发展，从长远的观点看，要有两个飞跃。第一个飞跃，是废除人民公社，实行家庭联产承包为主的责任制。这是一个很大的前进，要长期坚持不变。第二个飞跃，是适应科学种田和生产社会化的需要，发展适度规模经营，发展集体经济。这是又一个很大的前进，当然这是很长的过程。”显然，我国正处在向第二个飞跃发展的历史时期，一些发展较快的农村已经进入第二个飞跃，我们应该清醒地把握这一进程。最近，中央也提出，要更加重视在农村发展集体经济，靠集体力量加大扶贫力度。集体主义道德就是在人们的生产合作中产生发展的，我们也欣喜地发现在回答“你认为参加合作社能否促进农民道德水准提高”和“如果合作社使农民收入增加，在农民思想道德领域会产生什么变化”这两个问题时，农民中均有大比例的积极正面的答案。通过合作组织机构的规范运作与管理，农民的诚信意识和团队精神有所提高，认识到合作生产是一个事业，为了大家的利益，应该摒弃小农意识。通过政府和组织的引导，在保证机会公平的基础上，最终可以实现个人和集体协调发展。在谈到对合作经营结构的认识时，大多数农民也认为在制度约束下保证核心社员的利益是理所应当的，这实际上是对公有制实现方式的一种解释，是对集体主义道德的新认识。这些说明，改革开放 30 多年后的今天，我国农村的生产方式、经济结构、社会组织发生了深刻变迁，由农民自愿组织形成的新型农村经济专业合作组织的发展壮大，为集体主义道德增添了新

元素，彰显了新的价值维度和样态，农村集体主义道德不仅回归理性而且发生了新跃升。

1. 自愿与合作意识

为抵抗市场给农产品带来的风险，农民的合作愿望十分强烈。通过调查，我们发现农民的市场效率损失是明显的，也就是说，通过农户生产的农产品不是卖不上去价，就是卖不出去，如近几年出现的苹果腐烂卖不出去、大白菜廉价处理、牛奶倒掉等。为了提高效率，增加抵抗市场风险的主动性和力量，农民在和市场的博弈中产生了强烈的合作意愿和要求。在家庭经营的基础上，农民在不断地寻求着各种合作、联合与组织，从耕地连片、换工协作、共同购买农机到各种各样的新经济联合，农民的自组织过程一直在进行着，但非正规组织在农民进入市场中的作用是有限的，随着市场化进程的加快，农民对正规组织的要求越来越高。调查显示，虽然农民对各种经济组织的参与程度还不够高，但农民合作的意愿是十分强烈的，在要求回答“你是否想加入像农民协会或者合作社等互帮互助的农民组织”时，有 55.6%的农民有合作的愿望；在回答“你是否参加了‘公司＋农户’等农业产业化组织”时，有 59.2%的农民准备参加，有 11.5%的农民已经参加；通过对“你加入合作组织，主要想解决哪些困难”和“如果你已经加入了上面这些组织，它们都为你做了什么”这两个问题的回答，反映了当前农户想通过加入农民经济组织解决的一些共同问题，如提供技术和信息、帮助买卖农产品和化肥、提高产品价格和市场地位等。随着市场机制的进一步深入，这种农民合作组织自发采取一种核心社员领导下的理事会体制，按照民主决议一人一票的形式，在促进农民增收和增强文明意识方面起到了积极作用，政府只是引导，农民自由联合成为集体经济的一种重要实现方式，既承认个体的差别，又强调合作统一，在个人和集体的关系中强调双赢、互利，极大地丰富了集体主义道德的内涵。

2. 平等与互惠主张

农民在新的合作方式下形成的道德，在人与人之间的关系方面体现为合作共赢和平等互惠。农民专业合作社中的成员可以通过联合生产、共同生活而应对市场环境，通过相互支持和鼓励形成合作共赢、平等互惠和诚实守信等道德要求，从而获得个人成长及适应生产生活变化所需的社会资本。首先，平等和互惠是合作伦理能够维持的基本条件。在集体主义价值观中，平等表达了这样一种态度：集体中的每一个个体在权利、人格和所承担的义务方面是相同的，集体中有分工，这是一个合作的体系结构运作所要求的，但是分工并不等于个体在集体中所享有的权利和义务随之增减，在道德关系上每个人是平等的。互惠则表达了这样的态度：集体中的个人与市场中的个人不同，后者是理性“经济人”角色与其他人结成的一种利益交换关系，这种交换关系的目标是在市场中寻求个人利益的最大化，而对于前者而言，互惠关系没有直接明确的利益对等补偿，只有对等义务的期待。也就是说，在集体的环境中，每个人的利益不是直接来自于与他人的交换行为，而是通过集体获得的。集体是人类平衡其个体需要的基本机制，在集体中生活，个人的需要必须和他人的需要结合起来，集体不能无视其某个个体的暴富而另一些个体生活在赤贫当中，它总要采取某种措施或制度来保证其成员的基本平等，农民合作组织更是如此，失去平等，集体就失去了它的基本价值。其次，平等和互惠是一种互动机制。只讲平等不讲互惠会导致平均主义，互惠没有平等作基础，互惠关系也不能成立，集体就是一个以平等与互惠为条件的个人联合体，它的价值就在于把个人的利益联合为一个整体的利益，集体的整体利益之所以大于个人利益之和，原因就在于整体利益的形成不是个人利益的相加，而是每个人的贡献之和等于社会整体利益。当然，如果失去了平等和互惠这两个前提条件，整体利益可能就会小于个人利益之和，甚至可以产生负利益，如一些不具备平等和互惠条件的农民专业合作社以短命告终，其原因也在于此。因此，平等和互惠构成了集体主义道德的基本内容和基本要求。

3. 利益调节彰显契约维度

合作伦理中凸显一种新的利益调节向度，即契约论。农民在不断的生产合作实践中，会有一种自觉、自主的协约来约束人们的行为，虽然这种协约从不写在纸上，但这是一种道德现象，用道德理论形态解释的话，就是一种契约论约束下的通达幸福生活的途径。农民合作的方式和一致行动的协约是普遍存在于农民生产生活中的。农民如何实现自己的利益，如何通达富裕与幸福？在社会契约论者看来，农民在生产合作中秉承平等、互惠、自由的原则，依据一定的契约和制度，必定能逐步实现个人利益和集体利益的和谐统一。人不是生来自由的，而是自主自觉成为自由的，是在一定的社会条件下并借助一定的社会形式才能获得自由的。正是为了使个人的自由与所有其他人的自由相一致，自由的个人才会共同缔结契约，允许国家来调整他们行使自由的行为。合作伦理作为集体主义道德的新形态，从其本质来说，就是追求一种平等和社会正义的道德原则，合作经济组织的形成和决策过程彰显了契约论的维度。

4. 集体利益与个人利益的真实统一

在我国农村出现的新的生产合作方式，即在自愿、平等与民主基础上的生产合作，也即农民专业合作社组织这一新型经营主体，其目的是壮大合作经济，使农民增产增收，在合作中谋求发展和进步。合作经济组织是在不改变土地集体所有制性质的情况下，采取合作生产方式，明确分工、责任，迅速实现了粮食增产的目标，解决了温饱问题。在这里，个人的存在和利益被充分重视，个人与集体、个人利益与集体利益不是对立的，而是相互包含、相互促进的，只有在合理的调适中才能共同向前发展。农民在新的生产组织方式下越来越认识到，个人与集体之间应该具有本质性的联系，即只有在充分发挥个体积极性的基础上才能最大限度地实现集体的发展，只有在充分尊重和实现个体利益的基础上才能最大限度地实现集体利益。合作伦理体现了集体利益与个人利益之间的辩证关系，决定了两种利益之间互相规约与互相导向的关系。一方面，集体利益作为个人利益的总的代表形式，并不等于资产阶级功利主义所说的个人利益的简单相加，而是从集体利益的根本性质这个角度来理解个人利益的性质，即把集体利益看成是个人利益的过滤器和价值导向标，使各个分散的个人利益在汇成集体利益时，成为经过筛选的个人正当利益的总汇，而不是个人非正当利益的总汇，并同时使个人利益不致游离于集体利益之外，不致流为一己私利。另一方面，个人利益的实现程度与实现方式，也不仅仅是个人利益自身的事，而是要求集体或组织在尽可能的条件下，担负起实现个人利益的责任。2014 年中央一号文件提出了农村改革的新举措，即推进土地制度改革。实践中我们看到，土地流转政策的推广正在给我国的“三农”带来崭新的变化。据 2014 年 6 月 18 日中央电视台财经频道《经济半小时》报道，以前在国外才能看到的各种收割机、旋耕机、秸秆打捆机开始出现在渭南的农田里；1000 多万元的大型节水喷灌设备也开始陆续应用；面朝黄土背朝天的农民一辈子都不敢想的飞机在承包大户眼里也不再是问题。最为重要的是，这种变化给我们带来了更稳定、更高的粮食产量。这些说明我国农业正在迈向现代化，农民看到了合作经济组织的美好前景。

当然，我们应清醒地看到当代中国农村集体主义价值观念仍带有典型的历史阶段性特征，现实中存在的问题也必须引起高度重视。例如，从农民当前的道德水准看，人民公社化运动的思想影响还比较深，仍存在平均主义意识、眼界狭隘的小农思想等。在回答“你是否认为参加合作社是回到了以前的人民公社”时，仍有 35.4%的农民认为新型合作社与人民公社没有区别；在回答“什么是集体主义”时，有 88.5%的人认为集体主义就是大公无私，有 58.9%的人认为集体主义是平均主义大锅饭。可见，农民群众把集体主义的最高要求当作了普遍要求，认为尊重个人利益、保护个人利益与实现集体和个人利益统一的要求并非集体主义的内涵，把集体主义与平均主义画了等号，把维护社会公平正义置于集体主义价值观的要求之外。此外，在互助合作中，以血缘或地缘为纽带既发挥着凝聚的作用，但又在一定程度上限制了农民的视野和交往空间，狭隘、保守的意识同时存在。不可否认，目前一些农民的大多数合作仍是一种典型的带有自然经济状态的简单协作或叫作合伙，并体现了一定的村落文化。调查中问到“在生产生活中你经常和别人合伙吗”时，25.6%的人回答“需要并经常”，55.9%的人回答“需要但不经常”；在问到合作的规模问题时，65%的人回答在五人以下，这种规模同目前农村家庭规模和户均农业生产经营规模及生产力水平有关，也同合作的领域和范围有关。另外，由于农民专业合作组织发展还不够充分，生产方式还比较落后，大量农户仍处于分散状态，血缘、地缘关系重等合作社的共同特征在我国中西部地区比较典型；农村社会化服务体系还存在不到位的方面，集体经济缺乏扶贫能力，供销合作社在“扎根农村、联系农民”,“改造自我、服务农民”等方面还有许多工作要通过改革来实现；个别村干部以权谋私，被称为“小官大贪”等。这些因素都在不同层面上阻碍着集体主义价值观在农村的形成与发展。

我国农村集体主义价值观的建设路径

集体主义价值观作为社会主义核心价值体系中的重要内容，如何在当前我国广大农村生根开花，使之成为农村多元文化中的主导价值观，成为农村经济发展的精神动力，成为凝聚共识、集中力量的道德纽带，需要从多方面入手去建构。

（1）坚持不懈用集体主义价值观教育、武装广大农村干部和群众。毛泽东曾讲，严重的问题是教育农民。这一思想同样适合今天的农村现实。当前，有必要用马克思主义中国化的最新理论教育和武装农村党员特别是干部，把中国特色社会主义农村的发展趋势、必经道路、远大前景当作集体主义价值观教育的重要内容，引导广大群众拓宽视野，提高创新和发展各类集体经济的自觉性。由于过去那种“大呼隆”、“大锅饭”式的平均主义“集体化”在农民心目中留下的恶感较深，必须向农民讲清：一方面，适度规模经营是社会化生产力发展的客观要求，是现代科学技术发展的要求；另一方面，新型的合作经济与过去那种旧的集体形式有重大区别。新的合作经济同高度集约化的农村工业化、城镇化进程相联系，以农民群众的自觉自愿为前提，能够充分调动群众进行现代农业规模经营的积极性，实现共同富裕而不搞平均主义，生产力水平、经营形式、劳动方式、分配关系和农民的生活状况，都同以往有重大区别。这是农业现代化发展、农民共同富裕的一条必经之路。

另外，新的合作经济组织也从发展趋势上提供了解决小生产与大市场矛盾的出路。随着社会主义市场经济体制的建立、完善和市场化程度的提高，我国农业所面向的不仅是村际间的小市场，而且是全国的大市场、世界的大市场，要发展外向型农业，进行农产品多层次深加工。这就需要用现代科学技术和先进的生产手段武装农业（包括种植业、养殖业）以及与此相关的加工工业，逐步实现集约经营、循环发展，提高抵御自然灾害和市场风险的能力，取得经济和生态效益双赢。如果长期停留在一家一户靠手工劳动搞饭吃的基础上，那就无法应对大市场的竞争，当然也就不能使农民在高水平上富裕起来。这个硬道理要给农民讲清楚，帮助他们认识新型的经济组织同大市场的内在联系和未来发展的美好前景。

（2）坚持公正美德，建构农民专业合作社组织内部的新型伦理关系。公正是社会制度的道义基础，在微观合作经济组织制度中，也同样是首要的。不可否认，公正在集体主义价值观中具有重要地位。公正应当作为处理集体和个人关系的根本原则，不仅要求个人对集体要有明确的权利和义务，而且要求集体要为个人的自由发展提供各种保障。因此，集体主义不仅是对个人的道德要求和约束，不仅是强调个人和集体关系中集体利益优先的原则，更重要的是，它是社会和谐的最高道德形式，这种和谐的本质就是马克思所说的“自由人的联合体”。在这样和谐、团结的集体中，个人的自由同集体的约束之间达到了有机的统一，而不是互相的对峙。有机团结的集体是在分工合作基础上形成的，分工使人们变成异质的个体，使他们具有了各自的独特性，他们必须按照这种独特性去发展自己才能成为社会的一部分，才能有自己在集体中的独特地位。从这一点上讲，按照人们各自的特性自由地发展，是有机团结的集体存在和发展的前提与基础，但是，他们又是作为有机体的一部分独立存在的，他们的独特性又必须在集体环境中、在合作的体系中才有价值，这样的集体不再是只讲统一，不允许多样发展，而是承认多种异质特征的联合体。这样的联合体自然包含多重目标，在多元分配正义原则的支配下，赋予人们行为方式的不同意义，从而满足个体对他们的个性自由发展的需要，而正是因为个人自由的发展使社会和谐的有机性质不断增强，使集体主义价值的环境有了进一步发展，使个人自由的保障有了广泛的基础。在这样一个集体里，平等地对待每一个成员，帮助那些由于各种原因处于弱势地位的群体和个人实现他们的合理权利，有机会并且有能力去实现其自我价值，为集体贡献力量，这是集体主义价值观的应有之义。

（3）坚持利益兼顾原则，推动合作组织可持续发展。作为农村新型的经济组织的农业专业合作社根植于农村，其发展也要立足于农村，因此要恰当处理好所在村庄和合作社的利益关系，要处理好合作社和社员的利益关系，这样才能使得这个新型的农村经济组织有更好的发展前途。利益分配问题是处理好利益关系的重大问题，集体主义价值观倡导国家利益、农村集体利益、农业专业合作社与社员个人的利益相兼顾的原则。具体来说，可以有以下几种分配方式：①按股分红与利润返还相结合。②“个人内部资本账户”形式。有的合作社的分配方法不是按股分红而是按劳动惠顾比例分配，形成个人内部资本账户的增值，不得以现金方式提走；社员的个人内部资本账户只享受股息，利率可高于银行存款的2%~3%，不再分红。③“一社两制”形式。对外来资本和社会资本实行按股分红，合作社组织内部则实行按交易额返还。总之，在坚持“资本报酬有限”原则的前提下，具体的分配方式可以灵活多样，依据实际情况充分发挥创造性。这里还要重点提出的一种分配方式就是，现在大多数合作社都采用交易额和股份相结合的分配方式。作为现代社会最重要的资本组织方式的股份制被引入合作社之后，在经营管理上也显示出了其巨大的优势，因而被很多合作社采用。在坚持按交易额分配的前提下，同时按股分配。传统合作社一般都严格坚持按交易额分配盈利的原则，反对社员通过拥有资产受益，但这种做法完全忽视了社员对合作社出资多寡的因素。在现代市场经济中，资金是一种最稀缺的生产要素，社员股金也是一样，应该获得必要的报酬。河南省南阳市587个新型农村合作经济组织中有将近1/3采取的是股份制合作社这种分配原则，有力地调动了社员出资入股的积极性，成为合作经济组织拓宽资金来源渠道的一种方法。当然股金分红应当受到一定的限制，这是合作组织与股份制的重要区别，即体现“劳动雇佣资本”。基于合作经济组织的多样性特点，集体主义价值观在利益调节方面应该发挥引导功能，鼓励在坚持分配制度公正的前提下，照顾弱势家庭和群体，担负起先富带后富、走共同富裕道路的社会责任。

集体主义价值观如同其他文化范畴一样，它不是不变的原则，而是伴随着当代中国农村的深刻变革在传承中不断地增添新元素，展现新形态。它不是封闭的思想体系，而是随着时代的脉动呈现出动态的日益丰富的变革过程。即使是同样的原理、原则与要求，其具体内涵也在不断变化。根植于农村经济合作组织沃土之中的合作与竞争、平等与互惠、权利与义务以及公正、契约、法治等意识，既传承了集体主义价值观的基本特质，又体现了当今农村集体主义价值观的阶段性特征，需要在实践中重新认识、解析与建构。

注：

［1］邓小平：《邓小平文选（第3卷）》，人民出版社1993年版。

（原载《中国社会道德发展研究报告2014》一书，本人撰写报告七，葛晨虹主编，中国人民大学出版社2014年12月版）

公有资本人格化中的若干伦理问题

——兼及许昌继电气集团有限公司个案分析

中国公有经济面临着一个突出问题，就是怎样适应市场经济需要，抓住公有资本这一社会主义公有制与市场经济的结合点，按照公有资本的运行规律转换机制、优化产权结构，探寻公有制的多种实现形式，实现公有资本人格化。

伦理理念是实现公有资本人格化的重要因素

资本是市场经济的一般范畴。在社会主义市场经济条件下，公有制经济（含国有经济、集体经济以及混合经济中的公有成分）必然表现为公有资本。它具有资本的一般属性，即增值价值；也具有公有资本的特殊属性，即作为实现共同富裕的基础，其财富的存量和增量归劳动者共有。

资本作为物，具有增值性、流动性和组合性。同时它又是一定的生产关系，必须有一定的人对它铁心负责，承担它运作的职能，同它的命运紧密地联系在一起，这就是一般意义上的资本人格化。没有人格化，资本就没有灵魂，就无法在市场经济中实现增值性、流动性和组合性，就犹如断线的风筝。

资本家是私人资本的灵魂，是私人资本的人格化，他不仅以所有者的身份出现，而且以资本的运作者行使资本的职能。公有资本则不是这样简单，作为资本的所有者是全社会的劳动者或劳动者集体，但也要派出某些个人充任代表（如董事会—董事长）；作为资本职能的执行人，必须委派经营管理者。因此，公有资本人格化呈现一个链条结构，即从众多的所有者到所有者的代表人，再到经营管理者以及整个管理系统。这个链条中的关键环节是所有者代表和经营者，最关键的又是经营者。概言之，公有资本人格化就是实现所有者和经营者对公有资本铁心负责、认真执行公有资本职能的机制。

公有资本人格化问题不是凭空提出的，一方面是借鉴私人资本和以私人为主体的股份资本几百年运作的经验，另一方面也基于公有资本几十年运作的教训。现今，国有企业多数经营欠佳，在外部是由于缺少一个宽松的生存环境（负担过重），在内部是由于缺少一个适应市场经济的经营机制，其中最重要的是未能实现公有资本人格化。据调查概算，国有企业亏损因素75%是由于经营管理不善，而经营管理不善又主要是因为企业领导不负责、不善于经营管理，或企业领导更换频迭，或个别领导品质欠佳，领导原因约占60%以上。相反，凡是经营状况一直很好的国有或集体企业，大多是有一个忠于职守、道德高尚，又善于经营管理、坚持改革的企业家和他主持的领导集体。

许昌继电气集团有限公司（下称许继公司）就是一个典型的范例。

跻身于全国500强之列的许继公司（原为许昌继电器厂）始建于1970年，经过27年的努力，到1997年已由一个年销售额不足百万元的小厂变为年销售额7.6亿元的大型企业集团，资产达16亿元，增长150多倍，销售收入增长76倍，利润增长400多倍，特别是近10年来，销售收入和利润每年以23%和28%的速度递增。1998年上半年，在多数企业销售利润继续滑坡的情况下，许继公司的这两项指标又比上年同期增长20%。该公司之所以连续多年蒸蒸日上，效益倍增，关键在于几任厂长（经理）品质优秀、严于管理、经营有方，有科学的伦理理念，其中现任的集团公司经理王纪年已经主持这个企业13年，他忠于职守、忘我工作、锐意改革、勇于创新，成为企业健康发展的决定性因素。

当然，相反的典型也很多，如中原制药厂由于领导更换频迭（厂长换了五任），10年中由投资12亿元到负债30亿元。目前许多国有企业忙于形式上的改制，却不重视实质性的改革，尤其忽视了实现公有资本人格化这一根本机制，结果变成“翻牌公司”。这就说明，中共十五大提出的公有制实现形式的多样化，要点不在“形式”，而在于“实现”，即实现内容。形式是为内容服务的，形式和内容之间需要一个中介，赋予形式以活的灵魂，使之真正实现内容的要求，体现公有经济的本质。这个沟通内容与形式的中介，便是公有资本人格化机制。

公有资本人格化是一个机制系统，在经济体制上，包括利益激励机制（如年薪制）、约束监督机制等；在政治体制上，要有适应市场经济的干部制度，建立竞争优选机制、企业家市场机制等，使得企业家形成一个特殊的知识阶层；在伦理上，当务之急是要建立适应社会主义市场经济的伦理理念和价值系统，为公有资本人格化的实现提供伦理支撑。上述几个重要方面不可或缺，经济机制是基础，干部体制是保证，伦理支撑是灵魂。

公有资本人格化所要求的伦理理念，主要体现在下述几方面：企业经营的目标；企业的竞争；企业与国家利益的关系；企业领导的人格力量。

追求利润最大化，实现公有资本保值增值，是公有资本人格化首要的道德要求。企业是以盈利为目的的经济组织，公有制企业作为产权、经营、利益的主体，也毫不例外。在市场经济条件下，我们的公有企业是在同混合经济企业、私有企业的竞争中生存与发展的，不进则退，不进则亡。因此，在企业的经营目标上，必须增强公有资本意识，激发资本价值增值这一企业的内在动力，把捍卫公有资产、追求利润最大化作为一面旗帜。

市场经济是竞争经济，竞争是构成市场的一种本质属性。公有资本人格化的另一道德要求，就是遵守“平等互利”的竞争规则。市场是具有自身独立的意志和利益的经济主体或不同的产权利益主体之间的交易，这就决定了他们在利益上的相互排斥性，决定了市场交易的竞争性。所以，所有市场主体只有真正学会竞争，谙于竞争，才能获得生存和发展的条件。这里，蕴含一个前提，就是各利益主体竞争必须遵守一定的道德规则，即“平等互利”。

在公有企业与国家的关系上，公有资本人格化的道德要求是树立集体主义意识，这是我国社会主义市场经济的必然要求。

局部利益服从全局利益，公有企业服从国家的整体利益，甚至做出牺牲也是必要的。这种伦理理念是社会主义本质的体现，是人民群众的根本利益和长远利益所要求的。

公有资本人格化对企业领导人的道德提出了更高的要求，即对国家、对人民的高度负责精神和牺牲精神。经验也告诉我们，一个企业的领导人对企业和社会有责任心，就能在逆境中顽强奋斗，对工作精益求精，带领企业不断地为社会做出贡献。许多企业亏损了、破产了，往往是其领导人缺乏责任心和“德”所致。

实现公有资本人格化道德要求的路径

私有资本人格化的实现是市场自发培养的，它与市场具有天然的适应性，这从我国近几年私营企业的迅速发展就可以看出，而国有企业的经营状况却令人担忧。因此，实现公有资本人格化及其伦理理念的难点是，如何将公有资本的命运与企业的所有者、经营者、劳动者的命运融为一体。这里，既存在思想教育问题，又存在利益问题。从许继公司的成功经验看，有以下几个方面。

1. 首先抓住领导班子的伦理建设

领导班子建设的关键在于第一把手的自身修养。47 岁的董事长、总经理兼党委书记王纪年，严于律己，一心扑在事业上，他甘当职工公仆，特别注意不在房子、票子、孩子等问题上搞特殊化。1994 年初，他用市里奖给他的 12 万元奖金，在公司内设立了奖励基金。他获得国家、省级荣誉称号 10 多项，但从未让新闻界专门写自己，坚定地认为企业的荣誉就是他的荣誉。他 13 年的出色业绩，使许继公司成为最具活力的国有企业之一，使整个企业的领导班子形成威望最高、凝聚力最大的原子核。

在王纪年的带动下，公司领导班子团结、廉洁、开拓、实干。许继公司 10 年高速发展的一条根本经验是政通人和。公司党委大力提倡领导干部要有“三感”、“三量”，并把它作为选聘干部的重要依据。“三感”，就是要有坚定贯彻执行党的基本路线的责任感，始终抓住发展经济和改革开放不放；要有“为官一任，致富一方”的使命感，不断提高经济效益；要有只争朝夕、加快改革的紧迫感，不等不靠，主动探索。“三量”，就是要有胆量，敢于从实际出发，打破常规决策；要有能量，有搞经济工作的真才实学，能卓有成效地工作；要有气量，不怕困难，不惧逆境。同时，公司领导班子正确对待权力和分工，党政领导交叉任职，拧成一股劲，争当生产经营的行家里手。

2. 积极探索“共有制”形式，使公有企业真正成为劳动者利益共同体

许继公司在改革中由国家的独资企业变为产权多元化的混合经济形式，而国有资产仍占绝对优势，体现了社会利益、集体利益、个人利益以及外商利益多层次有序的耦合。他们大胆地提出试行“共有制”形式，即以产权为纽带，以股权为表现形式，使职工的劳动联合与职工的资本等生产要素有机结合，将国有资产法人股（即由国家授权给集团公司的生产经营性净资产折股形成的股份）、集体资产法人股（即由法人单位出资或以生产经营性净资产作价投入公司的股份）、内部职工股份结合为利益共同体。职工股份包括三部分：一是内部职工个人出资认购的股份；二是由公司根据职工的劳动成果和贡献分配给职工的股份；三是按照《设计开发新产品奖励办法》规定资金所折的科技股份。国有法人股、集体法人股和内部职工股，三者同股同权，同股同利。1997 年许继公司实现利润首次突破亿元，在确保国有资产增值、生产长足发展的前提下，公司拿出按国家规定提取的工资基金与福利基金的结余部分 3000 万元，变为 3000 万股（目前暂不涉及 1996 年以前的结余工资、福利基金）。为防止单位吃集团的大锅饭，按许继公司各单位实现利润的多少、技术水平的高低、新产品转化为商品后的效益等硬指标，以职工共有制股份的形式量化到各单位；为防止个人吃单位的大锅饭，各单位再按个人贡献、技术、业务水平，按 1~8 倍的分配办法量化到每个职工应得的职工共有制股份额。为使利益共享、风险共担，中层以上干部与高级管理人员要用现金购买 3 倍以上量化到个人职工共有制股份的额度，以增加经营管理者的风险程度，确保国有资产的有效增长，增强职工对企业长足发展的关心和参与程度，真正体现职工的主人翁地位。

3. 实行干部比例淘汰制，形成公平竞争机制

干部按比例淘汰制，即每年对干部实行全面评议、打分，排在最后的离开领导岗位，每次淘汰 4%~6%，形成能上能下的竞争机制，实现对干部激励、约束、监督的制度化。

（1）确定量化的人事考评标准体系。国有企业在计划经济时期的人事考核工作中，一直是以定性为主，很少有定量的内容，凭主观印象多，对每个人的工作缺乏衡量的尺度，致使一些考核或流于形式而缺乏实质内容，或失之偏差而挫伤一部分人的积极性。经过多年探索、改进，许继公司在定性的基础上，摸索出了一套以中层干部定量化考核为主要内容的人事考评标准，即在市场经济条件下，对每个干部工作的好坏评价要以市场效益为标准。其人事考评标准体系的核心，是以市场所反映出的各子公司、各单位经营业绩及各项工作指标完成得好坏为主要依据，将能够量化的指标尽可能地合理量化，制定出易于操作的具体标准，客观、公正地对每位中层干部的工作做出评价。

（2）考评标准的主要内容为德、能、勤、绩四个方面，共 11 个要素。在德、能、勤、绩四项考核中，最重要的是工作业绩。根据每个子公司（单位）在市场中的位置、产品类型、人员结构及设备状况等不同因素，经过综合评议制定出每个中层干部工作业绩的评价标准，该评价标准是动态的，每年根据集团及各子公司经营状况的不同而调整。

（3）竞争、动态的任用考核体系。实行适应市场需要的单首长负责制。每个单位一般只设一个正职，不设副职，也不设助理、协理等虚职。企业规模扩大了，员工人数增加了，中层干部却只有 80 余名。职数少了，却使中层干部职责明确，功过分明，减少了内耗和推诿、扯皮，极大地提高了工作效率。

4. 实行经济民主，保证职工权益

（1）增强民主意识。公司建立了以职代会为基础的公司、分厂、班组三级民主管理网络，职工的民主权利得到了切实保障，领导的决策已经走上了科学化、民主化的健康轨道。

（2）落实职工的参与权。公司除坚持职代会制度外，每季度还组织一次“民主管理日”活动，领导就重大决策、改革方案、廉政建设等职工关心的问题，听取职工的意见和建议，并逐项答复，逐件落实。改革草案出台后，他们分别召开了有不同层次人员参加的座谈会，近千名职工参加讨论，共提出250多条意见，修改33处，对老弱病残职工、女工、技术人员的工作和待遇做了妥善解决。

（3）保障职工的监督权。这是尊重职工主人翁地位的集中体现。领导层请职工监督敏感问题，如分房与生活待遇问题；请职工监督干部的工作和作风，每年对干部进行民主考评。

（4）维护职工的收益权。体制改革的核心是责权利统一的原则和公正合理分配的问题。一是维护职工的合法收益，总经理王纪年从1990年底起，每年与工会签订双保合同，企业连年超额完成各项生产经营指标，职工的收益也按合同得到了相应的提高。二是确定干部的合理收益，请职工代表根据各处室的工作情况，提出资金分配意见，并经职代会审议通过执行。

（5）鼓励职工积极创新。近10年来，总经理王纪年每年给公司每位职工发一封征求合理化建议的信，累计收到4350多条建议，采纳了1735条，年均创产值650多万元。近年来，公司获部、省、市技术革新奖共27项。

5. 树立企业精神，创建企业文化，开展富有成效的思想教育

从1989年开始，总经理王纪年以“理想、纪律、勤奋、向上”八个大字作为企业精神。企业的思想政治工作着力围绕八个字在“求实效”上下功夫，定期举办不同层次的学习班。同时，开展多种文体活动，从总经理到每个员工都以平等的身份参加。

上述诸项建设和活动构成一个联动机制，关键环节在于主要领导和领导层，同时又从各个方面调动了广大职工的积极性，形成了良性循环。可以说，许继公司是一个以先进的伦理理念，为公有资本人格化的实现提供伦理支撑的典范，它表明公有资本人格化的实现是可能的。

（原载《道德与文明》1999年第2期）

论社会主义企业家的价值及实现

企业家的社会价值

企业家的社会价值，在于真正确立企业家“特殊阶层”的社会地位。企业家作用的特殊性在于，他通过对企业的经营管理，能够组织职工、驾驭市场，为社会创造财富。一位商界名家这样说：“企业是企业家人格的外化。”事实正是这样。企业家赋予企业以活的灵魂，犹如海洋中的航船，只有经由船长的驾驭，才能顺利地到达彼岸。现实中常常看到这样的情形：一些企业尽管有一个好的躯体，但因为缺少企业家的驾驭，就好像在大洋中盲目漂泊的船只，迟早要沉于海底。相反，那些生机勃勃、蒸蒸日上的企业，都是优秀企业家在那里掌舵。可以说，企业家是特殊的专家，在我国目前是最稀缺的资源，其社会价值的定位应是使之成为“特殊阶层”。这个阶层不同于行政长官，也不同于其他类型的专家，而是专事经营管理的优秀的专家阶层。对此，社会对企业家的特殊贡献要有一个客观的肯定与评价，并给予相应的社会地位，从而在全社会形成尊重企业家、确认企业家社会价值的浓厚氛围。要真正实现企业家的社会价值，首先必须适应市场经济的要求，把企业经营管理者从“官本位”系统中分离出来，促使其社会价值和社会地位发生根本变化。我国因长期的计划经济体制和观念的影响，一直是用行政级别、官位的大小来衡量企业经营管理者的价值。于是，一些企业的经营者自然奔命于“官场”，千方百计以求企业级别升级、自己的官位高升，而不是集中精力搞好企业经营。要彻底克服这种社会价值扭曲的现象，就必须改革人事制度，按照企业的特点建立对经营管理者的培养、选拔、管理、考核、监督办法，特别是按照市场竞争机制，最终建立起组织部门选拔、职工选举与市场竞争相结合的企业家产生制度。这同党管干部的原则并不矛盾。我们不能把党管干部仅仅理解为党组织直接任命，实际上，党组织参与考核、推荐，同样体现了这一原则。对此，中共十五届四中全会《决定》明确指出：“对企业及企业领导人不再确定行政级别。”当然，企业家社会价值的实现还必须同健全的公司治理结构、培育企业家市场和企业家人才库结合起来，营造一个企业家健康成长的“生态环境”。从根本上说，这也是由市场经济规律和企业的特殊社会价值所决定的，这很自然要涉及上层建筑的改革。在深化国有企业改革中，必须有针对性地切实解决这一深层次的矛盾。

企业家的经济价值

企业家如何获得与其责任和贡献相符合的经济利益，体现出企业家的经济价值，这是近年来讨论较多的一个问题。

企业家作为社会经济细胞中社会财富创造的组织者，其利益应该得以承认并合理地满足。如果不讲企业家创造的经济价值，不能够在报酬上予以兑现，那么其他的一切价值就无从谈起。企业家的经济价值，主要指他在组织企业职工运用企业资源创造社会财富的过程中所承担的市场风险、经济责任和做出的经济贡献的一种评定，而其经济价值的实现则在于使其收入与这种价值相符合，并促使其进一步增强这种责任感，为企业创造更大的效益。这种责任、贡献与利益相一致的关系，乃是公有资本人格化的一个重要问题。事实上，无论公有资本还是私有资本都是如此，只是实现公有资本人格化具有特殊性罢了。正如恩格斯所说的："每一既定社会的经济关系首先表现为利益。"[1] 要想使企业家充分实现其经济价值，就必须满足与其经济价值基本相符的经济利益。在私人资本条件下，所有者与经营者为一体，其利益关系是直接表现出来的；在所有者与经营管理者分离后，这种利益出现复杂情形，逐步形成委托—代理关系。在社会主义市场经济条件下，实现公有资本人格化，应当借鉴委托—代理关系，创造一种新的利益实现形式。

社会主义经济发展史和改革的进程表明，企业家的经济价值实现是一个相当难以解决的要害问题。早在 20 世纪公有制经济刚刚诞生的时候，列宁就明确意识到"困难在于如何同个人利益结合"。要解决这一问题，必须实行"同个人利益结合和个人负责的原则"。[2] 但是，由于后来苏联形成了越来越僵化的计划经济体制，这个原则未能得到很好的实现，以致严重制约和影响了国有企业活力的发挥。中国改革开放以来，在这方面虽然有所探索，但也没有能从根本上解决。不可否认，这是一些国有企业陷入困境和国有资产流失、人才流失的重要因素之一。其中最大的障碍仍然是根深蒂固的平均主义在作祟，使经营管理者的收入与其承担的责任、所做的贡献相差甚远，加上监督约束机制的弱化，以致形成低薪水、高浪费的反差。在第七届中国企业家成长与发展调查结果发布暨研讨会上，有专家一针见血地指出："一个企业如不能有财富观念，干完了都给国家做贡献，然后评个劳模，他自己什么都没有，这样企业家是造就不出来的。"[3] 因此，要使国有企业真正走出困境、增加活力，就必须在这方面有实质性的突破。中共十五届四中全会《决定》明确了企业家的经济价值"实行经营管理者收入与企业的经营业绩挂钩"，"使经营者获得与其责任和贡献相符的报酬"，并且肯定了年薪制、持有股权等分配形式，体现了按劳分配与按要素分配相统一的原则，无疑有利于企业家经济价值的实现。因此，要从根本上实现国有企业改革的现实和长远目标，我们必须进一步解放思想，实事求是地按市场经济规律办事，以多种形式实现企业家同公有经济的紧密结合，建立一种"连心锁"机制。这对于培育企业家阶层，培育企业家市场，提高企业家素质，具有深远意义。对此，应当区别不同地区、不同企业的情况，采取积极的态度和有力的措施。

企业家的道德价值

在肯定和认识社会主义企业家的社会价值和经济价值的同时，决不能漠视企业家还必须具有体现社会主义本质的人格力量和道德境界，即特有的道德要求和应具备的道德价值。

企业家的道德价值，以其社会价值和经济价值为基础，但又高于社会价值和经济价值。它是企业家价值的核心或灵魂，在企业家价值的实现中具有导向功能、激励功能和约束功能。我们强调要全面认识和实现企业家的价值，但并不意味着三种价值在企业家的价值实现中具有同样重要的意义。因为作为社会主义企业家的道德价值，既要反映一般市场经济的要求，更要体现社会主义市场经济的特性，反映社会主义的本质要求，反映广大人民群众的根本利益。道德价值是社会主义企业家所特有的精神支柱，是他们勇于拼搏、开拓进取的内在动力。

作为社会主义的企业家，其道德价值首先体现在要有高度的社会责任感和强烈的历史使命感。随着世界经济一体化进程的加快，许多有眼光的企业家也已注意到这样一个事实，即我们无法仅仅为保护民族工业而引导消费者去购买国货，因为消费者如果将消费意识上升到提高生活水准，那么，他一定会选择最好的。于是，面对世界风起云涌、浩浩荡荡的商业攻势，有历史责任感、民族使命感的企业家们，不满足于“保值增值”，而是把经营目标瞄准了创民族名牌。长虹集团总裁倪润峰抱定这样的信念：“作为商人或一个企业家，仅仅能挣钱是非常不够的，他要让他的事业充满民族自豪感，他要让他的事业服务于国家和人民。”于是，他公开宣布：“长虹就是要高举振兴民族工业的大旗，以产业报国、民族昌盛为己任。”他崇高的道德境界激发了长虹人的奋斗精神，长虹成为中国民族彩电行业的“大哥大”。娃哈哈集团立马横刀，挑战国际名牌，体现了中国人自尊、自信、自立、自强的民族精神。正是这种与祖国同呼吸、共患难的民族之气，造就了一批中国优秀企业家和他们堪称民族之魂的事业。办企业经商可以无国界，但企业家永远属于自己的祖国。

社会主义企业家的道德价值最根本的是“奉献精神”，即具有为人民利益、为社会主义事业献身的高尚品格。这是因为我们的企业家所从事的工作和所承担的责任尽管具有特殊性，但却是党和人民事业的一部分，企业家不仅是经济细胞的组织者，而且应当成为工人阶级的先进分子，成为职工群众的楷模。企业家在获得其经济价值的同时，还必须具有吃苦在前、享受在后，甘愿为人民谋利益等社会主义的优秀道德品格。因为他们的高尚品格可以使其非权力性影响扩大，从而产生巨大的向心力、凝聚力和导向力，可以鼓舞、激励企业职工团结协作、积极进取，提高工作效率。从这个意义上说，我们的优秀企业家尤其是国有企业的企业家更应当努力完善自己的道德人格，力争使自己成为“一个高尚的人，一个纯粹的人，一个有道德的人，一个脱离了低级趣味的人，一个有益于人民的人”。[4] 此外，作为一个社会主义企业家，他还必须践行遵纪守法、廉洁自律、求真务实、联系群众等要求。

应该说，企业家价值的全面认识和实现，除了随着市场经济的发展和完善，社会上会逐渐形成一个氛围以外，还要靠政府的大力提倡和政策、制度的规范。一些企业界人士认为：“政府的态度决定了企业家的发展。”对此，中共十五届四中全会的《决定》从经济上、法律上、道德上及社会价值方面做出了明确的规定：“把物质鼓励同精神鼓励结合起来，既要使经营管理者获得与其责任和贡献相符的报酬，又要提倡奉献精神，宣传和表彰突出贡献者，保护经营管理者的合法权益。”国家经贸部的一位领导在中国企业家成长与发展第七届研讨会上，提出了一些针对性的意见：“第一，我们有一个基础工作要做，就是应该有一个权威机构对企业家进入市场后进行全面的认定、评价。第二，企业家资源的配置，应逐步从党政机关转向市场配置。第三，企业家应该有自己的资产，逐步富起来。第四，对企业家应该有比较完备的激励机制。”[5] 在深化国企改革的进程中，应当将其提到生产关系和上层建筑的深层次改革的高度来认识，切实加大配套改革的力度，赋予国有企业以活的灵魂。

需要强调的是，对于企业家个人来说，其价值实现与价值观密切相关。持不同价值观的个人，对其价值的认识与追求可能会有较大的差别。社会和政府在全面认识和肯定企业家的价值的同时，企业家应自觉加强道德修养，提升道德境界，真正具备社会主义企业家应有的科学的价值观，这是需要特别重视的。

注：

[1]《马克思恩格斯选集》第 3 卷，第 209 页，1995 年版。

[2]《列宁全集》第 42 卷，第 191 页，1987 年版。

[3][5]《中外管理》2000 年第 6 期，第 26 页。

[4]《纪念白求恩》，《毛泽东选集》第 2 卷，第 660 页，人民出版社 1991 年 6 月第 2 版。

强化信用意识 塑造企业形象

——访安阳卷烟厂厂长赵志正、河南省经济伦理研究会副会长乔法容

江泽民同志在中央经济工作会议上提出，要在全社会强化信用意识，加强诚实守信的道德教育。依法严厉制裁制假售假、偷税骗税、经济欺诈、恶意逃废债务等行为，创造良好的社会秩序。为落实江泽民同志的讲话精神，河南省经济伦理研究会和河南财经学院于 2001 年 1 月 4~5 日在安阳召开“经济伦理与企业形象”高级论坛，来自省内外的 30 多位企业界和理论界的代表参加了会议，并向企业界发出《规范市场行为，塑造良好形象》的倡议书。为了帮助读者从经济伦理建设上认识信用在社会主义市场经济运行中的地位、作用及其实现路径，笔者采访了与会的安阳卷烟厂厂长、党委书记赵志正和河南省经济伦理研究会副会长兼秘书长乔法容教授。

记者：有人认为，信用是品格，是素质，在社会活动中是交友之道，在市场经营中是“无形资本”。你们同意这种说法吗？

乔法容：这个说法很好。信用本来就是市场关系的基本准则。商品交换是以社会分工为基础的劳动产品交换，其基本原则为等价交换，即一方为另一方以自己的劳动成果提供一定的使用价值，另一方还以同等量的劳动成果（价值），双方都以信用作为守约条件，构成互相信任的经济关系。假若有一方不守信用，交换关系就会中断。随着交换关系的复杂化，日益扩展的市场关系便逐步构建起彼此相连、互为制约的信用关系链条，以信用的伦理维系着错综复杂的市场交换关系和正常有序的市场秩序。可见，从最初的交换到扩大了的市场关系，都是以信用为基本准则的。没有信用，就没有交换；没有信用，就没有秩序、没有市场，经济活动就难以健康发展。

历史和现实还进一步表明，市场经济愈发达就愈要求诚实守信，这是现代文明的重要基础和标志。就金融来说，它是发达市场经济的核心，而金融本质上乃是信用关系。它的初始是由日渐发达的市场关系派生出的借贷关系，而借贷则必须以双方恪守信用为前提，如若有一方不信守契约，便无法形成借贷关系，也就毁坏了金融的道义基础，从而也就葬送了它自身。正是因为这样，人们把金融称为信用制度。又如当代电子商务、电子货币、电子结算等，更需要信用，没有信用就会造成恶性欺诈，谁也不敢相信了，那它本身就会陷入衰亡。就连投机性很强的期货交易，也同样首先强调信用，诚实地遵守、履行契约，最后货真价实地实现交割。基于上述分析，可以说市场经济必然是信用经济，市场经济愈发达愈要强化信用伦理。

赵志正：是的。从实践看，在市场经济条件下，商品通常采用赊销的办法进行销售。因为只有这样，才能把产品尽快售卖出去，完成生产过程；才能用推后付款的优

惠办法争得更多的购买者，扩大商品市场；才能利用赊销商品获得的凭证——汇票或期票，向银行贴现或借款，及时开始新的生产循环。在市场经济中，有时还采用预付货款的办法购买紧俏原材料，以保证生产持续进行。在这里，商品交易完全是在信用支持下进行的。在社会经济已高度发达的现在，一宗交易的规模可能很大，交易双方可能相距很远，不仅不在一地，甚至不在一国，商品的交易已不可能退回到一手交钱一手交货的原始状况。试想，远隔千里的交易双方进行一宗包括大量商品在内的交易，如果购货方要求先去销货方检验商品的规格和质量，之后再把价款汇过去请对方点收，才可以成交，这要多花多长时间、增加多少成本。如果社会上只有个别企业信用不好，没有人同它采用信用方式交易，它就必然会在竞争中被挤垮。从这个意义上说，信用是“无形资本”，这是毋庸置疑的。正因为这一点，我们安阳卷烟厂始终把信誉当作企业的生命，将企业信誉作为最大限度地实现利润的根本。

记者：信用是无形的，看不见、摸不着，但信用的作用无处不在。是这样吗？

乔法容：确实是这样，有的地方不讲信用，靠假货一时发财，但最终使地方经济受损。这方面的例子很多。例如，前几年山西某农户制造假酒，使外省的消费者中毒致死致残，一经曝光，不但造假酒者受到严厉处置，更使名牌汾酒销量锐减，使山西经济乃至形象受到重创。温州和巩义发起之初，也有一些刚刚步入市场的小生产者制造了一批假冒名牌的劣质皮鞋、劣质电线，结果倒了牌子，就连真货也销不出去，后来费了很大气力开展“质量兴市”，才扭转了假货造成的败局。河南的原阳大米是用黄河水浇灌的优质大米，名扬全国，最近发现有人在次等大米中掺入工业用油、以次充好，不惜毒害消费者，虽然后来查明系外地人冒名所为，但却使得这个金牌大米的声誉大打折扣。至于企业自身以劣充好、盗用名牌、不守信用而导致砸牌子的事，更是举不胜举。这些事实反复表明，那些见利忘义、破坏信用的取利者，最终必定是搬起石头砸自己的脚，连同其保护者也逃脱不了应有的惩罚。相反，不少企业诚实守信，以质取胜，赢得了消费者，占领了市场，企业得以快速发展。诚实守信所形成的无形资产，是发达市场经济运行中的新的资本形态，蕴含着丰富的文化内涵，标志着企业和产品的品位。所谓名牌效应，也就是信用精神在企业和产品中的凝结，不但其使用价值（质量、花色、款式、性能等）可靠，而且成为一种文化品位的标识，由此获得经营上的长盛不衰、产品畅销利丰。信誉是人类道德文明的果实，是市场经济必备的道德理念；信誉又是一个企业、一个地方乃至一个国家的精神财富、价值资源，是一种特殊的资本。因此，要建立完善的市场经济体系，就要有相应的信用制度和伦理理念，就要在广泛倡导信用精神的基础上培植、爱护信誉，从而以良好的形象打开国内外大市场，在激烈的市场竞争中立于不败之地。安阳卷烟厂的成功就说明了这一点。

赵志正：信誉是企业的生命，信誉高的企业，就有更多的消费者和更好的市场机会。安阳卷烟厂五年时间由亏损一个亿到盈利一个亿，2000 年实现销售收入 13.13 亿元，实现利税 5.7 亿元。产销增长幅度、企业效益综合评价指数、省外卷烟销售量均居全省同行业第一位，其主要原因就是，创业之初，我们就提出“要为商业提供有效益的产品，为消费者提供合格的产品”、“质量零缺陷”，后来，根据企业一贯奉行的核心价值观，明确企业的使命："精益求精是我们的追求，顾客满意是我们的承诺。"企业信誉是在长期的业务往来和商品交换中形成的消费者对商品生产者和经营者的一种信任感。信誉的建立是一个长期艰苦努力的过程，是企业不懈奋斗的结果，是对真善美长期追求的企业行为的积累和积淀，其结晶为良好的企业形象。为树立安阳卷烟厂的新形象，我们这届领导班子在五年前上任之初就提出：确立一个目标，苦干三年，跻身全省烟草系统先进行列；发扬一种精神，即自力更生、艰苦创业的红旗渠精神；坚持"四个好"的治厂方针，即带好一个班子、建好一支队伍、创好一个机制、抓好一个产品；强化"六种意识"，即领导干部与职工同甘共苦的"公仆意识"，全心全意依靠党员、干部、职工办企业的"依靠意识"，全员艰苦奋斗、干事创业的"奉献意识"，参与市场竞争的"名牌意识"，提高产品竞争能力的"科技意识"和以效益为中心的"核算意识"。以实施名牌战略为突破口，组织技术人员进行攻关，选择优质原材料，进行科学配方，以适应消费者，对产品进行改造和创新。建立质量监督体系，确保产品质量"零缺陷"，用"信心、诚心、热心、耐心"开拓市场。同时，秉承发展不忘社会责任的一贯宗旨，积极投身社会公益事业，参与有影响的社会活动，展现企业在社会中的影响力，提高企业的知名度。

记者：信用是二元或多元主体之间的事情，信用的存在需要全社会的共同努力。

乔法容：根据中共十五届五中全会精神，为完善社会主义市场经济，必须规范市场，建立正常有序的市场秩序，必须在全社会强化信用意识，建立严格的信用制度，综合治理，为信用经济开辟路径。

首先，要把强化信用意识作为积极建立适应社会主义市场经济发展的道德体系的重要内容。要使人们明了信用道德是市场发展的前提和基本准则，是成熟的市场经济的内在要素和品格，懂得"没有信用，就没有秩序，市场经济就不能健康发展"的道理。各级领导干部应澄清对社会主义市场经济运行的一些模糊观念，如守信用是市场经济外生的东西，只要能赚钱什么手段都能"发展生产力"。这是一种典型的小生产者和流氓生产者的意识，像列宁所讽刺的那样："只要我能捞一把，哪管他寸草不生。"实际上这是市场经济和社会生产力发展的破坏因素。"为了利润，必须首先信守道德"，这是国内外市场经济发展昭示的一条真理。因此，就目前而言，要加强经济伦理方面的理论研究，并运用它致力于健全市场经济秩序。

其次，要加强制度建设，把信用意识变为一种法制的力量，形成依法治国的强大攻势。最近中央经济工作会议明确要求，各类经济主体都要守法经营，规范契约关系，执法部门要切实加强管理，依法严厉打击制假售假、偷税漏税、经济欺诈、恶意逃废债务的行为，大力规范市场秩序。近几年来，我们的执法力度不够，在很大程度上正不压邪，从而导致市场秩序混乱。我们应当把上述种种违背信用的行为视为一种社会腐败因素，打假打诈，决不能手软，而且要坚持打下去，铺设起打击破坏信用行为的恢恢天网。

赵志正：从我国的实际情况出发，要打击一切破坏信用的恶行为和恶势力，必须认真克服地方保护主义和各种腐败现象。现在，有许多地方官缺乏大局观念和社会主义统一大市场的意识，把地方利益看得高于国家、社会和全民的根本利益。诸如，为创造政绩置法制于不顾，不惜牺牲国家利益，还美其名曰“发展生产力”。更有甚者，同这些不法之徒和恶势力进行权钱交易，甚至内外勾结，“人民公仆”居然成了这类违法行为和恶势力的保护伞。这样下去，不仅破坏社会主义市场经济的正常秩序，更重要的是会使基层政权和党组织变质。因此，建立严格的信用制度必须先从地方保护和官员的种种腐败行为开刀，一追到底，使之达不到任何经济目的和政治目的，同时尽快深化财政、干部体制改革，为形成健康有序的社会主义市场秩序扫除障碍。简言之，信用制度的日臻完善，信用道德的真正确立，是我国社会主义市场经济良性发展的重要保证。

（原载《河南日报》2001 年 5 月 23 日）

民营企业应当践行社会责任

卢展工书记在视察长垣县民营经济时，对民营企业提出诚、和、创、韧、责五个字，这既是对民营企业发展经验的精辟概括和理论升华，又是指导河南省民营企业在未来建设中原经济区中大展宏图的“五字”方针。下边就“责”，也即民营企业践行社会责任，略陈管见。

企业社会责任除了包括法律责任外，还有经济责任、道德责任和环境责任等。在建设中原经济区、促进中原崛起的今天，河南省的民营企业到底应该承担哪些主要的社会责任呢？

第一，民营企业必须承担的经济责任。追求利润，创造财富，服务社会，是企业存在之本，也是解决发展中的民生问题的根本途径。在河南省的一些地区与地方，民营经济已经成为当地经济的半壁江山，为经济发展做出了重要贡献。中原经济区的建设带有全局性、战略性和前瞻性，其核心的问题是要形成经济中心，这就必须培育一批具有集聚效应和规模效应的企业，推进河南省农业现代化、工业化、城镇化的发展。民营企业应该顺势而上，积极地投身于中原经济区的建设，为经济社会发展再做新贡献。

第二，民营企业必须承担的道德责任。从实践中的践行情况看，与社会的期待还存在较大距离。研究发现：①中国企业社会责任发展指数整体仍处于旁观阶段；②责任实践领先于责任管理，市场责任指数好于环境责任和社会责任；③电力供应业处于领先阶段，大半行业处于旁观阶段；④国有企业的社会责任指数领先于民营企业和外资企业；⑤欧美日在华企业的社会责任指数好于中国台湾、韩国和亚洲其他国家的企业，超过半数的中国100强企业未建立社会责任专栏，其中，民营企业比重最高。这就给民营企业提出了一个亟待行动的现实诉求。

第三，民营企业必须承担的环境保护责任。自然资源和生态环境是经济社会发展的基石，尤其对于河南省这个工业化和城市化发展加速、人均资源占有不足、环境恶化趋势尚未得到根本性扭转的中部省份来说，节约资源，保护环境，就显得格外重要。因此，建设中原经济区，必须选择可持续发展之路。这就要求企业必须在追逐利益与自觉承担保护环境的责任之间，做出正确抉择。企业要把大力发展循环经济，推进清洁生产，减排降耗，节约资源和能源，作为义不容辞的责任。

（原载《河南日报》2010年12月10日）

为商，你的底线在哪里

主 持 人：《河南日报》刘玉梅

特邀嘉宾：乔法容　朱金瑞　汪　洁

有利可图，就可以不择手段？

主持人：中国企业家调查系统组织实施的第11次全国性企业经营者“守法经营的价值取向”跟踪调查表明，相当多的企业经营管理者认为守法与利润、遵守道德与利润是矛盾的。对如果不会被抓，很多人都会违规取得个人好处，有54.6%表示了认同。那么，如果真是这样，消费者的利益保护又怎样体现？是否对商人来说，真的如上述调查一样：只要有利可图，就可以不择手段？

乔法容：不，商业道德是社会道德的重要组成部分，为商更应遵从信用的约定。人人信守诺言、保持信用，是维系一个社会正常运转的最起码条件，也是市场经济的基石和生命线。因为商德的缺失，导致的将是整个国家经济秩序的混乱，不仅最终使得经商行为本身良性链条的中断，更为严重的是必将直接造成消费层面的人人自危、国家经济的严重受阻。

马克斯·韦伯在《新教伦理与资本主义精神》中反复强调：“信用就是金钱。”美国著名经济学家肯尼思·阿罗也指出：“实质上，每次商业交易本身都有信任的成分。”因此，诚信是市场经济运行的基石。在现代市场活动中，从商品市场上的买卖到资本市场上的借贷，从要素市场上的交易到证券市场上的支付等，都应体现诚信的道德力量。随着经济全球化进程的加速和我国社会主义市场经济的进一步发展和完善，市场主体的激烈竞争在很大程度上体现为包括道德力在内的综合实力的竞争。商业道德作为一种资本或无形资产日益成为“企业生存与赢利战略的关键”。欧洲、日本、美国的企业领袖普遍认为商业道德在企业的发展中有着重大的价值，由他们组成的“康克斯（CAUX）圆桌会议”所制定的“康克斯商务原则”指出：“如果没有道德，稳定的商业关系对国际社会的支撑将是不可能的。”

因此，商德缺失的危害不容轻视。第一，它严重背离市场公平交易的原则，破坏正常的经济秩序。商业失信、商业贿赂通过给回扣这一不正当交易手段，把其他公司排斥在市场竞争之外，就有可能为假冒伪劣商品大开方便之门，而使经营中坚守诚信的企业在竞争中处于劣势，这种不正当竞争直接扰乱了公平竞争的市场经济秩序。

第二，它破坏了公平正义的原则，加剧了社会利益的不和谐。有的靠受贿暴富，有的靠坑蒙拐骗而肥，这对于几千万生活在贫困线以下的劳动者而言，是极大的不公。

第三，败坏政风、党风和民风。商业失信、商业贿赂“潜规则”形成的气候，滋生了大批利用工作之便收受贿赂、损公肥私的政府官员、事业单位从业人员、企业经理、采购供销人员等，损害了政府形象，败坏了政风、党风和社会风气。

第四，损害了我国的国际形象，恶化了国际投资环境。2005 年最具影响的德普回扣事件，还有朗讯等，就是突出的例证。很多国家认为中国的环境不适合投资，更有不少外商来中国投资要把“假货”作为一个重要的“市场风险指标”加以考察。

第五，它直接侵害消费者利益，乃至危及消费者的生命安全。

商德缺失知多少?

主持人：在市场繁荣的背后，是一些商人发财路上的不择手段。如夸大其词、弄虚作假、偷梁换柱、以次充好等，可谓坑蒙拐骗无所不用其极；高科技产品缩水及电子商务中的欺诈等更使人眼花缭乱；大头娃娃、有毒大米、天价医疗费、齐齐哈尔医药事件……商德缺失的恶果触目惊心，商业行为的种种劣迹使人们怀疑商业圈里到底有多少道德可言。那么请诸位谈一下目前我国商业失德主要有哪些突出表现。

乔法容：一个普遍的现象是商业失信。近年来，一些企业在经济利益的驱动下，见利忘义，花样翻新，从 20 世纪 80 年代的缺斤短两、偷税漏税、浪费资源、污染环境、虚假广告、制假售假，到 90 年代的坑蒙拐骗、合同欺诈、逃废债务、股市陷阱、恶性竞争、房地产等消费品的缩水、手机等科技产品和电子商务中的失信、天价医疗费、商业贿赂等。据不完全统计，企业在市场交易中因信用缺失、经济秩序问题造成的无效成本占我国 GDP 的 10%~20%，经济损失每年高达 5855 亿元。这种失信主要表现在以下四个方面：

合同欺诈。合同欺诈花样迭出，据有关部门的统计，主要手法达 18 种之多，大致可分为五类：一是移花接木，假冒或借用他人名义或货物，骗取对方信任；二是利用广告、信函、传单等媒介，散发虚假信息；三是虚构货源，伪造文书，如伪造执照、私刻公章，或者内外勾结，窃取合同文书等；四是利用回收产品、包销产品、低价销售等利诱手段；五是在合同中设下种种陷阱，或恶意串通，骗取对方财物。

电子商务诈骗。电子商务活动中的赤裸裸诈骗，在网络世界里随处可见。除少数不法分子自己建立电子商务网站外，大部分人采用在知名电子商务网站上，如“易趣”、“淘宝”、“阿里巴巴”等，发布虚假信息，以所谓“超低价”、“免税”、“走私货”、“慈善义卖”等名义出售各种产品，或以次充好，或以走私货充行货，使人防不胜防。有人戏称“网络广告满天飞，货送上门面目非”。最近，通过“网络钓鱼”手法，即发送含有欺诈信息的电子邮件、盗取网上银行信息等，从而窃取用户资金的行为不断增多。

假冒伪劣。如劣质大米、食用油、奶粉等生活消费品，以及劣质种子、劣质工程等。2004 年安徽阜阳劣质婴儿奶粉导致大头娃娃的事件令人不寒而栗。其中，因并发症而死亡的小生命达 13 人，年龄最大的只有 10 个月。之后仅一周时间，全国工商系统就查处各类劣质奶粉 127.38 吨。假冒伪劣产品是改革开放以来一直困扰我国经济社会发展的桎梏。如果说 20 世纪 80 年代的假冒伪劣还处于低级阶段，仅是赤裸裸地缺斤短两、仿冒名牌等的话，如今的假冒伪劣简直就是明目张胆地诈骗。如欧典在各类广告和散发的宣传材料中，白纸黑字，都把自己装扮成了一个德国百年品牌，称创办于 1903 年，行销全球 80 多个国家，是源自德国的著名地板品牌，事实上德国欧典总部根本就是子虚乌有。

股市陷阱。股票市场中的诚信是我国经济生活中的一个热点，备受人们的关注。一些企业把能够挤上“上市”这条船，看作是“圈钱”的理想手段。于是，最能体现信用的证券市场成了一个信用“陷阱”：虚假包装上市、变换手法“圈钱”、信息披露“猫腻”、股市“黑幕”操纵、治理结构不全、“一股独大”遮天等，不一而足。一些上市公司虚报资产、虚报业绩，“骗完政府骗银行、骗完银行骗同行、骗完同行骗股民”的现象时有所闻。

朱金瑞：再是商业社会责任的缺乏。著名经济伦理学家乔治·恩德勒认为：“作为一个道德行为者的企业，具有经济的、社会的和环境的责任。”西方广泛流行的“公司公民”概念指的就是企业应履行社会责任。目前我国企业社会责任缺乏的主要表现可归纳为：

偷税漏税。企业社会责任是企业与社会之间的“社会契约”，依法纳税是其应尽的基本义务。但一些企业在利益的驱动下，挖空心思偷税漏税。2005 年 9 月 10 日，国家税务总局第五次发布“中国纳税百强排行榜”，纳税额名列前茅的是烟草、能源等垄断性国企，且其纳税额保持快速增长，私企纳税百强的纳税额也比 2003 年增长了 35.48%。与人们的一般想象大相径庭的是：被评为中国十大暴利行业的房地产行业却成了纳税“侏儒”；外商及港澳台商投资企业纳税百强贡献税收几乎零增长。

滥拼资源、污染环境、破坏生态，为挣钱不择手段。一些企业在“挣钱”、“挣大钱”、“快挣钱”的思想主导下，毫无节制地拼资源，“吃祖宗饭”。一些企业为了节约成本，把大量未经处理的废水、废气等排入江河湖泊，无数人的生命财产因此而遭受巨大损失。在国家设置测试点的 1200 多条河流中，被工业污染的就多达 850 多条，仅长江沿岸工厂每天向长江排放的工业污水就达 2900 多万吨。人类在把沧海变桑田的同时，也在透支着自己生存的权利。近十年间，国家、地方和众多企业投入 600 多亿元巨资治理淮河污染，但沿途的安徽蚌埠市已到无水可喝的地步。资料显示，我国每年因大气污染造成的经济损失达 158 亿元；每年因水污染造成的经济损失达 434 亿元。

漠视乃至侵害员工的基本权益。保障员工的生命权与生存权是任何一个企业都应坚守的道德底线。而在目前我国的不少企业中，员工权益却遭到随意地践踏。一是员工基本的生命权得不到保障。例如，中国作为世界上煤炭生产最多的国家，也是矿难最多的国家。在中小企业和非公有制经济发达的广东、江苏、浙江三省，死亡人数分别是 11795 人、8911 人和 8839 人，依次居全国前三位，均超过美国全国的工伤事故死亡总数。另外，个别企业缺乏必要的职业危害防护，作业环境恶劣，粉尘、物理和化学类等有毒有害因素达不到国家卫生检测标准，不同程度地危害着劳工的身体健康。二是长期拖欠或克扣劳工工资。有媒体称，万恒电子技术（深圳）有限公司在 2005 年

3月的一个月内，迫使116名工人人均超时工作123.44小时；佛山市南海尚亿鞋业有限公司拖欠工人工资高达480万元等。

汪洁：再一个突出的表现就是商业贿赂大行其道。据商务部统计，仅在全国药品行业，作为商业贿赂的回扣每年就侵吞国家资产约7.72亿元，约占全国医药行业全年税收收入的16%。而据国家工商行政管理总局统计，从2000年至2005年上半年，全国各级工商行政管理机关已查处各类商业贿赂案件13606起，案值达52.8亿元，罚没款约8.1亿元。分析人士认为，这些暴露出来的商业贿赂案件只是冰山一角。在建筑市场、电信行业、流通领域，甚至在旅游导游、校服推销中，人们都能频频见到商业贿赂的影子。

时下，商业贿赂在国内一些垄断领域或行业已经形成“潜规则”，其形式越来越隐蔽，多数都以貌似合法的咨询费、顾问费、出国考察包括为对方子女安排出国和工作等形式出现。例如，北京五环路造价审计中挖出“工程巨贪”，北京市交通局原副局长毕玉玺在工程中收受贿赂1004万余元，他还敢轻描淡写地说这些钱只是一点“喝茶钱”。

谁来为商德缺失埋单？

主持人：有人说，商业道德是企业在市场活动中的通行证和不断发展壮大的无形资本。其道德力量“是现代市场经济健康运转和社会进步的不朽灵魂”。而在我们一些商家那里，这些为商理念显然已被丢失殆尽。这就迫使我们不得不追问：在日益强调诚信的国际化商业运行中，长此以往，我们将靠什么去参与和支撑国际间的市场竞争？导致这些现象愈演愈烈的深层原因又是什么？

乔法容：我认为有两个方面的因素不能回避。一是市场体制的缺陷。在计划经济体制时期，由于国家计划调节企业的产、供、销各环节，加之严格的行政管理，商业贿赂缺少生存的土壤。改革开放以来，企业与其他经济组织作为经济主体的地位确立，产权关系逐步明晰。由于健全的市场体制尚未建立，权力与市场的关系处理不当，使得不良经营者以不正当手段获取资源成为可能，商业贿赂便以各种形式纷纷出现。无论是垄断性质的电信、金融行业，还是市场开放透明程度不高的医疗、建筑行业，商业贿赂的“沃土”背后都有不规范的权力背景。

二是经济主体追逐利润最大化的动机。马克思主义理论指出：“资本害怕没有利润或利润太少，就像自然界害怕真空一样。一旦有适当的利润，资本就胆大起来。如果有10%的利润，它就保证到处被使用；有20%的利润，它就活跃起来；有50%的利润，它就铤而走险；为了100%的利润，它就敢践踏一切人间法律；有300%的利润，它就敢犯任何罪行，甚至冒绞首的危险。”这一思想在当代西方一些著名经济学家那里也多有论述。正是追求经济效益的最大化，使一些人为追逐利益而不择手段，不讲诚信、不守法律，走上“人为财死，鸟为食亡”的不归路。从前形象良好的企业家——创维黄宏生、伊利郑俊怀成了调查对象，曾经是“海外国企一面旗帜”的中航油爆出巨亏丑闻，就连朗讯这样的跨国公司中国区高管也抵挡不住“潜规则”。周正毅入狱、德隆破产、健力宝成了无底黑洞等都是很有说服力的例证。

汪洁：再就是法制监管不到位。目前，我国的法律制度还不成熟、不完善，存在很多不足之处，不能有效地监管市场主体的各种违法行为。归结起来，主要是法律规定不清楚、执法程序不公正、监督检查不力、民众对法律失去信仰、管制成本太高、法律威慑力不够与市民社会道德的缺失等。而脱离法律的约束框架，或不遵循市场经济的法制规则办事，只能导致盲目发展和错误决策，其结果必将造成惨重的经济损失。当前，现行的法律制度还不完善、不规范，没有形成配套的制约体系，在市场主体资格、市场主体行为、市场经济秩序等方面亟须法律来规范，而且深层次的经济运行机制中的各种经济关系及走向国际市场、参与国际竞争等方面，也呼唤着法律。同时，在执行中存在很大漏洞，没有形成严密的遏制商业信用缺失行为的制约机制，对失信行为缺乏严格的监管和惩治，对那些明显违法的严重失信行为打击不力，对个案的处理存在执法不严、处罚不重的现象，达不到震慑违法经营者的目的，对失信行为的处罚力度弱，守信收益小，失信成本低，以致劣币驱逐良币、李鬼打败李逵的现象时有发生，这在客观上助长了失信之风的蔓延滋长。

朱金瑞：另外还有两个方面的原因。

其一，政府角色的错位。我国正处在计划经济向市场经济转轨的过程中，新体制尚未发育成熟，政府职能转变还不到位，行政行为与世贸组织规则和市场经济准则还有差距，“越位”、“缺位”、“错位”现象较为突出，行政管理体制不完善，使失德行为有机可乘。主要有以下几个方面：一是地方保护主义。造假带来了地方经济的虚假繁荣和地方财政收入的增长，使得一些地方政府长期充当了假货的保护神。二是一些地方政府的地区封锁政策，名义上是在保护当地的名优产品，实际上对企业参与市场竞争是一个限制，从长远看，不利于企业在市场中的生存和发展。三是个别政府工作人员把手中的权力商品化，把企业搞垮。四是对市场尚缺乏科学的、理性的分析，决策上的随意性较大。五是一些政府官员同不法之徒勾结，大搞权钱交易，责任意识淡漠。毋庸讳言，这些也是商业失德现象大量存在的一个重要原因。

其二，道德意识的扭曲与淡化。人人遵守规则、信守诺言、保持良好信用，是维系一个社会正常运转的最起码条件，也是市场经济的基础和生命线。目前，我国的社会主义市场经济体制发育不充分，信用经济发育较晚，市场信用交易不发达，利益的驱动使人们的道德意识逐渐扭曲和淡化。因此，无论是企业还是消费者个人，尚缺乏现代市场经济条件下的道德观念的培养，在社会上还没有形成讲道德为荣、不讲道德为耻的道德评价和约束机制，商业道德建设成为一个十分现实而又迫切的社会问题。

用什么约束商人的道德失约?

主持人：从生产过程中的假冒伪劣、销售环节中的虚假宣传，到商业行为中的缺斤短两、恶意欺诈，“无商不奸”的魅影几乎使人们无处逃避，人们似乎随处都会产生上当受骗的痛感，享受衣食住行等日常消费的放心、安全与轻松，在很多时候只能是一种奢望。所以，呼唤一种健康安全的市场环境已成为消费者极为迫切的诉求。那么，当前情况下，构建我们商业运行良性秩序的路径又在哪里？

乔法容：建设全国统一的信用体系。商业失德现象的大量存在，提示我们必须强化社会信用体系。应通过组建覆盖全国范围的统一信息系统，统一企业与个人信用代码，建立起跨地区、跨行业的网络化信用数据库，使不守信者寸步难行。近年来我国对信用关系的规定有所加强，但整体性和系统性还不够强。如中国人民银行的全国银行信贷登记咨询系统覆盖全国 301 个城市，是目前我国最大的征信数据库，但因没有相关的法律规定无法对外公开。

汪洁：普及和提升商业道德水平。社会信用体系建设，离不开诚信道德的支撑。充分发掘儒商精神的当代价值，把诚、信、义、恕、让等伦理原则贯彻到从商经营之中，形成“不义而富且贵，于我如浮云”的道德追求，“穷则独善”、“达则兼济”的社会责任感，“言必信，行必果”的商业道德规范。同时，重视企业的道德建设，强化企业自律，承担依法纳税、守法经营、珍惜资源、保护生态的企业责任，坚持质量第一、消费者至上的生产伦理理念，坚持以人为本、切实保障职工正当权益的道德准则等。需要强调的是，商业失德的治理一方面需要政府的组织力量，另一方面更需要政府道德的示范作用。政府在制定和维护市场规则的同时，必须杜绝权力的寻租与设租，并着力提高公务人员的道德素质。

朱金瑞：建立健全相应法规，强化执法力度。法律规范是道德的“底线”，是一个社会所能允许的最低行为标准。法律的强制功能是道德所无法比拟的。因此，进一步完善治理商业失信、商业贿赂的法律法规，加大执法力度，形成各相关部门密切配合又各负其责的治理机制，可谓当务之急。在这方面，西方的一些法律可以根据我国的国情有选择地借鉴，如美国在反商业贿赂方面的《反海外腐败法》，净化消费信贷环境方面的《信贷机会平等法》、《公平信贷报告法》、《社会再投资法》，授信方面的《诚实贷款法》、《信用卡发行法》、《公平贷款记录法》，还款方面的《破产法》等。

（原载《河南日报》2006 年 7 月 19 日）

未成年人道德教育应关注的几个问题

——河南财经学院乔法容、朱金瑞教授对话未成年人道德教育

知与行是道德教育中的一对主要矛盾。对于未成年人来说，应解决好知与行的关系，强调行重于知。但现实生活中存在的误差是，无论是家庭、学校和社会，道德教育多停滞在观念和知识的灌输上，道德主体缺乏道德实践的有效渠道和载体，道德教育难以奏效。

乔：一般而言，一个人道德的生成，就是人们的知、情、信、意、行五个要素的连续转化过程。知，即道德认知，是人们对一定社会的道德原则、规范的认识和理解。这是思想道德形成的开始，也是道德情感、信念和意志形成的根据，是个体道德行为的基础。情，即道德情感，是基于道德认识对周围人和事物进行评价时的一种情绪体验，是知、信、意的催化剂，也是个体道德行为的推动力。信，即道德信念，是对一定社会的道德原则和规范的内心确认和坚定信仰，是道德形成的关键，也是个体道德行为的精神支撑和动力。意，即道德意志，是人们在履行道德原则和规范的过程中表现出的自觉克服一切困难的毅力和持之以恒的精神。行，即道德行为，是基于以上诸因素而表现出的实际行动，也是道德形成过程的目的。知、情、信、意、行五个要素相互联系、相互影响、相互制约、相互渗透和相互促进，呈阶梯式递进，并构成了一个内在的循环系统。

朱：这是就一般道德教育过程而言的。就未成年人来说，这一次序要改变。一个几岁的娃娃或小学生，正是培养良好行为习惯的最佳时期，家长应把道德教育的重点放到孩子行为的操练上，而不是首先去进行道德理论的灌输。因此，就未成年人而论，在知与行的关系上，行在前，知在后，或者可以说，在行中学，在行中知。

乔：我国著名教育学家孙云晓先生曾对 148 名杰出青年和 115 名被判处死刑的问题青年做过对比分析，发现导致他们命运迥异的不是其他，而是行为习惯。著名的成功学家拿破仑·希尔曾经说过："播下一个行动，你将收获一种习惯；播下一种习惯，你将收获一种性格；播下一种性格，你将收获一种命运。"

朱：有这样一个故事，几十位诺贝尔奖得主聚会之时，记者问一位获奖科学家："请问您在哪所大学学到您认为最重要的东西？"这位科学家平静地说："在幼儿园。""在幼儿园学到什么？""学到把自己的东西分一半给小伙伴；不是自己的东西不要拿；东西要放整齐；吃饭前要洗手；做错事要表示歉意；午饭后要休息；要仔细观察大自然。"这位科学家出人意料的回答，说明了道德实践对未成年人道德形成的特殊意义，以及未成年人的道德状况对其一生的影响。

乔：我们目前的情况是，学校、家庭、社会对未成年人的道德教育一般停留在说教的层面上，重知轻行。这个问题在学校、家庭、社会教育的层面都不同程度地存在。例如，理想信念教育过于笼统，不切合青少年的思想发展历程，也缺乏有效的活动载体。曾经有人做了一个形象的比喻："小学生学习共产主义，中学生学习社会主义，大学生学习日常行为规范。"

朱：有人形象地把中国的道德教育比作一壶烧不开的水，即在进行德育的过程中，只把水烧到50摄氏度的半开状态。原因固然很多，最主要是我们重知而轻行。如我们告诉孩子说，你应该这样做才是对的。你问孩子：你明白吗？孩子说：明白了。而我们的德育到这一步就结束了。你还要告诉孩子，你应该如何做。做完了你要让他多重复几遍，要将行为变成习惯，才能最终成为稳定的自然行为。只有到这个时候，我们才能说把水烧开了。

乔：是这样的。教育家苏霍姆林斯基曾经说过："思想不是它们被记住的时候就会成为神圣而牢不可破的。"这句话说明，忽视道德践行而只注重道德认知的德育方法，无法避免低效甚至无效的命运，特别是对于未成年人来说。毛泽东曾经深刻地指出："你要有知识，就得参加变革现实的实践；你要知道梨子的滋味，就得亲口尝一尝。"

朱：习惯成自然，自然成性格，性格决定命运。未成年人道德行为的养成，既需要学校、家庭、社会"知"的系统教育，同时更需要给他们实践的机会，"勿以善小而不为，勿以恶小而为之"，从点滴小事做起，使他们在活动中磨炼意志，提高自我控制、自我调节、自我转化的能力，从而养成良好的道德习惯，形成稳定的道德品质，最终达到一种高尚的道德境界。行为教育学的研究也有力地证明了这一点：当你要求孩子做一件事时，前24天，孩子的行为不太稳定，有时记起来，有时忘记了，还需要家长时时提醒。但是到了第40天的时候，孩子的行为就非常稳定了。而孩子一旦养成了这些好的习惯，就可以受益终身。一个动作重复24次时就此打住，可能会前功尽弃，坚持重复42次就成为性格。

"无规矩无以成方圆"。规矩就是标准，就是尺度。加强未成年人的道德教育，一个不可忽视的环节是，家长、教师、社会教育工作者要给未成年人一个明确、肯定、统一的是非善恶标准，使之有据可循。现实中的问题是，家庭、学校、社会或难以给出，或不愿给出，致使未成年人在道德认知方面无所适从。

乔：相信每一个做父母的在孩子的成长过程中都会遇到这样的情况：孩子在幼儿园被打，问妈妈怎么办。妈妈答：告诉老师。结果一是打人的孩子得到了老师的惩罚，不再继续；二是老师不当回事，打人的孩子照打不误。孩子再问妈妈：怎么办？有的妈妈就答：你也打他。孩子陷入迷茫。7月15日《大河报》以《夏令营里的"三种人"》为题报道了河南少年先锋学校依据学生表现，划分"上士"、"中士"、"下士"三个等级，"下士"需服侍"上士"吃饭。举办者的初衷是想通过此项活动使学生体会到残酷的竞争和社会的现实等。此报道刊发后，在社会上引起了强烈的反响，赞成者认为体验挫折有益孩子成长；反对者认为做法过激，等级观念严重，有伤孩子自尊。一时间，许多家长不知何去何从。

朱：这些现象的出现，一是家长对是非善恶标准的困惑。如请客送礼较普遍，当孩子提出疑义时，家长可能难以给出满意的答复和评价。二是由于学校与社会、社会与家庭、家庭与学校、道德教育与社会现实等各个层面的善恶标准不统一，无法进行道德评价，致使学生产生困惑。三是有的教育者特别是家长，出于对未成年人爱护的种种考虑，不愿把自己的真实看法说出来，这样也给未成年人的道德认知带来一些问题。

乔：道德上的善恶标准对人们的行为具有导向性、规范性和约束性。这就要求家庭、学校、社会统一认识，保持行动一致，这样才能见效。近日，一些地方为了加强对未成年人的思想道德教育，开展了一系列活动，如“孝敬父母从小事做起”，要实践“五个一”，即每天为父母做一次家务、捶一次背、说一句问候语和在节日为父母制作一张贺卡、洗一次脚。这些活动无疑是青少年道德养成的好形式。但是，这种做法能否得到家长的认可和支持？学校、家长和学生能否长期坚持？等等，这些都是值得怀疑的。一种流行的说法是，“学生思想道德建设是一个系统工程，需要在学校、社会、家庭三者间形成一种综合管理的模式”，这从理论和逻辑上说是无可挑剔的。现在要解决的问题是：从社会方面来说，社会应提供明确统一的社会道德标准和有效的道德评价机制；对学校的德育工作，要建立统一的考评标准和体系；重视家长对孩子道德认知水平提高的作用，特别是对孩子形成善恶好坏观念的引导作用。在我国社会的转型期，在多种文化相互冲撞和多元道德标准并存的时代，确立目前中国社会未成年人做人做事的具体道德标准，是今后我们必须加以特别重视的。对未成年人的道德教育是一个系统工程，家庭、学校、社会责无旁贷。但在未成年人道德生成的过程中，家庭教育重于学校、社会教育，主要体现为父母对孩子的言传身教。

朱：个体的社会化是由人所处的各种社会环境决定的。人们思想道德的形成和发展从本质上讲具有社会性，或者说本身就是社会性活动的结晶。正如马克思所说：“观念的东西不外是移入人的头脑并在人的头脑中改造过的物质的东西而已。”社会环境作为人类赖以生存和发展的各种外部条件的总和，通过人际交往、群体活动等社会实践形式逐步渗透到人的意识和行为中，促使知与行的互相转化，从而形成相对稳定的心理特征、思想倾向和行为习惯。由此可见，环境因素包括学校、家庭和社会，是个体道德养成不可或缺的条件。但家庭的责任更为特殊，更为重要。

乔：在郑州曾经发生过这样一件事情，一个 15 岁的孩子在郑州机场带着两个三陪小姐被警方盘问，后得知，其父母是西安的电脑商，家境富裕，但很少过问孩子的学习。孩子就带着 15 万元现金，周游各地。当孩子的母亲到郑州领人时，对自己的孩子没有抱怨，对警方也没有一句感谢的话。

朱：我还听到这样的说法，一些孩子上网吧、染毒品等恶习被许多人认为是改革开放和市场经济惹的祸，是外部因素导致的。但是我们还要看到，处于同样的社会环境中，还有许多品学兼优的孩子。这就使我们不得不反思这样的问题：在孩子道德养成的过程中，家庭的作用大于社会、学校，还是学校、社会起主要作用？

乔：父母是孩子的第一任老师，家庭是孩子最好的学校。从怀孕那一天起，父母亲就是这个世界上与孩子空间距离最接近的人。从牙牙学语到长大成人，父母与孩子是在时间上接触最长的人。不管我们是否承认，但事实上，每一个孩子的品行都自觉不自觉地受着家长的影响，每一个孩子的道德心理上都有家庭的烙印。因此，家长的作用至关重要。

朱：作为对孩子影响最深的老师，也要成为孩子学习和模仿的道德榜样，要做到不断提高自身文化素质和道德修养；严于律己，言行一致，要求孩子做到的自己也一定做到。从这种意义上讲，加强未成年人的道德教育，在根本上又是成年人的道德建设问题。应该说，营造一个美好的精神家园，是我们每一个公民的共同责任。

（原载《河南日报》2004 年 7 月 23 日）

从三个层面抓好道德建设

——河南财经政法大学经济伦理研究中心主任乔法容谈文明河南建设

“河南经济实力不断增强，社会主义核心价值体系教育日益深入人心，全省的社会文明程度进一步提升，这些都为文明河南建设打下了坚实基础。”谈及文明河南建设，河南财经政法大学经济伦理研究中心主任乔法容关注之情溢于言表。

乔法容长期从事马克思主义理论和伦理学的教学与研究工作，近期参加了省委宣传部关于文明河南建设的前期讨论。在她看来，道德是文明的核心内容。一个地区、一个民族、一个国家的道德状况如何，代表着这一区域的形象、信誉、文明程度。省委书记郭庚茂提出：“把道德建设作为文明河南的重要内容之一，具有特别强的现实针对性和理论意义。”乔法容提出，文明河南建设必须紧紧抓住道德领域的突出问题，从政府、企业、公民三个层面入手，加强法治和道德治理。

建设文明河南政府是榜样

乔法容表示，在文明河南的建设中，政府处于核心地位。政德状况如何，政府公信力如何，在很大程度上影响着社会风气和道德水平。

党风、政风决定民风。乔法容坦言，当前政府的公信力面临着严峻挑战。“政府所制定的政策，是否符合广大人民群众根本利益，政策实施过程中的状况及其自身行为，都决定着政府的公信力和形象。”

乔法容认为，提升政府公信力，关键在于政府自身。广大党员干部必须坚持全心全意为人民服务的宗旨，以最广大人民的根本利益为各项工作的出发点和落脚点；要依法执政，自觉遵守法律法规，遵守自己制定的各项规章制度；要加强道德自律，严格用社会主义道德、“八荣八耻”的社会主义荣辱观规范从政行为，真正做到讲党性、重品行、做表率。“这是文明河南建设的应有之义，也是构建社会主义和谐社会的决定性因素之一。”

企业要勇于承担社会责任

企业是社会的细胞，是市场的主体。乔法容认为，在文明河南的建设中，企业的作用不可缺位。

“现代企业社会责任观提出，利润最大化是企业的第二目标，企业的第一目标是保证自己的生存。”乔法容解释说，这意味着企业在创造利润、对股东利益负责的同时，也具有了道德人格，其必须承担相应的社会责任以及由此产生的社会成本，包括诚信守法、节约资源和保护环境、支持和参与社会公益及慈善事业等。

“现在很多企业都已经意识到，更多地履行社会责任，才能赢得更多客户的认可，争取到更广阔的平台。”乔法容说，在河南省，不少企业热心于公益事业，为公众办了不少好事、实事，为文明社会建设做出了贡献。但还有一些企业为了自身的利润最大化，污染环境、制假售假等，不仅损害他人利益，也给社会文明带来诸多负面影响。

“这就要通过法律法规的实施，通过必要的经济、行政手段，引导企业做一个企业‘公民’，承担社会责任和义务。”乔法容说。

“我们文明了，河南就文明了”

乔法容认为，文明河南建设最终还是落实到公民个人的道德建设上，也就是我们每个人的一言一行、一举一动中。

她提出，提高公民的道德素质首先靠法治。要通过法律的强大威慑力，约束每个人不能跨越道德底线。同时要大力推进公民道德建设工程，弘扬真善美、贬斥假恶丑，引导人们自觉履行社会和家庭责任，培育知荣辱、讲正气、做奉献、促和谐的良好风尚；深入开展道德领域突出问题专项教育和治理，加强政务诚信、商务诚信、社会诚信和司法诚信建设等。“不断创新思路、创新方式方法，坚持依法治国与以德治国密切结合，培育有道德、有良知、讲文明的公民。”

乔法容说，建设文明河南，要细化为一个个具体而微的行动，从我们身边的小事做起、从今天做起，做文明人、办文明事。“我们文明了，河南就文明了。当每一个河南人都文明的时候，文明河南就会真正实现。”

（原载《河南日报》2013 年 11 月 12 日）

构建和谐中原道德基础的关键在官德

近年来，河南省在道德建设方面取得了一定成效，但与建设和谐中原的要求相比，仍有一些较为突出的问题需要高度重视并着力解决。其中有三个方面的问题或现象应该认真思考：一是道德理论、价值体系与现实生活的脱节。社会主义核心价值观是建设和谐文化的根本，也是社会主义荣辱观的灵魂。但现实的道德选择与社会主义荣辱观相冲突，与社会主义核心价值体系相矛盾。二是上层组织引领与下层组织的实际行为脱节。个别地方政府热衷于搞形式主义、做表面文章，把道德空化、淡化、边缘化；地方政府执法不规范，部门之间、地方与部门之间争权夺利；权力过度干预市场，投资环境有待改善，商业贿赂问题不容轻视。个别地方政府或部门不作为与乱作为，损害政府形象，致使政府缺乏对公民道德建设的组织力、执行力、示范力、凝聚力，并直接冲击着社会主义核心价值观。三是道德宣传教育与领导自身行为的脱节。《论语》中说："君子之德风，小人之德草，草上之风，必偃。"意思是说，上层的道德好比风，平民百姓的言行表现像草，风吹在草上，草一定顺着风的方向倒。为政阶层必须率先实践先进道德，先正己，然后才能教化百姓。

治理之策的关键在于官德建设成效如何。现代政治是民主政治，现代政府是责任政府。首先，走出制度建设的怪圈，推进政治民主进程。其次，提升公共理性，建设公共服务型政府。公共理性包括经济理性、政治理性、道德理性等，这是科学执政、民主执政、规范执政的前提。再次，打造诚信政府，以良好的党风政德引领民风。最后，依法治理与以德治理相结合，规范行政行为，培育公务员的自律意识，防止"公共人"蜕变为"经济人"。概言之，道德是和谐中原的基础，而构建和谐中原道德基础的关键在官德，官德如何主要看行动、看实践。

（原文系原中共河南省委书记徐光春与社科界专家座谈会发言稿，
部分内容发表在《河南日报》2006 年 11 月 1 日）

在艰苦创业中实现人的价值
——略论林县人的价值观

随着我国改革开放的不断深化，特别是社会主义市场经济体制的逐步建立，经济类型、分配方式、利益主体呈多元化的格局，加之国外文化的影响和渗入，人们的价值观正在发生着深刻的变化。令人忧虑的是，近年来，享乐主义、拜金主义、极端个人主义的价值观似有泛滥成灾的势头，而艰苦创业、开拓进取、无私奉献的价值观，却遭到了不应有的种种非议。面对价值观领域出现的这种新情况，应当提倡和确立什么样的价值观，已是摆在人们面前的一个十分严肃的问题。这一问题解决得好坏，直接关系到我国社会主义“两个文明”建设，关系到社会的全面进步和人的健康发展。林县人民以创业“三部曲”的伟大实践，向人们昭示出：人的价值，只能在艰苦创业中实现，在开拓创新中扩展，在无私奉献中升华。这种价值观，是中华民族优秀传统文化与改革开放时代精神的最佳结合，值得我们大力提倡，发扬光大，使之成为整个社会生活的主旋律。

在艰苦创业中实现人的价值

在社会主义市场经济条件下，人的价值是靠别人恩赐或在享乐中取得的，还是靠自己的辛勤劳动、在艰苦创业中实现呢？对此，英雄的林县人民用自己的实践做出了正确的回答。

人作为历史活动和社会生活的主体，无论是面对自然还是社会，都不是被动、消极地适应；相反，主动、积极地改造不适应于生存和发展的现实，才是人的本质体现和价值所在。林县人民正是这样，他们面对恶劣的自然环境和极其贫困的生存条件，既不怨天尤人，更不坐等恩赐，而是在党的领导下，把敢想、敢干和实事求是结合起来，自力更生，艰苦创业，顽强拼搏，战天斗地，重新安排河山，掌握自己的命运，谱写了壮丽辉煌的创业“三部曲”，从而显示出林县人的本质力量，实现了林县人的价值。

生存是人的最基本的价值，也是实现人的高层次价值的基础。因此，实现人的价值的第一个历史活动，就是通过劳动满足人的生存需要。我国社会主义制度的建立，为满足人的生存需要和未来发展提供了前所未有的优越条件。然而，人的生存价值还要通过人的劳动才能实现。

20 世纪 60 年代林县人民修建举世瞩目的浩大水利工程红旗渠，是一次战胜穷山恶水，改造自然、改变生存条件的伟大创举。林县位于太行山东麓，历史上就是一个土薄石厚、七山二岭一分川、水源奇缺的贫困山区。据《林县志》记载，500年间这里发生过100多次大灾，“连年干旱，河干井涸，颗粒无收，十室九空，人相食……”。林县人民长期在极恶劣的环境中苦苦挣扎。就在共和国诞生的第10个年头，1959年全县又有26000口水井干涸，5300个山泉断流。为了解决严重缺水问题，1960年2月，林县县委在对林县山川河流和区域人文地貌深入调查研究，认真勘测的基础上，毅然决定带领全县人民兴建红旗渠，把漳河水引入林县。

当时，正值共和国最饥饿的年代。民工们每人每天只有6两粮食，野菜充饥。就在这种极其艰苦的条件下，林县人自锻了26万次镐头，自打15万把铁锤，自制成11.5万公斤炸药，踏平1250座山头，钻透211个隧洞，架起152座渡槽，挖山石1818万立方米，苦战十年，硬是在悬崖峭壁、险滩峡谷中建造了1500公里的人造天河——红旗渠。这项惊天动地造福人民的浩大工程的建成，不仅创造了人们赖以生存的条件，为解决温饱和进一步发展奠定了坚实的基础，而且还孕育而成伟大的“红旗渠精神”。它是林县振兴与发展的根本力量所在，创造了不可估量的价值。

林县人的生存条件改善了，物质财富也日益丰富，但是自力更生、艰苦创业精神并没有丢，80年代以来，林县十万建筑大军走向全国各地。这些人虽然手里有钱，而且又身在繁华闹市，但仍然一如既往，吃大苦，耐大劳，创一流工程。在那里，早上五六点钟开始上工、月光洒地才收工的是林县工匠；拉着几百公斤的水泥件艰难前行的是林县工匠；在工地上省吃俭用的是林县工匠。他们走到哪里，干到哪里，就把艰苦创业的精神带到哪里，无不受到赞扬。在发展乡镇企业，向工业化进军中，当社会上有的人斗富、摆阔气、挥霍无度的时候，林县人仍然在克勤克俭，艰苦创业。据统计，连续12年来，林县城乡居民储蓄存款额一直居全省首位，1993年达到25亿元，人均2551元，有力地支援了国家经济建设。许多农民企业家，同当年修红旗渠一样，过着俭朴的日子，干着拓荒牛的活。临淇社书制药厂是一家技术水平、管理水平较高的出口创汇企业，产品远销澳大利亚，经济效益十分可观。就是在这种条件下，厂长兼书记的张栓成和支部一班人，仍然不改艰苦创业的本色，坚持同职工同吃、同住、同劳动，苦活重活带头干，几乎包揽了全厂原材料的卸车任务。大众实业总公司是一个拥有16家下属企业、职工4800名的中外合资企业。基建期间，总经理侯用和，不管白天黑夜在施工现场挥汗如雨，同普通工人一样一身汗水一身泥地加班加点。十多年来，林县人正是由于继续保持和发扬了这种创业精神，轰轰烈烈地办起了乡镇企业，把林县的经济建设推向了崭新的发展阶段。

林县人民深刻地认识到，谋生存，求发展是人的本性；要生存得更好，发展得更快，就必须有自强不息、艰苦创业的精神。人的价值，只能由劳动创造，在艰苦奋斗中实现。

在开拓创新中扩展人的价值

人的价值是丰富的，也是多层次的。随着社会的发展，作为现实的、具体的人，不仅对物质生活资料会提出新的要求，而且在精神生活追求的层次上也不断提高。因此，开拓人的生存和发展的更广阔空间，丰富、扩展人的价值，就成为社会进步和人类历史发展的必然趋势。

林县人的不平凡之处，就在于红旗渠的建成，从根本上改变了林县人的生存条件、解决了温饱问题之后，摆脱了“小进则满，小富即安，不思进取”的小农意识和狭隘的心理，在新的历史条件下，更高地举起艰苦创业的旗帜，抓住机遇，不断进取，奋力开拓，谱写创业的第二、第三部曲。林县人的价值进一步扩展，并闪烁着时代的光辉。十万大军出太行，是林县人民告别传统农业发展模式，转向工业化的历史性跨越，这意味着林县人新的崛起。1978 年，党的十一届三中全会的春风吹遍了太行山麓，在红旗渠精神培育下的林县人民，已不满足五亩二分地的劳作，纷纷冲出太行山，走向广阔的建筑市场，施展才华，再造辉煌。起步阶段，主要为大中型企业提供劳务；而后，实现了由量的积累到质的转变，开始向“经营型”和集约化发展。他们在北京、天津、太原、郑州等 80 多个城市设立了专业管理机构，实行统一管理，为参与市场竞争，形成规模效益，开拓了更加广阔的活动天地。

林县人把艰苦创业精神与开拓进取的现代意识相结合，经历了“千辛万苦，千难万险，千山万水，千方百计”的历程，使建筑业由小到大，由弱到强。他们靠敢打硬仗、敢为人先的信心和勇气，打开了一座座陌生的市场大门；靠优质服务、节约高效，赢得了市场。东到上海浦东，西到新疆边城，南到“天涯海角”，北到黑龙江畔，分布在 24 个省、市、自治区的 250 多个城市；先后走出国门，参加了坦赞铁路和巴基斯坦、科威特、南也门、前苏联等国家的援外工程建设。十年来，承包建筑工程创优率一直保持在 25%以上，每年创部、省、市优工程建设超百项。为适应市场经济的需要，促进建筑业向高层次、综合型发展，林县人以强烈的改革意识和创新精神，调整布局，多业并举，由单纯土建向工业设备安装、装璜装饰、园林古建、防腐、筑路、房地产开发等关联产业延伸，拓宽了多元化发展的领域。林县的建筑业不仅为林县的繁荣和发展积累了巨额资金，更重要的是锻造了具有时代意识和各种过硬本领的 13 万建设大军，走出一条加速发展的路子。正如李长春同志所概括的那样，“饱了肚子，挣了票子，换了脑子，有了点子，走出了路子”，实现了“五子登科”。建筑业的发展，从资金、信息、人才、技术等多方面，有力地支持和推动乡镇企业的“121”工程，为林县再造一个“红旗渠工程”，扩展和丰富人的价值，开辟了广阔的道路。

几十年的艰苦创业，使林县人认识到，要扩展人的价值，还必须重视科技，重视教育，重视人才，全面提高人的素质。科技是第一生产力，经济发展靠人才，人才培养靠教育的观念日益增强。到 1992 年底，林县在工业、农业等领域获部级以上科技成果奖 16 项，省级科技成果奖 37 项。石板岩乡大脑村党支部书记施存山，创造了高寒地区农作物栽培技术以及成果，被收入《中国科技成果大全》。全县集资办学、发展教育蔚然成风。近几年来，集资 1.9 亿元，改造和新建各类学校 429 所，338 所学校教学设施达到标准化，从而使中小学的条件有了较大改善，教学质量明显提高。

为扩展人的价值，还必须增强开放意识，走向国际市场，密切同国外经贸界的联系。为此，林县在香港开展招商活动，在北京人民大会堂举办新闻发布会，1992 年和 1993 年分别举办了国际“海峡杯”、“日月神”杯伞翼滑翔公开赛等活动，许多乡镇企业以及从事经济管理工作的干部，积极参加关贸总协定、国际经贸知识和现代企业制度等方面的培训班，为林县人的思想进一步解放，思路更加开阔，提供了良好的环境。与此同时，林县县委、县政府提出了“力闯百亿，争当百强，全面振兴，实现小康”的奋斗目标。林县人在这块热土上，正以更加开放的全新意识和开拓进取的实践活动，多方面丰富和扩展人的价值。

在无私奉献中提升人的价值

发展社会主义市场经济，要不要提倡奉献精神，无论是理论上还是实际生活中，并不是每一个人都认可的。有人提出，搞市场经济就是要个人赚钱，讲奉献是“傻帽”，是道德上的“空想主义”。果真如此吗?

林县人用创业“三部曲”的成功实践，有力地回答了这个问题。

奉献精神是林县人民的优秀传统，也是当代林县人的价值追求，要奋斗，就会有牺牲，要创业，就一定会有奉献。修建红旗渠，关系到林县人的生存和发展，是为了子孙后代造福，体现了林县人的根本利益，必须具有无私奉献精神。生命诚可贵，奉献价更高。无论是修建红旗渠，还是在海内外承包大型建筑工程和发展乡镇企业，各行各业的人都在奉献。许多人为此付出了青春，甚至献出宝贵的生命。诸如，搞安林路拓宽改造，仅个人捐款就达450万元。不少建筑工队长致富不忘家乡，把钱带回来，投入农业，注入企业，用在林县发展上。为了发展教育事业，共产党员万全江，先后投资29万元盖了一座教学楼；还为全村安上了自来水，每年给五保户、困难户救济4吨大米、5000元钱。1990年，当他患重病做手术时，心里却在想：如果我能再活五年，我还要为村里再办五件实事：盖办公楼、建卫生所、修舞台、硬化街道、建电视差转台。临终前嘱咐儿子：“我没有给你们留下积累，工队的资产和积累要归集体，你们不要争这些东西，各自要凭本事去吃饭。不要忘了我没有办成的五件事，把它留给你们了。”小店乡东油村建筑企业家共产党员崔明伍，把自己辛勤积攒下来的45万元捐给村里，建起了崭新的教学楼，还为家家户户安装了自来水。北关村老党员孙启生，创业一生，去世之前，捐出30万元积蓄和一幢1400平方米的教学楼……在林县，像这样的党员、干部、工队长和农民还有很多，他们在无私奉献中建功立业，实现自我，提升人的价值。

从我国现阶段来看，生产力发展水平不高，不同利益主体将长期存在，出现利益矛盾是不可避免的现象。如果只看到个人利益和局部的利益，看不到他人和社会的利益；只看到眼前的利益，不考虑社会发展的长远利益，那么，利益矛盾非但不能解决，而且还会激化社会矛盾，阻碍社会发展，贬抑人的价值。因此，大力提倡无私奉献，是社会发展的客观要求，是道德崇高性的集中表现。

无私奉献，是社会主义本质和发展目标的要求。“社会主义的本质是，发展生产力，消灭剥削，消灭两极分化，最终达到共同富裕。”[1] 发展社会主义市场经济，加速现代化建设，任务异常艰巨。共产党员必须牢记党的全心全意为人民服务的宗旨，带头奉献，发挥示范效应，才能充分调动全体人民的积极性和主动性，使个人的价值在推动社会进步的集体价值中得以升华。林县的党员干部为我们做出了榜样。

林县的不少党员干部和先进人物，如果凭自己的能力，去搞私营经济，很可能成为百万富翁。然而，他们没有这样做，而是选择了在奉献中带领群众共同致富。定角村李广元，作为年产值超亿元的村党总支书记、公司总经理，一线工人年工资多达7000元，推销人员工资高达万元，而他每年只是按规定领取5000元的工资。1993年被命名为河南省“先进党总支”的史家河村，就是在党总支一班人的无私奉献精神感召和带领下，大兴村办集体企业，艰苦创业，走上了共同致富的道路。党总支书记、企业集团总公司总经理王发水，在1983年隆冬腊月，为了确定生产产品，北上考察。他为了节省开支，手掂两个内装挂面的帆布提包、菜刀、煤油炉等生活用品上路了。在1990年企业扩建工程中，北上南下、东奔西跑49次，在汽车上度过了33个整夜，吃掉了两箱方便面，因过度疲劳致使糖尿病发作达4个“+”号。按照承包合同，6个承包人应得127万元提成款，但他们只干事业，不图金钱，为了让村民尽快富起来，这笔钱他们分文不取，全部留给了企业，用于扩大再生产和技术改造。该公司副总经理郭扶栓在身患癌症的情况下，坚持到工地指挥生产，直到生命的最后一息。林县县委、县政府在分析林县发展的原因时指出，“林县的各级党组织之所以有凝聚力，林县之所以能够发动群众干成一些大事，广大群众、特别是党员干部有很强的奉献精神是一个至关重要的原因。”

由此看来，如何认识奉献对于人的价值实现的意义，主要在于评价人的价值标准问题。在以往的历史上，有以占有奴隶的多少作为衡量人的价值尺度，有以门第等级的高低作为人的价值尺度，有以金钱、财富的多寡作为人的价值尺度。社会主义评价人的价值大小的标准，主要是看为集体、为社会奉献的多少。因为，在现实生活中，利益矛盾是不可避免的。奉献精神的崇高价值，就在于当个人利益与集体利益、社会利益发生矛盾时，把集体利益和社会利益放在首位，牺牲个人利益。尤其在条件险恶的情况下，有时还需要献出生命。这就是说，人的价值唯有在无私奉献中才能提升。在我国改革开放的初期，针对有人反对提倡“大公无私”这一口号，邓小平同志曾严肃地指出：现在有人对“大公无私”等庄严的革命口号进行荒唐的“批判”，“以及我们队伍中一些人对这种批判的同情和支持，是不容继续下去的”，“要教育全党同志发扬大公无私、服从大局、艰苦奋斗、廉洁奉公的精神”。[2] 大力提倡无私奉献精神，是民族振兴、国家强盛的要求，是社会全面进步的集中体现。

林县人壮丽辉煌的创业“三部曲”之所以震撼人心，就在于他们始终保持和发扬创业、开拓与奉献的时代精神。正是靠这种精神，林县人奏出的“三部曲”，一曲比一曲更加雄壮，人的价值也在步步提升，充分展现了当代中国农民的精神风貌和道德境界。

林县人的价值观的深远意义就在于此。

注：

[1]《邓小平文选》第3卷，第373页。

[2]《邓小平文选》第2卷，第326–327页。

河南人的真精神："大局、大义、大仁、大气"

2011 年 3 月 3 日，全国两会的第一天。省委省政府在北京举行河南在京人员代表座谈会，省委书记、省人大常委会主任卢展工盛赞河南人的奉献、河南人的形象、河南人的精神、河南人的追求。在谈及河南人的精神时，卢展工说："从历史和文化的角度看，河南人历来讲大局、大义、大仁、大气。大局，就是热爱自己的国家和民族；大义，就是重气节、重情义；大仁，就是深怀仁爱之心；大气，就是具有大胸怀、大境界。"

"大局、大义、大仁、大气"是对河南人传承中华民族优秀文化的高度凝练。翻开历史的长卷，数千年来中华儿女用自己的实际行动践行"自强不息、厚德载物"的精神，在孜孜不断的追求中体现着大局、大义、大仁、大气。大局，自古以来就是中国人的文化基因，无数的中华儿女用自己的行动甚至生命捍卫着自己的信仰和追求——对祖国和民族的热爱。屈原在动荡的战国时期，宁愿投江，也不愿离开自己的祖国和人民；北宋著名理学家张载留给后人的"为天地立心，为生民立命，为往圣继绝学，为万世开太平"尤其体现一种大局的情怀。大义，就是重气节，重情义。在义与利的关系上，崇尚见利思义、重义轻利的价值观。被誉为"亚圣"的孟子给我们留下了"富贵不能淫，贫贱不能移，威武不能屈，此之谓大丈夫"的感人肺腑之言；河南的"二程"，特别是程颢，给后人留下了"富贵不淫贫贱乐，男儿到此是豪雄"的气节，发人深省。大仁，就是深怀仁爱之心。中华民族自古以来就是一个讲仁爱的民族，仁爱的思想深深根植于我们每个国民的心灵深处。两千多年来，以孔子为代表的儒家思想，其核心就是仁爱，在"仁者爱人"的价值体系中，"仁"居于首位。孔子还给我们留下了"己所不欲，勿施于人"及"己欲立而立人，己欲达而达人"的黄金法则；孟子则用"恻隐之心，人皆有之；羞恶之心，人皆有之；恭敬之心，人皆有之；是非之心，人皆有之"来阐释"仁"。大气，就是具有大胸怀、大境界。老子将人类和宇宙的奥秘用"道"来涵纳，面对礼崩乐坏的乱世，他潇洒地飘然西去。而他所留下的五千言的《道德经》，则显示出莫大的胸怀。庄子的境界更是超凡脱俗，是常人无法想象的。庄子蔑视常人追求的功名富贵，他对此讥刺为"腐鼠"，而那些不顾廉耻取得富贵的人则被他讽刺为"舐痔"。他笑对人生的困苦，笑对生死的无奈，以一种达观和幽默的态度，以自己本真的性情来面对他的人生和他所处的时代。

河南人的根文化之所以如此丰富与厚重，就因为它直接源于中华民族的优秀文化。愚公移山精神、焦裕禄精神、红旗渠精神等，这些都是"大局、大义、大仁、大气"

精神的具体体现，而河南人的这些精神，也需要在开放的文化背景下不断丰富与发展。在河南省上下全面建设中原经济区的新时期，这些精神适应新情况也有新的发展，具体体现就是平凡之中的伟大追求、平静之中的满腔热血、平常之中的极强烈责任感的“三平”精神。“三平”精神体现了一种崇高的道德情怀、一种积极进取的伦理精神、一种勇于担当的责任感与使命感。当前，在经济第一主义、利己主义、拜金主义、拜权主义等的影响下，社会上存在种种不健康的心理，诸如炫耀心理，虚荣心理，浮躁心理，攀比心理，冷漠心理，自卑心理，不安于平凡，缺乏对真理、对事业、对道德的追求等，所以一些人很难理解“三平”精神，而做到“三平”更是难上加难，究其文化根源，就是缺乏“大局、大义、大仁、大气”这种河南人的精神。

“大局、大义、大仁、大气”和“三平”精神，是建设中原经济区，实现河南振兴、中原崛起的强大精神动力。历史上无数中原儿女用壮举诠释着大局、大义、大仁、大气的河南人精神。如今，没有炮火连天，没有硝烟弥漫，续写与弘扬河南人的这些高尚精神需要每一个普普通通、踏踏实实的河南人的努力与奉献。无论他们身处何地——首都、沿海地区或省内，无论他们从事何种工作——保安、厨师抑或建筑工人，平凡的河南人日复一日、年复一年认真地做着平凡的事，他们在各自的工作岗位上忠于职守、乐于奉献，用自己的实际行动印证着河南人的精神，默默地感动着中原，甚至感动着中国。20世纪90年代拒绝向韩国老板下跪而愤然离去的“不跪的人”孙天帅、英雄主义渐行渐远时代下真正的英雄——汶川地震中累倒在抗震救灾第一线的人民子弟兵武文斌，用自己的行动甚至生命向世人诠释着“大局”的含义；知恩图报、辞工到广州照顾患病恩人的商丘人李敬斋、梁桂英夫妇，生活如苦行僧一般、长期只为一件事——做好事奔波的李高峰，都在共同展现着河南人的“大义”；带着捡来的妹妹上学的自立、自尊、自强的大学生洪战辉，30多年精心照顾亡妻父母和傻内弟的好人、大孝至爱的谢延信，向世人彰显了“大仁”的含义；多次与死神擦肩而过的全国知名排爆专家王百姓、几十年如一日地投身环保事业的普通农村妇女田桂荣，向我们证明了河南人的“大气”。

伟大的事业需要伟大的精神作坚强支撑。当前，1亿中原儿女正在不畏艰难、凝心聚力地朝着一个共同的目标奋斗——建设中原经济区、书写自己历史发展的新篇章。唯有准确把握住河南人的精神，才能以更加振奋的斗志、更加开阔的视野、更加务实的作风，谱写中原崛起、河南振兴的崭新篇章。卢展工书记提炼和概括的河南人的精神，不仅是对河南在京务工人员的赞赏和要求，而且是对从事各行各业人员的期待和要求。我们应该立足本职，结合实际，把河南人的精神落实到具体的工作中。在谋划与实施中原经济区发展战略之时，我们要高度重视河南人精神的培育与提升，高度重视河南经济社会发展的精神支撑力问题。当前，我们应该大力宣传体现“大局、大义、大仁、大气”和“三平”精神的河南人，引领河南文化与道德建设再上新台阶，为中原经济区建设提供软实力和精神动力。

（原载《河南日报》2011年3月16日）

用绿色理念引领经济社会发展

新理念是经济社会变革的前奏曲。党的十八届五中全会提出五大发展理念：创新、协调、绿色、改革、共享（《中共中央关于制定国民经济和社会发展第十三个五年规划的建议》，以下简称《建议》），这是以我国经济发展中的问题、矛盾为导向，依据当今国内外经济发展的阶段、环境、条件等重大变化提出的。因而，五大发展理念意味着我国的发展全局将迎来一场深刻变革。绿色理念旨在转变我国传统的经济发展方式，破解经济发展难题，引领和推动经济发展，形成人与自然和谐发展的现代化建设新格局。

绿色发展理念的提出

我国经济经过30多年高速发展的今天，面临着日益严重的环境污染、生态破坏、资源枯竭等问题，成为制约经济发展的瓶颈。传统粗放型经济发展方式难以为继，生态环境恶化影响着人民群众的健康，扭转环境恶化、提高生态质量，满足人民群众对清新空气、干净饮水、安全食品、优美环境的强烈要求，成为当今突出的民生问题。

摒弃“四高四低”的传统经济增长方式，已经成为当今世界各国发展经济的共识。我国传统经济增长方式是一种粗放的线型经济，呈现出典型的“四高四低”特征，即：“高投入、高消耗、高污染、高速度”与“低产出、低效率、低效益、低科技含量”。如我国单位国内生产总值（GDP）能耗是世界平均水平的2.6倍，我国GDP每增长1美元，大约需要5美元的投资，资金投入成本比日本和韩国经济起飞时期要高40%还多，而经济增长率仅为美国的21%、日本的32%，这种增长方式加剧了我国资源能源的短缺，造成严重的环境污染、生态破坏，积累的矛盾越来越多。针对长期高速发展所带来的矛盾与冲突，五中全会提出，绿色是永续发展的必要条件和人民对美好生活追求的重要体现，必须坚持节约资源和保护环境的基本国策，坚持可持续发展，坚持走生产发展、生活富裕、生态良好的文明发展道路。坚持绿色发展的理念，就必须转变传统的发展方式和发展思路，推动低碳循环发展，走要金山银山，更要绿水青山的可持续发展之路。绿色发展理念就是一种强调尊重自然、顺应自然、敬畏自然、保护生态，实现绿色富国、绿色惠民，实现人与自然、经济发展与生态环境之间关系的和谐，协同推进人民富裕、国家富强、中国美丽。

绿色发展理念的丰富内涵

绿色发展理念，包括形成绿色经济发展方式、消费方式、行为方式等丰富内容和要求。

——绿色生产方式。具体体现在选择低碳循环发展方式。低碳循环经济发展方式以生态学原理为基础，要求把经济的发展组织成一个“自然资源—产品—再生资源”的反馈式流程，使资源能够得到合理的使用、自然能够得到合理的循环，从而保护环境，减少污染，实现社会和生态的可持续发展。绿色生产方式要求市场主体——企业，必须抛弃大量生产、大量消费、大量废弃型的传统生产模式，选择具有可持续性的增长模式，尽量减少能源和资源消耗，把生产活动中相关联的众多企业按照工业生态学的原理，在一定区域内将这些企业或部门联结起来，建立企业与企业之间废物的输入、输出关系，形成产业共生组合和企业间的工业代谢、共生关系，建立循环经济产业链和企业集群。低碳循环经济方式要求生态工业园区内的所有企业，都要坚守互动互促互惠的利益关系原则，达到充分利用资源、减少废弃物产生、物质循环利用、消除破坏环境、提高发展规模和质量的目的。在传统工业模式下，人们为了最大限度地获取利润和创造社会财富，总是不顾自然的承载能力而最大限度地开发利用自然资源，以致对自然环境和资源造成了不可逆转的破坏。而绿色发展理念则要求企业遵循“减量化、再利用、资源化”的“3R”原则，在充分考虑自然生态系统的承载能力的前提下，尽可能地节约、循环使用自然资源，不断提高自然资源的利用效率，并以此来追求效率的最大化。绿色发展理念不同于以往的生产发展观，它是一种新的生产发展理念，它要求选择低碳循环生产方式。如企业在生产过程中，不仅在企业内部建立小循环，而且企业与企业之间、企业与区域、企业与社会之间，也要建立中循环、大循环，防止外部性发生，从根本上遏制污染源的形成，以达到经济发展与社会、经济发展与自然生态的良性互动、和谐统一。

——绿色消费方式。绿色发展理念要求人们树立新的消费方式——绿色消费方式。马克思曾经说过：“人从出现在地球舞台上的那一天起，每天都要消费，不管他在开始生产以前和生产期间都一样。”[1] 消费不仅是一个经济问题，还是一个道德问题、社会问题，绿色消费伦理观基于人们的生态文明观和社会责任感而产生，它要求走出传统发展模式下“拼命生产、拼命消费”的误区，提倡适度、文明、健康、绿色、可持续的消费，在消费的同时就考虑到废弃物的资源化，建立起绿色消费的观念。它要求消费者必须选择一种与环境承载力相适应的生活方式——绿色生活方式，提倡适度消费，减少对自然资源的消耗和对环境污染物的排放；提倡从使用环境不友好的物质“品牌”向追求环境友好的物质和精神的生活方式转化；提倡购买耐用的并可循环使用的物品等。《建议》明确指出：“倡导合理消费，力戒奢侈浪费，制止奢靡之风。在生产、流通、仓储、消费各环节落实全面节约。”也就是说，绿色发展理念要求人类生产生活每一环节的消费，都要自觉遵守勤俭节约的社会风尚，遵循自然生态系统的循环规律，并能够促进生态系统的良性、持久循环。显而易见，绿色发展理念中蕴含的绿色消费伦理观，是一种具有前瞻性的，既符合经济规律，又符合自然规律与社会规律的先进观念，是建立在较高的环境道德意识和消费道德意识基础上的观念。

——绿色行为方式。绿色发展理念要求公众树立新的行为方式——绿色行为方式。首先，绿色行为方式就是要求我们始终坚持绿色发展原则，从价值观引领的维度规范公众行为。遵循自然规律，节约资源，保护环境，促进人与自然的和谐发展，实现经济发展和人口、资源、环境的相协调，坚持走生产发展、生活富裕、生态良好的文明发展道路；在以发展为第一要务的同时，必须充分考虑资源和环境的承受能力，不以GDP论英雄，既重视经济增长指标，又重视环境资源指标；既积极满足人民群众当下的物质文化需要，又为子孙后代留下充足的发展空间，不吃子孙饭，不砸子孙锅，重视人类生命共同体长远的利益诉求，统筹考虑当前发展和未来发展，实现经济、社会、自然之间相协调。其次，绿色行为方式要求我们，把能否促进经济社会的可持续发展作为判断经济行为价值大小的重要标准。这一评价尺度，要求人类把对利益的获取建立在人类共同利益的基础之上，要求人们提高环境保护的自觉性，拒绝急功近利，反对大量透支和浪费地球资源的行为；它还要求人类在考虑自身的发展时，不仅考虑人对自然的征服能力，而且更重视人类利益的获取要考虑与自然权利的平衡需要，还要考虑利益相关者的环境权益以及后代人的资源权益，从而建立人与自然和谐共融、人与社会和谐共融，建设美丽中国。

绿色发展理念的实施路径

绿色发展理念就是关于经济发展的价值观，它反映的是经济发展与自然生态、经济发展与社会、当代利益与未来利益之间相互关系的内在精神，体现的是以人民为本，全面、协调、可持续的发展观。

那么，如何以绿色发展理念为引领，推动绿色价值观贯穿到生产生活以及公众的行为方式中，我们以为下述几方面颇为重要。

——顶层设计。政府是顶层设计的权力主体与责任主体。绿色理念已上升为国家战略，关键是要具体落到实处。从遵循自然规律与遵循经济规律、社会规律相统一的视阈考量，发展绿色经济是我国我省转型升级的关键，是克服环境、资源瓶颈的有效途径。我省要从资源消耗大省变为生态优化、绿色经济强省，就必须有价值导向清晰的制度安排，有一幅谋划实施的路线图。近些年来，我省已经通过区域和企业试点示范、全面推进等措施，推进企业使用清洁能源、低耗产业等，发展高质量的循环经济，解决污染重灾区的问题，可以说，初见成效。但问题依然突出。为此，还要制定省、地方各级的规划，分解指标，真正落实到位。

——科技创新与攻关。创新是五大发展理念之一，并放到首位，说明创新对我国经济社会全面改革的重要意义。贯彻绿色发展理念，同样离不开科技创新与攻关。解决环境污染、资源消耗，科技居于关键位置。这就需要集中科研力量，主攻发展绿色经济中的科学难题。如水污染、空气污染、土壤污染等，有些需要新能源替代，有些污染物需要循环转化利用等，通过高端循环技术生产清洁能源、优化能源结构等，应当加快推进研究。

——强化绿色价值观教育。绿色理念作为引领，其精神必须体现在经济发展的制度、政策中去，让人们在生产生活中，在制度与政策的规定与约束框架下，去认知去接受绿色发展理念，改变传统的经济发达方式，走靠科技创新的绿色生产发展方式。

绿色理念还是一种价值观。国外一些发达国家，如德国，尤其重视绿色价值观教育。他们从幼稚园儿童做起，一直到成人，从对一种植物的保护或对小动物生命的尊重来培育公众的绿色意识。值得提出的是，德国的绿色教育遵循人生理的成长规律和接受程度，分为“自然保护教育”—“环境保护教育”—“可持续发展教育”三个阶段，每一阶段有不同的绿色化教育的内容与实施方式，通过教育手段方式创新，把绿色教育贯穿到人成长的全过程，成功培育公民的绿色化价值观。其经验可供我们借鉴。我们应通过政府、学校、各种社会组织，通过科普教育、公民道德教育等，建构绿色教育的系统框架，将绿色发展理念和发展价值观全面渗透到公民的行为方式中。政府首先要适应新常态，转变传统的政绩观，成为发展方式转型的带路人和实践者，避免陷入不顾及资源存量、环境后果、生态质量、群众生存安全，以 GDP 论英雄的误区；企业自觉承担社会责任，节约资源、减少污染，优化生态、服务社会，把经济效益与生态效益、社会效益有机统一起来，做长寿企业；培育每个公众认知绿色理念，树立美丽中国、美丽河南建设人人有责的主体责任意识，从点滴行为遵守绿色价值观要求，自觉成为绿色价值观的遵守者、倡导者与践行者。唯有政府、企业（组织）、公众多方联动，凝聚人心，整合力量，绿色发展理念才能真正落地生根。

注：

[1]《马克思恩格斯全集》，人民出版社 1972 年版，第 23 卷，191 页。

（原载《河南日报》2015 年 12 月 7 日，合作者：刘武阳）

党政机关精神文明建设的核心是强化为人民服务的思想

在整顿经济秩序，不断升华改革的社会条件下，党风能否根本好转已成为改革成败的关键，而党政机关的党风如何则又直接影响和决定着整个党风的好坏。因此，搞好党政机关的精神文明建设，就成为从严治党的中心内容之一。

党政机关精神文明建设主要包括组织建设、文化建设和思想建设，其中，强化全心全意为人民服务的思想是其核心内容或称最高的价值方针。我们不否认组织建设和提高党员的文化素质对党政机关精神文明建设的意义，因为，没有相应的组织措施和党员具有的一定的知识水平，缺乏行政手段控制和人们相互间的监督、评价，全心全意为人民服务的思想也是难以树立起来的。然而，如果没有确立为人民服务的思想，那么，党政机关的精神文明建设也就失去了方向和灵魂。党的十三届二中全会工作报告中指出，“随着商品经济的发展，如何使党政机关干部继续保持全心全意为人民服务的思想和廉洁奉公的作风，是个必须认真解决的新问题。”

从我党的历史来看，全心全意为人民服务是中国共产党的一贯宗旨，可以说，党的历史就是一部全心全意为人民谋利益、求解放的历史。我党老一辈的无产阶级革命家从理论上也给予了科学和全面的说明。首先，共产党是无产阶级的政党，除了广大人民群众的利益之外，共产党本身没有它自己的特殊利益，因此，共产党真正大公无私，富有自我牺牲精神。这是中国共产党区别于其他任何政党的一个显著标志。其次，全心全意为人民服务既是我们党制定路线、方针、政策的出发点，又是评判这些路线、方针、政策正确与否的依据和标准。毛泽东同志对此有精辟的论述：“共产党人的一切言论行动，必须以合乎最广大人民群众的最大利益，为最广大人民群众所拥护为最高标准”，他把全心全意为人民服务作为我党我军的宗旨，也是对每个共产党员提出的最高政治标准。刘少奇同志也指出：“测量政策的正确与否，要以最大多数人民的最大利益为标准。”最后，全心全意为人民服务是每个共产党员的最高道德原则。共产党员活着的“每一天都是为了保护人民的利益，为了人民的解放”。个人利益服从人民整体利益，不是半心半意或者以三分之二的心、三分之二的意为人民服务，而要做人民大众的牛，鞠躬尽瘁，死而后已。全心全意为人民服务的精神是中国共产党领导人民群众奋斗的强大精神支柱。反思历史，观照现实，人们自然会想到，为什么在我们建国前后的一段时间内，中国共产党及其所领导的军队，具有一往无前的精神，能够压倒一切敌人，而不被敌人所屈服，无论在任何艰难困苦的环境，只要还有一个人，这个人就能够继续进行下去？为什么共产党内部有一个良好的环境和健康的政治生活，人们有理想、有追求？为什么共产党具有那么大的号召力和凝聚力，把广大人民群众团结起来，同舟共济，取得一个又一个胜利？为什么在党内外能够进行卓有成效的思想政治工作？原因是多方面的，但最重要的一条就是我们的党从根本上代表人民群众的利益和要求，全心全意为人民服务，以人民的利益为第一生命，这就是他们具有崇高的自我牺牲精神和必胜的信念，具有共同的奋斗目标和追求。而且，党的领导干部既是教育者，又是被教育者，作为教育者，他们是站在人民群众的立场上，保护人民的利益；作为被教育者，他们密切联系群众，倾听群众呼声，满腔热情地为群众服务，而不是谋一己之利或小团体的私利。历史告诉我们，只有把全心全意为人民服务作为我们党的宗旨，才会有好的党风、民风，才能振奋民族精神，发挥我们的政治优势，把我们的祖国建设好。

也许有同志会说，在我们的国家进入新的历史时期的今天，还有无必要确立全心全意为人民服务的思想呢？或者说，全心全意为人民服务的思想是否过时了？这是一个需要严肃对待和具体分析的问题。实质上，这是关系到我党的性质问题。只要中国共产党的性质不改变，全心全意为人民服务的思想就绝对不能丢。新时期是中国共产党领导中国人民进行改革开放的时代，从经济、政治、思想到整个生活领域，改革的目的在于更好地解放生产力，发展生产力，创造更充足的物质财富和精神财富，以满足广大人民群众的需求，可以说，改革完全符合广大人民群众的根本利益，在这个新的历史时期，中国共产党面临着执政和改革开放两大考验，党政机关是我们党的一面镜子，广大群众往往是通过党政机关的作风来看待我们党的形象的。近几年来，一些党员，包括一些党政机关的领导干部，经不起商品经济发展的冲击，有的以权谋私，假公济私，把人民给予的权力货币化；有的讲排场，摆阔气，奢侈浪费，对于人民的利益和疾苦则漠不关心；有的压制民主，打击报复，视人民为草芥，人民未享有应有的民主权利和自由，失去了做人的尊严和价值；有的甚至敲诈勒索，索贿受贿，贪污盗窃，道德败坏，所有这些，严重地损害了党的形象。照此下去，依靠人民群众的改革何以能进行下去并取得成功？可见，新时期不仅不能丢掉和削弱全心全意为人民服务的思想，而且还必须强化，那些心中没有人民，只有自己的党员和干部，根本不配有共产党员的光荣称号。我们党也及时发现了这一问题，党的十二届三中全会以后，党的所有重要文件，党中央领导同志的重要讲话，都对党的建设问题作了不少指示，并郑重地重申了必须坚持全心全意为人民服务的宗旨，决定在全党进行党的宗旨教育。这些决策是非常重要的、正确的。党政机关作为党和政府的领导组织，担负着重要的使命。它所制定的路线、方针、政策不仅直接关系到全体人民的利益，而且，党政机关的风气也自觉不自觉地影响着社会风气和社会成员的思想和行为，其作用是不能低估的。孔丘早在二千多年前解释什么是“政”时，说道，“政者，正也。子帅以正，孰敢不正”，又说“其身正，不令而行，其身不正，虽令不从”，讲的就是身教重于言教。领导干部应通过自己的表率作用，赢得人民的信任和教育别人的发言权。党的十二届六中全会作出的关于社会主义精神文明建设指导方针的决议中，提出了道德的先进性和广泛性问题。我们不能把全心全意为人民服务这一原则作为所有社会成员的道德准则去要求他们，只要他们在发展个人利益的时候，给国家和人民带来一定的利益或者在不损害他人和社会利益的条件下发展个人利益都是允许的。但是，允许的不等于道德上“应当的”，更不等于道德上高层次的要求。根据党政机关的性质、特点和任务，党政机关精神文明的建设，必须把为人民服务的思想贯穿到各项工作中去，把它作为精神文明的核心来抓。

当然，在不同的历史时期，为人民服务的具体内容和要求是有变化的。

我们不能照搬历史，只能根据新的社会环境，提出为人民服务的具体内容。我们认为，在目前我国的社会条件下，党政机关强化为人民服务的思想至少包含下述几方面的内容。

首先，为人民服务，就要带领群众把改革引向深入，做改革的先锋，而不做改革的绊脚石。改革关系到全体人民的根本利益，关系到祖国的前途和命运。尽管今天的改革遇到了艰难，但中国人民清醒地认识到，只有改革才是出路，只有改革，才能真正保障人民的经济利益和政治利益。同任何一场革命一样，改革也需要强有力的组织领导和思想领导。党政机关要做到这些，就必须去了解群众，向群众讲解改革的难点和出路，更重要的是要求党政机关的领导干部严于律己，率先垂范，做到为人师表，行使好人民赋予的权力，这是做到为人民服务的第一条要求。

其次，为人民服务，就要关心人民的物质生活和精神生活。历史的一切政治斗争，一切革命，归根到底根源于物质利益的斗争。无产阶级革命从根本来说，就是为人民谋福利。离开物质利益而侈谈关心人民，那就是纯粹的说教。毛泽东同志一贯重视人民群众的物质利益，反对唯心主义的空谈和官僚主义作风，认为“一切空话都是无用的，必须给人民以看得见的物质福利”。邓小平同志也强调指出“不讲多劳多得，不重视物质利益，对少数先进分子可以，对广大群众不行，一段时间可以，长期不行”。在当前，人们议论最多的是物价问题。如果不能把物价控制在适当的幅度内，那么，就势必影响人民的物质生活水平，最终动摇人民对改革的信心。除了关心人民的物质生活之外，还要关心人民的精神文化生活。一方面要在文化领域内，继续清除封建主义和资本主义的影响，坚持社会主义，另一方面要尽可能创造条件，给人民更多的精神需要的满足，尤其是人民道德需要的满足。道德需要是人类需要的一部分，人民希望建立新型的社会主义人际关系，平等、互助、和谐、求实、进取，这就要求党政机关在意识形态领域作出新的决策，以防人民的精神领域出现空白。比如，我们的民族精神是什么？社会主义初级阶段的价值目标又是什么？人类文明愈发展，人就愈需要精神生活，一个国家没有共同的理想，就等于没有国魂，自然就失去了前进的动力。对人民的精神生活及文化教育状况不给予足够的重视，就经济抓经济，发展生产力，毋宁说是破坏生产力，损害人民的整体利益和长远利益。

最后，为人民服务还要充分尊重人民的民主权利，维护人民的民主权利。中国人民解放的政治标志就是，人民当家做主，成为社会的主人。党政机关干部是生长在人民土壤之中的管理阶层，它的使命是为人民服务，其关系是不能颠倒的。对于维护人民的民主权利是持积极态度还是消极态度，应该成为党政机关精神文明建设好坏的一个重要标志。在社会主义初级阶段，人民的民主权利集中反映在是否有管理权的问题上。如果人民不能参与国家和企事业的管理，只有执行的义务，那么，所谓的人民民主权利就是一句空话。邓小平同志指出："要切实保障工人农民个人的民主权利，包括民主选举、民主管理和民主监督。"党政机关如果把自己看作决策机关，高居人民之上，发号施令，官僚主义，不能平等地对待人民，那么，党的方针政策就不可能顺利进行，改革就失去了社会基础。

转变党风，搞好党政机关的精神文明建设是一个重要课题，它不是一蹴而就的事情，一方面要加快和深化改革，建立、健全各种制度、法规，逐步堵塞产生不正之风的漏洞；另一方面要靠从严治党，严肃党的纪律，强化为人民服务、甘当公仆的思想，摆正党和人民群众的关系。不重视为人民服务思想的教育，党政机关精神文明建设就会流于形式，最终决不会收到积极的成效。

（1988年7月22日在中共河南省省委宣传部组织召开的理论座谈会上的发言）

科技道德规范简论

当世界进入21世纪之际，新一轮技术革命正席卷全球，高新技术以前所未有的规模和速度向现实生产力转化，科技进步已成为各国经济发展的决定性因素。国际竞争越来越表现为以“知识经济”为基础、以高科技产业为先导的综合国力的竞争。中国正在全面实施科教兴国战略，这是适应世界科技和经济发展潮流而做出的必然选择。

广大科技工作者是科学技术的载体，是第一生产力的开拓者，是实施科教兴国战略的骨干力量。为充分发挥我国广大科技工作人员的作用，政府从法律、经济投入等方面提供了有利条件，这是必需的。同时，科技工作者的道德建设，也是一个不可忽视的重要问题。

科学道德在古代已有萌芽，但它的形成和相对独立化，则是近代才有的。随着资本主义的发展，科学技术突飞猛进，科技道德受到人们的关注。著名的德国唯物主义哲学家费尔巴哈、相对论的创始人爱因斯坦和俄国科学家巴甫洛夫等都深入探讨过科技道德，提出了富有价值的思想。我国土木工程学家詹天佑、当代数学家华罗庚、著名地质学家李四光均有丰富的科技伦理思想。在当代，科学技术日益渗透于经济发展和社会生活的各个领域，成为推动社会生产力发展最活跃的因素，并且归根结底是现代社会进步的决定力量，因而科技道德受到了空前的重视。

科技道德是科学技术工作者正确处理工作关系、进行科研活动所应具备的道德品质和行为准则。科技工作者的基本道德规范如下所述。

爱国为民，造福人类

诺贝尔认为，科学研究应当为人类、为社会造福。爱因斯坦1931年在加州工学院谆谆教诲学习科学的青年：如果你们想使你们一生的工作有益于人类，那么，你们只懂得应用科学本身是不够的，造福人类应当始终成为一切技术上奋斗的主要目标。但从世界和我国的现实来看，高新技术的负效应不可忽视，因此，科学家在为人类造福的探索中，还需特别关注科学成果应用中对人类生活有害的一面，这同样是科学家的道德责任。

科学无国界，但科学家是有祖国的，热爱祖国，一心为民，应该是科学家的首要道德要求。李四光在科研道德方面，尤为强调科技要造福人类，造福祖国。他认为，一个科学工作者，如果抱定了为社会主义祖国的富强、为人类幸福前途服务的崇高目标，在工作过程中，不断攻破自然奥秘，发现新世界，创造新东西，去开辟人类浩荡无际、光明灿烂的前景，那么他的生活就会是丰富、愉快、生动、活泼的。这就是科学家的博大情怀。今天我们党和政府提出的“科教兴国”战略目标，为我国的科学技术工作者提供了施展才华的广阔天地。他们以创国际名牌、振兴民族经济为己任，积极参与科技竞争，为增强我国的综合国力，为中华民族立足于世界民族之林，做出了突出的贡献。一些国家都在制订高科技发展计划，我国也制订了发展高科技的“863”计划。很显然，21 世纪是高科技发展的世纪，哪个国家在高科技发展方面占有优势，那么它在国际竞争中就会居于主动地位；否则，很有可能成为科技与经济强国的附庸国。

邓小平同志高瞻远瞩，看准了高科技在未来社会发展中的巨大功能，把发展高科技提到了事关国家民族兴衰的高度，特别是对中国这样一个发展中大国来说，显得尤为重要。他说：“过去也好，今天也好，将来也好，中国必须发展自己的高科技，在世界高科技领域占有一席之地。如果 60 年代以来中国没有原子弹、氢弹，没有发射卫星，中国就不能叫有重要影响的大国，就没有现在这样的国际地位。这些东西反映一个民族的能力，也是一个民族、一个国家兴旺发达的标志。”中国“两弹一星”的研制成功，打破了世界上霸权主义者对核武器的垄断，大大增强了中国的国防能力，提高了中国的国际地位。当年，聂荣臻元帅领导研究“两弹一星”时，陈毅元帅多次对他说：“没有‘两弹’，我这个外交部长的腰杆子就不硬。”高科技成果的取得，反映出中华民族自强不息的奋斗精神，反映了中华儿女的爱国情操和为人类做贡献的崇高道德境界。今天，党和政府号召全国人民学习“两弹一星”精神，意义重大。

严谨治学，实事求是

这一道德要求的提出是出于科技活动自身的特点，出于科学家立身之本的要求。科学是研究探索和掌握事物的规律的，而规律是客观的，是不以人们的主观意志为转移的。这就要求科学工作者必须遵守以下规则：

（1）尊重事实。科技工作者报告科研成果，要有充分的事实根据，特别是对科研活动中的数据要严格核对，排除一切随机性和偶然性。因为随机和偶然的数据可以说明一时一事，却不能说明全部，揭示必然。只有经得起实践检验和时间考验的结论，才是科学的结论，尊重事实规范也可以防止把经验当作科学。著名科学家爱迪生热爱科学事业，刻苦钻研，勇于实践，他经常一天工作 20 小时，他的发明都是经过几百次试验才获得成功的。因此，对科学的立项工作要占有资料，充分论证；对科学实验工作的每一个步骤要严格、周密、细心、慎重；对科学研究中所遇到的自然障碍和人为困难，要一排到底，决不半途而废；对科研过程中每一个偶然或细小的发现，都要穷追不舍；对科学研究的结果，要反复论证数据的准确性，其价值评价要恰如其分。

（2）勇于纠偏。在科学研究中，错误和失败总是难免的，可以说，世界上没有一项科学发明不是与失败相连的。科学家往往被人们尊为强者，不在于他们没有犯错误和失败，而在于他们能够勇于纠偏，从失败中重新崛起，战胜自我，战胜外部世界的不利因素和困难，最终取得成功。

（3）尊重成果。科技工作者的劳动产品，是以科学成果来体现的。如何对待成果，反映了他们的治学态度。一是尊重自己的成果，重要的是要客观，不夸大，不虚张，一分为二，在看到成果价值的同时，还要看到其不足与日后的发展；二是尊重别人的成果，其中关键之处是对别人的科研成果要客观、公正，不要带门户之见、学派之争，更要注意到成果的取得与前人的探索、付出相关联。生物进化论的奠基人达尔文，尊重他人劳动成果，正确对待荣誉。他说："如果没有以往那许多可钦佩的观察者们所搜集的大量材料，我决不会写出那些书来，而且它们也不会在公众的脑中留下任何印象，因此，光荣基本上是属于他们的。"现实中存在的贬抑他人劳动成果，甚至盗窃他人劳动成果的现象，是科技道德所强烈谴责的。科技成果的取得是科技工作者的血汗换来的，有的历时几年、十几年、二十几年，甚至是毕生的精力和生命。尊重他人的科研成果，是科技工作者最起码的准则。

坚持真理，追求真理

科学研究是一项艰巨复杂的探索性劳动，它一方面需要科技工作者具有科学的勇气和毅力，另一方面需要科技工作者具有为真理而献身的精神。

意大利物理学家、天文学家伽利略是科学家坚持真理、为真理而献身的典范。他因宣传哥白尼的日心说，触犯罗马教会，受到审讯。他对此没有屈服，后来他写成了《关于托勒密和哥白尼两大世界体系的对话》一书，罗马法庭以"反对教皇，宣传邪说"为名，判处伽利略终身囚禁。在监禁期间，他仍然坚持科学著述，从而奠定了经典力学的基础。晚年，他双目失明，仍坚持研究利用摆锤测量时刻。最后，死于幽禁之中。

布鲁诺坚持真理，激怒了教会，被囚禁在宗教裁判所里，接受审讯达七年之久，最终他被焚死在罗马。狄德罗以巨大的勇气和坚韧不拔的毅力，克服了数不清的困难，完成了百科全书的出版任务。达尔文是一个除了真理别无他求的科学家，他坚定不移地从事科学研究，为维护科学的纯洁性进行了艰苦的斗争。他在写给友人的信中说："我是受了很多嘲弄，但我没有感到悲哀。"甚至说"受到攻击对我是一种极大的光荣"，表示"决定作战到底"。"至于我自己，我曾不断地追随科学，并且把我的一生献给了科学，我相信我这样做是正确的。"可见，坚持真理，追求真理，需要有为真理而献身的勇气、意志与精神。

今天，在科学研究中发扬坚持真理、追求真理的精神，仍是十分必要的。没有这种忘我精神，科技工作者是无法摘取真理之果的。

开拓创新，勇于进取

从科学史上看，科学成果无一不是创新的结晶。创新是一个民族进步的灵魂，是一个国家兴旺发达的不竭动力。今天的科技工作者，面临的是知识经济的时代，知识经济需要的是创新能力。知识经济是知识的生产（创造）、分配和使用的过程。要想使知识成为具有市场价值的产品和服务，为经济发展做贡献，关键在于知识的转移和运用，这就需要知识的创新能力。创新，就是要求科技工作者不拘泥于传统理论，不固守权威的结论，勇于探索未知，发现真知，创造新知，为人类从必然王国向自由王国进军铺路。创新规范，还要求科技工作者在创新活动中以科学批判为前提，积极吸收和消化现代成果中的价值和营养，否定和抛弃一切旧的、落后的、失效的成果。

正确处理集体协作与个人创造之间的关系

科技活动中的集体协作是当今科技事业发展的需要。据美国科学史家朱克曼统计，1901~1972 年，共有 286 位科学家获得诺贝尔奖，其中有 185 人是与别人合作进行的。这是因为，现代科学的发展日益趋向整体化、综合化，形成高度分化与高度综合的统一。这表现在三个方面：一是学科与学科之间、科学与技术之间、自然科学与社会科学之间，出现一体化趋势并深化。二是科技协作组织形式有新的变化，出现由国家统一规划和领导的多学科综合研究组织、科研生产综合体和科研中心组织。三是科技人才的组合趋向集团化，形成不同系统、不同层次的群体结构。可见，现代科技活动中众多部门、多方人才协同研究，联合攻关，将成为科技工作者的主要活动方式。因此，作为个体，就应该正确处理集体协作与个人创造之间的关系。从历史上看，科学理论的发现、技术的发明、成果的应用，都是集体协作的结晶，又是每个人创造的结果。即使是个人独立完成的成果，也总是以前人的研究和劳动为前提的。富兰克林这样讲："我们每个人都是在享受别人的发明所带来的巨大益处，我自己也应该乐于用自己的发明为别人造福，而且应该慷慨大方地做到这一点。"可见，个人的创造性劳动总是离不开集体的，这是由科学事业所具有的探索性、连续性和艰巨性决定的。

但是，我们还要看到，前人的成就和今天的协作，永远也代替不了科研活动中个人的独立思考和创新。没有个人的独立思考与创新，既不会真正吸取集体的智慧，搞好科研活动，也不会取得富有创造性的知识成果。因此，从集体这方面看，就要营造这样的环境和氛围：能最大限度地调动与激发个体的主动创新精神，形成一个既有分工又有协作的联合体。任何排斥与压抑个人积极性的不当举措，都会直接影响与削弱集体的协作力量，从而阻碍集体目标的实现。

简言之，集体协作与个人创造是辩证统一的关系。个人要识大体，顾大局，服从集体分工和协调；集体要维护个人创造活动中的权利，激励个人的积极性，支持个人为集体目标的实现而努力探索。

正确对待个人的名与利

人们一般认为，科学发现与发明同科学家的聪明才智密不可分。但是，综观中外科学史和科学家的成长道路，我们不难发现，科学成果与科学家的道德素养也是紧密联系在一起的。

从事科学研究必须具有为科学献身的伟大精神，以科学事业为第一生命，摆脱名利思想的束缚。在李四光看来，真正的科学精神是与自私自利、沽名钓誉根本不相容的。他说："假如我有一技之长，宝而璧之，不肯泄露给我的同行工作者，或者我占住前辈的地位，不肯把我晓得的那些教给我的后辈，那就不是保密，而是自私。"居里夫人强调科学工作者应当不计较金钱名誉，应当为人类的幸福和进步而工作。她说："在科学上，我们应该注意事，而不应当注意人"；"没有人应该由镭致富，镭是一种元素，它是属于全世界的。”居里夫人一生所得的奖金有10项，荣誉奖章16枚，名誉学衔107种。但是，对于财富，她漠然置之。她说：“我们的发现不过偶然有商业上的前途，但我们不能从中取利。”她的科学道德修养受到许多科学家的高度赞扬。爱因斯坦指出：“在像居里夫人这样一位崇高人物结束她的一生的时候，我们不要仅仅满足于回忆她的工作成果对人类已经作出的贡献，第一流人物对于时代和历史进程的意义，在其道德品质方面，也许比单纯的才智成就方面还要大。”

淡泊名利，谦虚谨慎，把修业与道德统一起来，有伟大的道德人格，才能有伟大的科研成果，这是历史与现实的说明。急功近利，弄虚作假，门户之见，甚至诋毁他人，抬高自己，以及抄袭、盗窃他人成果的行为，都是科技道德所不容的。

科学技术工作者的道德，是从事科技工作的人员所必须遵守的道德规范。社会有责任为科技工作者营造一个良好的伦理氛围，使科技人员更好地为我国“科教兴国”战略的实施贡献力量，在全社会形成热爱科学、尊重知识、尊重人才的大环境。

一个民族如果没有崇尚科学、热爱科学、尊重人才的共识，这个民族就不能适应世界科技发展进步的潮流而屹立于世界民族之林。我们要在全社会形成学科学、爱科学的良好风尚，提高全民族的科教意识，大力发展教育和科教事业。我们要永远记住邓小平同志的告诫：全党和全社会要尊重知识，尊重人才，充分发挥知识分子的作用。他指出：“事情成败的关键就是能不能发现人才，能不能使用人才。”他提出：“要把‘文化大革命’时的‘老九’提到第一，科学技术是第一生产力，知识分子是工人阶级的一部分。”他针对当代科技发展的现状说：“我们国家，国力的强弱，经济发展后劲的大小，越来越取决于劳动者的素质，取决于知识分子的数量和质量。”他高度评价和肯定我国许多知识分子和科技工作者，为攀登科学技术高峰，把全部精力投入进去，专心致志，精益求精，不畏艰苦，百折不回，为祖国的科学事业奋发努力。

现已进入21世纪，我们面临的是知识经济的严峻挑战，培养高素质的人才，已是世界各国的一个战略目标。在急需人才而人才又相对不足、使用不当的情况下，我们的社会必须把充分发挥现有科技人员的作用，培养和造就千百万年轻一代科技带头人，建设一支跨世纪的宏大科技队伍，放到一个重要的位置上来。因此，热爱科学、尊重知识、尊重人才，是我们的社会唯一正确的抉择。任何轻视科教、贬损知识和知识分子的倾向，都是与我国实施科教兴国战略，同我国的现代化目标相悖的。我们要在全社会长期不懈地传播科学技术知识，反对迷信，使现代科学意识在中国人民心中扎根，形成全民族的科学传统。把科教兴国战略当作全国人民的任务，当作每一个公民的责任。同时，要建立公正合理的竞争激励机制，科技时代竞争的核心是人才的竞争，良好的激励机制是发现人才、培养人才的重要途径。

注：

[1]《邓小平文选》第3卷，人民出版社1993年版。

（原载《郑州工业大学学报（社会科学版）》2000年第1期）

论市场经济下政府经济职能的道德规约

发展社会主义市场经济，需要市场调节这只“无形的手”，同时还需要政府这只“有形的手”进行宏观调控。政府作为社会经济管理的主体，在通过其职能的发挥干预社会经济生活时，本身也存在着一个规则问题，以及如何遵守规则的问题。我国目前经济生活中存在的许多突出矛盾，如市场秩序混乱、地方保护主义、政府办事效率低下等，除了市场化程度低、市场机制不健全外，政府调节也存在一些有待认识和解决的问题，特别是在中国加入 WTO、中国经济日益融入国际经济的历史条件下，更需要从经济伦理学的学科角度进行分析和研究。本文提出，政府调节中产生的一些问题，除了加强法制和制度建设之外（即使是这方面的问题，同样也离不开道德的作用），还必须强化道德的规范和约束。这是我国经济伦理学必须关注的一个重要研究领域。

同其他市场主体一样，政府作为管理的主体，也是有章可循的。只有做到有章可循，政府的调节才能真正步入规范化、科学化、制度化的轨道，才有可能完成市场留给政府的任务。当然，政府也是有缺陷的。有不完善的市场，也有不完善的政府，其原因有客观方面的，也有主观方面的。这就说明政府行为也不能不受制度的约束。加入 WTO 后，政府管理市场必须依法办事，以保证政府力量成为社会的积极力量而非破坏性力量。这里仅就伦理的规约做一概述。

以尊重市场运作规律为政府最基本的伦理理念

探索、遵循经济规律，是经济学的任务，也是经济伦理的应有之义。政府调节的道德约束，首先必须强调这一点。

在市场经济中，市场调节是第一性的，是优化资源配置的基础。“市场是流通领域本身的总表现”[1]，它是一切经济关系的总结合部。这些关系集中表现为总供给和总需求的关系及供需双方的结构关系，而供需中的诸类关系又通过价格的变动反映出来，并进行自发的调节，成为一种波动中的自然制衡机制。这种“无形的手”，表现了供求规律、价值规律和竞争规律的合力，是商品经济所具有的基本调节功能。市场调节虽然是自发的，但它是自然进行的基础性的调节，任何以社会生产力为基础的社会经济假如离开市场调节，另搞一套，就必然脱离实际，犹如神经系统脱离有机整体，自然没有存在的依托和载体。我们开展经济改革，就是要建立社会主义市场经济体制。我们现在加入 WTO，其实质是市场经济的泛化、市场机制的强化、市场规则的普遍化。

因此，在市场经济条件下，政府首先必须尊重市场发展规律，增强社会经济理性，任何“拍脑袋”、不计后果的决策，必须彻底改革，这就要求政府从无端“管制”转向更好地“服务”，而要服务好，就必须按市场经济规律来操作。这是一个经济问题，一个政府的公共政策水平问题，同时也是政府需要树立的一个新的经济伦理理念。据学者估计，党的十一届三中全会前20多年，重大决策造成的直接经济损失在4000亿~5000亿元。按照全社会投资决策成功率70%计，每年因决策失误而造成的损失在1200亿元。[2] 因此，这种决策体制既不适应社会主义市场经济发展的要求，更不适应加入WTO后经济一体化的要求。从目前看，有三点比较突出：一是政府职能的“越位”现象比较突出，过多地干预正常的经营活动，管了自己不该管也管不好的事；二是对市场尚缺乏科学的、理性的分析，决策上的随意性较大；三是责任意识淡薄，对造成重大经济损失的行为，很少去追究决策者的行政责任。从政府行为分析，尊重市场经济发展规律，政府的计划调控才会具有科学性、规范性，从而管好自己应该管的，切实履行其职能，承担其责任。同时，要求政府必须精简、高效、廉洁、公正，更好地适应市场经济的要求。这是中国市场化进程的迫切要求，是政府调控经济必备的伦理理念。

以弥补市场缺陷为政府的伦理责任

市场不是主管道德的组织。政府的弥补职能，同时又是一种伦理责任。当然，政府干预经济的范围和程度与市场发育程度有很大关系。就中国目前来说，由于市场发育不够成熟，市场运作还有待规范，政府干预的事情就可能相对多一些，甚至原本应该由市场去做的事，有时也不得不由政府来暂时承担，待市场发育到一定程度后，再转交市场去承担。因此，即使在加入WTO的今天，政府在遵守其国际规则的前提下，也不得不根据中国的国情发挥特殊的作用。

在市场经济条件下，市场在资源配置中起基础性作用，解决生产什么、如何生产和为谁生产的问题。政府则致力于弥补市场本身存在的缺陷，解决市场失灵问题。具体来说，一般市场经济条件下政府活动的五大领域为：利用财政货币政策，实现经济稳定增长；通过公共财政提供公共产品，满足社会公共需求；通过税收、补贴、转移支付等手段，缓解社会分配不公的矛盾；利用赋税、补贴等办法，消除市场的外部经济负效果，恢复市场的效率和活力；通过制定法律法规，限制垄断，保护竞争，维护市场经济制度的基础。就我国而言，政府还承担有搞好国有企业、壮大社会主义制度经济基础的职能；在经济全球化的大潮中，政府还负有保护和发展民族经济、保卫国家经济安全的职能。至于这两种功能如何在新的形势下更好地发挥，则是需要认真研究的。这些客观上要求的职能，都要承担职能的人去认识它，自觉地、创造性地执行它，并使之不断完善。

从目前看，政府在弥补市场缺陷方面，或提供服务方面，应该特别强调，政府要通过制定法律、执行法规来规范市场秩序，调节企业和中介组织的行为，引导消费者。例如，通过市场法、反垄断法、反不正当竞争法等，创造平等竞争环境，限制和制止恶性竞争及垄断行为；又如，利用质量法、合同法保护名优产品，打击假冒伪劣产品和各种非法经营。当务之急是要引导国内各地区、各经济主体不要再各自为政、相互残杀，要尽快打破地区、部门和市场分割的局面，遏制地方保护主义的泛滥，使全国尽快形成统一规范的市场体系。另外，政府要着力协调公正与效率的关系，解决分配领域中的利益悬殊问题、保障最低生活标准的问题以及就业、医疗、义务教育、创造良好的人文环境和生态环境等问题。因为单靠市场很难使经营者顾及全局利益，特别是自然资源的保护、生态平衡、公共卫生的维护以及治安环境的维持等。为克服和弥补市场的盲目性和短期性，政府必须从整个社会发展出发，根据科学技术的要求，制定长期发展规划和年度发展计划，作为整个经济的导向。

这些职能和责任，都是政府应该而且必须解决好的问题。如果政府职能“缺位”，将直接影响到经济发展的命运和社会的稳定。当前，我国的经济体制改革正在向纵深发展，许多深层次的矛盾亟待解决，如就业问题、分配中的公正问题、市场秩序问题等，尽管政府在宏观调控方面已发挥了强有力的作用，积累了许多经验，但是，市场运作中仍有一些本该政府管的事却没有管好。原因是，一些政府官员还不适应市场经济的运行要求，驾驭能力有待提高。实践证明，社会主义市场经济发展到今天，迫切需要一个强有力的决策科学的政府来规导和调控，需要一个具有强烈伦理责任意识的政府来引导。

以维护社会公共利益为政府行为的出发点和归宿点

政府作为宏观调控的主体，作为权力的主体，它是代表公共利益和意志的。维护社会公共利益，是政府的首要道德要求。由于我国处在经济体制的转型期，一些政府职能出现了扭曲，给经济生活带来了混乱，也直接危害了国家和公民的利益。在一些地方和部门，个人利益、部门利益与人民利益、国家整体利益之间的关系，出现了紧张或矛盾。地方保护主义、由部门利益带来的“三乱”现象，就是近年来一直试图解决但并没有根治的突出问题。

地方保护主义是转型时期地方政府职能畸形化的表现。出于地方的眼前利益（主要与分灶吃饭的财政体制有关），加上某些地方官员创造“政绩”的需要，特别是与腐败现象直接联系（权钱交易），一些地方政府不执行国家的统一法规，不维护统一的市场秩序，却致力于保护地方上的违法经营。如或明或暗地袒护制造假冒伪劣产品，甚至对国家明令禁止、危及人民生命健康的药品、食品也加以支持保护；对于污染环境、破坏资源的经营不但不制止，反而百般袒护，以致水污染、空气污染屡禁不止，许多应该关闭的小工厂转入地下；破坏信誉，不遵守法规，本地的经营者受到司法部门的处罚，地方却拒不执行，有的司法机关有意错判，使得合同法难以贯彻，甚至设法包庇当地人对外地人的诈骗行为；为保护当地新产品画地为牢，不准外地商品进入，或强行销售当地的新产品，更有甚者，官员、执法人员同黑势力勾结，保护嫖娼、贩毒、走私、虚开税票等违法经济活动。这种地方保护主义的盛行，是当前我国市场秩序混乱的原因，它严重破坏了市场的环境，阻碍了公平、开放、统一、竞争的市场体系的建立，已经成为一大公害。对此，有些地方官不但不去追究查办，反倒以为是发展地方经济的有效措施。这里既有认识问题，更有利益问题。

地方保护主义之所以得以存在并发展，其实质是它与一些政府官员的个人利益有关，或者是经济利益，或者是谋取所谓的“政绩”。他们作为公共利益和意志的代表，其要求是必须代表人民的根本利益、国家的整体利益，但他们的行为却背道而驰。

除了地方保护主义之外，还有部门利益作祟。一些行政机关靠行政性垄断，谋求本行业、本部门、本集团的利益最大化，而不是人民福利的最大化。这正是“三乱”现象屡禁不止的重要原因。“三乱”首先造成企业和消费者负担加重，成本提高，效益下降。有的企业设法再转嫁给消费者，直接损害消费者利益，扭曲经济关系。其次，导致执法不严、秩序混乱、经济杠杆失灵、信用意识下降。为了“创收”，不该管的乱管，该管的却有意不管，其结果是合格新产品可能销售不畅，不合格的劣质产品则横行无阻，行业不正之风难以克服。这种群体腐败，正是官员腐败的土壤，致使政府职能严重扭曲，不仅难以履行其职责，而且从根本上违背了人民群众的利益。

以构筑社会信用体系为政府工作的着力点

社会主义市场经济是建立在稳定的信用关系基础之上的法制经济，稳定可靠的社会信用体系是市场经济有效运行的重要基础条件之一。但目前的情况是，与社会主义市场经济相适应的社会信用体系在我国刚刚出现，尚处于起步阶段。企业信用制度没有建立起来，个人信用制度更为落后，政府信用也受到挑战，信用问题已日益成为阻碍国民经济市场化进程的瓶颈，成为依法治国和以德治国的一个十分突出的问题。

信用是一种经济关系。信用是借贷活动的总称。在商品生产和货币流通条件下，以商品赊销和货币借贷的形式所体现的一种经济关系，是以偿还为条件的价值的特殊运动形式。借贷资本运动形式是信用的基本形式。信用主要包括三种：一是以延期付款和预收货款的方式买卖商品的商业信用；二是银行将集中起来的闲散货币资本和社会游资，贷放给工商业资本家的银行信用；三是公司、商店及银行对个人消费者提供的分期付款售货及消费贷款的消费信用。由于我国几十年来的计划经济体制，社会资源主要由政府来配置，企业不是独立的经济主体，企业间无法建立真正的信用关系。从某种意义上说，信用经济关系和体系建立的程度，是我国体制是否彻底转型的重要参照。人类社会经济发展史，实质上是信用经济建立与发展的历史。市场经济愈发达，愈要求信用经济的发展，而信用经济也必然要求相适应的伦理理念和准则为之服务。只有这样，才能维系市场经济的正常运行，才能面对经济全球化的趋势。由此可见，我们通常讲的信用有两种含义：一种是经济方面的意义，另一种是伦理的内涵。经济意义上的信用，反映的是事实层面的客观必然性，即“是什么”的问题，这是经济学所必须探索的。伦理从价值的层面来分析评价，解决的是“应当”的问题。“应当”作为一些规范、准则，它既是经济生活的必然性要求，又对经济生活发挥着规导、调节的作用，同时，它又是一种强大的人文力，是经济活动的一种动力，一种不可缺少的资源。

如上所述，由于我国市场经济体制正在建立之中，作为一种经济关系的国民信用体系尚未建立起来，加之政府、企业、个人行为方面存在着一定的信用缺失，在一定程度上产生了信用伦理危机。由于经济活动主体缺乏这一伦理理念和心理保证，缺乏经济活动的“自律”，因此，直接造成了市场秩序的混乱。例如，厂家之间由于拖欠债务而形成不信任感；呆坏账的大量存在导致投资方出现“惜贷”现象；假冒伪劣产品泛滥使消费者不敢放开手脚消费；不少部门统计数字严重失真造成不同范围的经济信息失真，政府无法调控经济等。市场经济是法制经济，是信用经济，是道德经济。构筑社会信用体系，包括信用制度和体系，也包括与信用经济相适应的信用伦理，这是市场经济健康运行的前提和保证。在这一问题上，政府仍居于核心位置。因此，政府首先应该成为讲信用、守信用的表率，特别表现在对经济活动的干预和调节方面，并反映出政府的形象如何。同时，应通过政策引导和调控，尽快建立与社会主义市场经济相适应的国民信用体系。最近公布的全国 520 家“重合同，守信用”企业，就是把企业作为切入点，旨在整肃市场信用秩序，建立健全社会信用制度，这标志着我国企业信用工程正式启动。

从目前来看，影响我国政府形象和信用的最大问题是，政府中的少部分人利用其职能，搞经济腐败，致使社会各阶层腐败之风滋长蔓延，政令不通，社会信用体系发生危机。一些官员利用手中的权力从事权钱交易，这就使得腐败现象在一些官员中滋长蔓延，甚至有愈演愈烈之势。由腐败带来的损失，不仅表现在经济信用上，而且影响了政治状况、党的形象和政府信用问题。建立和完善社会主义市场经济体制，矫正、规范政府职能，必须下决心剔除这一毒瘤。

政府工作人员的素质是正确执行公务、依法行使职能、提高办事效率、驾驭好市场经济的重要条件，更是建立社会信用体系的重要条件和保证。因此，各级政府要按照国际经济规则，转换、规范政府职能；树立强烈的法治意识、信用意识、服务意识，从根本上转变陈旧观念。对于政府各级干部的教育，必须经常化、制度化。一方面，进行职业道德教育，提高其为人民服务的自觉性。在新形势下，要结合新矛盾、新问题来探索公务员道德建设的有效路径，同时，也要借鉴国外先进的管理经验。另一方面，各级领导干部要加强业务学习，懂法守法，熟悉政策和规则，正确把握界限，提高办事能力和效益，使政府的管理更符合市场经济运行的规律和要求，在建立国民信用体系和社会信用伦理体系中发挥应有的作用。

注：

[1]《马克思恩格斯全集》第 49 卷，人民出版社 1982 年版，第 309 页。

[2]《瞭望新闻周刊》，2001 年 11 月 12 日。

（原载《南方经济》2002 年第 3 期）

政府责任与经济社会生活秩序

改革开放以来，为适应经济市场化机制，政府针对经济职能进行了数次规模较大的改革，政府对经济的宏观调控功能日渐科学与规范。在政府与市场、政府与企业、政府与社会、政府与公民的关系中，政府作用的范围以及应承担的责任在观念上日益清晰。然而，在当前政府特别是地方政府的实际经济活动中尚存在一些突出问题，成为经济社会生活不和谐的一个隐患。认识政府责任，并创设履行责任的有效途径，是建设社会主义和谐社会必须认真探讨的理论话题。

市场经济进程中政府的特殊使命

从计划体制向市场体制转换，中国政府经济活动面临着特殊的历史背景，担负着特殊的任务和使命。概括起来有三个主要方面：一是来自市场的挑战。中国市场经济不发达与中国市场失灵两大问题并存。二是经济体制与政治体制改革滞后，经济与政治界限不明，权力过度干预市场。三是政府组织自身亟待改革。这三大问题凸显，使市场不发达与市场缺陷等问题交织在一起；与市场成熟度不足问题相连，经济体制改革不到位与政治体制改革严重滞后等矛盾交织在一起；政府与市场功能及边界不清晰、不规范、不到位，政府的政治治理与经济职能交织在一起；政府上下组织之间、部门与组织个体之间利益不一致，信息不对称，或上有政策下有对策，机构重复设置，职能交叉重叠，组织的公共理性与部门利益、个体意愿之间的冲突交织在一起，由此形成关系、职能、利益等矛盾相互交错的复杂局面。其中，全面客观地认识中国的市场进程，了解中国市场的特殊性，是合理阐释和解决这些问题的关键所在。

一是市场功能不健全。市场功能是市场机体所具有的客观职能，它表现为市场机体所从事的具体活动。市场功能具体表现为：交换功能、联系功能、信息传导功能、激励功能、资源配置功能、调节功能。经过多年的改革与探索，市场在我国经济生活中的作用日益突出。但从总体上看，市场功能还不够健全，这在相当程度上影响和制约着政府职能转变的进程。健全市场功能，至关重要的是要进行制度创新。二是市场质量不高。市场质量是制约政府职能转变的深层次原因。传统的计划经济是一种排斥市场的经济体制。1978 年后，中国经济体制改革的基本取向是市场经济。经过多年的改革，决定市场质量的各种“变量”都出现了不同程度的改观。而市场质量的提高，为我国政府职能的转变奠定了坚实的社会基础。正因如此，改革的重心才能转向政府职能，政府管理方式才能逐步从微观走向宏观，从直接走向间接，从主要依靠政治、行政命令走向主要依靠经济、法律手段。由此看来，市场发育与政府经济职能转变之间有着内在的、客观的联系，并且互相制约与影响。

市场作为经济的运行过程，它是客观的、有规律的。马克思曾讲：“一个社会即使探索到了本身运动的自然规律，——本书的最终目的就是揭示现代社会的经济运动规律，——它还是既不能跳过也不能用法令取消自然的发展阶段。但是它能缩短和减轻分娩的痛苦。”[1] 这段话说明了这些论点：经济的发展进程有其自身的客观规律，人们可以认识规律、运用规律，从而更自觉地去驾驭和促进经济的运行，但不能人为地跨过或取消这一自然的历史阶段。市场经济在我国同样有一个自然的历史的发展过程。市场功能不健全，市场质量不高，市场体系尚待成熟，除了影响政府机构改革与经济职能的转换，同时还会带来与之相适应的政治、文化、社会等方面的问题。如当前中国政府集中整治的商业贿赂，就与新旧两种经济体制转换有关。

在这一特殊的经济发展阶段，政府既承担着培育、完善市场的职责，又承担着化解市场风险、克服市场负面影响的任务。另外，政府还面临着怎样管理经济社会、应当承担哪些责任的难题。

政府的责任

1. 加大制度供给，实现社会公正

制度公正是评价制度的首要价值标准，也是体现执政党执政水平的重要标志。制度不公，就会导致社会权利与义务的不平等，引发社会利益分配失衡或利益冲突，成为社会不和谐的一个主要诱因。然而，在从计划经济向市场经济转换的过程中，因制度建设的滞后及缺陷，或制度执行不力、落实不到位，经济社会生活出现了不公的问题，并且引发了一些社会矛盾。当前，突出表现在分配、教育、公共财政、行政执法等领域，问题涉及市场秩序、公民的基本权利、起点与机会是否公平、弱势群体的生存保障等。

公正在本质上是一种价值观念，是现存经济关系的观念化表现。它是人们在长期认识事物价值的基础上，从内心形成的评定各类价值的标准，包括评价社会关系，因而它属于价值评价范畴。从制度上维护社会公正，主要是要求政府所制定的路线、方针、政策必须符合人民群众的切身利益，符合社会发展长远的、根本的利益，这是政府必须承担的社会责任。

需要特别指出的是，我国从计划经济向市场经济体制转型的过程，也是从人治社会向法制社会的根本性转变。它将涉及经济、政治、文化与社会结构的变迁，客观上不可避免地会产生某些制度真空和制度缺陷。我国当前社会生活中出现的问题和矛盾就充分说明了这一点。中央提出构建社会主义和谐社会，其中把“民主法治、公平正义”放到了首位，彰显了政府通过制度维护和实现社会公正的使命意识。

2. 遵循经济运作规律，提高驾驭市场的能力

关于政府的经济职能，思想家有许多精辟论述和独到观点。从李嘉图到凯恩斯，再从凯恩斯主义到后凯恩斯主义，都从不同层面强调政府经济职能和干预市场的意义。从国家经济发展战略角度来讲，“看不见的手”和“看得见的手”都是经济发展不可缺少的调节手段。但“看得见的手”的调节，必须是适应市场发展规律的。唯有如此，自发的市场调节与自觉的市场调节之间才能形成互相制约、互相转化的良性运转过程，形成完善的宏观调控体系，这是保证我国经济社会健康发展的大问题。

市场是流通领域本身的总表现。从市场经济表现生产社会化的观点看，市场调节是第一性的，是优化资源配置的基础。这只“无形的手”表现了供求规律、价值规律和竞争规律的合力，是商品经济所具有的基本调节功能。市场调节虽然是自发的，但它是自然进行的基础性的调节，任何以社会化生产为基础的社会经济假如离开市场调节，另搞一套，就必然脱离实际。因此，在市场经济条件下，政府管理经济的责任，首先必须是要尊重市场发展规律，增强经济理性。从目前看，政府经济职能的转换已初显成效，市场意识、法制与效率意识都在不断增强，但仍存在着干预不当或干预过多的现象。此外，政府还应承担弥补市场缺陷、维护公平的市场经济秩序的责任。

3. 维护公共利益，保障公民合法权益

政府作为宏观调控的主体，作为权力的主体，是代表公共利益和意志的。维护社会公共利益，保障公民合法权益，是政府的又一重要责任。当前，亟待解决的问题有：第一，公共产品和公共服务仍然短缺。第二，个别地方政府的公权蜕变为谋私的工具，劳资矛盾随着市场改革的深化日益尖锐。国家权力代表的是公共利益与公众意志，然而，面对资本所有者与劳动者的矛盾，个别地方政府为了自身利益，或为了地方利益，不顾劳动者的正当利益，一味地迎合甚至充当不法利益的保护神，使权力运作性质发生了变化。第三，政府职能部门与地方政府利益之间的博弈，直接扭曲了政府经济职能。这些问题从根本上危害了社会公共利益和人民群众的合法权益，严重扭曲了政府职能，损害了政府形象。中央政府提出以人为本的科学发展观，立足于社会公共利益，强调以人为核心的执政理念，致力于政府自身的改革和法治政府建设，将会逐步地解决上述问题。

政府有效履行责任的途径

在市场经济条件下，政府是公共理性的代表，是公共秩序的象征。如果政府职能部门缺乏行为上的自律，不仅难以正常地行使其经济社会职能，而且还会成为社会生活中矛盾的焦点，危及政府与公民、政治与社会等关系的和谐。当前，亟须推进以下几方面的工作。

1. 加快民主政治建设

现代政府是责任政府，现代政治是民主政治。随着我国经济市场化进程的不断加快，政治体制改革也在不断向前推进，制度建设提到了重要议程，并取得了明显效果。但是，我国的制度建设先前的问题是制度供给不足，当下是有了制度却难以照章办事，由此陷入了制度建设的怪圈。民主是公民意志得以体现的途径，法治是政府官员私利得以遏制的屏障。政府责任的切实履行，只有在民主与法治的维护下才能实现。罗尔斯讲：“在民主社会里，公共理性是平等公民的理性，他们——作为一个集体性的实体——在制定法律和修正其法律时相互发挥着最终的和强制性的权力。”[2] 政府理性作为一种典型的“公共理性”，它是一种社会的政治权力及其使用。因此，重视民主政治建设，健全民主科学决策机制和体制，把党管干部原则与民主选举、民主监督有机结合起来，进一步提高党务、政务的公开性和透明度，最终实现国家意志与公民愿望、国家与公民社会关系的和谐，才是有效的制度选择。

2. 强化公共服务意识

公共需求的深刻变化与公共服务的严重不适应，已经成为现阶段我国经济社会发展中的突出矛盾。着力推进政府职能转型，培育政府公务员的公共理性和道德精神，就成为新时期政府履行职能、承担责任的内在要求。对于社会主义国家的公务员来讲，代表广大人民群众的根本利益，代表先进道德所要求的公共服务精神，就必须树立“公仆”意识，以高度的责任意识为公民社会提供更充足的公共产品和更优质的服务。要按照转变职能、权责一致、强化服务、改进管理、提高效能的要求，深化行政管理体制改革，优化机构设置，更加注重履行社会管理和公共服务职能，建设服务型政府。同时，还要不断完善公共服务政策体系，提高公共服务质量，增强政府公信力。推进政事分开，支持社会组织参与社会管理和公共服务。

3. 防止公务员由“公共人”蜕变为“经济人”

为了加强依法治政，国家出台了《行政法》、《公务员法》、《监督法》等，从而给公务员的行为设置了底线，为保障政府责任的履行提供了制度保证。同时，还需要进一步加强道德治理。关于美德对于治理政府的意义，思想家多有论述。历史和实践证明，防止政府公务员由“公共人”蜕变为“经济人”，切实保障公共利益与公民权益，必须德法并举。我国提出的依法治国与以德治国相结合的治国方略，也是有效治政的战略之举。政府公务员要正确处理从政与谋利的关系，公共利益与部门利益、个人利益的关系，把政府组织的责任内化为个体的使命，筑起抵御各种道德风险的防线，真正做到执政为民。

注：

[1] 马克思：《资本论》(第 1 卷)，人民出版社 2004 年版。

[2] 约翰·罗尔斯：《政治自由主义》，学林出版社 2000 年版。

(原载《河南社会科学》2007 年第 1 期)

政府职能公共性的伦理解读

随着社会的进步和政府职能的进一步分化，政府的经济职能、管理职能、维护公共安全和社会和谐的职能日益发生变化，人们期待一个好政府的出现，政府职能的公共性就成为现当代学术上集中讨论的一个重要政治伦理话题。政府职能的公共性，是对其职能行使及其自身行动合法性、合义性的深层追问。政府作为一个组织，其整体属性的公共性与个体成员的自利性并存，构成一对特殊的道德矛盾。不同时代特别是不同制度背景下，这对矛盾具有不同的性质与特征，社会主义制度下政府职能的公共性有其更高的道德诉求。

政府职能公共性的理论探源

关于政府经济职能的公共性，国内外学者从政治学、公共管理学不同学科视角的论述，为我们的研究提供了重要的理论启示。

政治学家对政府的公共性的论述，最早可追溯到柏拉图的《理想国》一书。柏拉图认为城邦起源于人们为满足需要而产生的相互合作，城邦成立的目的是为了实现全体人民的利益和正义，而不是为了一个阶级的幸福。正义即“每个人都作为一个人干他自己份内的而不干涉别人份内的事”。(柏拉图，第 154 页）城邦政治的本质在于“公正”。柏拉图从道德的角度阐述了城邦作为实现公共的“善”的手段和具体内容，在他看来，维护正义体现了政府的公共性。亚里士多德继承了柏拉图的思想，明确指出，人们组成城邦的目的是为了过一种美好的生活，城邦是裁决有利于公众的要务并听断私事的团体，“当一个政府的目的在于整个集体的好处时，它就是一个好政府；当它只顾及自身时，它就是一个坏政府。”善或正义的概念是城邦所能提供的具有公益性质的意识形态。(罗素，第 2 页）古罗马的思想家西塞罗认为，“国家乃人民之事业，但人民不是人们某种随意聚合的集合体，而是许多人基于法的一致和利益的共同而结合起来的集合体。”根据这个定义，西塞罗进一步认为，国家乃是人民的共同财产，政府的权力运行须以代表公意的法律为标准。由于古代社会建基于等级社会基础之上，所以古代政府的公共性实质上是建立在奴隶制基础上的贵族共和制，而有别于建立在民主基础上的现代共和制，但却为近代政治转型提供了重要的思想武器。

中世纪神权政治统摄一切，近代政治较中世纪神权政治可谓进入了一个新的转型期。在这个转型过程中，“国家”的概念随之发生了深刻的转变，“从‘维持他的国家’——其实这无非意味着支撑他个人的地位——的统治者的概念决定性地转变到了这样一种概念：单独存在着一种法定和法制的秩序，亦即国家的秩序，维持这种秩序乃是统治者的职责所在。这种转变的一个后果：国家的权力，而不是统治者的权力，开始被设想为政府的基础，从而使国家在独特的近代术语中得以概念化——国家被看作是它的疆域之内的法律和合法力量的唯一源泉，而且是它的公民效忠的唯一恰当目标。”（昆廷·斯金纳，第2页）随着“国家”意义的转换，政府公共性的逻辑论证也随之展开。马基雅维利——现代政治哲学的奠基人，他秉持科学的功利主义理念，斩断了政治与基督教道德的千年姻缘，确立了政治对道德的优先地位。霍布斯同样摒弃了道德和法律的视角，从人的本性和能力出发，提出了“自然权利”和“社会契约”两个极其重要的政治理念。霍布斯认为处于自然状态中的人们彼此之间基本上是没有差异的，这种无差异性表现在每个人都希望得到“对自己有好处的东西”，这种欲望即可称之为自然权利。人性的自私与贪婪导致了一种无休无止的冲突，酿成了一场“一切人反对一切人”的战争状态，但是，如果说思想上的冲动会导致战争状态的话，理性又会使人们回归平静，谋求和平。“每一个人都应该放弃他在自然状态中对一切事务享有的那种权利，这是自然法的一个准则。”契约就是一个人转让自己权利的一种法律方式，人们为了大家的共同利益而在一切具体的个人之上建立起一个共同的权力，一个政治实体或一个市民社会也就建立起来了。虽然“自然权利”和“社会契约”诸理念潜藏着激进的色彩，但是，由于霍布斯认为国内冲突的和解终归须依赖权威的确立，故最终还是求诸于绝对专制君主。

随后的政治学家洛克、卢梭、密尔、边沁等多从政府代表一种公共的契约精神去说明政府的公共性。洛克深受立宪主义影响，他从自然状态出发，论证了人在自然状态的诸多不便，如有人不断地受到别人的侵犯而受到侵犯后又缺少公正的裁判，如此容易进入战争状态，于是就有了契约，把自己做自己裁判的权力交给公共机构即政府去完成，政府的重要任务就是保护财产，维持秩序和为了公众福利。但是，洛克强调，公民只是勉强转让了自然权力，而决非割让自然权力，政府的最终权力仍然牢牢地掌握在公民手里。如果政府滥用权力，危及公共利益，公民有权利重新把权力授予他们认为最有利于公民利益的人。人民主权理论的牢固确立标志着政府公共性逻辑论证的完成。卢梭在这个问题上做出了至为关键的贡献。卢梭认为，主权始终属于全体人民，全体人民行使主权，表现为一种公意，也即这个政治实体的意志。但是政府的权力须来源于表现全体人民共同意志即公意的法律，人民制定法律决定政体并赋予政府权力，政府是人民的仆从机关，是人民行使主权的工具，须绝对听命于人民。在他看来，公正与不公正的标准就在于公意，好的公正的政府必定是最符合公意的政府。至此，政府权力归属问题获得了明确的解答，政府公共性得到了论证。

哈贝马斯考察了另外一种公共性起源。在哈贝马斯的理论中，公共性或公共领域不是指行使公共权力的公共部门，而是指一种建立在社会公/私二元对立基础之上的独特概念，它诞生于成熟的资产阶级私人领域基础上，并具有独特的批判功能。关于公共性的演变，哈贝马斯认为，自古希腊以来，社会有明确的公私划分，公代表国家，私代表家庭和市民社会。例如，在古希腊、罗马，公私分明，所谓的公共领域是公众发表意见或进行交往的场所，那时虽有公共交往但不足以形成真正的公共领域。在中世纪，公私不分，公吞没私，不允许私的存在，公共性等同于“所有权”。直到近代（17 世纪、18 世纪）以来，在私人领域之中诞生了公共领域，才有了真正意义上的公共性。（哈贝马斯，第 80 页）在这里，哈贝马斯重点探讨了资产阶级公共性的本质。他认为，“公共性应当贯彻一种建立在理性基础上的立法”，从而“公共性成为国家机构本身的组织原则”。他进一步提出，而“默格尔根据 18 世纪的范型把公共性的功能界定为统治的合理化”，在资产阶级哲学那里（霍布斯、卢梭、洛克和康德），公共性等同于理性，甚至是良知，依靠公共舆论表达出来。而在法哲学那里，公共性需要法律和道德元素支撑，所以“康德所说的公共性是唯一能够保障政治与道德同一性的原则”。“在康德看来，‘公共性’既是法律秩序原则，又是启蒙方法”。（哈贝马斯，第 128 页）由此我们不难看出，哈贝马斯指出了公共性作为市民社会独立领域的批判力量和促进资产阶级统治合法化的精神。著名政治哲学家汉娜·阿伦特认为，政治的本质在于公共性。政治的公共性包括公开性、复数性和共同性这样三个基本的特征，而现代“社会”领域的出现，极大地破坏了政治的公共性本质。

马克思主义创始人主要是从阶级分析的角度，认为政府的阶级性是国家或政府的本质特性，同时承认政府在全社会范围内有其公共性，主要表现在政府对经济与社会的管理方面。其主要观点：第一，国家是社会利益和阶级矛盾不可调和的产物。第二，公共权力与全体人民利益的分离。国家是一个历史范畴。社会的发展产生了它所不能缺少的某些共同职能，被指定执行这种职能的人就形成社会内部分工的一个新部门。这样，他们就获得了和授权给他们的人相对立的特殊利益以及公共权力。随着社会分裂为自由民和奴隶、进行剥削的富人和被剥削的穷人，它已经不再与自己组织为武装力量的居民的利益直接符合了。第三，国家是阶级统治的工具。这是历史上阶级社会国家的主要职能。恩格斯讲：“古希腊罗马时代的国家首先是奴隶主用来镇压奴隶的国家，封建国家是贵族用来镇压农奴和依附农的机关，现代的代议制的国家是资本剥削雇佣劳动的工具。”（《马克思恩格斯选集》第 4 卷，第 172 页）第四，“国家是属于统治阶级的各个个人借以实现其共同利益的形式”，揭示了资本主义国家和政府的职能的本质。

由此可见，政府的公共性是历代思想家已经给予较多关注且有丰富论证的一个话题，并且一直是人类政治伦理为之追求的理想。然而，由于历史的更迭，制度的变迁，不同时代的人们对政府的公共性问题的理解既有相同或相通的方面，也有不同甚至对立的方面。

我国学界也有多种论点。一般而言，公共性指的是“一种公有性而非私有性，一种共享性而非排他性，一种共同性而非差异性”。（王保树、邱本，第 63 页）具体讲有下述几种观点。第一种观点认为，“公共性”是用于描述现代政府活动基本性质和行为归宿的一个重要分析工具。第二种观点认为，公共行政的“公共性”内涵可以归结为公共精神，包括民主的精神、法的精神、公正的精神、公共服务的精神。第三种观点认为，行政体系及其政府的制度安排的价值基础在于公共性，从而政府把自我表达存在的公共性作为至高无上的原则。政府价值公共性最直接的表现是政府的规范体系和行政行为系统的公正性，而且这种公正性是一种制度公正，是包含在行政行为机制之中的，有法律法规和公共政策体系提供的，是一种制度安排。（张康之，第 29 页）第四种观点，作为一种理性与法的“公共性”。

综合起来，有关“公共性”内涵的观点主要集中在以下方面：第一，在伦理价值层面上，“公共性”必须体现公共部门活动的公正与正义。第二，在公共权力的运用上，“公共性”要体现人民主权和政府行为的合法性。第三，在公共部门运作过程中，“公共性”体现为公开与参与。第四，在利益取向上，“公共性”表明公共利益是公共部门一切活动的最终目的，必须克服私人或部门利益的缺陷。第五，在理念表达上，“公共性”是一种理性与道德，它支持公民及其公共舆论的监督作用。总之，倾向于把“公共性”作为公共部门管理活动的最终价值观，在此之下，才有公正、公平、公开、平等、自由、民主、正义和责任等一系列价值体系。

可见，政府的公共性问题，应该放到政府—公民—社会关系的制度架构之中去考察才能获得比较全面的阐释。这些说明，任何时代、代表任何阶级的政府，无论是行政职能还是经济职能，都在不同的背景下体现出具有各自特殊内容的公共性。世界银行在其 1997 年的世界发展报告中将每一个政府的核心使命概括为五项最基本的责任，大体上反映了现代政府所行使的职能，这就是：①确定法律基础；②保持一个未被破坏的政策环境，包括保持宏观经济的稳定；③投资于基本的社会服务和社会基础设施；④保护弱势群体；⑤保护环境。这些政府职能的属性突出表现为其公共性。

政府职能“公共性丧失”之因

在论及公共性在近代的演变时，国内外学者都倾向于用“公共性丧失”一词。其主要原因有：

市场经济内在的功利价值取向深刻影响政府职能公共性的彰显。有学者认为，古希腊时期关于政府（或政治）的公共性的含义在近代逐步丧失，以边沁、密尔为代表的功利主义哲学、市场经济内生的追求利益最大化的本性的经济文化背景下，“通过集体的方式寻求更大的善已被个人的计算、功利以及成本和利益所替代。政府的目的在实践中已是私有的福利（Private Well-Being）。我们凭借官僚、技术和科学的手段来决定福利、幸福和功用。这里没有公共的原初含义，有的只是原子个人的集合体；这里没有公共利益，有的只是许多私人利益的聚合体。”（王乐夫、陈干全，第 69 页）美国公共行政理论关于公共性的讨论有下列几个视角：包括以利益集团形式表现出来的公共（多元主义视角）；以理性选择人形式表现出来的公共（公共选择理论视角）；以代议的形式表现出来的公共（立法的视角）；以消费者形式表现出来的公共（提供服务的视角）；以公民权形式表现出来的公共（公民权视角）等，但这些理论都不能真正说明公共、公共性的含义。政府职能的公共性，尤其体现在代表利益的广泛性上。如防止政府受强势群体的支配并主要代表强势群体的利益，从而使弱势群体的利益因缺乏话语权而得不到表达。其结果是，政府行动偏离公共性这一最高价值目标。

事实的确如此，从国内外的公共管理理论和实践来看，政府公共性的普遍缺失一直是困扰人类的政治痼疾。世界银行 1997 年发展报告《变革世界中的政府》明确指出："在几乎所有的社会中，有钱有势者的需要和偏好在官方的目标和优先考虑中得到充分体现。但对于那些为使权力中心听到其呼声而奋斗的穷人和处于社会边缘的人们而言，这种情况却十分罕见。因此，这类人和其他影响力弱小的集团并没有从公共政策和服务中受益，即便那些最应当从中受益的人也是如此。""政府即便怀有世间最美好的愿望，但如果它对于大量的群体需要一无所知，也就不会有效地满足这些需要。"（世界银行发展报告：《变革世界中的政府》，第 110 页）可见，即使在政治文明进步最快的近现代社会，政府公共性的缺失仍然是没有得到很好解决的问题。

公共领域的结构转型导致的公共性丧失。哈贝马斯也认为，随着资产阶级社会的发展变化，出现了公共领域的结构转型（哈贝马斯理论中的公共性一词，可以译成公共性，也可以译为公共领域，二者没有实质差异。但倾向于用公共性指称政治层面，而用公共领域指称社会层面。——笔者注），由此导致公共性丧失。两种相关的辩证趋势表明公共性已经瓦解：它越来越深入社会领域，同时也失去了其政治功能，也就是说，失去了让公开事实接受具有批判意识的公众监督的政治功能。在这里，哈贝马斯把公共性的丧失归于公共领域与私人领域的相互渗透。（哈贝马斯，第 78 页）在国内外理论界颇具影响的公共选择学派，因把"理性经济人"假设运用于政治行为的分析，从而对政府公共性理论提出新挑战。

政府的自利性导致的政府职能公共性的缺失。关于政府的自利性，历史上一些思想家早有论述。卢梭曾提出政府代表三种意志。他认为："在行政官员个人身上，我们可以区分三种本质上不同的意志：首先是个人固有的意志，它仅只倾向于个人的特殊利益；其次是全体行政官的意志，这一团体的意志就其对政府的关系而言则是公共的，就其对国家——政府构成国家的一部分的关系而言则是个别的；第三是人民的意志或主权者的意志，这一意志无论对被看作是全体的国家而言，还是对被看作是全体的一部分的政府而言，都是公意"，"按照自然的次序，则这些不同的意志越是能集中，就变得越活跃，于是公意总是最弱的，团体的意志占第二位，而个别意志则占一切之中的第一位。因此政府中的每个成员都首先是他自己本人，然后才是行政官，再然后才是公民；而这种级差是与社会秩序所要求的级差直接相反的"。（卢梭，第 83 页）这一段话，充分说明了政府的自利性来自不同层次的三种意志：一是来自于政府从业人员的个人利益和意志；二是来自于团体或部门的意志；三是来自于某一阶级的意志或公意。在其强度上，个人的自利性大于团体的自利性，团体的自利性大于阶级的自利性。马克思分析概括政府的自利性是从国家是代表阶级的意志的角度来分析的，他说："国家是文明社会的概括，它在一切典型时期毫无例外地都是统治阶级的国家，并且在一切场合在本质上都是镇压被压迫被剥削阶级的机器"（《马克思恩格斯选集》第 4 卷，第 176 页），"过去一切阶级在争得统治之后，总是使整个社会服从于它们发财致富的条件，企图以此来巩固它们已经获得的生活地位。无产者只有废除自己的现存的占有方式，从而废除全部现存的占有方式，才能取得社会生产力。无产者没有什么自己的东西必须加以保护，他们必须摧毁至今保护和保障私有财产的一切"。（《马克思恩格斯选集》

第 1 卷，第 283 页）从现实层面看，现代政府恰恰是在部门行政过程中产生了区别于社会公共利益的部门利益与部门意志。

有学者指出，所谓政府的自利性，是指政府并非总是为着公共目的而存在，政府在公共目的的背后隐藏着对自身利益的追求，这一特性称之为政府的自利性。利益总是隶属于一定的主体，不同的主体具有不同的利益。“政府本身有其自身的利益，政府各部门也各有其利益，而且中央政府与地方政府也有很大的区别。政府行为和国家公务员的行为与其自身利益有密切关系。”（齐明山，第 38 页）这就是说，政府作为社会组织同样追求自身的良性发展，政府作为一个整体，是其成员的共同利益代表。另外，作为地方政府为“造福一方”，追求地方利益的最大化，也会导致政府组织自利的发生。同理，政府职能部门乃至公务员个人为了追求部门利益的最大化，也会追求部门或个人的自利。因而政府自利性表现出三种形式：

第一，地方各级政府的自利。地方各级政府在中央政府的领导下，实施本地行政管理职能。中央政府更多地考虑全国的利益、全社会的整体利益。而作为地方公共事务管理的地方政府则更多地考虑地方利益。地方各级政府的自利有多种表现形式：一是东西部地区政府利益之争。二是上下级政府的利益之争。三是地方政府为了实现政府目标而为本地企业争利。四是地方政府为了吸收外来投资而无原则地让利。五是地方政府为实现本地的经济社会管理职能而与中央争利。

第二，政府职能部门的自利。长期以来我国的政府管理体制采用的是条块分割，作为“条条”的政府职能部门与作为“块块”的地方政府之间常常出现摩擦。政府职能部门作为一个利益共同体，是其成员的共同利益的代表者，因而为了部门的利益而与国家或是地方争利益的现象并不少见。具体表现在：政府职能部门执法产业化、政府职能部门与地方政府争利等。

第三，政府组织成员的自利。政府组织成员的自利主要通过组织的自利得到满足，公务员既是行政权力的行使者，又是普通公民，具有为自己谋取利益的优越条件。一些成员利用行政权力谋私利，干违法乱纪的事。

也有学者用另一类词汇表达了相同的思想，认为政府官员的利益、政府部门的利益、政府组织整体的利益都是这种自利性的具体表现，其依据是“政府是市场经济中的利益主体之一”。政府公共性的缺失主要表现为两个方面：第一，政府受社会强势群体的支配并主要代表强势群体的利益，从而使弱势群体的利益得不到保障。第二，政府自利性对社会公共利益的侵犯，公共权力非公共运用，导致公共资源成为政府及其公职人员的私有资源。这也印证了随着时代发展，当代的“公共”概念已发生很大改变，公共成为政府和政治的同义词的观点。

另一种观点明显不同于上述论点，认为自利性不应是社会主义制度下政府的属性。“当前国内理论界存在一种倾向，即不加批判地将西方公共选择理论拿过来，将西方经济学有关‘经济人’的假设运用于政府人行为分析。”“这种分析在理论上是不科学、不正确的，以此指导实践必然是有害的。它尤其不适用于社会主义制度下的政府行为分析，社会主义制度下的政府人应是公共人。”（刘瑞、吴振兴，第 72 页）因此，不应将

“经济人”假设作为一个不变的思维视角来评析和说明当前的中国政府行为。并指出运用“经济人假设”分析政府行为，即认为政府是追求利益最大化的理性经济人一说，来源于西方公共选择学派的理论。当前国内论证政府普遍具有自利性的多数学者，主要的理论依据也是出自这里。公共选择学派的奠基者布坎南指出，在公共决策或者集体决策中，实际上并不存在根据公共利益进行选择的过程，而只存在各种特殊利益之间的“缔约”过程（Buchanan，第226页）。同时认为在经济市场和政治市场上活动的是同一个人，没有理由认为同一个人会根据两种完全不同的行为动机进行活动；同一个人在两种场合受不同的动机支配并追求不同的目标，是不可理解的，在逻辑上是自相矛盾的。正是由于这种人性假说截然对立的“善恶二元论”，把政府官员也推向了自利性的一面。其中包含这样一个逻辑关系：同一个官员公共领域与私人领域的行为是一致的，官员是“经济人”并且是自利的，政府行为即政府官员行为，所以政府是自利的。

事实上，从国内外的公共管理实践来看，政府公共性的缺失一直是困扰人类的政治痼疾。世界银行1997年发展报告《变革世界中的政府》明确指出：在几乎所有的社会中，有钱有势者的需要和偏好在官方的目标和优先考虑中得到充分体现。但对于那些为使权力中心听到其呼声而奋斗的穷人和处于社会边缘的人们而言，这种情况却十分罕见。因此，这类人和其他影响力弱小的集团并没有从公共政策和服务中受益，即便那些最应当从中受益的人也是如此。“政府即便怀有世间最美好的愿望，但如果它对于大量的群体需要一无所知，也就不会有效地满足这些需要。”（世界银行发展报告：《变革世界中的政府》，第110页）可见，即使在政治文明进步最快的近现代社会，政府公共性的缺失仍然是没有得到很好解决的问题。

那么，政府职能的自利性是否是所有政府的一般属性，还是有其制度因素；政府中的个人、部门、组织是否都具有自利性，如何理解？在社会主义制度下的政府组织属性可否认定也是自利性？

政府职能公共性与其从业人员自利性道德矛盾的澄明

伦理学语境下的政府职能的公共性与自利性，需要明确界定和澄明政府从业人员的自利性不等于自私、利己，更不等于政府的组织属性；正确认识和把握社会主义制度下的政府职能的公共性与自利性问题。彰显政府职能的公共性，化解“公共性丧失”之因，需要对自利性有一个正确认识，关键是防范由自利性走向自私与利己。

作为个体，政府从业人员存有自利性，但自利性不等于自私、利己。政府从业人员的自利性或自利意识源于个体生存与自保的基本需求，是人之为人普遍存在的欲望、需要和原始动机，如同马克思所说的“吃、喝、住、穿”等原始功利动机，也指我们今天所说的经济利益、政治利益与文化需求等，它有两种发展趋向：一是表现为个体的正当利益；一是突破自利这一道德底线，演变至自私、利己。前者既被社会利益所规定，也是社会整体利益的最终体现和落实，在伦理上，通常称为个人正当利益，这是道德评价所肯定的一个范畴。自私则是指一些个体，为满足个人的欲望和需要，不顾他人利益，甚至不惜牺牲他人利益和社会公共利益的动机和行为。对于执掌公权的人员而言，在制约权力存有缺陷的条件下，自私观念的膨胀往往是公权演变为私权的内在伦理动因。显然，自利与自私不同。关于个人欲望、需要及利益的话题，我们应该坚持辩证唯物主义的观点。承认并肯定客观存在的个体基本需求的合理性，个体存在原始功利动机的合理性。身处履行国家管理岗位上的政府官员个人，他们同样有自利的需要，他们应该是公共人，同时还是自利人，是公共人与自利人的有机统一体。不能只强调其中的一个方面，而忽视另一方面。但基于社会主义制度下政府的公共性特征，基于其地位与职能，他们应该也必须成为公共人，成为承担其公共人的职责和使命、具有公共道德精神的执业者。我国改革开放前一段时期，不敢多言个人利益存在的客观性、正当性与合理性，也是受时代局限的产物。社会利益与个体利益的关系是辩证的，你中有我，我中有你，不是有你无我，有我无你的对峙关系。马克思就曾经提醒人们，“首先应当避免重新把‘社会’当作抽象的东西同个体对立起来。”（《马克思恩格斯全集》第 3 卷，第 302 页）当普列汉诺夫还是马克思主义者的时候也曾经强调指出，个人利益从来不是一个道德的诫命，而是一个科学的事实。政府从业人员，不管地位有多高，承认各有自己的个人利益，并且应该通过制度设计，激励他们为公共利益自觉承担使命，为人民谋福利。

政府从业人员个体的自利性不等于社会主义政府这一组织整体的属性。上述的政治学、公共行政管理学、哲学等学科中的一些观点，认为政府的自利性除了表现在政府部门的、政府官员个人的，还有作为整体政府组织的自利性。这些观点，的确是看到了问题和现象，但缺乏具体情况具体分析的辩证思维。尤其在对社会主义的政府组织进行分析时，离开社会主义政府的本质属性是为民服务，任何时候都不能成为特殊利益阶层和特殊利益集团这一根本规定性。

的确，即使古代“亚洲的一切政府都不能不执行一种经济职能，即举办公共工程的职能”。（《马克思恩格斯选集》第 1 卷，第 762 页）这些就是最初的国家或政府的公共性的体现。随着阶级社会的发展，国家和政府代表是占统治阶级的利益即特殊利益，唯有属于统治阶级的个人，这个政府或国家才是公共利益的代表。但同时，统治阶级在其发展的不同阶段，如经济的上升时期或鼎盛时期，他们也会或多或少地反映广大劳动群众的利益，特别是维护经济社会的稳定性与协调性，发挥公共职能。社会主义国家的政府，与旧国家“虚幻的共同体形式”不同，它以真实的共同体形式出现，这是历史上国家演进的划时代的变革。我国的社会主义基本经济制度是以公有制为主体多种经济成分共存，政治制度实行人民民主专政，决定了政府职能的发挥与发达资本主义国家有相同的一面，更有从根本上不同的一面，这就是政府的权力来源于人民，最终服务于人民。如习近平总书记在 2014 年 7 月 1 日的讲话中所说：把党的工作的“出发点和落脚点归结到实现好、维护好、发展好最广大人民根本利益上来，归结到为民务实清廉上来”。这是历史上从未有过的公共性要求。

应该说，改革开放的 30 多年来，我国的经济发展由重视 GDP 到全面建设小康社会，再到以人为本科学发展观的提出，尤其是 2013 年年底，中央明确提出不以 GDP 论政绩的评价观，更加重民生、重协调、重可持续，发展价值目标的演进轨迹，描述了中国政府职能公共性的进步历程。概括来说，当前我国政府职能的公共性集中表现在：政治制度、经济决策、文化建设等体现公共利益，体现公民意志，彰显制度公平公正；调节区域间的利益关系，调节群体间的利益关系，调节人与人间的利益关系，形成整体协调发展的利益格局；提供优质公共产品和公共服务，维护市场经济秩序，增进微观经济活力，推动经济社会稳定协调发展。这都是政府公共性的具体体现。

然而，由于历史的文化的政治的特别是经济发展的原因，我国政府职能公共性的发挥、政府驾驭经济社会的能力正在经历一个由低到高、由不成熟到相对成熟的过程，政府职能的公共性发挥从根本上还受制于一些体制机制因素，以及从业人员的思想意识与道德素养条件，政府从业人员以及一些政府组织的确存在着突破自利性这一道德底线，形成不当的个人利益和部门利益，如人们所概括的“权权交换、权钱交换、权色交换”、“权力部门化、部门利益化”等以权谋私的严重问题。一旦公权沦为谋私的工具，政府职能的公共性就会发生变化。这些正是当前我国政府公共性彰显的隐忧。当下的反腐也集中说明了这一点。个别政府从业人员的自利性对我国政府公共性的实现和提升，其负面影响极为深刻，必须引起高度重视。因此，即使在社会主义制度下，政府职能的公共性绝不是一个自然而然的实现过程，更不是由社会主义的制度属性就能先验决定了的。第一，社会主义政府组织中执业人员的自利性，是历史的具体的，也是客观存在的。它受制于社会主义经济关系、政治关系与社会关系。人不是抽象的，作为政府组织中执业人员的个人利益，以及如何对待个人利益，也是特定的具体的，它与资本主义或其他社会制度下的政府人员，是有着重要区别的。个人利益是由一定社会所决定的利益，是一定历史条件和社会关系的表现形式，不同社会条件和社会关系中的私人利益是不同质的。马克思说：“各个个人的出发点总是他们自己，不过当然是处于既有的历史条件和关系范围之内的自己，而不是玄想家们所理解的‘纯粹的’个人”(《马克思恩格斯选集》第 1 卷，第 119 页)。“理性经济人”假设的理论失误，就在于它抽掉人的现实历史条件和社会关系，把个人利益抽象化、绝对化，设定每个人都是为自己私人利益算计的“理性经济人”。第二，没有抽象的且永恒不变的人性。自私是私有制历史阶段的产物，追求利益最大化的自私人设计，恰恰反映的是资本主义私有制条件下资本的本性在市场经济中的人格化的理论形式，自私生长出的个人主义，恰恰是资本主义的价值观和主流意识形态。当下，资本主义私有制在全球经济中占主导地位，其“理性经济人”的影响在长时期内还会广泛而深刻地存在。这一理论之所以在我国包括政府部门有较大影响，更深刻的原因还在于我国正在建立和完善社会主义市场经济，在于我国以公有制为主体、多种经济成分并存的经济制度。但作为政府的公职人员，是有特殊使命的职业承担者，因而必须有更高更严的行为与素质要求，包括如日本的《国家公务员法》和《地方公务员法》；我国 2006 年 1 月 1 日施行的《中华人民共和国公务员法》、在 2011 年，《国务院办公厅关于转发人力资源社会保障部国家公务员局 2011-2015 年行政机关公务员培训纲要的通知》（国办发［2011］14 号）关于加强公务员职业道德培训的要求，国家公务员局制定发布了《公务员职业道德培训大纲》，要求在“十二五”期间对我国全体公务员进行职业道德培训。2014 年 7 月 21 日，中共中央组织部印发 《关于在干部教育培训中加强理想信念和道德品行教育的通知》，强调在当前形势下，加强干部的理想信念和道德品行教育的紧迫性与重要性，强调坚守共产党人精神家园的深远意义。显然，关于重视公务员的行为规范问题，不同制度下的国家在要求上具有一定的共性。但作为社会主义国家和政府的公职人员，必须有更高的价值标准和要求，这就是真正把广大人民群众的利益放在第一位；作为个体，其思想、行为必须与政府的职责、使命、任务相适应，以社会整体利益为重，以工作大局为重，以人民的福祉为最高利益。第三，社会主义国家是建立在个人利益与社会利益根本一致基础上的，社会利益包括了个人的正当利益，在日益增进的社会整体利益中，也包括了政府从业人员个人利益的提高。中央反复提出，让广大人民群众共享改革发展的成果，要特别关注民生，解决人民群众最急迫解决的难题等。这种先进的制度和思想道德，已经在我国的意识形态占主导地位，且因有经济的政治的文化的基础，一定会有更深厚、更广阔的发展空间。当然，我们也清醒地看到，多种经济成分、多元文化与多元价值观的存在，之间的价值冲突给这一思想的生存与发展带来挑战。政府公职人员居于社会管理的上层，公权的运用处处都会面临执政考验、改革开放考验、市场经济考验、外部环境考验，深刻认识增强自我净化、自我完善、自我革新、自我提高能力的重要性和紧迫性，坚持底线思维，做到居安思危。因而，政府职能的公共性与其从业人员自利性的关系，将是我国政府在政治、经济社会生活中长期存在的一对特殊矛盾，处理得好，就会有利于国家治理，经济社会就会健康有序发展；反之，经济社会发展就会受阻，政治生活就会出现不稳定，社会就难以实现和谐。针对政府从业人员自利性有向自私转化的可能，应加强法律法规和制度建设，把权力关进制度的笼子里；重视民主监督，让人民作为权力行使的评判主体；坚持不懈抓社会主义核心价值观教育，从根本上强化政府从业人员的宗旨意识，提升其道德境界。总之，唯有建立全面系统的治理方案，才能更好地约束政府从业人员的自私性，更充分地发挥社会主义政府职能的公共性，从而进一步增强人们的理论自信、道路自信、制度自信。

注：

[1] 柏拉图：《理想国》，郭斌和、张竹明译，商务印书馆 1986 年版。

[2] 哈贝马斯：《公共领域的结构转型》，曹卫东等译，学林出版社 1999 年版。

[3] 昆廷·斯金纳：《近代政治思想的基础》（上卷），奚瑞森等译，商务印书馆 2002 年版。

[4] 卢梭：《社会契约论》，何兆武译，商务印书馆 1996 年版。

[5] 罗素：《西方哲学史》，何兆武等译，商务印书馆 2001 年版。

[6] 刘瑞、吴振兴：《政府人是公共人而非经济人》，《中国人民大学学报》2001 年第 2 期。

[7]《马克思恩格斯全集》，人民出版社 2002 年版。

[8]《马克思恩格斯选集》，人民出版社 1995 年版。

[9] 齐明山：《转变观念界定关系——关于中国政府机构改革的几点思考》，《新视野》1999 年第 1 期。

[10] 王保树、邱本：《经济法与社会公共性论纲》，《西北政法学院学报》2000 年第 3 期。

[11] 王乐夫、陈干全：《公共性：公共管理研究的基础与核心》，《社会科学》2003 年第 4 期。

[12] 张康之:《行政改革中的制度安排》,《公共行政》2000 年第 4 期。

[13] 世界银行发展报告:《变革世界中的政府》,中国财政经济出版社 1997 年版。

[14] Buchanan, J. M., "A Contract Ran Paradigm for Applying Economics", American Economics Review, 1975, 5: pp. 225-230.

(原载《哲学研究》2015 年第 3 期)

积极开拓“三个代表”重要思想“三进”工作的新途径

推动“三个代表”重要思想进教材、进课堂、进学生头脑，是用“三个代表”重要思想教育广大青年学生的有效途径，是新世纪新阶段高校“两课”教育的重要任务，关系中国特色社会主义事业的前途命运。近几年来，河南财经学院党委坚持把这一工作作为学校思想政治工作的重中之重，并积极探索新途径，形成了抓住关键、选准手段、注重实效、搞好评估的工作思路，使“三进”工作取得了明显成效。

抓住关键：促进教师先入脑

“两课”教育是全面贯彻“三个代表”重要思想的主渠道，“两课”教师是“三个代表”重要思想“三进”工作的主力军，“两课”教师对“三个代表”重要思想的理解和把握程度，直接决定着“三个代表”重要思想“三进”工作的实际效果。教育部《关于进一步深化“三个代表”重要思想“三进”工作的通知》提出，“两课”教师“必须多学一点，早学一点，学好一点，学深一点”。按照这一要求，河南财经学院针对“两课”教师存在的一些模糊认识，以及部分教师在教学中只强调学术性和知识性、忽视政治性和思想性等问题，开展了一系列卓有成效的促进教师先入脑活动。

坚持理论联系实际的学风，组织教师深入了解社会实际，把握我国经济社会发展中的重大问题。由于教师对经济社会实践的了解相对缺乏，对“三个代表”重要思想的实践品格理解得还不够深刻，“三个代表”重要思想要真正入教师头脑，就不能仅仅停留在理论学习层面。学校采取“走出去”的方式，组织教师深入农村、企业，走访基层党员干部，聆听模范党员谈切身体会，使教师亲身感受基层党员干部实践“三个代表”重要思想的具体行动，体悟“三个代表”重要思想在基层的现实功效。

采取“请进来”的方式，开展“‘三个代表’在基层”的系列活动。所谓“请进来”，就是请全国学习实践“三个代表”重要思想的模范到学校作专题报告。有的基层干部在全面讲授基层党员干部如何坚持执政为民的先进事迹时，还就目前如何处理干部与群众的关系提出了一些发人深思的问题：一是现在通信工具先进了，为什么领导干部和老百姓的距离却远了？二是为什么基层干部文化素质提高了，反而不会做群众工作了？三是为什么老百姓的生活水平提高了，对干部的意见却大了？这些问题使“两课”教师的心灵受到强烈震撼，深深认识到开展“三个代表”重要思想教育意义重大，从而净化了心灵，坚定了信念，进一步增强了开展“三个代表”重要思想“三进”工作的责任感和使命感。

组织“三个代表”重要思想的课题研究和学术研讨活动。实践证明，要使“三个代表”重要思想进教师头脑，必须组织教师认真研读原著，开展学术探讨，使广大教师掌握其科学体系，领会其精神实质。针对部分教师存在着阅读、钻研原著少这一问题，河南财经学院通过组织申报国家、省级课题，出台《关于加强“三个代表”“三进”科研工作的规定》，拟定院级课题，加大专项基金投入等措施，激励教师主动学原著，深入开展学术研讨，撰写调研报告和学术论文。通过这些活动，进一步增强了教师传授“三个代表”重要思想的紧迫感和使命感，对“三个代表”重要思想的理解也更系统、更深刻。

选准手段：推进教学现代化

“三个代表”重要思想作为科学理论，具有系统性和抽象性。如何将抽象的理论通过生动的形式进入课堂教学，将科学性与生动性有机统一起来，最终入学生头脑，是“三个代表”重要思想“三进”工作的重要一环。河南财经学院通过利用多媒体现代技术，优化教学手段，大大提高了“三进”的实效性。

拿出专项资金为“两课”的多媒体教学创造条件。大规模地改造和装配多媒体教室；对教师进行多媒体技术培训；为广大教师配备移动存储工具；购置多媒体教学光盘参考资料；开展多媒体教学效果评比；组织网络课程科研课题申报；对多媒体教学效果优秀的教师进行物质和精神奖励；等等。

积极组织教师开展多媒体课堂的教学和研讨。制定鼓励使用多媒体教学的奖励措施；多次组织多媒体课程的教学观摩和研讨；设计专题调查问卷，召开师生座谈会，全面掌握多媒体教学效果和存在的问题；筹建多媒体教学资料库；等等。

教师认真钻研各门课程的内容和多媒体技术，潜心寻找多媒体技术运用于各科教学的最佳途径。通过课堂教学、集体研讨、走访学生、参阅兄弟院校的多媒体课件，形成了初具特色的多媒体课程教学体系。例如，在马克思主义哲学课教学中，教师围绕如何实现哲学理论的深刻性和多媒体课件的生动性的有机统一，积极开展多媒体课件的研制工作。《邓小平理论和“三个代表”重要思想概论》课的教师，还把多媒体技术与个案教学相结合，激活了学生的思维，活跃了课堂气氛，收到了事半功倍的效果。教师还就自己的教学体会，撰写了多篇“三进”工作的多媒体教改论文。

两年来的实践证明，运用多媒体手段进行教学，通过文字、声音、图片、图表、动画、电影等形式，能够化说教为感知、化抽象为具体、化枯燥为生动，不仅调动了学生的学习兴趣，而且有利于他们巩固所学的知识。调查结果显示，90%以上的学生认为，多媒体教学比传统教学手段更易接受，获得的信息量更多，更能调动学生学习的主动性。

注重实效：引领学生入脑

“三个代表”重要思想“三进”工作是一项系统工程，也是一个环环相扣的链条。进教材、进课堂，是载体，是手段，是中介，最终入学生头脑是目的。要走到这一链条的终端，有效解决学生在学习中存在的疑点、热点、重点、难点，是入学生头脑必须跨越的关口。对于“三个代表”重要思想概论课来说，如果疑点不解析、热点不触及、重点不突出、难点不讲透，就难以达到教学目的，“三进”工作就失去了意义。

采取“问题教学法”。为了解学生中存在的热点、重点和难点问题，做到教与学接轨，增强“三进”工作的针对性，教师通过走访学生、召开座谈会，特别是运用课堂讨论、学生提问题的形式，发现学生中目前讨论最多，也最关心的热点问题是就业、“三农”、腐败、收入分配差距等。针对这些问题，教师不回避矛盾，不敷衍塞责，而是实事求是地作辩证分析，从而增强了理论的说服力，解除了学生的困惑，纠正了一些偏颇认识，进而加深了学生对“三个代表”重要思想的认识。

抓重点和难点。组织教师认真研读党的十六大报告和胡锦涛同志“七一”重要讲话，学习《高校“两课”教育教学热点难点问题解析——学习贯彻“三个代表”重要思想专辑》，在全面把握“三个代表”重要思想的基础上找出重点和难点。通过精读原著、专题讲座、集体研讨，确定重点讲授的内容。比如，为什么说“三个代表”重要思想同马克思列宁主义、毛泽东思想和邓小平理论是一脉相承而又与时俱进的科学体系，就是“三进”工作的一个重点。针对重点内容，通过系统讲授、难点解析、专题辩论、教师点评、“三个代表”社团学术沙龙活动等方式，不断强化学生的认知过程，从而达到入脑的目的。

“第一课堂”与“第二课堂”互动。针对部分大学生存在的“社会主义和资本主义有何区别”、“为什么选择中国特色社会主义道路”等问题，河南财经学院组织大学生到临颍县南街村，新乡市刘庄村，郑州市宋砦镇、马砦镇等地参观走访，了解这些地方的改革发展史，攻克了学生思想中的一个又一个“关隘”，克服了“第一课堂”的局限。学院还邀请许继集团、安烟集团党委书记作专题报告，使两个课堂互动，从而增强了“三个代表”重要思想“三进”工作的说服力和感召力。

搞好评估：建立目标评价体系

业务评估是考核工作成效的有效手段。“三个代表”重要思想“三进”工作是否落到了实处，是否进了学生头脑，工作上还有哪些薄弱环节，都必须通过建立相应的评价指标体系来评估。通过评估，可以使“三个代表”重要思想“三进”工作步入科学化、规范化、制度化的轨道，确保“三进”工作扎实有效。

建立“三个代表”重要思想“三进”工作评价体系，需要多方参与。河南财经学院组织了一支科研队伍，联合部分兄弟院校，就“三个代表”重要思想“三进”工作评价体系展开了专题研究。初步研究结果表明，“三个代表”重要思想“三进”工作评价体系至少要由两个方面的指标组成，一是投入性指标，二是产出性指标。投入性指标包括：学校党委对“三进”工作的领导情况，学工部、团委、系学生会和团总支在“三进”工作方面的情况，学校对“三进”工作的经费投入情况，以及“三进”工作教学单位的经费使用情况、师资状况、教学基地状况、教学手段现代化状况、课程设置、教学改革等。其中，从事“三个代表”重要思想教学的教师的政治素质与业务素质最为关键。产出性指标包括：课堂教学效果、学生社团建设状况、学生思想觉悟状况、学生道德水平状况、学生社会实践活动状况等。两年来，学院一直按照评价指标体系所确立的框架开展工作，初步形成了多渠道、多层次、全方位的理论教育格局，从而确保了“三进”工作的扎实开展。

通过积极开拓“三个代表”重要思想“三进”工作的新途径，进一步坚定了学生的政治信仰，提高了学生的思想觉悟。通过卓有成效的“三进”工作，越来越多的大学生真学真用“三个代表”重要思想，并立志成为先进生产力的开拓者、先进文化的倡导者、最广大人民根本利益的维护者，这已成为学生思想的主流。目前，河南财经学院学生马克思主义理论社团不断发展，各种服务社会活动红红火火，学生党员队伍日益壮大，学生学科学、爱科学的积极性空前高涨。有近80%的学生报名参加了“三下乡”志愿服务队和“三个代表”实践团活动，近90%的团员青年向党组织递交了入党申请书，一批又一批品学兼优、德才兼备的团员青年光荣加入了中国共产党，学生党员比率逐年上升，“三个代表”重要思想“三进”工作取得初步成效。

（原载《人民日报》2014年3月29日，合作者：王金山）

用马克思主义中国化最新成果武装当代大学生

党的理论创新每推进一步，理论武装就要跟进一步。坚持用马克思主义中国化最新成果武装当代大学生，是高校肩负的重要政治责任，必须坚持不懈地抓紧抓好。深入贯彻落实党的十七大精神，是当前和今后一个时期全党全国的首要政治任务。胡锦涛同志主持的十七届中共中央政治局第一次会议强调：“要切实抓好党的十七大精神进教材、进课堂、进学生头脑的工作。”为把这一要求落到实处，河南财经学院紧紧抓住高校思想政治理论课这一主渠道，坚持好传统，探索新思路，扎实推进十七大精神“三进”工作。

增强教学针对性，疏通主渠道

思想政治理论课教学是高校十七大精神“三进”工作的主渠道、主阵地。只有贴近学生思想实际，才能保证主渠道的畅通。

研究和把握大学生的思想实际。总的来看，当前大学生对十七大精神比较了解，对新一届中央领导集体充满信任与期盼，为十七大提出的重大理论观点、重大战略思想、重大工作部署感到振奋，思想主流积极健康。但他们也有担心、有困惑、有迷茫，甚至有一些误解和偏见。调查表明，大学生最关心的问题依次是：就业、贫困生救助、大学生活如何度过、物价上涨、贫富差距拉大、党风建设、社会治安、祖国统一、农民工生活、为人处世和待人接物等。大学生最困惑的问题是：中央一再强调贯彻落实科学发展观，为什么这一科学理论在有的基层单位未能得到很好的贯彻落实；中央旗帜鲜明地反腐倡廉，为什么有的地方和部门腐败现象仍然不断滋生和蔓延；社会发展了，生活改善了，为什么有的人依然有牢骚和不满；等等。大学生最期待思想政治教育工作解决的问题是：在思想多样化的大学校园，如何增强社会主义意识形态的吸引力和凝聚力，切实把社会主义核心价值体系转化为自觉追求。这些问题，也正是在推进十七大精神“三进”工作中所要解决的问题。

增强思想政治理论课的针对性。只有教师原原本本地理解、吃透十七大精神，才能切实保证课堂讲授的质量。只有教师做到了真学、真懂、真信，学生才能入耳、入脑、入心。这就要求高校采取措施做好教师课前培训工作，把全体教师的思想认识统一到十七大精神上来。为此，河南财经学院组织教师观看十七大开幕式直播，认真研读十七大报告和十七大通过的新党章，邀请专家做专题辅导报告，举办多场教师学习十七大精神专题研讨会。同时，采取集体备课、观摩教学、学科交流、项目带动等方式，形成贯彻十七大精神的教学体系；组织教师走出校门、走出书斋，积极参与社会工作和社会调研，从丰富鲜活的社会实践中汲取素材，找到理论与实践的结合点。

进教材、进课堂，占领主渠道

进教材、进课堂、进学生头脑，首先是进教材、进课堂。为了抓好十七大精神进教材、进课堂工作，河南财经学院抓住学生最关心的问题，把十七大精神进教材的内容明确化、具体化，并通过改进教学方式方法，增强课堂教学的吸引力和感染力。

坚持历史和现实相结合，把十七大精神进教材的内容明确化、具体化。《马克思主义基本原理概论》课侧重于阐述科学社会主义的基本原则，重点阐明马克思主义只有与各国国情相结合、与时代发展同进步、与人民群众共命运，才能焕发出强大生命力、创造力、感召力的道理；《中国近现代史纲要》课侧重于结合改革开放的伟大历史进程，重点引导学生理解从“建设中国特色社会主义”到“发展中国特色社会主义”一词变化所包含的深刻内涵；《思想道德修养与法律基础》课突出社会主义核心价值体系教育，重点阐明如何用社会主义荣辱观引领社会风尚，巩固全党全国各族人民团结奋斗的共同思想基础，同时安排若干次主题讲座，集中探讨大学生普遍关心的问题；《毛泽东思想、邓小平理论和“三个代表”重要思想概论》课侧重于阐述马克思主义中国化进程，重点解读十七大报告提出的一系列重大理论观点、重大战略思想、重大工作部署等。同时，及时调整、充实课堂教学内容，将十七大精神渗透、融入教材的相关章节；针对大学生普遍关心的就业、贫困生救助、贫富差距等问题，采取课堂专题研讨或邀请有关专家进行讲解的方式给予回答。

改进教学方式方法，增强课堂教学的吸引力和感染力。在教学方法上，坚持由表及里、由浅入深、由感性到理性、循序渐进。首先，组织学生观看十七大开幕式和新一届中央政治局常委会见中外记者的实况录像，了解十七大精神的基本内容。其次，教师结合各自学科，开展专题讲座，集中讲授十七大报告的新思想、新观点、新论断、新举措，准确阐释报告的主要精神。最后，课堂教学坚持理论联系实际，使正确的理论观点鲜活、生动、亲切，启发大学生深入思考。通过这些形式，引导学生从历史和现实的结合中深刻认识我国选择社会主义道路、建设和发展中国特色社会主义的必然性，深刻领会在新的时代条件下继续解放思想、坚持改革开放、推动科学发展、促进社会和谐是民心所向、大势所趋。学生们反映，这样学习十七大精神，易于理解和接受，不但加深了对国情党史的了解，而且坚定了走中国特色社会主义道路的信心。

调动学生主体意识，融入主渠道

进教材、进课堂、进学生头脑，进学生头脑是目的。为了达到这一目的，河南财经学院强调，在课堂教学中要变先前的教师“要我学”为学生的“我要学”，充分调动学生的主体意识，使他们融入主渠道。

坚持课堂教学的双向互动、教学相长。教育学认为，不好的教师是奉送真理，好的教师是叫学生去发现真理。河南财经学院的做法是，既发挥教师的主导作用，又调动学生的主体精神，让学生充当教学活动的“主角”，主动参与教学过程，形成平等交流和讨论的和谐氛围，激发学生的思维活力。上课前，要求学生认真研读十七大报告和新党章，撰写学习体会，提出问题以供讨论、辩论。在讨论中，鼓励学生发表独立见解并尊重不同见解，对学生的正确见解及时加以肯定，让十七大精神与学生思想产生共鸣。

指导学生开展研究型学习。十七大精神内容丰富，十七大报告对一系列重大思想理论的论述深刻，只有让学生通过自身的感知和分析来加以理解和认识，才能进入头脑。河南财经学院根据十七大精神，确定了“理论新发展”、“生活新变化”、“科技新成就”、“未来新蓝图”、“国际新形势”、“党建新工程”六个演讲题目，每个班级安排六位学生组成集体备课小组。在教师的指导下，学生们课前精心搜集资料、撰写讲稿、制作课件，再在课堂上进行演讲。同学们用鲜活的资料和亲历的事实，讲述我国改革开放以来经济社会的快速发展、人民群众生活水平的显著改善、科学技术的不断进步和新农村建设的明显成效等，激发了对党和祖国的热爱，坚定了中国特色社会主义的理想信念。

突出教育立体性，拓宽主渠道

推进十七大精神进教材、进课堂、进学生头脑，涉及学校工作的方方面面，既要充分发挥课堂教学的主渠道作用，又要重视突出教育的立体性，在开辟“第二课堂”、营造良好氛围上下功夫。河南财经学院党委高度重视这项工作，及时进行部署，强调在抓好课堂教育的同时，积极开展校园文化渗透，开辟“第二课堂”。

积极开展校园文化渗透。开展“深入学习党的十七大精神，创造青春新业绩”、“重温红色经典，寻找历史记忆”、“永远跟党走，争做新一代”、“校园文明行”等系列主题教育活动，并运用网络、校报、广播、宣传橱窗等阵地，把十七大精神“三进”工作融入校园文化建设中，增强理论武装工作的渗透力和感染力。

开辟“第二课堂”。校党委宣传部、团委、学工部以及院系党总支紧密配合、通力合作，通过“抓社团、抓骨干、抓实践、促深化”的“三抓一促”活动，使对大学生的关怀从生活关心、学习帮助延伸到理论指引，巩固和强化主渠道的学习效果。引导校理论社团举办学术报告会、理论座谈会、主题论坛，邀请社团顾问、校内外专家学者、党政干部、学生家长等参加，使学生不断加深对十七大精神的认识和理解。通过讲党课和办培训班、开研讨会等形式，对学生干部、学生党员、入党积极分子等骨干分期进行培训，充分发挥他们在十七大精神学习中的示范带头作用，吸引带动更多的同学。组织开展以十七大精神为主题的社会实践活动，举行“明德正行、励志成才——我与党同行”知识竞赛、“迎奥运、讲文明、树新风”主题演讲比赛，使学生在寓教于乐的自主教育活动中陶冶思想情操、培育健康人格，进而自觉履行法定义务和社会责任、家庭责任。最近，中宣部、中央文明办、教育部、共青团中央、全国学联等部门联合表彰2007年全国大中专学生志愿者暑期文化科技卫生“三下乡”社会实践活动先进集体和先进个人，河南财经学院作为先进集体受到表彰。这是学院连续三年获得这一殊荣。

（原载《人民日报》2008年3月19日，合作者：李焕云、赵增彦）

推动先进文化建设的力作

——评《社会主义义利观——面向21世纪的价值选择》

经过数年的艰苦探索、辛勤笔耕，黄亮宜教授所著《社会主义义利观——面向21世纪的价值选择》一书，已由河南人民出版社出版。这是一部关于价值观理论方面的创新之作，一部推动中国先进文化建设的力作。该书有以下特点：

（1）抓住了中国社会主义文化建设中的一个核心问题，并给予了有说服力的回答。价值观建设是文化建设的核心。有中国特色的社会主义文化建设，必须注重科学的、进步的价值观的形成，而在进入21世纪的中国面临诸多新问题、新矛盾的复杂的历史条件下，尤应如此。义与利是贯穿于人类社会活动的一对最普遍的范畴，任何社会中一定的义利观都代表和体现着一个社会的价值模式与价值选择，支配着许多具体的社会规范，从而成为社会文化的核心部分。能否正确处理义利问题，关系到一个社会的根本价值导向和整个文化建设。本书作者在研究中能够做到统揽全局，从义利观这一重要的理论视角来认真探索许多社会问题，提出确立科学的、社会主义的义利观对于建设和发展中国先进文化具有重要而又深远的意义，认为在当代中国的文化建设中，需要把义利观建设放到更为突出的地位。应该说，这种认识本身就是理论上的一个重大突破，抓住了社会主义文化建设问题的一个关键。党的十四届六中全会决议、江泽民同志在中央思想政治工作会议上的讲话、中央印发的《公民道德建设实施纲要》等重要文献，都强调应当树立社会主义义利观，而本书的有关论述则充分地体现出其重大意义。

（2）较长的历史跨度和理论梳理的系统性。"义利之辨"是中国文明史上一种古老而独特的现象，在这一争论中可谓派别林立，观点各异。义利关系问题在人类社会中具有永恒的意义，人们对义利问题的认识经历了一个曲折发展的过程，一定的义利观作为一种价值理念深深地渗透于中华民族的文化之中。因此，为了阐明社会主义市场经济条件下所应形成的新型义利观，就不能不对各种有关看法予以认真的甄别与合理的汲取。作者在广泛收集资料的基础上，对古代儒家各学派、五四时期的先进思想家、毛泽东、邓小平、江泽民有关义利问题的观点，做出了细致的梳理和阐述，并提出了许多新见解。可以说，这是一个巨大的工程。如此丰富的资料和如此系统的理论梳理，使该成果具有了更深厚的学术底蕴和文化价值。这有利于把社会主义义利观建立在民族文化的基础上，彰显其民族特色，同时能够体现出对义利问题的相关认识与时俱进的特征，从而逻辑地揭示出一定义利观的演变轨迹，以及确立科学义利观的应有意义。

（3）全面论述了社会主义义利观的崭新内涵，在理论上有重要突破和建树。义利观是一个历史的具体的范畴，因而不同时代有不同的义利观。确立适应社会主义市场经济的义利观，是需要在理论上有突破的一个大问题。作者在对形形色色的义利观做了全方位的审视之后，着重阐述了当代中国的社会主义义利观。该书明确指出，现阶段条件下的应取之义是：以整体利益为重的国家、人民和民族大义；公正平等、一视同仁的社会仁义和团结友善、互助互利的人际情义；坚持独立自主、维护世界和平、促进共同发展的国际正义；善待生态环境、实现社会与自然协调发展的生态道义；面向未来、注重人民根本利益和长远利益的厚德深义。现阶段条件下的可谋之利是：通过诚实劳动而获取的个人正当物质利益；受到宪法、法律保护的公民个人合法利益；与整体利益、长远利益不相违反的局部利益、眼前利益。作者的以上论述，涵盖了个人与国家之间、人与人之间、人与自然之间、国家与国家之间等的伦理关系。在义利关系问题上，作者提出应当坚持义利并重，同时强调先义后利，把国家和人民利益放在首位。这表明当代中国的社会主义义利观，对于中国古代儒家义利观和计划经济体制下的伦理规范来说，既有继承更体现出某种质的超越，同时与西方个人本位主义价值观有着明显的分界，它是一种富于民族特色和反映时代精神的新型价值观。对社会主义义利观的系统阐述，无疑是理论上的一大建树。该成果中还有其他许多富有创见的观点，如在论述重义轻利与先义后利的区别、义利观与国家之间复杂的交互作用等问题时，都能够从新的研究角度提出具有开创性的理论观点。

（4）把认识世界与改造世界有机地结合起来，坚持“重在建设”的方针，具有非常重要的应用价值和实践意义。坚持义利统一的价值导向，对于推动经济的增长和社会的全面进步，对于保持政治稳定和社会发展有序，对于完善国家制度建设和优化治国方略，对于弘扬主旋律、促进全民族综合素质的提高和人的全面发展，都具有重大意义。社会生活的各个方面都与义利有关，社会主义义利观能够总揽许多具体社会领域的行为规范，引导人们正确处理物质文明与精神文明、个人与集体、权利与义务、竞争与协作、效率与公平等关系。该书关于上述问题的论述，具有很强的现实针对性。为了充分体现社会主义义利观的导向作用，作者提出了现实生活中处理义利问题应遵循的原则和程序，这也是很有应用价值的。在如何确立和形成社会主义义利观的问题上，作者提出，关键在于其形成机制是否具备和健全。作者花费了大量笔墨，用了两章的篇幅，多侧面、全方位地阐述了社会主义义利观的形成机制，指出其内容包括从传统向当代的转换、思想道德教育与法律规范共促、眼前成果同长远目标对接、先进性要求和广泛性要求融通等。关于这些具体机制的论述，有助于弥补仅把科学义利观的确立停留在口头上、停留在宣传的层面而难以使之成为人们内心的价值取向的缺陷，并为科学义利观真正成为全社会的根本价值导向提供了实现的途径和可操作的方案。应该说，上述具体机制的提出本身，也是理论上的一个创新。

总之，该书在一些重大理论问题上有突破、有创新，在价值观和伦理学领域属于前沿性的研究成果，也是目前国内最系统、最全面地论述义利观的学术成果，具有很高的学术积累价值，从这个意义上讲它是填补空白之作。该书针对 21 世纪我国经济和社会发展问题，从价值选择的角度，提出一系列具有前瞻性、战略性的见解，其实践意义亦显而易见，特别是有利于决策者进一步优化治国之道，有助于广大社会成员树立一种科学的生存和发展理念。当然，该书不是无瑕之璧，如果作者能够更多地分析、借鉴市场经济发达国家的有关思想资料，并随着市场经济实践的发展而使有关认识不断充实、完善，将会对当代中国先进文化的建设产生更大、更广泛的影响。

（原载《北京大学学报（哲学社会科学版）》2002 年第 4 期）

后 记

《伦理与经济社会》一书，汇聚了我从事伦理学研究的点滴体会，涵盖了我在伦理学基本理论、社会主义道德理论和道德建设等方面的思考。主要包括伦理学的范畴、伦理学基本理论、伦理制度建设、中国革命传统道德、社会主义道德理论、社会主义道德建设等若干领域的问题。出于学者的社会担当意识，我坚持问题导向，探讨了在当代社会和我国进入改革开放后，经济、政治、文化以及社会发生深刻变化的背景下，经济社会生活领域凸显出不同程度的不良社会道德现象或问题，如科学的道德信仰缺乏、拜金主义盛行、荣辱混淆、诚信缺失、人际关系冷漠、道德底线失守等。在社会主义市场经济条件下，针对为人民服务要不要讲、怎么讲，集体主义道德原则要不要讲、怎么讲，社会主义道德要不要讲、怎么讲等问题，我有着明确的观点，即为人民服务、集体主义原则、社会主义道德必须坚持讲，而且要结合新时代的特点丰富内涵、深化理论、创新观点，建构中国特色社会主义道德理论体系。我认为中华民族优良传统道德文化、中国共产党人创立的革命道德传统，都是社会主义道德理论的重要理论资源，理应大力传承与弘扬。本书探讨了经济关系和经济生活如何深刻地影响着社会伦理、人们的价值追求和价值认同；政治、经济、伦理各自有不同的功能和作用边界，如何实现三种制度整合、互补，而不是替代、消解，如经济领域的价值观对伦理领域价值观的渗透、替代与消解等。在多元文化共存的今天，我坚持马克思主义的基本原理和方法论，运用社会科学、自然科学的研究方法，吸收西方伦理思想中的有益元素，立足中国的国情，探讨中国特色社会主义伦理学的一系列问题，阐述伦理在经济社会生活中的独特功能，在建设法治社会中的不可或缺性。我的伦理思考伴随着时代的步伐前行，论述基本保留了原貌，论题、话语体系带有较明显的社会不同发展阶段的印记。

在此书即将付梓之际，我首先想表达对我的伦理学启蒙老师——中国人民大学罗国杰教授的无比怀念与崇敬之意。罗国杰教授是当代中国著名的伦理学家、哲学家、新中国伦理学事业的重要奠基人、中国马克思主义伦理学研究的集大成者。我有幸接受罗国杰教授的伦理学启蒙教育，并从此走向了学习、探索伦理学之路。我学习伦理学始于 1980 年 9 月参加由教育部在中国人民大学举办的伦理学高级研讨班（被誉为伦理学界的“黄埔一期”），1982 年 9 月我又参加了第二期，聆听了罗国杰先生、朱伯昆先生、许启贤先生、宋希仁先生等多位大家的授课，受益匪浅。1981 年初撰写结业论文，我的选题是《论良心》。之所以选择古老的道德范畴——良心来研讨，得益于罗国杰老师的指导。在他看来，当时我国的伦理学教学与研究刚刚起步，参考的教材文本主要是前苏联的《马克思主义伦理学》教科书，该教材中关于传统伦理范畴的部分需要进一步丰富和深化，他建议我选择一个范畴来探讨。在结业论文和硕士研究生毕业论文的写作过程中，罗老师都给予了十分认真、耐心的指点，教导我作为一个学者所必备的勤奋、执着精神与严谨学风。我铭记恩师的教诲，努力耕耘，专注于伦理学教学与研究。《论良心》一文的写作，成为我伦理学探研路上的一个起点，30 多年来初衷不改，至今仍乐此不疲。当前，高科技时代与急剧的社会变革把伦理学推向了前所未有的“显学”位置，一个伦理学人理应不负使命，继续求索。

感谢学界前辈，我的探索之路离不开你们的关怀与引导；感谢学界同仁，我的思考离不开诸位新论的深刻启示，引用处也已注明。

感谢经济管理出版社的编辑，正是你们的指导与付出，该书才得以顺利出版。

由于我学识单薄，书中难免存在偏颇、纰漏处，恳请读者指点。

乔法容

2015 年 8 月